KB111200

4차 산업혁명 시대의
경영학

유필화 · 황규대 · 강금식 · 정홍주 · 장시영

圖書出版 오래

4차 산업혁명 시대의

경영학

유필화 · 황규대 · 강금식 · 정홍주 · 장시영

머 · 리 · 말

지금 우리나라 경제를 포함한 글로벌 경제가 내우외환 속에서 허덕이고 있다.

외적으로는 러시아의 우크라이나 침공으로 대 러시아 제재로 수출과 수입이 막혀 많은 기업들이 곤욕을 치루고 있다. 한편 미·중 간의 패권경쟁에 따라 대 중국 제재에 우리나라도 동참을 강요당하여 대 중국 수출전선에 먹구름이 드리우고 있다. 미·중 간의 갈등은 오래 지속될 것이며 중국의 패배가 확실할 때까지는 우리나라의 무역에 영향을 미칠 것으로 예상된다.

국내적으로는 2020년부터 시작된 코로나-19가 경제에 막대한 영향을 끼치고 있다. 경제성장률에, 일자리에, 소비와 투자에 부정적 영향을 미쳐 기업들은 글로벌 경영환경의 악화로 어려움을 겪고 있다.

지금은 4차 산업혁명이 한창 진행되어 전혀 새로운 플랫폼 기업들이 우후죽순처럼 나타나 산업의 생태계를 뒤흔들면서 판도를 뒤집고 있다. 참신하고 혁신적인 아이디어에 정보기술 나아가 디지털 기술을 접목하여 새롭게 가치를 창출하는 애플, 구글, 아마존, 네이버, 쿠팡, 카카오 등 플랫폼 기업들이 수없이 탄생하여 기업경영시스템을 운용하는 전통 기업과 아주 다른 크나 큰 변화를 초래하고 있다.

이제 제조업이든 서비스업이든 기존의 전통 기업들은 몰려오는 디지털 혁신의 물결을 외면할 수 없게 되었다. 전통 기업들이 디지털 기술을 받아들여 디지털 전환을 하게 되면 제품과 서비스, 프로세스, 고객 서비스, 조직구조, 문화 등 큰 변화를 수용해야 한다. 컴팩, 코닥, 노키아, 블록버스터 등 혁신을 외면하다가 사라져버린 신세가 되지 않을려면 혁신적인 제품이나 서비스를 개발하든지 독일의 아디다스와 지멘스처럼 제조 프로세스를 혁신하는 길 밖에는 없다.

우리나라 기업들은 글로벌 환경의 변화와 기술적 환경의 변화에 현명하게 대처해야 살아 남는다는 엄연한 사실을 명심하여 경영방식과 경영전략을 올바르게 구상해야 할 것이다.

이번 개정판에서는 4차 산업혁명의 내용을 간단히 기술하였다. 핵심원천기술은 무엇이며 기업이 디지털 전환을 해야 하는 당위성이라든지 플랫폼 기업과 공유경제 등의 본질은 무엇인지 개략적이나마 기술하려고 노력하였다. 이 교과서를 공부하는 학생들도 참신한 아이디어와 IT 기술만 있으면 얼마든지 창업할 수 있다는 사실을 인정하고 앞으로 훌륭한 기업가가 수없이 탄생하기를 고대한다.

이 책을 교재로 채택하는 강사님들의 편의를 위해 PowerPoint를 이용한 강의안을 「도서출판 오래」의 homepage에 올려 놓았으니 필요하면 다운로드 받아 사용하시기 바랍니다.

끝으로 본서를 완료하는 데 성원과 협조를 아낌없이 해 주신 「도서출판 오래」의 황인욱 사장님과 편집·교정을 담당한 직원 여러분에게 고맙다는 인사와 더불어 회사의 무궁한 발전을 기원하는 바이다.

2022년 5월 3일
저자 일동

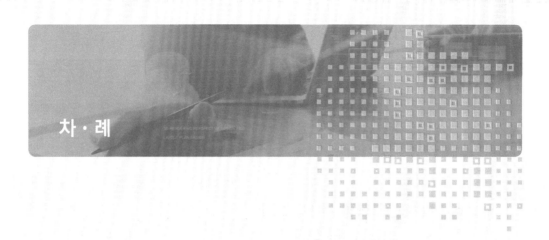

차 · 례

제1편 경영학의 기초

제 3 장　경영이론의 발전

제 2 편   기업론

보　론　인적자원관리

제 1 편

경영학의 기초

경영과 경영자

우리 인간은 조직을 만들고 그 안에서 어떤 목적을 달성하려고 한다. 따라서 조직마다 추구하는 목적이 상이하다. 그 조직이 영리를 추구하든, 하지 않든 제한된 자원을 잘 사용해서 목적을 달성하려는 경영자(또는 관리자)가 꼭 존재한다. 예컨대 축구대표팀 감독, 산악회 총무, 기업의 생산부장, 군의 사단장, 재정경제부의 금융정책국장 등이 경영자이다.

모든 조직에서 경영자는 예컨대 IMF 외환위기, 세계적인 금융위기, 자원과 환경의 도전, 불확실한 국제관계, 4차 산업혁명 시대의 도래 등 불확실성과 예기치 못한 사건을 끊임없이 취급한다. 더욱 위기의 빈도와 강도는 지난 20여 년 동안 급격히 증가하였다. 근래 4차 산업혁명의 급격한 기술 환경의 변화 속에서 경영자가 확고한 경영자질과 능력을 보유하면 조직은 위기로부터 벗어나 건전하고 고무적이며 생산적인 조직으로 탈바꿈할 수 있다.

경영의 성격은 다양하고 잡기 힘든 도전(challenge)을 극복하는 것이다. 경영자는 급속도로 발전하는 기술을 따라가야 하고 극심한 글로벌(global) 경쟁, 불확실한 환경, 자원의 고갈 및 세계적으로 만연한 정치·경제·사회적 격동 속에서 기업의 경쟁력을 유지해야 한다. 성공하는 조직은 그냥 발생하는 것이 아니라 경영의 결과로 얻어진다. 오늘날 경영자는 어려운 문제를 해결하고 놀랄 만한 경영성과를 달성하여 조직을 성공적으로 만들어야 한다.

본장에서는 조직·경영·경영자가 무엇인지, 또 조직에서 경영자가 수행하는 기능과 역할은 무엇인지 공부하고자 한다. 한편 학문으로서의 경영학의 성격은 어떤 것인지도 다룰 것이다.

1. 조직의 경영

▌조직의 정의

우리 인간은 사회적 동물로서 각종 모임이나 단체와 같은 수많은 조직을 구성하고 그 안에서 각자 맡은 임무를 수행한다. 우리는 산악회나 조기 축구회를 구성하기도 하고 동네 빵집 같은 기업을 설립하고 국가를 건설하기도 한다. 우리가 관심을 갖는 경영자(manager)들은 이러한 조직을 위해서 일을 한다. 그러면 조직이란 어떻게 정의할 수 있는가?

조직(organization)이란 공통의 목적(common goals)을 달성하기 위하여 둘 이상의 사람이 인위적으로 만들어 상호 협력하는 유기체라고 정의할 수 있다. 이와 같이 조직이란 함께 일하고 여러 목적이나 원하는 미래의 성과를 달성하기 위하여 활동들을 조정하는 사람들의 집합체인 것이다. 모든 조직은 명시적이든 묵시적이든 달성하려는 목적을 갖는다. 예를 들면, 테니스 동호회는 테니스를 즐기는 사람들이 상호간 친목을 도모하고 경기력을 향상시키려는 목적을 가지고 결성한다.

그러면 우리는 왜 조직을 구성하려고 하는가? 조직의 필요조건은 공통의 목적과 상호 협력이다. 조직을 통한 상호 협력이 필요한 이유는 개인 활동의 한계 또는 비효율성에 있다. 즉 구성원 각자 분업(division of labor)을 통한 효율성 제고가 가능하기 때문에 조직을 구성하려고 한다. 혼자서 하면 불가능한 일, 또는 여럿이 하면 쉬운 일 등은 조직을 통해 가능해지거나 경제적으로 유리할 수 있기 때문이다. 한편 여럿이 일을 하면 혼자 하는 경우보다 더 많은 정보와 지식을 생성하게 되어 조직 내에서 일을 하게 되면 사람들은 경험과 경력을 축적하게 된다.

모든 조직은 목적, 규모, 형태에 상관없이 다음과 같은 공통적인 특성을 갖는다.

- 각 조직은 구성원들이 상호 협력하여 추구하고자 하는 공통의 사명이나 목적을 갖는다. 조직의 기본적인 목적은 제품이나 서비스를 고객에 제공하고 이윤을 창출하려는 것이다. 예를 들면, 마이크로소프트 회사의 기본적인 목적은 새로운 제품이나 서비스를 꾸준히 혁신해서 글로벌 시장에 내놓는 것이다.
- 각 조직은 두 명 이상의 사람으로 구성된다. 조직의 목적을 달성하기 위하여 구

[그림 1-1] 개방시스템으로서의 조직

성원들의 육체적 · 정신적 노력을 결합하고 통합 · 조정한다.

• 모든 조직은 구성원들이 각자 맡은 분업을 효율적으로 수행할 수 있도록 어떤 구조(structure)를 만든다. 조직은 명령을 하달하고 작업결과를 평가하고 책임을 질 권한을 갖는 상위자와 하달된 작업내용을 실천하고 보고하는 의무를 갖는 하위자로 구성된다.

• 모든 조직은 목표달성을 위한 계획(plan), 규칙(rule) 또는 규정(regulation)을 가지고 있다. 조직이 효과적이기 위해서는 무엇을 어떻게 해야 하는가에 대한 계획은 물론 조직의 운영에 관한 방침과 방향이 세부적으로 문서화된다.

• 모든 조직은 목표를 달성하기 위하여 필요한 자원(resource)을 획득하고 배분한다. 여기서 자원이란 구성원과 그들의 기능, 노하우, 경험, 기계, 원자재, 컴퓨터 및 정보기술, 자금, 고객 등을 의미한다.

• 조직은 고객을 위해 제품과 서비스를 생산 · 제공하는 프로세스에서 환경과 상호작용하는 개방시스템(open system)이다. 이는 〈그림 1-1〉에서 보는 바와 같다.

조직의 유형

조직은 특정 목적을 달성하기 위하여 구성되므로 추구하는 목적에 따라 조직은 다음과 같은 네 가지의 형태로 분류할 수 있다.

- 기업조직
- 비영리 서비스조직
- 상호이득조직
- 공공복리조직

　　기업조직(business organization)은 금전적 이익을 목적으로 하는 생산조직이다. 따라서 이익을 내지 못하는 조직은 생존할 수 없다. 이익은 제품이나 서비스를 생산하여 고객의 수요를 효율적으로 만족시켜 가치를 창출하여 정당하게 사회적으로 보상을 받을 때 발생한다.[1] 그러나 오늘날에는 기업의 목적에는 매출규모, 순이익, 시장점유율 같은 이윤 추구적 목적 외에도 고객만족, 종업원 복지, 고용안정 등 비재무적 목적도 포함된다.

　　비영리 서비스조직(nonprofit service organization)은 금전적 이익을 추구하지 않고 봉사활동을 통한 사회의 존경과 신뢰를 위하여 다만 특정 서비스를 사회에 제공하는 조직이다. 예를 들면, 정부, 종교단체, 교육기관, 의료기관, 군대, 경찰서, 양로원 등이다.

　　비영리조직도 설립목적을 달성하기 위하여 최소의 자원으로 최대의 서비스를 제공하기 때문에 일반 기업 등이 하는 경영활동을 수행한다고 볼 수 있다.

　　상호이득조직(mutual-benefit organization)이란 예를 들면, 노조, 전국경제인연합회, 정당과 같이 자기 자신의 이익을 추구하기 위하여 결성되는 조직이다.

　　공공복리조직(commonweal organization)이란 비영리 서비스조직처럼 이익을 추구하지 않고 사회에 공공서비스를 제공하는 조직이지만 사회의 한 부문을 대상으로 하는 비영리 서비스조직과 달리 주어진 인구의 모든 구성원들에게 표준화된 서비스를 제공하게 된다. 예를 들면, 군부대, 경찰서, 소방서 등은 여기에 속한다.

▌경영의 정의

　　모든 기업은 고객들을 위하여 값싸고 품질 좋은 제품을 신속하게 생산하거나 서비스를 제공한다. 이것이 기업의 존재이유이기도 하다. 따라서 경영은 이러한 과정에서 필요한 여러 가지 활동들을 수행한다.

1　이는 생산이윤으로서 금융 부조리, 불공정거래 행위, 정치적 특혜조치, 부동산 투기 등 사회정의에 어긋나는 활동을 통해 얻는 의제이윤과는 대립된 개념이다.

[그림 1-2] 기업경영의 과정

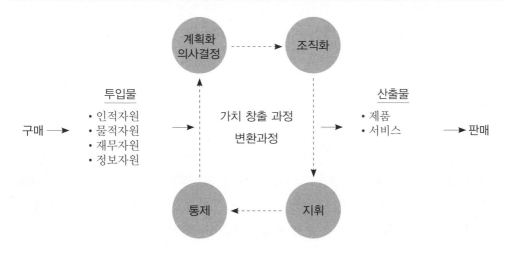

경영(management)이란 기업의 목적을 달성하기 위하여 여러 가지 자원(투입물)을 구입하여 효율적이고 효과적으로 변환과정을 거쳐 더욱 가치 있도록 생산된 제품이나 서비스(산출물)를 고객(소비자, 다른 기업, 정부)에 판매하여 가치와 수익을 창출하는 연속적인 과정을 거치면서 계획화 및 의사결정, 조직화, 지휘. 통제 등을 수행하는 모든 활동들을 일컫는다. 기업의 경영은 [그림 1-2]에서 보는 바와 같다. 기업경영은 투입물 → 생산 → 산출물의 세 단계를 순차적으로 거치는 과정으로 볼 수 있다. 이렇게 진행되는 과정에서 가치가 창출되고 이동하는데 마이클 포터(Michael Porter) 교수는 가치사슬 모델(value chain model)이라고 한다. 이에 대해서는 제4장에서 공부할 것이다.

기업은 이윤 추구라는 목적 외에도 매출규모, 순이익, 시장점유율, 고객만족, 종업원 만족과 같이 정량적 목표로 나타낼 수도 있지만 "세계 최고 수준의 제품을 생산한다" 처럼 정성적 목표로 나타낼 수도 있다.

이와 같이 모든 기업은 그의 목적을 달성하기 위하여 여러 가지 자원(resource)을 외부로부터 구입한다.

- 인적자원: 경영자의 재능과 경험, 고유의 기술, 경영 노하우, 기업의 상표나 명성
- 물적자원: 공장, 사무실, 생산설비, 원재료
- 재무자원: 자본
- 정보자원: 정보, 지식, 첨단기술

일반적으로 경영은 운영이나 관리와 비슷한 개념이다. 그러나 엄밀하게 구분하자면 경영은 기업 전체를 대상으로 하지만 관리는 기업의 특정 분야를 대상으로 한다. 따라서 전체적인 의미로 기업경영이라는 용어가 사용되고 예컨대 그의 일부분인 생산분야를 대상으로 할 때는 생산관리라 한다. 이와 같이 여러 가지 관리활동을 통합할 때 경영이라는 용어가 쓰인다. 한편 비즈니스(business)란 일반적으로 직무, 일, 장사, 업무, 사업, 영업 등을 의미하는데 제품과 서비스를 생산하고 고객에 판매하여 이익을 창출하는 일체의 기업활동을 의미한다. 따라서 비즈니스의 일차적 동기는 바로 이익이다. 이익을 내도록 비즈니스 활동을 운영하는 것이 경영활동이라 한다.

비즈니스를 하는 사람은 비즈니스맨이거나 경영자이지만 그 주체는 기업이다. 따라서 기업이 비즈니스를 수행한다고 말할 수 있다. 그러므로 기업의 목적이 바로 비즈니스의 목적이 된다. 이상에서 설명한 경영의 특성을 요약하면 다음과 같다.

- 경영은 조직목표 달성을 위한 연속성과 순환성을 갖는 프로세스이다. 계획, 조직, 지휘, 통제와 같은 일련의 활동과 운영을 포함한다.
- 경영은 여러 가지 제한된 자원을 효율적·효과적으로 결합하는 프로세스이다.
- 경영은 원하는 결과(목적)를 달성하기 위하여 많은 활동(일, 과업)을 성공적으로 수행하는 노력을 포함한다.
- 경영은 공통의 목적을 달성하기 위하여 서로 다른 기능을 수행하는 사람들로 구성된 조직 내에서 이루어지는 활동들을 포함한다.
- 경영은 환경변화를 예측하고 이에 적응해 가는 활동들을 포함한다. 경영의 복잡성과 불확실성은 환경으로부터 연유한다.

▎경영성과

조직의 목적이 무엇이든, 조적의 형태와 규모가 어떻든지 간에, 경영자는 조직의 목적을 달성하기 위하여 자원을 효과적이고 효율적으로 사용하기 위한 여러 가지 활동을 수행한다. 각 조직은 경영을 어떻게 하느냐에 따라 그 성과가 달라진다. 따라서 경영자의 목적은 높은 경영성과를 달성하려는 것이고 경영자의 능력은 조직성과에 의하여 측정된다. 조직의 전반적인 성과를 기술하는 공통적인 방법이 생산성(productivity)의 측정이다. 이는 투입물의 비용(input)에 대한 산출물의 수량(output)으로 측정한다. 생산성

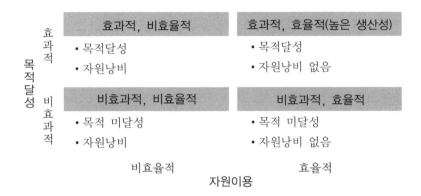

[그림 1-3] 생산성과 조직성과

	비효율적	효율적
효과적 (목적달성)	**효과적, 비효율적** • 목적달성 • 자원낭비	**효과적, 효율적(높은 생산성)** • 목적달성 • 자원낭비 없음
비효과적	**비효과적, 비효율적** • 목적 미달성 • 자원낭비	**비효과적, 효율적** • 목적 미달성 • 자원낭비 없음

자원이용

은 개인, 그룹, 조직, 국가 차원에서 평가할 수 있다. 〈그림 1-3〉에서 보는 바와 같이 생산성은 효율성과 효과성이라는 두 가지의 성과측정을 포함한다.

조직성과(organizational performance)란 관리자들이 고객을 만족시키고 조직의 목적을 달성하기 위하여 가용 자원을 얼마나 효율적이고 효과적으로 사용하여 가치창출을 하는가의 측정결과를 말한다. 조직성과는 생산성을 통한 효율성과 효과성이 증가할수록 증가한다.

여기서 효율성(efficiency)이란 일정한 산출물을 생산하기 위하여 더욱 적은 자원과 시간을 사용하는 원가절감을 말한다. 이와 같이 효율은 어떤 목적을 달성하는 과정에서 가용자원을 얼마나 생산적으로 활용하는가 하는 능력이라고 정의할 수 있다. 자원을 효율적으로 사용하면 비교적 낮은 원가로 제품을 생산할 수 있다. 반대로 효율성은 일정한 투입에 비하여 산출을 증가시킴으로써 달성할 수도 있다. 이때 이윤이 발생하는데 이윤은 효율성의 결과물이다. 한편 효과성(effectivity)이란 조직이 적절한 목적을 선정하고 이를 달성하는 능력을 말한다. 즉 효과란 옳은 결정을 내리고 이를 성공적으로 수행하려는 것을 말한다. 따라서 효과성이란 조직 목표의 달성 정도를 의미한다.

피터 드러커(Peter Drucker)의 구분에 의하면 효율은 자원의 이용을 극대화하기 위하여 어떤 일을 올바르게 하는 것(doing things right)을 의미하고 효과란 어떤 목적을 달성하기 위하여 올바른 일을 수행하는 것(doing the right things)을 의미한다. 저렴한 원가로 제품을 생산하는 것은 효율성의 경영원리이고 품질 좋은 제품을 생산하여 고객으로부터 높은 호응을 받는 것은 효과성의 경영원리이다.

효율은 일을 해내는 수단(means)과 관련이 있고 효과는 조직 목적의 달성이라는 결과(ends)와 관련이 있다. 우리나라 기업에서는 효율성을 중시하여 저렴한 제품이나 서비스를 생산하려고 한다. 효과성을 등한시하고 효율성만을 강조한다면 기업의 성장과 발전을 기하기 어렵다. 저렴한 가격에 품질이 우수한 제품을 판매하는 경쟁자에게 시장에서 경쟁력을 잃기 쉽기 때문이다. 진정한 경영자는 효과와 효율을 한쪽으로 치우침이 없도록 균형 있게 추구해야 한다. 즉 효과적인 경영자는 옳은 목표를 세워 추구하면서 동시에 자원을 효율적으로 이용할 수 있는 자질을 갖추어야 한다.

2. 경영자

▌ 경영자의 정의 및 유형

우리는 이미 조직과 경영의 의미를 살펴보았다. 어떤 조직에서 경영활동을 수행하는 사람이 경영자이다. 조직에는 많은 구성원들이 맡은 임무를 수행한다. 이들 중에서 가장 핵심적인 사람이 경영자이다.

경영자(manager)란 조직의 목적을 효율적이고 효과적으로 달성하기 위해 여러 가지 자원의 배분을 계획하고, 조직하고, 지휘하고, 통제하며 목표가 달성되는가를 확인하고 감독하는 사람이라고 정의할 수 있다. 경영자는 이런 과정에서 작업자들이 하는 일을 조정하고 감독하고 돕는 역할을 수행한다.

모든 조직은 여러 가지 형태의 경영자를 보유한다. 모든 경영자들이 갖는 공통적인 책임은 조직 구성원들로 하여금 목적을 공유하고 그 목적을 달성하기 위하여 자원을 효율적으로 사용하도록 하는 것이다. 즉 경영자는 경영마인드(business mind)로 무장되어야 한다. 투입물보다 산출물을 크게 하는 효율성을 염두에 두고 경영활동을 하려는 마음 자세가 필요하다. 오늘날에는 도지사나 시장·군수 등 공공서비스를 제공하는 사람들까지도 여러 자원을 효율적으로 사용하겠다는 경영마인드기 투철해야 한디.

경영자는 관리자와 구분하여 사용할 수 있다. 조직의 수뇌부는 최고경영층이라 하고 그의 하위에 있는 집행부는 중간관리층 또는 일선관리층이라고 한다. 이때 경영자는 관리자의 상위개념으로서 전략적·정책적 결정을 담당하고 관리자는 일상적·실천적 기능을 수행한다.

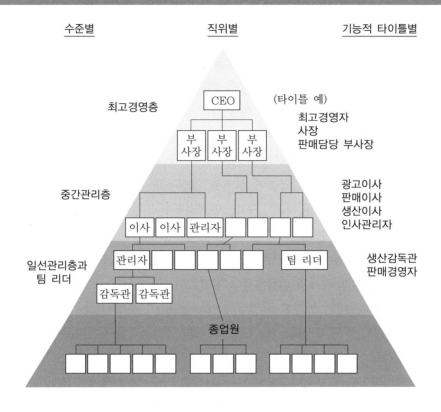

[그림 1-4] 경영자의 형태

이외에도 경영자는 기업조직과 관련된 개념으로 사용하고 관리자 또는 운영자는 비영리조직 또는 공공조직과 관련하여 사용하기도 한다.

이들 두 개념은 구분하지 않고 혼용하는 경우가 일반적이지만 본서에서는 경영자를 관리자의 상위개념으로 사용하려고 한다.

모든 조직은 효과적, 효율적으로 임무를 수행하기 위하여 경영자를 수직적 기준과 수평적 기준에 따라, 그리고 수준(level)별, 직위(position)별, 기능적 타이틀별로 분류한다. 이는 〈그림 1-4〉와 같다.

1 최고경영자, 중간관리자, 일선관리자

먼저 조직의 수직적 계층에 따라서 경영자는 최고경영자(top managers), 중간관리자(middle managers), 일선관리자(first-line managers)로 분류할 수 있다. 이들 간에는 위계질서는 물론 업무영역과 책임의 성격에 차이가 있다.

첫째, 최고경영자는 기업의 위계질서의 상위에 속하는 소수의 고위 인사들을 의미한다. 소위 임원으로 불리는 최고경영자 집단(최고경영층)은 어떤 제품이나 서비스를 생산할 것인가와 같은 기업의 목적과 기업에 중대한 영향을 미치는 중·장기적 의사결정을 담당한다. 이사, 부사장, 사장, 회장 등은 최고경영층이라고 부른다. 특히 CEO(Chief Executive Officer)라고 불리는 사장이나 회장 등 최고경영자는 최고 의사결정권자이면서 전략수립가로서 기업 전체를 총괄하며 환경의 변화에 신속한 변화를 강구하고 사업성과에 대한 포괄적 책임과 기업의 사회적 책임을 진다.

둘째, 중간관리자는 최고경영층이 설정한 경영목표, 전략, 정책을 집행하기 위해 자원을 배분하고 생산, 마케팅, 재무, 구매, 인적자원관리 등과 같은 기업 내 각 부문의 활동을 담당하는 부장을 의미한다.

이외에도 중간관리층은 일선관리층에 대한 지휘·감독을 수행하고 최고경영층과 일선관리층 사이의 상호 관계의 조정역할도 담당한다.

셋째, 일선관리자에는 예컨대 작업감독관(supervisor), 은행의 창구책임자, 군 하사관, 병원의 수간호원 등이 해당되는데 이들은 조직의 상위목표를 지원하고 일반 종업원의 성과를 장려·감독·보상·보고하고 상급자들이 결정한 사항을 실행하는 업무를 맡는다.

넷째, 팀 리더(team leader)라고도 부르는 팀장은 최근 각 조직에서 도입하는 자율관리팀(self-managing team)을 이끄는 사람으로서 그의 공식적인 감독자는 존재하지 않는

[그림 1-5] 자율관리팀의 역할

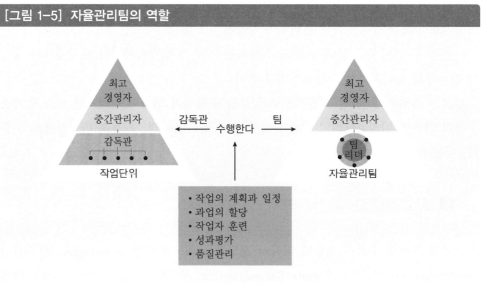

다. 팀 멤버(구성원)들은 자신들의 제품·서비스의 생산활동을 감독하고 그들의 품질을 감시할 권한을 갖는다.

팀 멤버들은 정보기술의 도움으로 과거에 일선관리자들이 수행하였던 기능, 책임, 의무를 담당하게 되었다. 이러한 환경에서 일선관리자들은 종업원들에게 무엇을 할 것인지 지시하지 않고 팀 멤버들이 일을 더욱 효율적으로 수행할 수 있는 새로운 방법을 강구하는 데에 필요한 자문이나 지침을 제공하는 일을 하게 된다. 이는 〈그림 1-5〉에서 보는 바와 같다.

❷ 전문경영자와 일반경영자

수평적 분업의 관점에서 활동범위 및 전문지식과 능력 등을 기준으로 경영자는 전문경영자와 일반경영자로 분류할 수 있다. 전문경영자(professional manager)는 회계, 생산, 마케팅, 재무, 정보 등 특정 기능분야에 국한된 업무를 수행하면서 그 분야에 전문성을 가진 관리자를 의미한다. 이들은 기능관리자(functional manager)라고도 부른다.

반면 일반경영자(general manager)는 최고경영자, 공장관리자 등과 같이 여러 전문분야가 연계된 복합적 관리업무를 수행하는 관리자이다. 소규모 조직에서는 한 명의 일반경영자가 필요하겠지만 대규모 조직에서는 상대적으로 독립된 부서에 모두 일반경영자를 둘 수 있다.

❸ 소유경영자와 전문경영자

기업자본과의 관계를 기준으로 경영자는 소유경영자와 전문경영자로 분류할 수 있다. 소유경영자(owner manager)는 자신이 기업을 소유하면서 필요한 자본을 조달하고 그 기업을 직접 경영하는 책임경영을 담당하는 경영자를 말한다. 기업의 규모가 크지 않고 전문경영능력을 필요로 하지 않는 기업에서 볼 수 있다.

소유경영자는 자본투자에 따른 위험부담을 책임지고 그에 따른 경영성과에 의한 이익도 모두 차지한다. 그러나 기업의 규모가 점차 확대해 감에 따라 소유경영자의 재력에는 한계가 있어 자본의 조달은 다수의 투자자들에 의존할 수밖에 없다.

주식회사가 일반화함에 따라 기업의 자본은 주식의 형태로 조달되는데 기업의 주식이 고도로 분산되면 소유와 경영의 분리가 이루어져 소유주인 주주들은 주가 등락과 이익배당에만 관심이 있고 경영은 전문지식과 노하우를 갖춘 전문경영자(professional manager)가 전담하게 된다. 이때 전문경영자는 다수의 주주들로부터 기업경영권을 위임받기 때문에 수탁경영자 또는 대리인(agent)이라고도 한다.

▎경영과정

경영은 기업의 목적을 달성하기 위하여 여러 가지 자원을 결합하고 조정하는 프로세스라고 정의할 수 있다. 경영자는 이러한 책임을 효과적이고 효율적으로 수행하기 위해서 여러 가지 활동과 기능을 수행한다.

따라서 경영과정(management process, 관리과정)은 경영자가 수행하는 기본적인 네 개의 경영기능(management function)으로 구성되어 있다고 할 수 있다.[2] 이들은 〈그림 1-6〉에서 보는 바와 같이

- 계 획 화
- 조 직 화
- 지　　휘
- 통　　제

등이다. 이들은 별개이지만 상호 관련이 되어 있다. 예를 들면, 아무리 계획이 훌륭하더라도 지휘가 잘못되면 목적은 달성될 수 없다. 한편 경영자는 이러한 과정을 순차적으로 하는 것이 아니고 경우에 따라서는 동시에 수행하기도 한다. 이러한 경영활동의 성격을 맨처음 주장한 사람은 프랑스의 페이욜(Henri Fayol)이다.

계획화(planning) 또는 계획수립이란 조직이 추구할 비즈니스의 목적을 설정하고 이의 높은 성과를 달성할 전략(strategy)을 수립하며 이러한 전략을 추구하기 위해 활동들을 조정할 계획(plans)을 수립하고 목적달성에 필요하 자원을 획득하고 배분하는 의사결정 과정을 말한다. 계획화 활동의 예를 들면, 현 상황을 분석하고, 미래를 예측하고, 목표를 수립하고, 수행할 활동들을 결정하고, 자원을 결정하고 배분하는 것 등이다. 그런데 계획화는 불확실한 환경에서 수립하므로 실패할 리스크도 존재하므로 복잡하고 어려운

---

2 프랑스의 페이욜은 20세기 초에 경영자가 수행하는 5대 기능으로 계획화, 조직화, 지시(commanding), 조정(coordination), 통제 등을 제시하였으나 오늘날에는 지시와 조정을 지휘로 통합하였다.

[그림 1-6] 경영기능

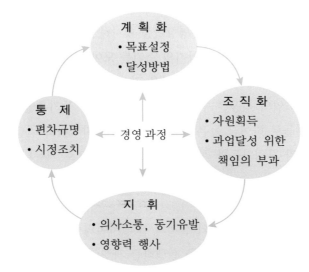

과정이다. 그러나 경영자가 어떻게 계획과 전략을 수립하느냐에 따라 그 조직이 얼마나 효율적이고 효과적이냐가 결정된다.

　동네에 핏자집을 오픈한다고 할 때 어떤 형태의 핏자를 만들 것인가? 주문을 받아 30분 내에 배달하기로 한다면 배달원 몇 명이 필요하고 오토바이 몇 대를 구매해야 하는가? 각 종업원들에게 분담시켜야 할 업무는 무엇인가? 등 사전에 계획을 수립해야 한다. 실제로 기업에서는 최고경영층이 전반적인 목적과 전략을 수립하면 하위관리층은 이러한 전략적 계획을 지원할 구체적인 운영계획을 수립하게 된다. 계획화에 대해서는 제10장에서 자세히 공부할 것이다.

　조직화(organizing)란 기업이 수립한 계획을 어떻게 성공적으로 수행할 것인가를 결정하는 일로서 이에 필요한 여러 가지 인적·물적자원을 조달하고 배분하고 조정하는 기능을 말한다. 즉 조직화는 계획을 실현하고 목표를 달성하는 데 참여할 구성원들의 관계구조를 창출하는 프로세스로서 역동적인 조직을 설립하는 것을 목표로 한다. 이를 위해서는 조직시스템(organizational system)의 설계와 개발이 필요하다. 조직화를 통해서 경영자는 수행할 과업(task)이 무엇이며, 이를 누가 수행할 것인가, 이들 과업을 어떻게 그룹화할 것인가, 그리고 이들 과업을 어떻게 관리하고 조정할 것인가를 결정하게 된다. 한편 누가 누구에게 보고할 것이며, 누가 의사결정 책임이 있는가도 결정된다. 이와 같이 조직화는 각 구성원이 필요로 하는 작업, 권한, 자원을 결정하고 이를 배분하는 것을 말한다. 조직화는 제12장에서 다시 공부할 것이다.

지휘(leading)란 기업의 목적을 달성하도록 경영자가 기업의 구성원들로 하여금 수행해야 할 업무를 지시하고 조율하고 영향력을 행사하고 동기부여를 하는 기능을 말한다. 이는 오케스트라 지휘자가 여러 악기의 소리를 모아 화음을 만들어 내는 것처럼 기업을 지휘해야 한다. 그런데 구성원들의 마음 자세와 일하는 방식에 따라 기업의 성패가 판가름난다. 즉 기업의 성공은 구성원들의 지식, 기술, 동기유발 등에 좌우된다. 따라서 지휘는 구성원들로 하여금 높은 성과를 이루도록 자극하고 일할 분위기를 조성하는 것이다. 즉 지휘란 작업자들과 개인적으로 또는 그룹으로 커뮤니케이션하고 이들을 이끌고 또한 동기부여(motivation)하는 것을 의미한다. 지휘에 대해서는 제14장에서 자세히 공부할 것이다.

통제(controlling)란 계획된 결과와 실제의 결과 사이의 편차를 규명하는 기능을 말한다. 경영자는 전략적 및 운영적 계획을 실행하는 과정에서 진척상황은 물론 현재의 업무성과를 감시하고 평가할 필요가 있다. 실적이 계획대로 진행하지 않으면 시정조치를 강구해야 한다.

통제(controlling) 기능은 기업의 목적을 달성하는 방향으로 조직 구성원들의 행동이 올바로 움직이도록 하는 방법을 제시해 준다는 의미에서 아주 중요한 기능이라고 할 수 있다. 예컨대 각 부서의 예산편성은 통제시스템의 역할을 수행한다. 통제에 대해서는

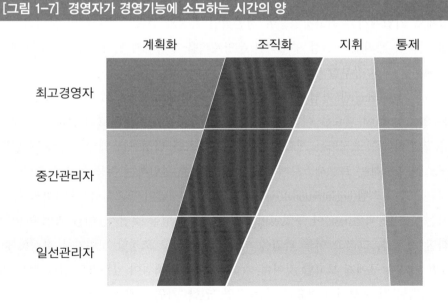

[그림 1-7] 경영자가 경영기능에 소모하는 시간의 양

	계획화	조직화	지휘	통제
최고경영자				
중간관리자				
일선관리자				

제15장에서 자세히 공부할 것이다.

　모든 경영자는 네 개의 기능을 수행한다. 하지만 어느 특정 경영자에 대한 네 경영기능의 상대적 중요성은 경영계층에서 그 경영자가 어떤 위치에 있느냐에 의존한다. 조직성과를 향상시키기 위하여 자원을 계획하고 조직화하는데 경영자가 소요하는 시간은 계층을 올라갈수록 증가한다.

　즉 최고경영층은 기업의 장기적 성과를 결정하는 계획화와 조직화의 기능에 더 많은 시간을 소비하고 일선관리자는 지휘와 통제기능에 더 많은 시간을 소비한다. 한편 중간관리자는 모든 기능에 거의 같은 시간을 소비한다. 이는 〈그림 1-7〉이 보여 주고 있다.

▌경영자의 자질

　경영자가 하는 일이란 다양하고 복잡하다. 기업을 경영한다는 것은 어려운 활동이다. 유능한 경영자가 되기 위해서는 여러 가지 자질, 지식과 능력을 겸비해야 실수를 줄일 수 있다. 따라서 특정 분야에서 다른 사람보다 더욱 일을 잘 하기 위해서는 몇 가지 능력과 자질을 소유해야 한다.

　오늘날의 전문경영자는 과업관련 활동, 사람관련 활동, 변화관련 활동 및 경영순환 활동과 경영기능을 성공적으로 수행하기 위해서 전문적 능력, 즉 경영자질(management skills)을 발휘할 수 있어야 한다.

　이러한 경영자의 자질은 재능·경험·교육훈련·실무를 통해서 학습되고 향상되는 특성을 갖는다. 그동안 많은 학자들은 성공적인 경영자들이 공통적으로 보유하는 능력과 재능이 무엇인지를 밝히려는 노력을 경주하여 왔는데 카츠(Robert L. Katz)는

- 전문적 자질
- 대인적 자질
- 개념적 자질

로 요약하고 있다.[3]

---

3 Robert L. Katz, "Skills of an Effective Administrator," *Harvard Business Review*(Sept.-Qct. 1974), pp. 90~102.

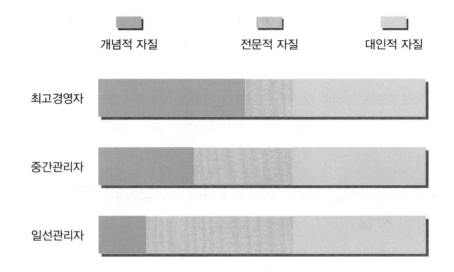

[그림 1-8] 조직계층에 따른 경영자질의 상대적 중요성

개념적 자질　　　전문적 자질　　　대인적 자질

최고경영자

중간관리자

일선관리자

이러한 경영자질과 업무책임은 경영자의 계층에 따라 다르다.

전문적 자질(technical skills)이란 일을 수행하는 데 필요한 절차, 과정, 장비, 기법, 정보기술 등에 관한 특별한 지식과 이러한 지식의 사용에 관련된 능력을 보유하고 있음을 의미한다. 이러한 자질은 〈그림 1-8〉에서 보는 바와 같이 하위관리자에게 많이 요구되며 성공적인 기업의 초창기에 아주 중요한 요소가 된다.

대인적 자질(interpersonal skills)은 감수성, 설득력, 감정이입(empathy) 등을 소유하여 작업그룹 구성원들의 감정, 태도, 동기를 이해하고 커뮤니케이션(communication)을 원활히 할 수 있음을 의미한다. 사람들과 함께 잘 일하는 것은 경영성공에 필수적이다. 이러한 자질은 경영자 모두에 요구되지만 특히 중간관리자에게는 필수적이다.

개념적 자질(conceptual skills)은 조직의 모든 관심과 활동들을 조정하고 통합하는 데 필요한 논리적 사고, 판단력, 분석능력 등을 의미한다. 이는 계획화와 조직화를 책임지는 최고경영자에게 많이 요구된다. 개념적 자질은 조직이 어떤 환경에 처해 있는지, 옳은 방향으로 나아가고 있는지, 조직의 한 부분의 변화가 나머지 부분에 어떻게 영향을 미치는지를 이해할 수 있는 지적능력으로서 시스템적 사고(systems thinking)라고도 한다. 따라서 이러한 자질을 소유하면 조직을 전략적으로 생각하고 조직의 큰 그림(big picture)을 보며 전 조직에 도움이 되는 폭넓은 문제해결의 의사결정을 하게 된다.

앞절에서 설명한 계획화 기능을 잘 수행하기 위해서는 개념적 자질이 필요하고 조

[그림 1-9] 경영자질과 경영기능의 관계

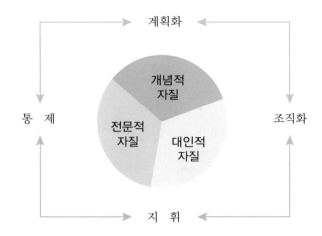

직화 기능을 위해서는 개념적 자질과 함께 대인적 자질이 필요하다. 한편 지휘 기능을 위해서는 대인적 자질이 요구되고 통제 기능을 위해서는 전문적 자질이 요구된다. 〈그림 1-9〉는 경영자질과 경영기능의 상호 관계를 보여 주고 있다.

경영자 역할

경영자가 하는 일은 어떤 것인가? 그들은 과연 어떤 일에 자신들의 시간을 소비하고 있는가? 이러한 일들을 수행하는 데 정보기술은 어떤 영향을 미치는가? 오늘날 정보기술은 경영자의 기능, 경영자의 역할, 경영자의 자질에 중요한 영향을 미친다.

모든 계층의 경영자는 경영 목표의 달성을 위해 계획을 수립하고, 조직을 형성하고, 부하를 지휘하며, 그 성과를 통제하는 등 여러 경영활동을 수행하게 된다. 그러나 이러한 일련의 과정적 경영활동은 경영 목표달성을 위해 필요한 경영자의 순환적 직능을 의미할 뿐이며 그 과정에서 경영자가 실제로 어떻게 행동하고 있느냐를 설명해 주지는 못한다. 이러한 과정에서 경영자들이 실제로 수행하는 특정 과업들을 10개의 역할로 정리한 사람이 민츠버그이다.

민츠버그(Mintzberg)는 경영활동을 수행하기 위하여 경영자들이 실제로 매일 어떻게 시간을 소비하며, 어떠한 일을 하고 있느냐 하는 경영자 역할(management roles)을 실

[그림 1-10] 경영자의 역할

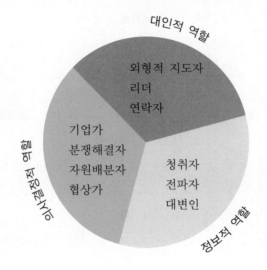

대인적 역할

외형적 지도자
리더
연락자

기업가
분쟁해결자
자원배분자
협상가

의사결정적 역할

청취자
전파자
대변인

정보적 역할

증적 관찰자료에 근거하여 설명하고 있다.[4]

그는 어떤 계층의 경영자를 막론하고 공식적 권한과 지위로부터 비롯되는

- 대인적 역할
- 정보적 역할
- 의사결정적 역할

을 수행하고 있다고 주장한다. 이와 같은 관계는 〈그림 1-10〉에 나타나 있으며 각 역할을 구체적으로 설명하면 다음과 같다.

1 대인적 역할

대인적 역할(interpersonal roles)은 앞절에서 설명한 대인적 기술을 활용하여 경영자가 기업을 계속적으로 원만히 운영해 가는 데 도움을 주는 역할이다. 이러한 대인적 역

---

4 H. Mintzberg, "The Manager's Job: Folklore and Fact," *Harvard Business Review*(July–August 1974), pp. 49~61.

할은 비록 그것이 경영자의 통상적인 임무라고 해서 결코 소홀히 수행되어서는 안 된다.

- 기업의 외형적 대표자로서의 역할이다. 방문자의 접견, 부하 결혼식에의 참석, 고객접대 등 역할을 하게 된다.
- 종업원을 채용, 훈련, 동기유발시키는 등의 리더로서의 역할이다.
- 연락자로서의 대인적 역할이다. 이는 예컨대 기업 내에서는 동료, 기업 밖에서는 공급자나 고객 등과 같은 여러 이해집단과 접촉함을 의미한다.

② 정보적 역할

경영자의 직무에서 가장 중요한 측면이 바로 정보를 수집, 전달하는 것이다. 경영자의 정보적 역할(informational roles)은 세 가지로 분류할 수 있다.

- 모니터로서의 역할이다. 이는 경영자가 모니터가 되어 경영활동을 수행하는 과정에서 유리하게 활용할 수 있는 정보를 꾸준히 탐색하는 청취자가 됨을 말한다.
- 전파자로서의 역할이다. 이는 부하들에게 필요한 중요 정보를 전달해 주는 역할을 지칭한다.
- 대변인으로서의 역할이다. 이는 그가 수집한 정보의 일부를 그 자신의 부서 혹은 기업 외부의 사람들에게 전달해주는 역할을 일컫는다.

정보기술을 통하여 필요한 정보를 수집하고 종업원들에게 신속하게 전송할 수 있다. 최고경영자와 전국에 흩어져 있는 소매상들을 연결시키는 화상회의가 가능하고 Internet을 사용하여 전 종업원에게 공지사항을 알릴 수 있다. 경영자의 정보적 역할은 앞절에서 설명한 대인적 기술을 사용하여 수행한다.

③ 의사결정적 역할

의사결정적 역할(decisional roles)은 개념적 기술을 사용하여 수집된 정보를 바탕으로 여러 경영문제를 해결하는 것을 의미한다. 이 역할은 다음과 같이 네 가지로 분류된다.

- 기업가로서의 역할이다. 이는 경영자가 기업의 성장과 발전을 위해 솔선수범하며

창의적 노력을 하는 것이다.

- 문제해결자로서의 역할이다. 이는 파업, 고객파산, 계약위반, 기업 내·외에서 각종 애로상황이 발생했을 때 이의 적극적 해결방안을 모색하는 것을 의미한다.
- 자원배분자로서의 역할이다. 이는 경영자가 그 기업의 자원을 어떻게 그리고 누구에게 배분할 것인가를 결정하는 역할이다.
- 협상가로서의 역할이다. 이는 공급업자와 계약을 체결한다든가 노동조합과의 견해 차이를 해소한다든가 혹은 마케팅 전문회사와 거래를 시작하는 등의 역할이다.

정보기술을 통하여 경영자들은 어떤 프로젝트를 시작할 것인가, 어디에 자원을 투자할 것인가를 결정하는 데 필요한 정보를 실시간으로 얻을 수 있다. 또한 전자시장(electronic market)과 기업간 전자상거래(business to business: B2B) 네트워크의 출현으로 기업은 수많은 공급업자들과 거래를 할 수 있게 되었다.

3. 경영자가 직면한 도전

국내는 물론 해외에 있는 조직과의 경쟁이 오늘날 격화되고 있다. 이러한 조직이 기업조직이든 비영리조직이든 글로벌 환경의 변화에 신속히 대응하고 성과향상이라는 압력 속에 놓여 있다. 특히 두 나라 이상에서 운영하고 경쟁하는 글로벌 기업의 출현으로 기업들은 성과를 더욱 향상시키고 자원을 효율적으로 사용하도록 심한 압력을 받고 있다.

오늘날 글로벌 환경(global environment)에서 경영자들이 직면하는 네 가지 도전(challenge)은 다음과 같다.[5]

- 경쟁우위 확보
- 윤리와 사회적 책임표준의 준수
- 정보기술과 디지털 혁신

---

[5] G. R. Jones and J. M. George, *Contemporary Management*, 12th. ed.(McGraw-Hill, 2022), p. 18.

• 글로벌 위기관리 능력의 향상

▌경쟁우위 확보

경영자들과 조직이 다른 기업보다 경쟁우위를 확보하기 위해서는 자원을 효율적으로 사용해야 한다. 경쟁우위(competitive advantage)란 경쟁자들보다 원하는 제품이나 서비스를 더욱 효율적이고 효과적으로 생산하여 판매경쟁에서 이길 수 있는 능력을 말한다.

조직이 경쟁우위를 확보하기 위해서는 〈그림 1-11〉이 보여주는 바와 같이

• 효율증진
• 품질향상
• 스피드, 유연성, 이노베이션
• 고객에의 대응능력

등의 수단을 이용할 수 있다.

일정한 제품이나 서비스를 생산하는 데 사용하던 자원(예컨대 사람과 원자재)의 양을 줄이면 효율은 증진한다. 조직에서는 자원의 효율적 사용을 꾸준히 증진하기 위하여 새로운 방법, 기술을 도입하고 고도로 컴퓨터화한 조립공장에서 필요한 새로운 기능과 기법을 연마할 작업자들의 훈련이 절대적으로 필요하다.

[그림 1-11] 경쟁우위 확보의 수단

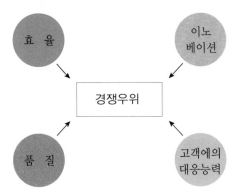

생산하는 제품이나 서비스의 품질을 향상하기 위해 작업자들의 능력과 기능을 증진시켜야 하는 압력을 경영자들은 받고 있다. 글로벌 환경에서 가격경쟁력 못지않게 품질경쟁력도 중요하기 때문이다.

작업자들은 품질향상 기법이라는 종합적 품질경영(total quality management: TQM)에 참여하여 새로운 작업방법을 개선하고 생산하는 제품의 품질을 감시하고 평가할 권한을 갖는 것이 오늘날의 추세이다.

오늘날 스피드, 유연성, 혁신에 따라 경쟁에서 우열이 결정된다. 스피드(speed)란 누가 신상품을 시장에 빨리 출하하느냐 또는 납기를 단축하여 주문을 빨리 만족시키느냐를 의미한다. 유연성(flexibility)이란 변화하는 환경에 부응하여 활동을 수행하는 방법을 변경하고 자원을 동원하는 것을 의미한다.

스피드와 유연성을 갖는 기업은 민첩한 경쟁자가 되어 계획수립 능력과 조직화 능력이 뛰어나고 미래를 예측하여 무엇을 할 것인가를 결정하게 된다.

이노베이션(innovation)이란 새로운 또는 향상된 제품이나 서비스를 생산한다든지 또는 이들을 생산하는 새로운 아이디어를 이용하는 혁신과정을 말한다. 경영자들은 혁신기술을 도입하거나 작업자들로 하여금 혁신적이도록 조직문화를 조성할 압력을 받고 있다.

기업은 고객에 제품이나 서비스를 더 많이 팔기 위하여 경쟁한다. 따라서 자주 변화하는 고객의 요구에 빨리 대응(responsiveness)하도록 훈련을 받는 종업원들은 모든 조직 특히 서비스 조직에는 절대적으로 필요하다. 예를 들면, 소매상, 은행, 병원 등에서는 품격높은 서비스를 고객에 제공해야 한다.

▍윤리와 사회적 책임표준의 준수

최고경영층은 주주들로부터 조직성과를 향상시켜 주가를 올리고 배당금을 늘리도록 압력을 받는다. 이들은 다시 중간관리층에 압력을 가해 수익을 올리도록 한다. 이러한 성과증진 압력은 좋은 결과를 가져오는 경우도 있지만 유해한 결과를 가져오는 경우도 있다는 사실을 우리는 유념해야 한다.

과도한 압력은 관리자들로 하여금 조직 내·외의 사람과 그룹을 상대할 때 비윤리적으로 행동하게 한다. 예를 들면, 비용관계로 불량품을 구매한다든가 외국 기업과의 계약을 체결하기 위하여 뇌물을 제공하는 경우이다. 기업윤리와 사회적 책임에 대해서는 제 7 장에서 자세히 공부할 것이다.

정보기술과 디지털 혁신

정보화 혁명이라고 하는 3차 산업혁명 시대에는 정보와 지식이 중심이 되어 ICBM이라고 하는 사물인터넷(I), 클라우드(C), 빅 데이터(B), 모바일(M) 등 정보기술(information technology: IT)을 활용하였다. 4차 산업혁명 시대에는 지혜와 지능이 중심이 되어 인공지능, 로봇, 5G, 증강현실/가상현실, 3D 프린팅, 블록체인, 바이오 등 디지털 기술(digital technology: DT)이 추가되어 모든 산업을 디지털화 시키고 있다. 제품, 프로세스, 조직, 제도, 인사, 문화 등 모든 것을 혁신하여 새로운 기업형태로 만들려는 디지털 전환(digital transformation)으로 산업 질서가 혼란에 빠지고 성공한 기업은 그 산업의 선도 기업으로 우뚝 서고 있다.

새로운 디지털 기술은 개인 작업자는 물론 자율관리팀에 중요한 실시간 정보를 제공함으로써 작업방식과 품질을 향상시키고 기업은 경영방식을 효율적으로 전환하게 만든다. 새로운 디지털 기술은 제품의 생산을 자동화, 지능화시킴으로써 생산성을 획기적으로 증가시킨다.

기술혁신의 세찬 물결에 휩쓸려 사라지는 기업도 수없이 발생하고 있다. 컴팩, 노키아, 코닥, 블록버스터 등은 기회를 놓치고 역사 속으로 사라졌고 우버, 에어비앤비, 애플, 구글, 네이버, 쿠팡 등 성공한 기업은 그들의 기업 가치가 날로 치솟고 있다.

전통 기업은 빨리 기술혁신의 대열에 동승해야 살아 남는다. IT 기술과 창의적인 아이디어를 엮어 새로운 혁신적인 제품을 내놓든가. 프로세스 혁신을 추구하든지 아니면 새로운 비즈니스 모델로 승부를 걸어야 하는 압력을 받고 있다. 경영자들은 이와 같이 급속하게 변화하는 상황에 부응하도록 경영방식을 바꾸는 등 도전을 받고 있다. 디지털 기술 및 디지털 전환에 대해선는 각각 제2장과 제4장에서 자세히 공부할 것이다.

글로벌 위기관리 능력의 향상

글로벌 위기(global crisis)는 두 가지 원인으로 구분할 수 있다.

첫째는 허리케인, 쓰나미, 지진, 기근, 질병 등을 포함하는 자연적 원인이다. 이러한 자연적 원인은 피할 길이 없으며 위기로부터 회복하고 경제와 인프라를 재건하는 데 수년이 소요된다.

둘째는 산업오염, 작업자 및 작업장 안전에 대한 무관심, 지구 온난화, 자연 생태계의 파괴, 지정학적 긴장과 테러, 전쟁 등 인간이 유발하는 원인이다. 예를 들면, 이산화탄소와 다른 개스의 방출로 발생하는 지구 온난화로 허리케인과 홍수가 빈발하고 가뭄이 장기화하고 있다.

미·중 간 패권경쟁으로 군사적 긴장관계가 고조되고 있는 상황에서 러시아의 우크라이나 침공으로 러시아 기업들과 거래를 하여 오던 국내 기업들은 갑작스런 거래 중단으로 경영전략 변경 등 고초를 겪어오고 있다.

오늘날 경영자들은 글로벌 위기에 효과적으로 대응함에 있어 중요한 역할을 수행해야 한다. 다시 말하면, 위기에 효과적으로 대응하기 위하여 필요한 자원을 계획하고, 조직하고, 지휘하고, 통제함에 있어 위기로부터 교훈을 배워야 한다.

위기관리(crisis management)는 다음과 같은 사항에 대한 선택을 포함한다.

- 신속한 의사결정과 커뮤니케이션을 위한 팀의 구성
- 신속한 대응을 위한 명령계통과 보고관계의 수립
- 위의 팀에서 일할 적격자의 선정
- 이해관계가 다른 그룹 사이의 갈등을 관리할 전략의 수립

경영자가 이러한 결정을 여하히 하느냐에 따라 위기에 직면하여 효과적으로 신속하게 대응하여 위기의 심각성을 예방 또는 감소시킬 수 있는 것이다.

4. 경영학의 학문적 성격

▎경영학의 의의

경영은 우리의 일상생활에 깊숙이 내재되어 있었지만 하나의 학문으로 형성된 것은 철학, 정치학 또는 경제학 등 다른 학문에 비해서 비교적 최근의 일이다. 그럼에도 불구하고 경영학은 오늘날 가장 빨리 발전하고 관심의 대상이 되는 학문 중 하나이다. 그러면 사람들은 왜 경영학에 대해서 관심을 가지는 것일까?

[그림 1-12] 경영학의 대상

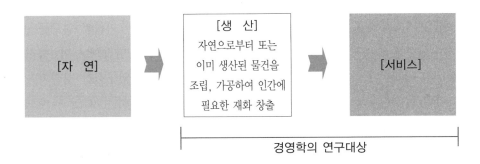

경영은 기본적으로 사회가 필요로 하는 재화나 서비스의 창출에 관심을 가진다. 즉 인간이 생명을 영위하기 위해서는 자연을 가공하여 인간에 필요한 재화 또는 서비스를 생산하여 필요한 사람들에게 전달해야 하는데 이러한 활동을 수행하는 것과 경영은 관련이 있다. 이러한 재화와 서비스의 창출은 인간 생활에 있어서 중요한 부문을 차지하고 있으며 또한 이를 얼마나 효율적으로 수행하느냐가 국가 경쟁력을 결정짓는 중요한 요인이 된다.

재화나 서비스를 창출하는 프로세스는 통상 한 사람만의 힘으로 이루어지는 것이 아니고 여러 사람의 협력이 필요하다. 여러 사람이 필요하다면 여기에서 권력, 갈등, 커뮤니케이션 등 다수의 인간관계적 요인이 발생한다. 재화나 서비스를 원활히 창출하기 위해서 우리는 이러한 인간관계적 요인을 원활히 관리할 필요가 있다.

이상의 논의를 바탕으로 할 때 경영학은 사회가 필요로 하는 재화와 서비스를 창출하기 위하여 인적·물적자원을 효율적으로 관리하는 일련의 프로세스를 연구하는 학문이라고 정의할 수 있다. 따라서 경영학의 연구대상은 〈그림 1-12〉에서 보는 바와 같이 재화와 서비스를 창출하는 데 필요한 모든 활동과 이들을 사회에 제공하는 데 관련된 모든 활동 등을 포함한다.

경영학은 전통적으로 자본주의 경제체제하에서 이윤추구를 위해 취하는 기업의 경영활동에 초점을 맞추어 왔다. 그러나 모든 조직이 경영을 하기 때문에 오늘날 경영은 기업을 포함하여 가정이나 국가 등 기본 경제주체뿐만 아니라 학교나 종교단체 등 비영리조직에도 광범위하게 적용된다.

그러나 전통적으로 경영학의 주된 대상은 기업이었다. 이는 좁은 의미의 경영학을 의미한다.

사회과학으로서의 경영학

사회과학(social science)이란 인간의 사회적 사상에 관한 모든 과학적 연구를 총칭하는 말로서 인간의 주체적인 행동을 다루는 것을 특징으로 한다. 따라서 사회, 특히 조직과 불가분의 관계를 맺을 수밖에 없는 인간을 조직과 연계지어 연구하는 경영학은 크게는 사회과학에 속한다고 볼 수 있다(〈그림 1-13〉 참조).

사회과학 중에서도 경제학이나 사회학은 인간행동의 매크로(macro)적인 종합현상에 관심을 가지지만, 경영학은 하나의 합목적적 주체로서 조직과 인간 간에 상호 관계를 맺으며 일정한 목적을 달성하고자 행동하는 인간과 그들이 집합을 이루는 조직을 그 연구대상으로 하는 과학(science)이다.

[그림 1-13] 경영학의 학문적 성격

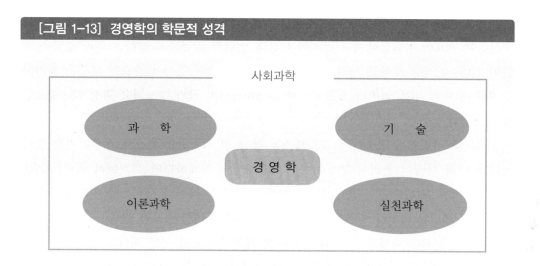

이론적인 면과 실용적인 면

경영학은 이론으로서의 성격이 강조되면서 이론의 바탕하에 실천가능한 관리기술에 대한 지침, 구체화 또는 적용시의 문제를 조정해 나가는 등의 현실적인 면 또한 중요시되고 있다. 경영학은 유기체와 같은 조직을 대상으로 하기 때문에 실용적 측면을 강조한다.

① 이론적 성격

경영학은 현실에서 나타나는 경영현상을 과학적 방법을 통해 관찰, 분석을 통해 가설을 설정하고 검정하는 과정을 거쳐 개념을 만들어 내고 개념 간의 상호 관계성을 모델화하여 현실장면에서 예측을 가능하게 하는 이론을 만들어낸다. 그러나 경영현상은 인간 간에, 조직과 인간 간에, 그리고 조직 간에 나타나는 현상으로 범위가 제한된다.

② 실용적 성격

만들어진 이론들은 현실장면에 적용되며 적용되면서 시행착오를 거쳐 관리기술이 구체화되고 이론과의 피드백(feedback) 과정을 통해 경영기술이 고양되는 실천적 성격을 갖는다. 즉 개발된 이론을 현실장면에 적용할 계획을 세우고, 계획을 실천해 나가는 과정을 점검하면서 실천을 통해서 나오는 자료를 기초로 이론과의 부합성을 검토하여 이론의 현실성을 실천을 통해 드높이게 된다.

▌기예적인 면과 과학적인 면

경영학은 효율과 효과를 추구하는 응용학문적 성격이 강하므로 과학(science)적인 면과 기예(art)적인 면을 포함한다고 볼 수 있다. 다시 말하면 효과적 경영을 위해서는 기예와 과학을 함께 적용할 때 좀더 합리적인 문제해결에 이르게 된다. 이와 같이 경영자는 자료와 객관적 사실과 함께 육감과 개인적 통찰력을 혼용하여 의사결정을 하게 된다.

① 기예적인 면

인간의 다수가 모여 조직을 이루게 되므로 조직을 운영하는 측면에서 지휘나 조정이 필요하게 되며 이때 경영학이 세운 이론을 활용하게 된다. 활용적 측면에서 기예적인 면이 중요시되고 숙련도에 따라 경영의 성과는 달라지게 마련이므로 완성된 이론의 활용이라는 면에서는 기예적인 면이 강조되어야 된다.

이와 같이 경영학의 기예적 측면이 강조되는 이유는 경영학이 다루는 경영현상에서 규칙성과 법칙성의 적용이 미약하기 때문이다. 경영은 사람과 기업조직을 대상으로 하는데 사람의 태도나 행동이 자주 변화하고 기업에 영향을 미치는 환경도 시시각각 변화하기 때문에 이들에 규칙성과 법칙성을 적용하기가 쉽지 않다고 할 수 있다.

한편 객관적인 사실이나 자료가 없는 경우에 경영자는 경험, 육감, 통찰력, 자질 등을 동원해서 의사결정을 하거나 문제해결에 이르게 된다.

2 과학적인 면

사실 오늘날 기업경영에 있어서 경영자의 경험, 육감, 통찰력과 창의력같은 기예적인 측면이 절대적으로 필요하기는 하지만 경영을 실천하는 데 있어 자료, 사실, 객관적 정보를 수집하고 계량적 모델과 의사결정기법 외에 PC를 사용하여 옳은 결정을 내리는 것이 아주 중요하다. 특히 규모가 크고 복잡하며 변화가 많은 불확실한 현실세계에서 경영은 예측을 필요로 하며 이는 과학적 접근법에 받침을 두지 않고서는 요행에 의존할 수밖에 없는 것이다.

분석적, 합리적, 객관적, 체계적인 방법에 기초한 지식의 누적이 무엇보다도 필요하고 이는 과학적 방법으로서만이 해결할 수 있으며 그런 면에서 경영학에서 과학에 의존하는 부분은 다른 학문들 못지 않게 크다고 할 수 있다.

▌경영학을 공부해야 하는 이유

우리나라에서 고등학교를 졸업하는 학생들의 대학교 경영학과에 대한 선호도는 대단히 높다. 많은 대학교에서는 MBA 과정을 두고 미래의 경영자 양성을 위하여 투자를 아끼지 않는다. 그러면 경영학에 대한 인기가 높은 이유는 무엇인가? 왜 경영학을 공부할 필요가 있는가?

첫째는 조직이 있는 곳에 경영이 있기 때문이다. 조직의 형태와 규모에 상관 없이 경영은 꼭 필요하다. 이는 경영의 보편성(universality of manegement)이라고 한다. 물론 영리조직의 경우 성공은 이익으로 측정하고 비영리조직의 경우 성공은 서비스의 효과성으로 측정하지만 경영자가 수행하는 역할이나 기능은 근본적 차이가 없는 것이다.

희소한 자원을 효율적이고 효과적으로 사용하게 되면 그 조직 나아가 사회 구성원의 복리와 번영에 큰 도움이 된다. 값싸고 질좋은 제품이나 서비스를 고객에 제공할 때 그 조직은 성공할 수 있다.

경영을 제대로 하지 못하면 고객을 상실하고 수입이 감소하여 수익성에 타격을 주게 된다. 경영학을 공부함으로써 부실경영의 결과가 무엇이며 성공경영을 위해서는 어떻게 해야 하는지를 인식하게 된다.

둘째는 비록 조직에서 경영자가 아니고 관리의 대상일지라도 경영학을 공부하면 상관(경영자)과 동료 작업자들과 원활한 관계를 유지하는 방법을 깨우치게 된다. 오늘날 작업자들은 그룹이나 팀을 이루어 함께 근무한다. 경영학은 동료 작업자들을 리드하고 그들 사이에서 발생하는 충돌을 해결하고 팀 목표를 달성함으로써 성과를 증진시키는 방법들을 가르친다.

셋째로 봉급수준이 높고 재미있고 만족스런 경력을 쌓는 데 도움이 되는 일(job)을 구하기 위해서는 경영을 이해해야 한다. 일반적으로 일이 흥미로울수록 복잡하고 책임이 따르게 된다. 경영자는 오늘날 무척 심한 경쟁 속에서 여러 가지 도전에 직면하고 있음에도 불구하고 경영자에게는 높은 보상도 뒤따른다.

경영자는 조직 구성원들이 능력을 최대한 발휘하여 조직의 목표를 달성할 수 있도록 작업환경을 조성할 책무를 갖는다. 그러면서 경영자는 창의력을 발휘하고 상상력을 동원할 기회도 갖게 되며 조직 내에서 또는 사회적으로 명성을 떨칠 일을 할 경우도 갖게 된다.

토·론·문·제　EXERCISE

01　조직은 무엇이며 왜 필요한가?

02　조직의 유형을 설명하라.

03　경영을 정의하라.

04　경영자원의 종류를 설명하라.

05　경영자를 정의하라.

06　경영과정이란 무엇인가?

07　경영자의 역할과 자질을 설명하라.

08　현대 경영자가 직면한 도전을 요약하라.

09　경영학의 학문으로서의 성격에 대하여 논하라.

10　경영학의 연구대상에 대하여 설명하라.

11　경영학의 연구방법에 대하여 설명하라.

12　경영학을 정의하라.

제 2 장

4차 산업혁명 시대의 도래

4차 산업혁명의 거센 물결은 아무도 가로 막을 수 없이 몰려오고 있다. 4차 산업혁명은 다방면에 변화화 혁신을 몰고 온다. 특히 경영환경에 큰 변화가 쓰나미처럼 휘몰아쳐 기업이든 정부든 이에 대응을 잘 해야 살아 남는다. 4차 산업혁명은 앞으로 나아갈 기회가 될 수도 있지만 대처를 잘못하면 재앙이 될 수도 있다.

지금 미국, 중국, 독일, 일본 등 공업국가에서는 국가의 존망을 걸고 4차 산업혁명의 성공을 위해 매진하고 있다. 우리나라는 그동안 제조업 강국이 되었고 정보 강국이 되었다. 따라서 4차 산업혁명이 성공할 수 있는 기본적인 토양은 갖추어져 있다고 볼 수 있다. 비유하자면, 고속도로는 잘 닦아 놓았지만 그 위를 씽씽 달릴 수 있는 차량과 짐이 없는 것이 큰 문제이다. 다시 말하면, 하드웨어는 그런대로 충분하지만 소프트웨어가 부족한 것이 앞으로 해결해야 할 과제이다.

따라서 4차 산업혁명의 핵심원천기술인 인공지능, 사물인터넷, 빅 테이터, 로봇 등 소프트 파워 부문에 대한 기술혁신이 시급한 실정이다. 이렇게 부족한 소프트웨어 부문의 기술혁신을 위해 정부는 각종 규제를 혁파하고 세제 혜택 등 과감한 지원책을 강구해야 한다.

본장에서는 4차 산업혁명의 성격과 특징을 살펴보고 4차 산업혁명이 우리의 삶에, 그리고 제조업에 미치는 영향과 노동문제에 미치는 부정적 영향을 공부할 것이다.

1. 산업혁명과 한국 경제

　인류가 살아오면서 세 번 산업혁명을 겪었고 이제 네 번째 산업혁명이 착착 진행하고 있다. 이와 같이 인류의 역사는 바로 산업혁명의 역사라고도 말할 수 있다. 인류의 발전과 성장을 견인한 것은 말할 필요도 없이 새로운 기술혁신을 통한 산업혁명 덕택이었다. 각각의 산업혁명마다 기술혁신이 생산성 증가와 물질적 풍요로움을 가져왔고, 노동과 생산 그리고 소비에 많은 영향을 미쳤고, 그 과정은 사회적 구조 및 기업과 산업의 구조 등 사회적 패러다임의 변화를 유발하였으며 사람의 삶 양식을 크고 빠르게 변화시켰다.

　1차 산업혁명은 1760년부터 1840년까지 영국에서 진행된 농업 위주의 산업에서 공업 중심의 기술혁신과 새로운 제조 프로세스의 전환으로 촉발된 사회적·경제적 대변혁을 일컫는다. 철도건설과 증기기관 및 방직기 등 기계의 발명으로 가내 수공업이 대량생산의 기계공업으로 제조업의 패러다임을 바꾼 기계혁명이 발생한 것이다.

　2차 산업혁명은 미국에서 1870년대부터 1914년까지 전기와 석유를 활용한 자동화된 생산 조립라인이 생산현장에 도입되어 대량생산체제가 확산되기 시작하였다. 이때 포드주의(Fordism)적 생산방식으로 불리는 컨베이어 벨트 시스템이 본격적으로 정착하여 그동안 사용된 수공업적 소품종 소량생산방식에서 탈피해 표준화된 소품종 대량생산방식으로 탈바꿈하게 된 생산혁명이 일어났다.

　1차, 2차 산업혁명은 사실 우리 경제에 아무런 영향을 미치지 못하였다.

　3차 산업혁명은 1969년대부터 2015년까지 컴퓨터의 대중화와 Internet의 확산 및 정보통신기술의 발전이 일으킨 정보화 혁명으로서 정보와 지식이 거대한 자본을 제치고 새로운 생산요소로 군림하기 시작하였다. 정보화 혁명이라는 용어를 대중화시킨 사람은 앨빈 토플러(Alvin Topler)로서 제3의 물결이 정보화 혁명이라고 주장하였다.

　3차 산업혁명 기간에 한국은 후발 주자로 시작하였으나 그동안 이룩한 성취는 대단하였다. 산업화를 성공적으로 이룩하여 제조업 강국이 되었고 그후 정보산업 분야의 육성정책에 따라 반도체와 스마트폰 등 정보기술에 있어서도 괄목할 만한 성장을 이루어 정보 강국으로 부상하였다.

　3차 산업혁명의 연장선상에서 지금 한창 진행되고 있는 4차 산업혁명은 2016년 세계경제포럼에서 슈밥(Shuwab) 회장이 처음 언급한 이래 미국, 일본, 독일, 중국 등 제조

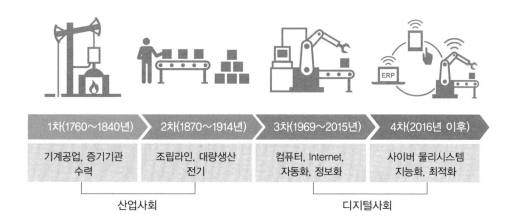

[그림 2-1] 네 번의 산업혁명 특징

1차(1760~1840년)	2차(1870~1914년)	3차(1969~2015년)	4차(2016년 이후)
기계공업, 증기기관 수력	조립라인, 대량생산 전기	컴퓨터, Internet, 자동화, 정보화	사이버 물리시스템 지능화, 최적화

산업사회　　　　　　　　　　디지털사회

업 강국을 중심으로 기술혁신 경쟁이 치열하게 진행되고 있다.

　3차 산업혁명 기간에는 인간이 컴퓨터를 통해서 기계와 제품생산 등 생산현장의 제어 및 통제를 담당하였지만 4차 산업혁명 시대에는 인공지능과 사물인터넷으로 인간의 개입없이도 기계가 스스로 제품생산을 담당하게 되었다. 4차 산업혁명은 제조 및 생산 프로세스의 디지털화로부터 시작해서 금융·유통 등 서비스업을 포함한 전 산업에 걸쳐 혁신의 변화를 몰고 오고 있다. 이와 같이 제조업에 정보통신기술(ICT)과 데이터 기술이 융합되어 제조업체의 ICT 기업화가 4차 산업혁명의 본질이라 할 수 있다.

　지금까지 간략하게 설명한 각 산업혁명의 특징을 요약한 그림이 〈그림 2-1〉이다.

　4차 산업혁명의 기반은 ICT 분야와 제조업이다. 그런데 그동안 우리나라는 두 분야에서 그런대로 글로벌 강자로 군림해 왔다. 주요 제조업으로는 자동차, 조선, 철강, 반도체, 디스플레이, 기계, 스마트폰, 석유화학 등이다. 다시 말하면, 하드웨어 부문은 충분하다고 할 수 있다. 다만 소프트 파워(soft power: 정보통신과학 기술, 문화, 예술 등의 영향력) 부문이 부족한 것이 문제이다. 즉 4차 산업혁명의 핵심원천기술 분야는 아주 취약한 상태이다. 이렇게 부족한 소프트 파워를 육성하기 위하여 기술혁신에 박차를 가해야 한다.

2. 4차 산업혁명의 본질

독일은 2011년부터 인더스트리 4.0(industry 4.0)이라는 국가 전략을 추진하여 왔는데 이는 저임금 대량생산체제를 기반으로 하는 중국과 베트남 등 국가와의 제조업 경쟁력에서 이기기 위한 제조업 혁신전략의 일환이었다. 이와 같이 인더스트리 4.0은 높은 품질과 수익성의 확보를 위한 새로운 전략으로 채택되었다. 제조업 강국인 독일에서 인더스트리 4.0은 제조업의 기존 생산시설에 ICT 시스템을 총동원하여 생산공정 및 전체 생산시스템을 지능화·최적화하는 스마트 팩토리의 구현에 초점을 맞추었다. 다시 말하면, 인더스트리 4.0은 제조업의 기술혁신을 통한 경쟁력 강화를 목표로 하는 제조업과 생산공장의 패러다임의 일대 전환이라는 것이다. 따라서 4차 산업혁명의 시작은 인더스트리 4.0으로부터 촉발된 것이라고 할 수 있다.

독일의 인더스트리 4.0의 성공이 계기가 되어 2016년 세계경제포럼(World Economic Forum: WEF)에서 슈밥(Klaus Schwab) 회장이 처음으로 4차 산업혁명을 언급한 이래 미국, 일본, 독일, 한국, 중국 등 제조업 강국을 중심으로 기술경쟁이 치열하게 진행되고 있다. 1차, 2차, 3차 산업혁명을 촉발하였던 혁신기술들은 실제로 경제사회에 적용하고 영향을 미치는 데 긴 시간이 소요되었다. 그러나 기존의 기계화, 자동화, 산업화, 정보화 혁명에서 지능화 혁명으로 진화하는 4차 산업혁명은, 제품 또는 그 제품을 만드는 프로세스에 대한 기술혁신을 위주로 한 과거의 산업혁명과 달리, 제품의 혁신, 제품 프로세스의 혁신, 비즈니스 모델의 혁신 등 큰 기술의 융합에 기반을 둔 혁신이므로 기업과 산업의 모든 영역에서, 그리고 경제, 사회, 문화 등 다방면에서 우리의 삶 전체를 송두리째 바꿀 물결로서 기존 혁명과 비교할 수 없을 만큼 빠르고(속도) 광범위하게(규모) 쓰나미처럼 몰려오고 있다.

3차 산업혁명은 데이터와 온라인을 기반으로 진행되었지만 4차 산업혁명은 알고리즘(algorithm)을 기반으로 실체(예: 장소, 사물)에 가상(AI, 로봇, AR/VR)을 덮어씌우면서 진행되고 있다. 인공지능은 머신러닝과 딥러닝 같은 알고리즘을 통하여 제품, 장소, 로봇과 융합하여 인간을 대신한다. 3차 산업혁명에서는 컴퓨터를 통해 생산·소비·유통의 전체 시스템을 자동화하는 것임에 비하여 4차 산업혁명은 사물인터넷과 인공지능 등을 통해 기계와 제품, 생산방식 등 생산시스템 모두가 지능화되고 최적화되는 것이다.

4차 산업혁명은 우리 인간의 생활에 엄청난 혜택과 편리함을 줄 것이다. 인간의 모든 경제활동에 최적의 솔루션을 제공하게 된다. 디지털 기술이 모든 부문에 적용되어 스마트 팩토리, 스마트 홈, 스마트 시티가 널리 확산될 것이다.

과거에는 서로 단절되었던 ICT 기술들이 경계를 넘어 서로 융·복합함으로써 기술 혁신으로 인한 생산성 증대, 유통 및 생산비용의 절감으로 국민소득이 증가하고 국민들의 삶의 질은 크게 향상될 것이지만 부작용도 만만치 않을 것이다. 사회적 불평등, 빈부격차, 임금격차, 고용불안문제 등은 해결해야 할 숙제가 될 것이다.

3. 4차 산업혁명의 핵심원천기술

정보기술은 3차 산업혁명으로부터 시작해서 4차 산업혁명으로 진행하면서 더욱 발전하여 인류의 삶의 양식과 경제, 사회, 문화면에서, 특히 기업과 산업의 모든 영역에서 엄청난 변화를 몰고 오고 있다.

3차 산업혁명의 정보화 혁명을 촉발 시킨 핵심기술은 컴퓨터와 Internet을 기반으로 하는 정보기술 외에 통신기술을 추가한 정보통신기술(ICT)이라고 하는데 여기에는 사물인터넷(I), 클라우드 컴퓨팅(C), 빅 데이터(B), 모바일(M) 등 소위 ICBM이 포함되었다.

4차 산업혁명은 디지털 혁명으로서 그의 핵심기술은 인공지능(A), 로봇공학, 5G, 3D 프린터, 증강현실/가상현실, 블록체인 등이다. 그런데 이러한 많은 기술 중에서 4차 산업혁명의 핵심원천기술은 ICBA 등 네 가지로 압축할 수 있다. 이러한 지능정보기술이 경제사회 전반에 융합되어 새로운 제품 및 서비스 그리고 비즈니스 모델을 창출하는 혁신적인 변화를 일으키고 있다.

▌빅 데이터

오늘날 빅 데이터(big data)는 사물인터넷의 확산, 스마트 팩토리와 같은 생산공정의 디지털화, 모바일, 스마트 기기의 확산 및 소셜 네트워크 서비스(SNS)의 활성화 등으로 나날이 폭증하고 있다.

과거에는 다량의 데이터를 저장하는 데 기술적으로나 비용상으로 어려움이 많았다. 그러나 오늘날 정보통신기술의 향상으로 저장 및 처리 기술과 이들의 비용은 별로 문제가 되지 않는다. 이러한 엄청난 빅 데이터를 통계 분석과 데이터 마이닝(data mining) 등 여러 가지 분석기법을 적용할 때 무한한 가치 창출이 가능하고 좋은 의사결정을 위한 통찰력(insight)을 얻을 수 있는 것이다.

빅 데이터는 4차 산업혁명에서 혁신과 경쟁력 강화, 생산성 향상을 위한 중요한 자산으로 데이터 자본주의 시대를 이끌어갈 것이다. 4차 산업혁명의 기본 인프라는 사물인터넷과 인공지능인데 이 인공지능을 개발하기 위해서는 빅 데이터가 필수적으로 필요하다.

빅 데이터를 통해 발견과 예측을 위한 탐험이 활성화되고 있다. 과거에 발생하였던 데이터를 바탕으로 미래에 일어날 결과와 상황을 손쉽게 예측할 수 있으면 비즈니스 기회를 포착할 수 있다. 제조 기업의 경우 가치 창출, 수익극대화, 비즈니스 경쟁력 향상을 위해 빅 데이터를 적극 활용하고 있다. 예를 들면, 제품설계, 수요예측, 생산계획, 품질관리, 재고관리, 공급사슬관리, 공정관리, 설비예지보전, 물류, 배송 등에 빅 데이터 분석결과를 적용할 수 있다.

▌클라우드 컴퓨팅

인공지능을 위해서는 빅 데이터가 필수적으로 필요하고 빅 데이터를 처리·분석하기 위해서는 고성능의 컴퓨팅 인프라가 없어서는 안 된다.

클라우드 컴퓨팅(cloud computing)이란 Internet 기술을 활용하여 정보기술(IT) 자원을 제공받는 컴퓨팅으로, 사용자는 이러한 빅 데이터 서비스를 제공하는 기업(예: Amazon, IBM, Google)으로부터 IT 자원(소프트웨어, 스토리지, 서버, 네트워크, 데이터베이스)을 필요한 때에 필요한 만큼 실시간으로 빌려 사용하고 사용한 만큼 비용을 지불하는 컴퓨팅 서비스를 말한다. 기업들이 컴퓨터 유지관리에 신경 쓸 필요없이 자유롭게 사용할 수 있으니 아주 편리하다. 빅 데이터가 가치를 추출해내는 정보 자체인 소프트웨어라고 한다면 클라우드는 이 대량의 정보를 담는 그릇인 하드웨어라고 할 수 있다.

클라우드 컴퓨팅 서비스가 크게 성장하는 이유는 업무의 효율성 제고 때문이다 동영상, 사진, 문서 등 대용량의 파일이나 데이터를 클라우드 컴퓨팅 서비스(거대한 데이터 센터)에 저장해 놓기 때문에 Internet 단말기만 있으면 언제 어디서든 업무, 오락, 통신,

등 모든 컴퓨터 기능을 수행할 수 있다.

▌인공지능

인공지능(artificial intellgence: AI)이란 인간의 지능으로 할 수 있는 학습능력, 추론능력, 지각능력, 자기개발, 자연어 이해능력 등 지적능력을 컴퓨터가 인간의 도움없이 스스로 인간처럼 할 수 있도록 구현하는 정보기술을 말한다. 인공지능 기법을 활용하여 컴퓨터의 반복 학습을 통해 빅 데이터 속의 패턴을 탐구하고 패턴의 인과관계를 통해 미래를 예측한다.

이와 같이 인공지능이 제대로 역할을 하려면 빅 데이터와 기계 스스로가 학습할 수 있는 알고리즘의 개발이 꼭 있어야 의사결정에 유용한 가치와 통찰력을 추출할 수 있다. 인공지능은 빅 데이터를 기반으로 학습을 하고 데이터를 기반으로 정보를 제공한다. 빅 데이터 입장에서 보면 데이터를 가치 있는 보물로 만들어주는 프로세스가 인공지능이고 인공지능 입장에서 보면 빅 데이터의 학습과정을 통해 값을 예측하거나 데이터를 분류하기도 한다.

따라서 양질의 인공지능은 좋은 빅 데이터와 우수한 알고리즘이 만든다. 여기서 알고리즘(algorithm)이란 머신러닝과 딥러닝을 일컫는다. 머신러닝(machine learning: 기계학습)이란 인간이 다양한 경험과 시행착오를 겪으면서 지식을 배우듯 컴퓨터에 빅 데이터를 주고 학습을 통해 그 속에서 숨겨진 어떤 패턴을 찾아내게 하는 알고리즘과 기술을 개발하는 분야를 말한다. 머신러닝에 인간의 뇌를 모방한 인공 신경망을 더한 딥러닝(deep learning: 심층학습) 알고리즘은 인간의 두뇌가 빅 데이터 속에서 패턴을 발견하고 사물을 분류하듯 모방한다.

인공지능 기술은 새로운 경제성장 동력으로 전 산업부문에서 경제적 가치를 창출해 낼 것이다. 특히 자율주행차, 지능형 로봇, 스마트 팩토리 등 제조업과 유통, 교통, 교육, 의료, 재생 에너지 등 다방면에서 기존 산업을 혁신시켜 고부가가치를 창출해 내고 있다.

▌사물인터넷

사물인터넷은 인공지능과 함께 4차 산업혁명의 기본 인프라이다 사물인터넷은 이를 통해 다양한 빅 데이터를 수집하고 클라우드를 통해 저장하며 인공지능을 통해 분석, 해석, 판단, 자율제어 등을 수행하여 빅 데이터의 가치를 높이고 초지능적인 제품과 서비스를 생산하는 역할을 하기 때문에 아주 중요하다.

사물인터넷(internet of things: IoT)이란 작업자를 포함한 자재, 제품. 설비, 프로세스 등 각종 물리적 사물들에 다양한 센서(sensor)와 통신기능을 내장하고 이를 Internet에 연결하여 거대한 네트워크를 형성하고 그 속에서 인간의 직접적인 개입없이 사물들끼리 서로 연결하여 소통하고 데이터를 주고받아 가치와 경험을 창출하는 기술이다

사물인터넷의 가장 큰 특징은 현실의 세계에 존재하는 물리적인 사물들과 정보를 다루는 사이버 세상에 존재하는 가상의 사물들을 완벽하게 결합하여 상호작용하도록 할 수 있는 것이다. 센서를 통애 물리적 세상에서 만들어진 정보가 가상의 세상에서 처리되고 다시 물리적 세상에서 이용되는 것이다. 이와 같이 사물인터넷은 상호 연결성을 기반으로 인간의 직접적인 도움없이 거대한 네트워크 속에서 사람과 사물간, 사물과 사물간 연결하여 정보를 생성하고 서로 주고 받는다.

사물인터넷은 인공지능과 융합되어야 제구실을 한다. 수많은 센서 네트워크를 기반으로 사물들이 Internet으로 연결되고 이 센서 네트워크를 통해 생성·수집된 방대한 양의 정보를 네트워크를 통해 전송하고 이러한 정보를 처리하기 위해서는 빅 데이터 분석기술, 크라우드 컴퓨팅, 인공지능 기술의 적용이 있어야 한다.

▌3D 프린터

3D 프린터(3D printer)는 디지털로 제작된 3차원 설계도 파일을 통해 모든 제품을 적층방식(additive manufacturing)으로, 입체적으로 인쇄하는 기계이다. 즉 프린터로 물체를 뽑아내는 기술을 말한다. 지금까지 산업 사회의 제품 생산방식은 감량(빼기) 제조방식이었다. 원재료 중 불필요한 부분을 선반을 통해서 깎아내고, 갈고, 굽히고, 절단하고, 밀링한 후 원하는 부품을 얻고 이들을 조합하여 제품을 만드는 방식이었다.

그러나 3D 프린터는 원재료를 증가시켜 각양각색의 재료를 한 층 한 층 뽑아낸 후 원하는 제품의 재료를 조금씩 순서대로 쌓아나가는 증량(더하기) 제조방식이다 재료로

나일론, 플라스틱, 티타늄금속, 세라믹 가루, 고무 등이 사용된다.

3D 프린터는 품질 좋고 효율적인 제품을 큰 비용 부담없이 취향에 맞는 개인별 맞춤형 제품생산이 가능하다. 따라서 과거의 표준화된 대량생산, 대량소비 체계가 소비자 개인의 다양한 요구와 주문에 기반하는 다품종 소량생산과 소비 체계로 변화할 소지가 크다. 이는 소비자의 욕구를 충족시키면서 낭비가 없는 효율적인 새로운 생산방식으로 거듭 발전할 것이다. 3D 프린팅 기술은 항공, 자동차, 의료, 건설 산업 등에서 다양하게 활용되고 있다.

가상현실과 증강현실

가상현실(virtual reality: VR)이란 사용자가 현실과 비슷한 체험을 할 수 있도록 구현된 가상의 환경 또는 상황을 말한다. 컴퓨터가 만들어 낸 가상의 세계인 가상 환경에서 사용자로 하여금 가상세계에 몰입하도록 함과 동시에 가상세계 내에서 현실세계와 같은 자연스러운 상호작용을 가능토록 해준다. 가상공간을 보기 위해서는 디스플레이 장치를 얼굴에 착용해야 한다.

증강현실(augmented reality: AR)이란 사용자가 눈으로 보는 실제세계의 배경이나 이미지에 가상의 이미지를 겹쳐 하나의 영상으로 보여주는 기술을 말한다. 현실세계와 가상세계를 이음새 없이 실시간으로 혼합하여 사용자에게 제공함으로써 보다 향상된 몰입감과 현실감을 느끼도록 해준다.

두 기술은 엔터테인먼트, 쇼핑, 영화, 의료 등의 분야에 사용되어 왔지만 4차 산업혁명이 진행됨에 따라 제조업 분야에서도 적극 활용될 것이다. 제조 현장을 컴퓨터의 가상 공장으로 만들어 작업자들이 VR 기기를 착용하고 가상 공장을 돌아다니면서 작업방법을 훈련할 수 있다. 또한 스마트 기기를 들고 실제로 공장을 돌아다니면서 설비나 기계의 사용방법을 훈련할 수도 있다.

블록체인

블록체인(block chain)이란 개인과 개인의 거래 내역이 블록에 담기고 이 블록들이 사슬처럼 계속 연결되는 전자 장부를 말한다. 블록체인은 암호화된 모든 거래 장부를 네트워크 참가자들에게 공개하고 분산하여 공유하고 관리하기 때문에 강력한 보안성과 신뢰성, 익명성, 투명성을 보장할 수 있다

　블록체인은 방대한 데이터를 효율적으로 관리할 수 있기 때문에 특정한 사용자의 시스템 통제가 불가능하여 데이터의 중요성이 날로 커지는 4차 산업혁명의 대표적인 기술로 여겨진다. 과거에는 거래 데이터를 중앙집중형 장부에 보관하여 공개를 하지 않아 비리가 있을 수 있었지만 블록체인을 이용하게 되면 분산형 장부를 사용하여 거래 참가자 모두에게 거래 정보를 공개한다.

　현재 블록체인은 금융 분야에서, 특히 비트코인(bitcoin)의 거래를 위해 사용하고 있지만 사물인터넷과 인공지능 등의 기술과 융합되면 유통, 에너지, 헬스케어, 미디어, 콘텐츠, 의료, 보험업무, 정부 기록 등 많은 분야에서 활용될 것이다

▍사이버 물리시스템

　산업 사이의 융합이 더욱 진행되면 산업의 모든 영역이 가상공간과 결합하게 될 것이다. 실제와 가상이 통합되어 사물을 자동적이고 지능적으로 제어할 수 있는 가상의 물리시스템이 구축되고 있다. 즉 실제공간(물리적 세계)에 온라인이라는 가상공간(인터넷 세상)을 결합하는 일은 사이버 물리시스템(cyber-physical system: CPS)이라고 하는 플랫폼이 담당하는데 물리적 시스템인 기존 공정과 IT 라고 하는 가상적 시스템을 하나로 융합하여 제품의 생산, 유통, 소비 전체로 가치 창출의 범위가 확대된다.

[그림 2-2] 인간-기계 시스템과 사이버 물리시스템

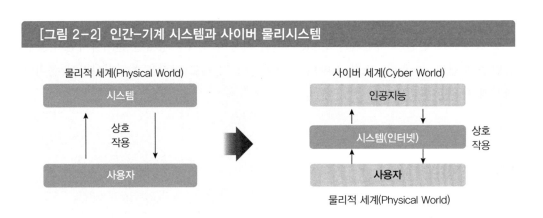

출처: 차두원 외 14인, 4차 산업혁명과 빅뱅파괴의 시대, 한스미디어 , 2017, p. 17.

지능형 사이버 물리시스템은 사물인터넷과 인공지능을 기반으로 사이버 세계와 물리적 세계가 네트워크를 매개로 연결되는 하나의 가상 통합시스템인 것이다. 정보를 저장·처리·분석하는 가상의 세계는 물리적인 현실세계와 상호작용하면서 물리적인 세계에 영향을 미치고 있다. 예를 들면, 고객이 온라인으로 제품을 주문하면 이 주문은 가상의 세계에서 정보로 바뀌고 이 정보에 따라 제품이 현실세계의 고객에게 배송된다. 즉 물리적인 세계에서 정보가 만들어지고 이 정보는 가상의 세계에서 처리되어 다시 물리적 세계에 영향을 미치게 된다. 〈그림 2-2〉는 물리적 시스템과 사이버 물리시스템을 비교하는 그림이다.

▌로봇

로봇(robot)은 생산용으로 제조작업을 수행하는데 있어 인간의 동작을 모방한 여러 가지 형태의 기능을 반복적으로 수행하도록 프로그램화된 자동화 기계이다.

한편 산업용 로봇(industrial robot)은 제조공장에서 사람을 대신해 위험하거나 힘들거나 지저분한 일을 주로 해왔다. 그동안 로봇은 프로그램대로 정해진 일을 반복하는 기계이었다.

최근 들어 인공지능 기술이 로봇에 접목되어 작업자로부터 작업을 배우고 같은 공간에서 작업자와 협업하는 협업로봇(collaborative robot)으로 진화하고 있다.

인공지능과 결합한 로봇이 이제 인간보다 더 복잡하고 정교한 일을 처리하게 되었다. 로봇은 4차 산업혁명 시대의 주요 기술로서 인간을 노동으로부터 해방시키고 제조업에서 생산성과 효율성을 제고시키는 핵심적인 역할을 수행하고 있다.

▌5G

5G는 5세대 이동통신 기술로서 4G에 비해 데이터 전송 속도에서 20배 빠른 기술이다. 수많은 사물들이 Internet을 통해 연결되고 통신과 하드웨어 및 소프트웨어와 융합해 데이터 전송 속도가 광속같이 빨라지면서 관련 기술들이 혁신하고 있다.

5G는 4차 산업혁명의 핵심원천기술과 융합할 때 제조업 현장에서 생산성을 획기적으로 향상시킨다. 예를 들면, 생산라인을 흐르는 부품을 센서와 고화질 카메라로 여러

각도에서 촬영해 5G를 통해 클라우드 서버로 전송하면 고성능 인공지능이 데이터를 실시간으로 판독하여 품질검사를 실시하면서 로봇은 불량품을 솎아낸다.

한편 단말기에서 보낸 신호에 응답신호를 받을 때까지의 지연시간이 4G는 0.03초임에 비하여 5G는 0.001초이다 한편 센서가 탑재된 단말기가 더욱 많이 연결됨으로써 정보수집이 수월해진다.

4. 4차 산업혁명의 특징

4차 산업혁명과 미래사회 변화를 촉진하는 기술적 동인으로서 앞절에서 설명한 여러 가지 핵심기술들이 결합하고 융합하여 다양한 특징과 성격을 유발하고 있다.

첫째, 4차 산업혁명은 초연결, 초지능, 융합화를 특징으로 한다.[1]

초연결성(super-connectivity)이란 사물인터넷과 정보통신기술이 진화함에 따라 인간과 인간, 사물과 사물, 인간과 사물, 온라인과 오프라인, 산업과 산업, 제품과 설비 등 세상의 모든 사물에 센서와 5G와 같은 통신기술을 내장하여 Internet에 연결함으로써 다양한 융·복합이 가능하여 데이터를 생성하고 사물들끼리 데이터를 주고 받으면서 가치와 정보를 창출하는 과정을 말한다. 한편 현실과 사이버 세계도 융합되고 있는데 이는 바로 AR과 VR의 기술 덕택으로 가능한 것이다.

초지능(super-intelligence)이란 인공지능과 빅 데이터의 융합으로 기계의 지능이 인간의 두뇌를 뛰어넘어 인간이 하는 일을 대체할 수 있고 기술과 산업구조를 지능화·스마트화 시키고 있음을 의미한다. 오늘날 인공지능 기술이 발전하면서 빅 데이터와 사물인터넷 같은 데이터 처리기술과 클라우드 컴퓨팅 기술이 융합하여 가정, 공장, 사회구조를 지능화 내지 스마트화 시키고 있다. 특히 인공지능이 제조업과 서비스 산업에 적용되어 자동화·지능화가 촉진되어 생산성과 품질이 향상되고 제조업의 패러다임을 급변시키고 있다.

융합화(convergence)란 초연결성과 초지능화의 결합으로 나타나는 사람 간, 사물 간,

---

1 배재권, 4차 산업혁명과 스마트 비즈니스, 박영사 2020. p. 21, 225.

산업 간, 기술 간, 제품 간 융합현상을 말한다.

기업과 산업 간의 융합이 촉진되어 기업과 기업 간의 경계가 무너지고 산업과 산업과의 융합으로 그의 경계가 사라지고 있어 산업의 구조가 빠르게 변하고 있다. 예컨대 IT와 금융의 융합으로 핀테크(fintech)가 나타나고 IT와 자동차와의 융합으로 자율주행자동차가 출현하고 있다. 온라인 기술이 오프라인 택시에 적용된 것이 우버(Uber) 이고 호텔에 적용된 것이 에어비앤비(Airbnb) 이다.

제각기 따로 놀던 인공지능, 빅 데이터, 사물인터넷 등 4차 산업혁명의 핵심기술이 연결되고 융합되어 가상세계와 현실세계, 사물과 사물, 사람과 사물이 소통하는 새로운 기술융합의 시대가 전개되고 있다.

산업과 산업의 융합현상이 일반화하면서 같은 산업내 기업 간 경쟁이 아니라 산업과 산업 사이에서 무한 경쟁이 시작하고 있다. 전통적인 IT 기업도 디지털화를 통해서 이제 오프라인 기업으로 진출하는가 하면 오프라인 기업도 디지털 기술 기반의 온라인화 시켜서 서로 산업과 산업이 경쟁하는 사회로 바뀌어 가고 있다.

물리적 세계와 디지털 세계가 서로 통합하는 O2O(online to offline) 세상이 전개되고 있다

둘째, 산업 사이의 융합이 더욱 진행되면 산업의 모든 영역이 가상공간과 결합하게 될 것이다. 실제와 가상이 통합되어 사물을 자동적이고 지능적으로 제어할 수 있는 가상의 물리시스템이 구축되고 있다. 즉 실제 공간(물리적 세계)에 온라인이라는 가상 공간(인터넷 세상)을 결합하는 일은 사이버 물리시스템이라고 하는 플랫폼이 담당하는데 물리적 시스템인 기존 공정과 IT라고 하는 가상적 시스템을 하나로 융합하여 제품의 생산, 유통, 소비 전체로 가치 창출의 범위가 확대된다.

셋째, 초연결 시대에는 네트워크에 연결된 사용자와 사물들이 많을수록 엄청나게 생성하는 데이터를 수집·저장·분석하고 통찰하여 네트워크 효과와 가치를 활용하거나 새로운 비즈니스 기회와 비즈니스 모델을 이용할 수 있다. 이때 데이터는 자산이 되며 자본이 된다. 인공지능은 데이터로 학습함으로써 지능이 발달해 간다. 4차 산업혁명 시대에는 데이터가 쌓일수록 곧 돈이요, 경쟁력이 되는 데이터 자본주의 시대이다. 빅 데이터와 인공지능을 지배하는 기업과 국가가 세상을 지배하는 시대가 되었다. 〈그림 2-3〉은 세계 시가 총액 상위 10대 기업 중 빅 데이터 활용 기업은 여덟 군데임을 보여주고 있다.

넷째, 과거에는 생산과 물류 프로세스의 일부분으로 취급받았던 인간이 3차 산업혁명 시기에는 컴퓨터를 이용해 기계와 제품 생산과정을 직접 제어하고 통제하였지만 4차

[그림 2-3] 세계 시가총액상위 10대 기업 중 빅 데이터 활용 기업

순위	1	2	3	4	5
기업	아마존	마이크로소프트	애플	구글	버크셔해서웨이
분야	ICT	ICT	ICT	ICT	금융
순위	6	7	8	9	10
기업	페이스북	알리바바	텐센트	존슨앤존슨	JP모건 체이스
분야	ICT	ICT	ICT	ICT	금융

주: 2019년 2월 기준
출처: 미스터캡, 전 세계 기업 시가총액 순위(www.mrktcap.com)

산업혁명에서는 인공지능 기술과 사물인터넷이 연동되어 컴퓨터가 기계와 함께 데이터를 주고 받으면서 인간을 배제하고 스스로 상호작용하는 체계로 작동한다.

따라서 고용구조의 변화가 일어나면서 많은 일자리가 사라지고 새로운 일자리가 생겨나게 된다. 가공이나 생산 같은 단순 업무에 대한 인력수요는 로봇의 도입으로 대체되고, 반면 설계와 정보 보안, 프로그래밍과 주요 부품, 소프트웨어 설계를 위한 인력수요는 늘어날 것이다.

다섯째, 생산과 소비의 융합혁명이 일어날 것이다. 빅 데이터와 인공지능의 발달로 생산자(기업)는 소비자의 요구와 수요를 실시간으로 정확하게 파악하여 최적의 생산량을 예측 생산할 수 있게 되어 과잉재고를 막을 수 있고, 소비자는 원하는 제품과 서비스를 적시에 구매할 수 있게 되었다.

4차 산업혁명이 진행되면서 산업 간, 산업과 소비자 간, 소비자들 간의 초연결 사회가 전개되면서 생산과 소비의 융합혁명이 가능한 것이다. 특히 3D 프린팅을 통해 생산자와 소비자의 구분이 모호해지고 있는데, 이는 소비자들이 생산자에게 자신의 기호와 요구에 맞는 맞춤형 제품을 주문할 수 있고, 한편 소비자가 직접 제조와 생산에 참여할 수 있기 때문이다.

〈그림 2-4〉는 생산과 소비가 일치된 모습을 보여주고 있다.

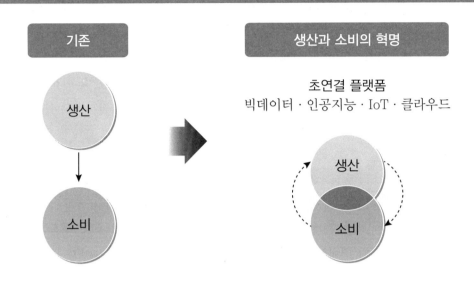

[그림 2-4] 생산과 소비의 관계

기존

생산

소비

생산과 소비의 혁명

초연결 플랫폼
빅데이터 · 인공지능 · IoT · 클라우드

생산

소비

여섯째, 4차 산업혁명 시대에는 온디맨드와 공유경제 체계로의 전환이 이루어진다. 온디맨드(on-demand)란 모바일을 포함한 ICT 인프라를 통해 소비자의 수요에 맞춰 즉각적으로 맞춤형 제품과 서비스를 제공하는 활동을 말한다. 한편 공유경제(sharing economy)란 개인이 제품과 서비스를 소유하지 않고 재화, 공간, 경험, 재능 등 유휴자원을 여러 사람들이 빌려 쓰고 나눠 쓰는 온라인 기반 개방형 비즈니스 모델을 말한다.

5. 4차 산업혁명의 제조업 영향

4차 산업혁명은 제조 및 생산 프로세스의 디지털화로 시작해서 의료, 유통, 금융 등 서비스업을 위시한 전 산업을 대상으로 혁신적인 기술변화를 몰고 오고 있다. 4차 산업혁명과 인공지능 시대의 도래로 특히 제조업의 패러다임이 엄청나게 변하고 있다. 앞으로 4차 산업혁명이 진행하면서 제조기업의 생산방식과 생산공정에 혁신적 변화가 일어날 것이다.

2차 산업혁명의 결과로 생겨난 조립라인을 통한 대량생산체제가 3차 산업혁명 시대에는 생산과정에 Internet과 정보기술(IT)이 접목된 생산의 기계화·자동화가 이루어졌다. 그런데 4차 산업혁명이 진행하면서 인공지능과 로봇 등 각종 정보통신기술(ICT)이 접목되어 생산의 디지털화(digitalization)라는 새로운 생산방식이 출현하고 있다. 제조업체가 전통적인 틀에서 벗어나 생산시설에 ICT를 접목하여 생산공정 및 전체 생산시스템이 지능화·최적화 되고 따라서 기계와 제품이 지능화되는 것이 바로 4차 산업혁명의 본질이다.

이러한 시스템을 갖춘 공장을 우리는 스마트 팩토리라고 부른다. 스마트 팩토리(smart factory)는 제조업이 ICT와 융합하여 생산과정과 산업 기기가 모두 네트워크로 연결되고 ICT 기술을 이용해 기계 간 상호 소통을 통해 전 생산과정이 자동화, 지능화, 자율화되어 공장의 가치사슬 전체가 하나의 공장처럼 실시간 통합되는 생산체계이다.

이러한 생산방식의 변화는 소품종 대량생산과 대량공급이라는 생산자 중심의 자동화 공장에서 소비자 수요 중심의 맞춤형 대량생산의 지능화 공장으로의 변신을 가능케 한다.

4차 산업혁명의 진전에 따라 제조업의 서비스화가 촉진되고 있다. 산업 간의 경계가 허물어져 맞춤형 제조와 서비스를 함께 제공하려는 것이다. 이는 인공지능 기술을 활용하면 가능하다. 제조업의 서비스화는 제조업의 가치사슬에서 서비스의 역할이 확대되거나 혹은 제조업이 서비스 분야로 사업영역을 확대함으로써 이룩된다.

4차 산업혁명은 생산방식 외에도 생산공정도 혁신시키고 있다. 사람과 협업이 가능한 로봇의 활약으로 공정상의 안전성과 효율성이 크게 향상되면서 근로자들의 산업재해 발생 가능성도 아주 낮출 수 있게 되었다. 한편 공장 내 모든 기계 설비와 장치에 사물인터넷 센서와 고화질 카메라를 부착하여 수집한 정보를 컴퓨터가 기록해서 빅 데이터를 수집하고 분석하여 생산공정의 최적화를 기하고 품질관리 시스템이 불량품 발생의 원인을 확인하고 이상 징후가 보이는 설비를 파악함으로써 전체적인 공정을 제어할 수 있게 된다. 이렇게 해서 불량품을 극도로 낮추고 기업 가치사슬 전반에서 비용절감과 생산성을 획기적으로 향상할 수 있는 것이다.

과거 제품판매와 별개로 제공되었던 서비스가 혁신기술을 매개로 제품과 완전히 융합되어 통째로 제공되는 서비스화(servicitization)가 일반화할 것이다. 따라서 제품과 서비스 외에도 고객 교육과 원격지원시스템을 포함한 지원활동, 고객의 문제를 해결해 주는 노하우 같은 지식, 고객의 셀프서비스 등을 하나의 패키지로 제공하는 단계가 도래할 것이다. 제조업과 서비스업의 융합형태로 창출된 새로운 산업으로는 의료·관광산업과 자동차산업 등을 들 수 있다. 예를 들면, 항공/선박 엔진 제조사인 영국의 롤스로이스는 세계의 다양한 항공사에 토털캐어 서비스를 제공하고 있다.

과거 글로벌 기업들은 단위당 생산원가의 비교우위를 갖기 위하여 대규모의 공장이라는 규모의 경제(economy of scale)를 추구하여 왔다. 그러나 4차 산업혁명 이후에는 Internet, 3D 프린팅 등 ICT 기기의 보급으로 인건비와 생산비를 절감할 수 있게 되었다. 따라서 낮은 인건비를 찾아 동남아시아 국가 등에 건립한 대규모의 공장을 유지할 필요가 없게 되었다. 이와 같이 본국으로 U턴하는 현상을 리쇼어링(reshoring)이라고 한다. 예를 들면, 독일의 Adidas와 Siemens는 중국으로부터 본국으로 회귀하였다. 이제 인건비는 글로벌 입지에 결정적 요인이 되지 않는다.

스마트 팩토리로 성공한 기업은 독일의 Adidas를 들 수 있다. 이 회사는 저임금 노동력을 활용하기 위하여 운동화 생산라인을 중국과 베트남으로 이동한 지 23년 만에 2016년 독일로 리쇼어링 하였다. 연간 50만 켤레 운동화 생산을 위해 과거에는 600명의 인력이 필요하였지만 지금은 로봇 12대와 3D 프린터 등 첨단기술을 사용하여 10명이면 충분하고 배송시간도 6주에서 24시간으로 단축되었을 뿐만 아니라 개인 맞춤형 신발은 과거 3주에 비해 5시간 이내에 제작되어 배송된다. 그러니 소비자 입장에서도 취향에 맞는 적합한 제품을 선택할 수 있어 만족도가 높아질 수밖에 없다. 공장 안에 사람이 사라지고 컨베이어 벨트도 사라졌으니 이제 인건비 걱정은 하지 않아도 된다.

6. 4차 산업혁명의 혜택과 부작용

산업혁명을 통한 생산기술상의 대변혁을 통하여 생산성이 비약적으로 향상되어 인류의 삶은 보다 윤택해졌고 정치·사회·문화 전반에 걸쳐 큰 영향을 몰고 왔다.

전 산업부문에서 컴퓨터 및 통신기술로 생산, 소비, 유통의 전 과정이 기계화, 자동화되었고 제조 프로세스의 대부분이 디지털화되어 기계가 제품을 생산하게 되어 노동력이 크게 줄어들게 되었다. 제조업의 디지털화가 촉진되고 고객들의 다양하고 고급스런 요구를 충족시키고자 개인별 대량 맞춤생산(masscustomization production) 현상이 일반화되었다.

3차 산업혁명의 연장선상에서 지금 한창 진행되고 있는 4차 산업혁명은 과거의 기계화, 자동화, 산업화, 정보화 혁명에서 지능화 혁명으로 진화하는 혁명으로서 제품 또는 그 제품을 만드는 프로세스에 대한 기술혁신을 통한 과거의 산업혁명과 다르게 제품의 혁신, 제품 프로세스의 혁신, 비스니스 모델의 혁신 등 큰 기술의 융합에 기초한 혁신이기에 기업과 산업의 모든 영역에서, 그리고 경제, 사회, 문화면에서 우리의 삶 전체를 송두리째 바꿀 물결로서 과거 혁명과 비교할 수 없을 만큼 빠르고(속도) 광범위하게(규모) 쓰나미처럼 몰려오고 있다.

4차 산업혁명은 생산수단과 생산방식뿐만 아니라 인간 사회 전체에 엄청난 변화를 몰고 올 것이다. 특히 인공지능은 새로운 경제성장 동력으로 부상할 것이다. 제조업과 유통, 금융. 의료 등 기존 산업을 혁신시켜 고부가가치를 창출해 낼 것이다.

4차 산업혁명은 우리 인간의 일상생활에 과거 혁명과 비교할 수 없는 혜택과 편리함을 줄 것이다. 인간의 모든 경제활동에 최적의 솔루션을 제공하게 된다.

기술융합으로 인한 생산성 증대, 유통 및 생산비용의 절감으로 국민소득이 증가하고 국민들의 삶의 질은 크게 향상될 것이다.

디지털 기술이 모든 부문에 적용되어 스마트폰, 스마트 TV, 스마트 패드, 스마트 가전, 스마트 팩토리, 스마트 홈, 스마트 시티, 스마트 자동차 등 스마트 시대가 점점 다가 올 것이다.

스마트 패러다임의 거센 물결은 모바일과 IT를 중심으로 모바일 컨텐츠, 포탈, 커머스, 솔루션, 금융, 언론, 제조, 유통 등 다양한 산업에서 힘차게 일고 있다. 디지털 기기들은 우리의 일상생활에서 빼 놓을 수 없는 중요한 삶의 일부가 되어가고 있다.

4차 산업혁명은 우리 사회에 생산성 향상과 삶의 질 개선이라는 놀라운 영향을 미치지만 다른 한편으로는 노동시장의 혼란과 일자리 감소라는 심각한 부작용도 부닥치게 될 것이다.

우리의 삶을 편리하기 위해 만든 인공지능이 사람의 일자리를 빼앗고 있어 일자리가 급감하고 노동시장이 급속하게 위축되고 있다. 사회적 (소득 계층 간, 세대 간, 지역 간) 불평등, 빈부격차, 소득격차, 임금격차, 고용불안문제 등이 확대되어 사회불안이 가중되어 이는 정부와 기업이 해결해야 할 과제가 될 것이다. 단순 반복적인 일자리, 저숙련 업무, 위험한 일자리, 지식기반 전문직종(예: 의사, 변호사, 교수), 단순 정보를 전달하는 일자리 등은 인공지능과 로봇이 대체할 것이다. 자동화 · 지능화로 인한 생산성의 증가는 곧 노동력의 상실을 의미한다. 앞으로 우리는 20년 후가 되면 약 20억 개의 일자리가 사라지는 현상을 보게 될 것이라는 보고도 있다. 현재 존재하는 직업의 대부분은 소멸

될 것이다. 다만 창의성, 사회성, 정교함, 판단력 등 인간의 감성이 요구되는 새로운 일자리는 창출될 것이다. 예를 들면, 작가와 영화감독처럼 예술적·감성적 특성이 강한 분야의 직종은 인공지능으로 대체할 수 없기 때문이다. 새롭게 등장한 기술에 의해 새로운 산업과 일자리들이 생겨날 것이다 융합기술 직군과 응용분야에서 새로운 일자리가 탄생하고 고숙련 노동자에 대한 수요가 증가할 것이다.

우리의 삶에 큰 변화를 초래할 혁신기술의 보기를 두 개 들기로 한다.

▌스마트 홈

그동안 집안에서 사용하는 기기를 자동으로 작동하게 하는 홈 오토메이션이 발달해 왔으나 이제는 사물과 사물 간 소통이 가능한 사물인터넷의 등장으로 스마트 홈으로 빠르게 발전해 가고 있다.

집안에서 사용하는 다양한 가전 기기들이 사물인터넷의 센서를 통해 네트워크로 연결되어 집주인이 원하는 다양한 서비스를 제공함으로써 편리하고 안락한 친환경적인 일상생활을 영위할 수 있도록 돕는 새로운 주거형태를 스마트 홈(smart home)이라고 칭한다.

집주인은 집 밖에서 스마트폰을 사용하여 집 안의 냉난방, 냉장고 , 조명, 가스, 전기 등 기기들과 자유롭게 소통하고 제어할 수 있다. 출입문을 열기 위해서는 비밀번호와 지문인식의 사용으로부터 안면인식으로 진보하고 있다. 집 밖에서 집 안에서 벌어지는 영상도 확인할 수 있고 방 안에 카메라를 설치하면 도둑이 들어왔는지를 스마트폰과 경비실에 바로 알려주기도 한다.

앞으로 스마트 홈은 더욱 진보하여 생활혁명을 불러올 것이다. 〈그림 2-5〉는 디지털 기술이 적용되어 스마트 홈의 변화가 예상되는 그림이다. 앞으로는 가정, 사무실, 학교, 병원, 공장 등 모든 종류의 빌딩들이 지능형으로 바뀔 것이다.

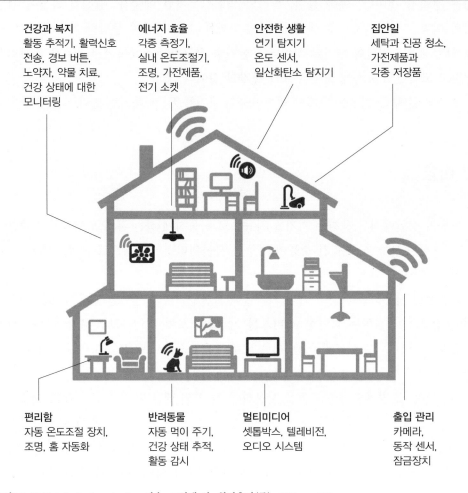

[그림 2-5] 스마트 홈의 변화

건강과 복지
활동 추적기, 활력신호
전송, 경보 버튼,
노약자, 약물 치료,
건강 상태에 대한
모니터링

에너지 효율
각종 측정기,
실내 온도조절기,
조명, 가전제품,
전기 소켓

안전한 생활
연기 탐지기
온도 센서,
일산화탄소 탐지기

집안일
세탁과 진공 청소,
가전제품과
각종 저장품

편리함
자동 온도조절 장치,
조명, 홈 자동화

반려동물
자동 먹이 주기,
건강 상태 추적,
활동 감시

멀티미디어
셋톱박스, 텔레비전,
오디오 시스템

출입 관리
카메라,
동작 센서,
잠금장치

출처: J. Meffert & A. Swaminathan 지음, 고영태 역, 청림출판(주), 2020, p. 125.

▌자율주행자동차

우리는 멀지않아 자율주행차가 도로 위를 씽씽 달리는 모습을 목격하게 될 것이다. 최첨단기술을 집약하여 만드는 4차 산업혁명의 대표적인 제품으로 자율주행차를 꼽지 않을 수 없다. 자율주행자동차(autonomous vehicle, self-driving car)란 운전자의 도움없이 스스로 주변 환경을 인식하고 주행 상황을 판단해 위험을 피하면서 안전한 주행 경로를 따라 사용자에 의해 정해진 목적지까지 주행하는 자동차를 말한다.

자율주행차의 작동원리는 3단계로 진행한다.

• 단계 1: 주변 상황을 파악하는 인지과정

주위 환경을 인식하기 위해서는 자동차 내·외에 부착한 정밀 카메라와 센서를 통해 자동차의 주행에 필요한 정보(빅 데이터)를 수집한다. 이를 위해 자동차라는 사물과 각종 주변 사물과 연결을 해야 하는데 사물인터넷의 센서가 역할을 수행한다.

• 단계 2: 수집한 정보를 분석한 후 내리는 판단과정

사물인터넷을 통해 모은 정보를 기반으로 주행과 관련한 각종 소프트웨어(인공지능)를 통해 도로상황을 빠르고 정확하게 분석해 가속, 멈춤, 차선변경, 노선변경 등을 결정한다. 이때 정보의 빠른 전송을 위해서는 5G가 기능한다.

예를 들면, 자율주행자동차가 앞에 나타난 물체를 인식하고 제동장치에 멈춤 명령을 전달하는 데 광속 같은 빠른 속도로 지연을 막아 사고를 피할 수 있다.

• 단계 3: 속도와 방향을 조정하는 제어과정

필요하면 방향을 바꾸고 속도를 조정하면서 실제로 운전을 시작한다.

지금 전 세계적으로 자율주행자동차 개발 경쟁이 뜨겁게 진행하고 있다. 자율주행자동차는 전기를 사용할 것이므로 전통적인 자동차 기업은 타격을 받을 것이다. 설상가상으로 IT 전문업체인 구글이나 애플이 자율주행자동차 산업을 선도할 것이다

자율주행자동차가 일반화되면 자동차 사고는 지금보다 현저히 줄어들 것이며 자율주행자동차를 소유 아닌 공유하는 시대가 올 것이다. 그러면 자동차에 대한 수요는 급감할 것이다. 앞으로 자율주행자동차가 일반화하면 경제적 파급효과는 어마어마할 것이다.

01   산업혁명이 한국 경제에 미친 영향을 설명하라.

02   기존의 산업혁명과 비교한 4차 산업혁명의 본질을 설명하라.

03   4차 산업혁명의 핵심원천기술을 나열하라.

04   4차 산업혁명의 특징을 약술하라.

05   4차 산업혁명이 제조업에 미치는 영향을 설명하라.

06   4차 산업혁명이 인간의 삶과 사회에 미칠 긍정적 혜택은 무엇이고
초래할 부작용은 무엇인가?

07   3차 산업혁명과 4차 산업혁명의 차이점은 무엇인가?

제3장

경영이론의 발전

경영의 연구에 큰 공헌을 한 사건은 1776년 아담 스미스(Adam Smith)가 출간한 「국부론」 (*The Wealth of Nations*)과 18세기 영국에서 시작한 1차 산업혁명(Industrial Revolution)이다. 아담 스미스는 노동의 분업화를 통해서 생산성과 효율을 증진시킬 수 있음을 강조하였다.

1차 산업혁명 이후 동력의 출현, 대량생산, 저렴한 수송비, 정부 규제의 미비는 19세기 초반에 대기업의 탄생을 적극 도왔다. 이러한 조직을 운영할 관리자들을 지도할 공식적인 이론의 필요성이 제기되었다. 이와 같이 경영관행은 수 천년 전부터 진행되어 왔지만 경영이론과 경영원리 개발의 필요성은 산업혁명 이후 대규모 공장이 설립되어 제품생산에 있어 수많은 작업자들의 노력을 조정하고 공장을 효율적으로 운영하기 위함에서 비롯되었다고 할 수 있다.

경영이론들의 개발은 관리자들이 조직에 있어서 목표달성을 위해 무엇을 어떻게 수행해야 하느냐의 접근방법에 대해 믿음을 달리하는 특성을 갖는다. 이에 따라 경영에 관한 아이디어, 개념, 원칙 및 방법 등을 포괄하는 다양한 경영이론이 대두되었다. 경영이론도 다른 학문과 마찬가지로 역사적인 발전과정에 따른 현실세계의 변화에 맞도록 진화해 왔다. 따라서 경영이론이나 원칙은 경영현실에서 경영활동을 가장 효과적으로 수행하는데 도움을 주어왔다.

다시 말하면, 이러한 이론들은 조직의 자원을 효율적으로 이용하는 방법이라든가 또는 조직에서 구성원의 행위, 조직의 근본 목적, 조직이 직면한 문제의 형태와 이의 해결방법 등에 관한 서로 다른 가정에 입각하여 전개되어 왔다. 따라서 모든 상황에 적용할 수 있는 통일된 경영이론은 정립되어 있지 않다. 즉 상황에 따라 적용되는 이론의 내용도 상이하다는 것이다.

이에 따라 본장에서는 경영이론의 역사적 발전과정을 전고전이론, 고전 경영이론, 행동과학 이론, 계량경영이론, 현대 경영이론으로 구분하여 설명하고자 한다.

1. 경영사상에 영향을 미치는 환경적 요인

경영이론(management theory) 또는 경영사상(management thought)의 발전을 이끈 원동력은 경영자와 이론가들이 제품과 서비스를 생산하는 데 인적, 물적자원을 사용하는 더 좋은 방법을 끊임없이 탐구한 결과이다. 이러한 경영이론은 수 세기 동안 환경적 요인에 의하여 형성되어 왔다. 이러한 환경적 요인으로 경영이론가들은 기업을 경영하고 종업원을 관리하는 경영관행에 관한 관점에 영향을 받아 왔다. 환경적 요인으로서는 경제적, 사회적, 정치적, 기술적, 글로벌 영향들을 포함할 수 있다.

▌경제적 영향

경제적 영향이란 사회에서 물적 또는 인적자원의 가용성, 생산, 그리고 유통을 의미한다. 산업화 사회로 바뀌면서 자본주의 국가들은 사유재산제도, 경제적 자유, 경쟁적 시장, 정부의 제한적 역할 등에 입각한 시장경제원리를 적용하고 있다.

어떤 사회에서도 예컨대 정부, 군, 교회, 학교, 기업 등은 그들의 목적을 달성하기 위하여 희소한 자원을 필요로 한다. 따라서 자원의 가용성, 자원획득의 용이함, 고객이 원하는 제품과 서비스의 종류 등은 경영자의 경영활동에 영향을 미친다. 경제적 희소성은 기술혁신의 자극제가 되어 자원의 용도를 증가시킨다. 예를 들면, 1913년 미국의 포드(Ford) 자동차회사에서는 움직이는 조립라인을 개발하여 노동시간을 획기적으로 단축시키는 데 성공하였다.

현대 경영이론에서 경제적 요인은 환경분석, 전략적 계획, 조직설계 등 다양한 분야에서 사고에 영향을 미치고 있다.

▌사회적 영향

사회적 영향이란 인간 사이의 관계를 지배하고 영향을 미치는 문화 (culture)를 특징지우는 규범과 가치를 말한다. 사람은 무엇을 가치 있다고 보는가? 사람은 무엇을 필요로 하는가? 사람 사이의 행위의 표준은 무엇인가? 이러한 요인들은 문화의 사회계약을 형성하는 데 영향을 미친다. 사회계약(social contract)이란 인간관계뿐만 아니라 노사관계를 지배하는 문서화되지 않은 규칙과 인식을 뜻한다.

노사 간의 사회계약은 시대가 흐름에 따라 크게 변하였다. 처음에 작업자들은 단순히 임금을 받고 고용인의 통제 속에서 작업을 수행하여 왔다. 그러나 작업자들이 작업안전, 복지, 기타 사회적 고려 등을 위해 투쟁한 결과로 사회계약은 최근 크게 변하였다.

작업자들은 육체적 기능 외에 정신적 능력을 사용할 것을 강조하고 작업장에서의 자율과 정의를 요구하게 되었다. 이러한 변화는 작업자들을 동기부여하고 그들의 활동에 대해 의사결정의 권한과 책임을 부여하는 현대적 접근방법의 적용에 이르게 하였다.

사회적 요인의 변화는 모티베이션(motivation), 리더십(leadership), 인적자원관리와 같은 분야의 경영이론 형성에 영향을 미치는 데 큰 역할을 수행하였다.

▌정치적 영향

정치적 영향이란 정치적, 법적 기관이 작업자와 기업에 미치는 영향을 말한다.

정치적 요인은 지방자치, 재산권, 계약권, 정의의 개념, 범죄의 유·무죄의 결정과 같은 정치시스템을 뒷받침하는 기본적인 가정들을 포함한다. 민법과 형법은 물론 정부의 규정도 개인과 조직의 행위에 영향을 미친다.

경영에 여러모로 영향을 미치는 법, 규칙, 규정은 경제적, 사회적 영향의 부산물이었다. 환경 규제는 자연자원의 보호를 무시한 무자비한 행위를 방지하기 위하여 제정되었다. 어린 소년의 취업을 금지하고 작업장에서의 안전에 관한 규정들은 모두 사회적 요구에 따라 제정된 것이다.

작업자의 권리에 대한 높은 관심으로 주당 작업시간의 단축을 초래하였고 작업장에서의 안전환경을 보장하게 되었고 후생, 복지의 수준을 증진하게 되었다. 독점금지법의 제정으로 기업은 구조조정을 하게 되고 산업을 재편성하게 되었다.

이와 같이 법, 규칙, 규정의 제정으로 오랫동안 경영철학과 경영 스타일의 변화를 초래하였다.

▎기술적 영향

기술적 영향이란 제품과 서비스를 생산하기 위하여 사용되는 노하우(know-how), 장비와 도구, 그리고 절차 등의 진보가 기업경영에 미치는 영향을 말한다.

예를 들면, 수송, 커뮤니케이션, 정보기술의 발달은 글로벌 경영이 가능하도록 만들었다. 글로벌 기업의 경영자들은 새로운 기술을 받아들여 현명한 의사결정을 해야 한다. 이러한 결정은 운영상 인적 또는 기술적 측면에 영향을 미친다.

새로운 기술의 도입은 경쟁우위를 결정한다. 사물인터넷(IoT), 클라우드(cloud), 빅데이터(big data), 모바일(mobile), 소셜 미디어 등 정보기술(IT)에 인공지능(AI), 로봇, 증강현실/가상현실, 3D 프린터, 블록체인, 바이오 등 디지털 기술(DT)들이 추가되어 기존의 전통 기업의 혁신을 유도하고 플랫폼 기업의 출현을 촉진하고 있다.

한편 수송분야에 있어서의 발달도 지구를 급속히 좁히고 있다. 이외에도 미래의 공장은 컴퓨터 설계(computer-aided design: CAD), 컴퓨터 제조(computer-aided manufacturing: CAM), 컴퓨터 통합제조(computer integration manufacturing), 자동저장/검색 시스템(automated storage and retrieval system: AR/AS), 유연생산시스템(flexible manufacturing system: FMS) 등을 갖추어 컴퓨터를 이용하여 제품을 설계, 제조하고 기계를 통제하기 위해 이들을 모두 통합할 것이다.

지금 경제대국들은 제조업의 경쟁력을 강화하기 위하여 기술혁신과 4차 산업혁명(fourth industrial revolution)을 진행 중이다. 독일은 「인더스트리 4.0」, 미국은 「산업 인터넷」, 일본은 「로봇 신전략」, 중국은 「제조 2025 계획」으로 산업의 스마트화·서비스화를 목표로 하고 있다. 그러나 우리나라는 하드웨어는 충분하지만 디지털 기술 등 소프트웨어는 낙후된 상태를 벗어나지 못하고 있다.

▎글로벌 영향

글로벌 영향이란 기업이 세계시장에서 경쟁하려고 할 때 품질과 생산성은 높이고 비용은 절감시키도록 압력을 가하는 것을 말한다. 기업이 국경없는 국제시장에서 치열한 경쟁을 벌여야 하는 환경의 변화로 경영사고에 있어 최근 큰 영향을 초래하였다.

자동차 산업이든 전자 산업이든 모든 산업에서 글로벌 경쟁은 모든 기업에 영향을 미치고 있다. 예를 들면, 한국의 자동차 시장은 현대, 기아, GM 쉐보레 자동차만을 위한 시장이 아니다. 외국의 경쟁자들이 높은 품질과 낮은 가격의 자동차로 시장을 침투하고 있다. 이와 반대로 우리나라의 자동차회사는 물론 전자회사도 미국 등 다른 나라의 시장에 계속 침투하고 있다.

시대가 흐름에 따라 국산 자동차와 외국 자동차의 구별도 점차 지워지고 있다. 미국 내에 공장을 가지고 있는 현대와 일본의 혼다(Honda) 및 도요타(Toyota)는 미국산 부품 등 여러 자원을 사용하고 미국인 노동자를 고용하고 있다.

점증하는 글로벌 경쟁으로 기업은 노동자들의 기능과 능력을 총동원하여 품질, 생산성, 비용을 향상시키는 노력을 경주하게 되었다.

이에 따라 경영의 현대이론은 기업의 글로벌 환경으로 크게 영향을 받고 있다.

2. 전고전이론

이집트의 피라미드와 중국의 만리장성을 쌓기 위해서 수백만 명의 인원을 동원하고 수 많은 자재를 사용하는 과정에서 오늘날의 프로젝트 관리의 개념이 사용되었다. 이와 같이 사람에 의한 조직적인 노력은 수천년 전으로 거슬러 올라갈 수 있지만 경영행위는 인간의 활동과 함께 계속되어 왔다. 예를 들면, 지식의 한 분야로서 경영학의 발전은 좀 더 최근의 일이다. 아담 스미스(Adam Smith)는 1776년 그의 저서 *The Wealth of Nations*(국부론)에서 공장에서 작업자들이 노동의 분업(division of labor)과 직무의 전문화(job specialization)를 통해서 더 많은 생산량을 생산할 수 있음을 설파하였다.

이 즈음 미국과 유럽에서 고전적 관리론이 탄생하는 데 기초가 된 사건은 18세기 후반(1760년)에서 19세기 전반에 걸쳐 약 100년 동안 영국을 중심으로 지속된 1차 산업혁명이다. 산업혁명은 경영이론과 경영원리의 개발을 촉진시킨 계기가 되었다.

공장의 규모가 확대되어 가내 수공업 형태의 생산방식으로부터 공장에서의 대량생산방식으로 바뀌고 수많은 작업자의 인력에 의해 이루어지던 것이 기계의 힘을 사용하여 제품을 생산하게 되어 공장을 효율적으로 운영하고 작업자들의 행위를 관리하는 문제에 관심을 갖기 시작하였다.

이 당시에 태동하기 시작한 전고전이론(pre-classical theory)의 공헌자라고 하는 사람

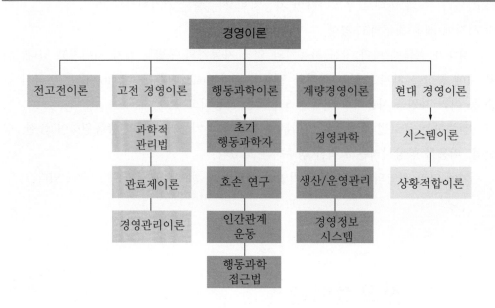

[그림 3-1] 경영이론의 분류

경영이론
- 전고전이론
- 고전 경영이론
  - 과학적 관리법
  - 관료제이론
  - 경영관리이론
- 행동과학이론
  - 초기 행동과학자
  - 호손 연구
  - 인간관계 운동
  - 행동과학 접근법
- 계량경영이론
  - 경영과학
  - 생산/운영관리
  - 경영정보 시스템
- 현대 경영이론
  - 시스템이론
  - 상황적합이론

들은 주로 특정 문제에 적용되는 특정 기법에 초점을 맞추었다. 이 후에 경영의 주요한 관점 또는 학파의 기초가 되는 폭넓은 원리와 이론을 개발하는 사람들이 줄을 이었다. 본서에서는 〈그림 3-1〉이 보여 주는 바와 같이 고전 경영이론, 행동과학이론, 계량경영이론, 현대 경영이론으로 그룹화하고자 한다. 이러한 경영이론의 발전과정을 연대별로 나타낸 것이 〈그림 3-2〉이다.

고전 경영이론이 출현하기 전 1800년대 후반기에 몇 사람이 경영관리에 관한 아이디어를 제시하였다. 오웬(Robert Owen: 1771~1858)은 스코틀랜드에 있는 목화공장의 경영자요 기술 개혁가로서 인적자원의 중요성을 인식하고 종업원의 복지에 큰 관심을 기울였다. 그는 생산과 이윤을 증가시키기 위하여 작업조건과 생활조건을 개선하고 취업연령을 10세 이상으로 하고 매일 근무시간을 10.5시간으로 제한하였다.

배비지(Charles Babbage: 1792~1871)는 영국의 수학자로서 생산의 효율성에 큰 관심을 두었다. 배비지는 그의 저서 *On the Economy of Machinery and Manufactures*에서 아담 스미스와 함께 작업을 수행하는 사람들 사이에 노동의 분업과 전문화를 강조하고 수학을 적용하여 시설과 자재의 효율적 사용을 통한 생산성 증가와 비용절감을 주장하였다.

[그림 3-2] 연대별 경영이론의 발전

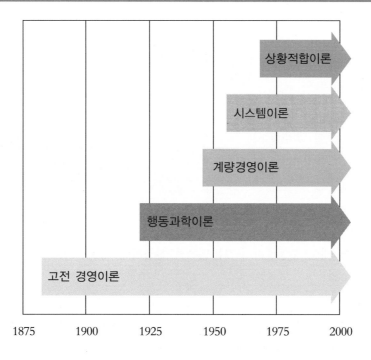

3. 고전 경영이론

1차 산업혁명의 결과 소규모 가내 수공업으로부터 발전한 대규모 공장 시스템에서 노동력의 효율과 생산성을 증진하기 위한 노력이 전개되었는데 19세기와 20세기 초반에 이러한 현대 경영학 연구의 초기에 나온 이론을 고전 경영이론이라 한다.

고전 경영이론(classical management theory)은 〈그림 3-3〉에서 보는 바와 같이

- 조직에서 가장 낮은 계층에 속하는 작업자 개인의 생산효율을 강조하는 과학적 관리법
- 조직구조에 관심을 갖는 관료제이론

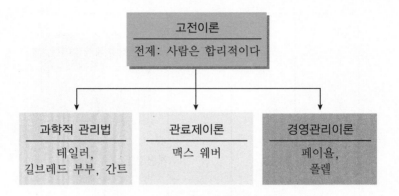

[그림 3-3] 고전 경영이론의 분류

- 전 조직에 대한 경영관리의 기본원칙을 설정하는 데 주력한 경영관리이론

으로 구성되어 있다.

고전적 접근법은 공통되는 전제를 갖는데 그것은 작업자들은 주로 경제적 관심에 따라 합리적(이성적)으로 행동한다는 것이다. 즉 작업자들은 자기들에 주어지는 기회를 합리적으로 고려하고 개인의 금전적 이득을 취하기 위해서는 무엇이든 한다는 것이다.

과학적 관리법

20세기 초에 산업과 기업은 확대되고 자본은 충분하였지만 기능을 갖춘 노동력의 공급은 부족하였다. 따라서 경영자들은 일선노동자들을 더욱 효율적으로 사용하는 방법을 찾기 시작하였다. 효율을 증대시키기 위하여 개별 노동자들과 작업 사이의 관계를 체계적으로 연구하기 위하여 전개된 이론이 과학적 관리법(scientific management)이다. 이는 작업과 작업자의 관리에 관해 최초로 체계화한 과학적 이론이요 사상이다.

과학적 관리법의 초기 주창자들에는 테일러(Frederick W. Taylor: 1856~1915), 프랭크 길브레드(Frank Gilbreth: 1868~1924), 릴리안 길브레드(Lillian Gilbreth: 1878~1972), 간트 (Henry Gantt: 1861~1919) 등이 포함되지만 테일러가 주도적 역할을 수행하였다.

과학적 관리법의 아버지요 현대 경영학의 아버지라고 불리는 테일러는 공장의 문제해결에 주먹구구식 관리방법이 아닌 과학적 방법을 적용하고 인간노동, 도구, 시간 등의 효율적 사용을 강조하였다. 그의 과학적 관리법은 작업장에서 작업자의 능률을 높임으로써 생산성 증대를 도모하기 위하여 작업을 과학적으로 설계하는 목적으로 작업자와 과업(task) 사이의 관계를 체계적으로 연구하는 과업관리 기법이다. 테일러는 한 단위의 제품을 생산하는 데 각 작업자가 소요하는 시간과 노력이 직무의 전문화(job specialization)와 노동의 분업(division of labor)의 강화를 통해서 감소한다면 이는 공정이 효율적임을 뜻한다고 믿었다. 따라서 그는 작업자들이 과업을 수행하는 유일 최선의 방법(one best way)을 찾는 과정으로 과학적 관리법을 이용함으로써 비효율적 생산현장을 바로잡고자 하였다.

테일러는 작업자들의 태업(soldiering)을 방지하고 작업자들의 노동효율을 증진시키기 위하여 1911년 *The Principles of Scientific Management*(과학적 관리법의 원리)라는 저술을 통하여 과학적 관리의 4원칙을 제의하였다.

- **작업방식의 과학적 연구**: 한 과업의 각 요소들을 과학적으로 연구하여 과업을 수행하는 데 가장 합리적인 작업방법과 절차를 표준화하여 과업성과를 향상시킨다.
- **과학적 선발 및 훈련**: 각 직무를 수행할 기술과 육체적·지능적 자격을 갖춘 근로자를 과학적으로 선발하고 과학적인 표준방법으로 과업을 수행하도록 훈련·교육시킨다.
- **작업자들과의 협력**: 관리자는 작업자들이 과학적인 작업방법으로 과업을 수행할 수 있도록 그들과 협력토록 한다.
- **관리활동의 분업**: 관리자는 작업자의 직무를 계획하고 최선의 직무수행방법을 구체적으로 설정하는 반면 작업자는 이에 따라 직무를 수행함으로써 작업과 책임을 균등하게 배분한다.

테일러는 작업자들이 하루의 공정한 작업량인 과업을 과학적인 방법으로 수행할 수 있도록 시간연구(time study)와 동작연구(motion study)를 실시하였다.

테일러는 과학적으로 표준화된 작업방법을 통하여 작업자들의 생산성을 높이기 위하여 표준 생산량을 초과하는 부분에 대해 높은 임금을 보장하고 과업달성에 실패한 작업자에게는 손실을 감당케 하는 차별적 성과급제도(different piece-rate system)와 같은 임금인센티브 제도(wage incentive system)의 도입을 실현하였다. 테일러는 임금으로 작업자들의 근로의욕을 높이고 금전적 인센티브라는 모티베이션을 통해 생산성 향상이 가능하다고 믿었다.

프랭크 길브레드와 릴리안 길브레드는 부부로서 테일러에 이어 시간·동작연구를 더욱 발전시키고 작업의 과학화에 공헌하였다. 프랭크는 벽돌쌓기 공정의 능률화를 위하여 동작연구를 사용할 것을 제안하였다. 그는 과업구조를 연구하기 위하여 동작 사진 촬영기법을 사용하였다. 이러한 과업구조의 변경을 통하여 그는 18개의 동작을 다섯 개로 줄이고 생산량도 200% 이상 증가시킬 수 있었다. 이와 같이 프랭크는 작업방법의 개선을 통해 생산성과 효율성을 증가시키는 데 주력하였다.

동작연구를 수행하기 위해서는 특정 직무와 관련된 각 활동 또는 과업이 17가지의 기본 동작으로 분해되어야 한다. 이들 인간의 기본 동작이 서블릭(therblig)이다.

릴리안은 1712년 *The Psychology of Management* 라는 박사학위논문을 발표하고 산업공학의 인적 측면에 관심을 두었다. 그녀는 작업능률과 생산성을 증진하는 데 작업조건의 향상을 강조하였다. 그녀는 표준 작업일수, 휴식시간, 점심시간의 계획화를 제안하였다.

간트는 테일러와 함께 여러 직장에서 함께 일하면서 특히 현장에서 생산계획을 통제하고 그의 일정계획을 수립하는 방안에 관심이 많았다. 현대에도 사용되는 간트차트(Gantt chart)는 작업의 흐름을 조정하는 그래프적 수단이다.

▌관료제이론

1차 산업혁명이 일어나자 과학과 기술에 대한 인식이 새롭게 되었으며 많은 사람들이 도시 노동자화되었다. 이 시기에 유럽에서는 조직이 효율적이기 위해서는 어떻게 설계되고 관리되어야 하는가에 대한 공식적 연구가 나타났다.

독일의 사회학자 웨버(Max Weber: 1864~1920)는 20세기 초 독일에서 산업혁명이 일어날 때 조직관리를 효과적으로 수행하도록 경영자를 돕기 위해 조직구조, 리더십, 그리고 합리성(rationality)에 대한 일련의 연구논문을 발표하였다. 웨버가 제시한 전반적 구조는 관료주의적 모델(bureaucratic model)로 알려져 있으며 이는 전통적 접근법의 기초가 되었다.

초기에 관료주의는 오늘날 우리가 부정적 의미로 사용하는 서류중심, 변화거부, 복지부동으로 인한 조직의 비효율성과 형식에 사로잡힌 비능률적인 사무절차를 의미하는 것은 아니었다. 반대로 웨버는 관료주의를 대규모 조직에서 조직 효율성을 강화하는 합리적이고 이상적인 조직구조의 설계방법으로 믿고 있었다. 관료주의 조직의 기본 설계 원리는 다음과 같은 특징을 지닌다.

- **규칙과 절차의 명확화**: 인간의 감정 개입을 원천적으로 봉쇄하고 공식적인 규칙과 규정을 통하여 업무절차를 표준화할 수 있고 모든 사람을 동일하게 취급할 수 있다. 합법적 권한과 권력은 규칙에 근거한다.
- **노동의 분화**(division of labor): 사람들은 잘 정의된 직무를 담당하고 있으며 직무를 수행하는 데 필요한 권한을 가진다.
- **기술적 훈련, 역량 그리고 전문성에 근거한 선발**: 특정 직무에 대한 자격요건이나 승진에 대하여 객관적 기준을 적용한다.
- **전문 경영**: 관리자는 전문적인 경력자이어야 한다.

[그림 3-4] 이상적인 관료제

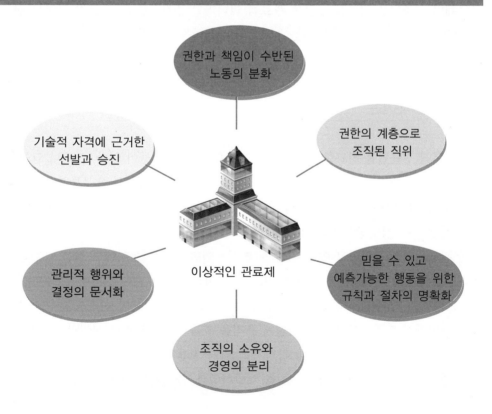

출처: R. L. Daft, New Era *of Management*(South-Western, 2012), p. 36.

- **권한의 계층화**: 하위 직급은 상위 직급에 의해서 직접적으로 감독과 통제를 받는다. 커뮤니케이션은 수평적이라기보다는 피라미드식 계층적 수직적으로 이루어진다.
- **문서화**: 모든 구성원들에게 적용되는 행동, 의사결정 그리고 규칙 등은 문서로 기록되고 보관된다.

이상을 요약한 것이 〈그림 3-4〉이다.

관료제 모델의 근간은 권한과 합법적 통제(legitimate control)이다. 조직 내 모든 행위는 권한과 책임을 수반한다. 사람들이 합법성(legitimacy)을 획득하는 방법으로 웨버는 세 가지 가능성을 제시하고 있다. 즉 이들은 전통적(traditional), 카리스마적 그리고 관료적(합리적, 법적) 권한(authority)을 말한다. 전통적 권한은 단순히 전통이나 관습에 의해 특정 지위를 맡는 전제군주로 대표될 수 있다. 카리스마적 리더는 개인적 능력이나 매력을 통하여 부하로부터 자발적으로 순응을 받는 권한을 획득한다.

웨버는 조직을 경영할 사람은 관료적 리더라고 주장하였다. 관료적 리더는 전문성과 법적으로 정의된 자격요건 때문에 획득되며 책임을 수반한다.

▍경영관리이론

전통적 접근법을 정교화하고 보완한 다수의 유럽 학자들이 있다. 그러나 그들은 이상적 모델을 설계하는 대신 실제로 존재하는 성공적 조직의 특성을 분류하고 식별하고자 하였다. 과학적 관리법은 생산성을 극대화하기 위해 작업장에서 개별 노동자와 과업을 짝짓게 하는 작업방식에 초점을 맞추었지만 효율적인 전체 조직 시스템을 위해 바람직한 관리원칙은 무엇이고 이를 위해 경영자는 어떤 일을 하는지에 초점을 맞추는 경영관리원칙론이 그 후에 나타났는데 이 이론에 기여한 사람은 페이욜과 바나드이다.

프랑스의 페이욜(Henri Fayol: 1841~1925)은 고전 조직이론의 선구자로서 조직 전체적인 측면에서 모든 경영자들이 어떻게 조직을 효과적으로 관리할 것인가, 즉 경영성과의 모든 면에 초점을 맞추었는데 경영자를 위한 지침과 방향으로써 그가 수행해야 할 다섯 개의 관리과정과 경영의 14원칙을 개발하였다. 경영자의 다섯 개 기능은

- 계획화(planning)
- 조직화(organizing)
- 지시(command)
- 조정(coordination)
- 통제(control)

등이다.

이 다섯 기능의 일반관리이론(general administrative theory)은 현대의 경영서적에서도 그대로 인용되고 있다.

경영관리의 14개 기본원칙은 웨버의 원칙과 비슷하며 다음과 같다.

- **업무의 분화**(division of work): 보다 효율적으로 특정 활동에 전념할 수 있게 하는 노동 전문화의 원칙이다.
- **권한과 책임**(authority and responsibility): 권한은 업무상 지시할 수 있는 권리이다.
- **훈육**(discipline): 훈육은 사업의 원만한 운용을 위하여 필수 불가결한 것이다.
- **명령의 일원화**(unity of command): 종업원은 하나의 상사로부터 지시를 받는다.
- **방향의 단일화**(unity of direction): 동일한 목적을 지닌 업무 활동들에 대하여 한 명의 책임자와 하나의 계획만 있어야 한다.
- **사적 이해에 대한 공적 이해의 우선**(subordination of individual interests to general interests): 개별 종업원 또는 집단의 이해는 조직의 전반적 이해보다 우선되어서는 안 된다.
- **종업원에 대한 보상**(remuneration of personnel): 보상은 공정하여야 하며 가능한 한 종업원과 기업을 동시에 만족시켜야 한다.
- **집권화**(centralization): 집권화는 조직의 핵심이며 조직화의 당연한 결과이다.
- **계층연쇄**(scalar chain): 조직은 최고 권한을 지닌 계층으로부터 최하직까지 감독의 연쇄(사슬)로 이루어져 있다.
- **질서**(oder): 조직은 모든 구성원에 대해서 적절한 자리와 위치를 제공하여야 한다.
- **공정성**(equity): 공정성과 정의감(justice)이 조직에 만연해 있어야 한다.
- **재직의 안정성**(stability of tenure of personnel): 종업원들이 자신의 업무에 적응하고 효과적으로 업무를 수행하기 위해서는 시간이 필요하다.
- **주도권**(initiative): 조직의 모든 계층에서 주도권을 갖고 계획을 수립하고 집행하

는 열정과 에너지를 증대시켜야 한다.

- **집단정신**(esprit de corps): 팀워크와 인간관계를 강조하고 있다.

미국의 바나드(Chester I. Barnard: 1886~1961)는 *The Functions of the Executives*라는 저서를 출간하고 경영이론에 큰 공헌을 하였다.

첫째는 최고경영층의 기능이다. 바나드는 조직을 종업원들의 인간적 협동과 협조가 필요하고 조직 내에서는 구성원들의 상호작용이 있기 때문에 그들과 꾸준한 커뮤니케이션이 요구되는 사회적 시스템(social system)으로 간주한다. 따라서 최고경영층은 종업원 사이의 커뮤니케이션 시스템을 유지하라는 것이다. 바나드의 큰 공헌은 비공식조직(informal organization)의 개념이다. 조직은 기계가 아니기 때문에 종업원 사이에 파벌 같은 비공식관계가 형성되는데 이를 잘 관리만 한다면 오히려 조직에 도움이 된다고 주장한다. 한편 최고경영층은 조직의 목적을 분명히 제시함으로써 종업원들이 이를 달성하기 위해 모든 노력을 경주하는 모티베이션이 가능하다는 것이다.

둘째는 권한의 수용이론(acceptance theory of authority)을 주창한 것이다. 부하는 상사의 명령이 자신에 이득이 되고 조직의 목적에 부합하며 그의 내용을 쉽게 이해할 때 그의 명령에 기꺼이 따른다는 이론이다.

따라서 경영자는 권한의 수용이 조직 성공에 아주 중요하므로 구성원들과 커뮤니케이션을 통하여 협조를 구해야 한다.

▌고전 경영이론의 공헌과 비판

고전적 관점의 가장 큰 공헌은 조직사회의 중요한 요소로서 경영을 자리매김하였다는 것이다. 고전 경영이론은 추후 다른 경영이론의 전개에 있어 주춧돌 역할을 하였으며 과학적 관리의 기본 원칙은 오늘날 공장과 실무에서 중요한 영향을 미치고 있다. 고전 경영이론의 주창자들은 경영도 법, 의료, 기타 직업과 같이 경영자가 배우는 원칙에 따라 실행할 수 있다는 것을 보여 주었다. 고전적 관리이론은 조직을 잘 관리하기 위해서는 합리적인 접근방법과 이론적 · 과학적인 원칙을 따라야 한다고 주장하였다.

계획화, 조직화, 지휘, 통제와 같은 경영기능은 새로운 경영자를 훈련시키는 기초를 제공하였다. 고전 경영이론의 공헌은 경영의 한 분야로서 그리고 그의 공정과 기능을 규명하는 차원을 넘어서 제시된 경영기법이 오늘날에도 이용되고 있다는 점이다. 예를 들면, 효율성을 극대화 시키기 위한 시간·동작연구, 직무 전문화, 작업단순화, 직무 설계, 임금인센티브시스템, 일정계획, 작업환경의 중요성 등에 대한 개념은 오늘날의 대기업에서도 그대로 원용하고 있다. 또한 고전적 관점은 추후 목표관리(management by objective)와 목적설정(goal setting) 이론의 근간이 되었다.

그러함에도 불구하고 고전 경영이론은 몇 가지 점에서 비판을 받고 있다.

- 고전 경영이론은 안정적이고 단순한 조직을 대상으로 하였다는 점이다. 오늘날의 조직은 이와 반대로 복잡하고 변화무쌍한 것이다.
- 고전 경영이론은 조직에서 개인의 역할을 등한시하였다는 점이다. 고전 경영이론 에서는 조직과 사람을 기계적 관점에서 취급하고 있다.

특히 과학적 관리론은 인간의 존엄성을 무시함으로써 조직을 기계로, 인간을 그의 부속품으로 취급하고 개인의 행동을 표준화하고 통제하여 작업의 능률에 초점을 맞춤으 로써 조직을 폐쇄시스템으로 보았다. 그뿐만 아니라 인간은 경제적 유인에 의해서만 모 티베이트(motivate)된다고 보았다.

고전 경영이론의 특징을 요약하면 〈표 3-1〉과 같다.

| 표 3-1 | 고전 경영이론의 특징

	과학적 관리법	관료제이론	경영관리이론
특징	일상화와 규칙의 훈련, 유일 최선의 관리 방법, 금전적 동기부여	규칙, 비인간성, 분업, 계층적 구조, 권한구조, 장기고용계약, 합리성	경영기능의 정의, 분업, 계층적 구조, 권한구조, 공정성
초점	근로자	전체 조직	경영자
장점	생산성, 효율성		명료성 구조, 규칙
단점	근로자의 사회적·심리적 욕구 무시	경직성, 의사결정지연	환경요인 고려 제외, 지 나친 경영자행동 강조

출처: D. Hellriegel, S. Jackson and J. Slocum, Jr., *Management*, 10th ed.(Thomson Publishing, 2005), p. 46.

4. 행동과학이론

고전 경영이론은 확실히 인간 본성에 대한 부정적 관점에 기초하고 있다. 인간들은 경제적 이해관계에 의해서만 동기유발된다고 여겨졌다.

경영자들이 작업자들의 행동을 통제하고 표준화하는 데 초점을 둔 고전 경영이론에 반하여 제2차 세계대전 전·후에 태동하기 시작한 행동과학이론(behavioral science theory)에서는 경영자들이 성과를 향상시키기 위하여 작업자들의 인간의 행위를 이해하고 작업자들을 어떻게 모티베이션 할 것인가에 초점을 두었다. 다시 말하면, 조직의 핵심으로 인적 변수(human variable)를 인정함으로써 조직에서 인간의 행위에 영향을 미치는 다양한 요인들의 중요성과 목표달성을 위한 작업자들에 대한 모티베이션을 강조하였다. 특히 작업자들의 인간적, 사회적 욕구와 조직의 사회적 환경이 작업의 양과 질에 영향을 미친다고 강조하였다.

이와 같이 행동과학이론에서는 조직의 기술(기계)적 측면에만 관심을 가진 고전 경영이론과는 달리 조직에서 인간관계(human relations)의 중요성을 인식하여 조직을 사회적, 심리적 측면에서 접근하려고 하였다. 즉 조직 내에서 인간의 태도, 행동 및 집단과정 등 인간행동의 중요성에 초점을 맞추었다.

우리는 행동과학이론으로서 초기 행동주의자들의 공헌, 호오손 연구, 인간관계운

[그림 3-5] 행동과학 접근법의 종류

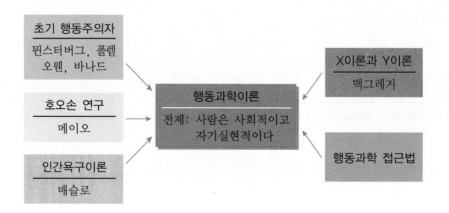

동, 행동과학 접근법을 순서대로 설명하고자 한다. 이는 〈그림 3-5〉에서 보는 바와 같다.

▌초기 행동주의자

초기 행동주의자(early advocate)로는 1800년대 전반의 로버트 오웬, 1900년대 초의 뮌스터버그와 폴렛, 1930년대의 바나드를 들 수 있다. 그들의 공헌은 다양하고 독특하지만 모두 사람이 조직의 가장 중요한 자산이요 성공의 근원이라고 믿었다. 그들의 아이디어는 근로자 선발절차, 근로자 모티베이션 프로그램, 근로자 작업팀, 조직-환경 관리기법 등 경영관행의 근간을 제공하였다.

뮌스터버그(Hugo Münsterberg: 1863~1916)는 1913년 출간한 「*Psychology and Industrial Efficiency*」라는 저서를 통하여 심리학자가 산업발전에 공헌할 수 있는 방안을 제시하였다.

첫째는 심리학자는 직무(job)를 분석하여 특정 직무에 가장 알맞은 작업자를 선정할 수 있는 방법을 찾을 수 있다는 것이다. 이는 과학적 관리법의 주장과 유사하다. 그러나 다음 두 가지는 고전적 이론가들이 생각한 요인 이외의 다른 요인들이 작업장에서 작업자들의 행위에 영향을 미친다는 내용이다.

심리학자들이 산업을 도울 수 있는 두 번째 방안은 작업자들이 최선을 다 하여 작업할 수 있는 심리적 환경을 규명할 수 있다는 것이다.

셋째는 경영자의 이익에 부합하도록 근로자들이 행동하도록 영향을 미치는 전략을 개발할 수 있다는 것이다.

그의 아이디어와 그가 제시한 예는 산업심리학의 분야를 탄생시킨 계기가 되었다.

폴렛(Mary Parker Follett: 1868~1933)은 조직이란 경영자와 작업자들이 명령을 하고 받는 계층적 관계를 떠나 민주적 협조관계를 유지해야 한다고 주장하였다.

그녀가 주장한 아이디어를 요약하면 다음과 같다.

- 조직은 공동체(communities)로 운영되어야 한다. 경영자들과 작업자들은 지배관계를 떠나 서로 협조하고 조화를 이루어야 한다.
- 갈등(conflict)은 경영자들과 작업자들의 자유스러운 대화를 통해 쌍방을 만족시키도록 해결해야 한다.
- 그룹은 다양한 개인들이 재능을 큰 선을 위해 결합시킬 수 있는 메커니즘이다.

- 권력(power)은 경영자들과 작업자들이 함께 공유해야 한다. 권력의 공유는 통합 (integration)을 통해 갈등을 해결할 때 가능하다. 여기서 통합이란 노사 쌍방을 만 족시키는 해결책을 찾는 것을 말한다.
- 조직 구성원들이 서로 협조하고 이해의 통합을 달성하는 것은 경영자의 역할이다.
- 경영이란 정적인 원칙이 아니고 동태적인 과정이다. 이는 테일러, 페이욜, 웨버 의 생각과는 정반대이지만 현대 경영철학과는 부합하는 것이다.
- 기업에서 각 작업자를 소유자로 취급하면 집단 책임의식이 고취된다.
- 작업자들이 영향을 받는 경우에는 그들을 의사결정 과정에 참여시켜야 한다.
- 사적 이익은 공중선과 대립관계라고 여겨야 한다.

그녀는 경영자들은 사람을 계층적 압력에 의해 강압적으로 대할 것이 아니라 작업 자 그룹(work group)의 노력을 조정하고 화합하는 능력을 가져야 한다고 주장하였다. 이 러한 개념은 오늘날 기업에서 볼 수 있는 자율관리팀(self-managed team)과 같은 것이다.

그녀가 주장한 아이디어 중에서 오늘날 우리가 사용하는 것의 예를 들면, 작업자 임파워먼트(worker empowerment), 작업자 소유권(employee ownership), 이익공유(profit sharing), 경영윤리, 기업의 사회적 책임 등이다.

▎호오손 연구

1920년대와 30년대에 미국의 노동자들은 표준화되고 전문화된 작업에 대한 불만이 고조되었다. 전통적 접근법, 특히 과학적 관리는 생산성 또는 생산량을 증대시키기 위해 서는 직무설계와 동기도 중요하지만 집단 구성원 간의 관계, 감독자의 리더십 스타일 그 리고 관리의 공정성 지각 등과 같은 사회적 요소도 중요하다는 사실을 간과하고 있었다.

이러한 사회적 측면이 작업 또는 작업환경에 영향을 미친다는 것은 호오손 실험과 정에서 얻은 예상치 못한 연구결과였다.

1 호오손 연구: 내용

1924년부터 1932년까지 8년 동안 미국 시카고의 웨스턴 전기회사(Western Electric Co.)의 호오손 공장에서 네 차례 실험, 즉 조명실험, 계전기 조립실험실 실험, 면접, 배선작업실험을 통한 호오손 연구(Hawthorne studies)가 진행되었다.

호오손 실험을 하게 된 동기는 조명과 같은 물리적 작업조건의 변화가 생산성과 상관관계가 있는지를 밝히기 위함이었다. 연구결과 생산성과 작업조건 사이에는 직접 관련이 없고 오히려 생산성은 작업자들의 심리적·사회적 조건이나 감독방식에 의존한다는 결론에 도달하였다.

한편 연구진은 작업자들의 행동이 관찰되거나 특별한 관심(special attention)의 대상이 되면, 또는 경영자들이 자신들의 복지에 신경을 쓰고 있다고 생각하면 생산성은 작업조건의 변화와 상관없이 증가한다는 사실을 발견하였다. 이러한 현상은 호오손 효과(Hawthorne effect)라고 한다.

일련의 실험을 통해서 연구진은 작업상황은 복잡한 사회시스템이고 인간의 행동이 감정과 밀접하게 연관되어 있으며 집단이 개인행동에 막대한 영향을 미친다고 생각하게 되었다. 따라서 집단 내의 행위를 이해하기 위해서는 작업자의 태도, 작업자간 커뮤니케이션, 그리고 무수한 다른 요인들을 이해할 필요가 있다는 것이다.

② 호오손 연구: 영향

호오손 연구는 현대적 연구기준에 의하면 심각한 문제점을 안고 있다. 예를 들면, 실험 참여자가 공장 근로자들을 대표할 수 있는지 밝혀야 할 내용이 많이 있다.

서투른 조사 설계, 결론에 대한 미흡한 실증적 지원, 조사결과의 지나친 일반화와 같은 단점에도 불구하고 호오손 연구는 기술적, 구조적인 전통적 경영이론으로부터 사회적, 인간적 측면을 강조하는 이론으로 이동하는 데 영향을 미쳤다. 즉 호오손 연구는 조직에서의 개인과 집단에 관한 조직행동(organizational behavior) 연구에 공헌을 하였다.

- 호오손 연구는 인간이 조직에서 가장 중요한 요소라는 사실을 강조하였다.
- 경제적·기술적 요인 외에도 개인과 집단의 사회적·심리적 요소가 조직성과에 막대한 영향을 미친다는 사실을 인식하게 되었다.
- 인간의 상호작용에 의하여 자연발생적으로 형성되는 비공식집단(informal group)의 중요성을 강조하고 비공식집단 내에 존재하는 독특한 규범이 작업자들의 실제 행동에 영향을 미친다는 점을 깨우쳐 주었다.

▎인간관계운동

호오손 연구는 1950~60년대 있었던 인간관계운동(human relations movement)의 출현을 가져 왔다. 이러한 운동은 경영자들이 작업장에서 작업자들에 관심을 갖고 좋은 인간관계를 유지하면 생산성은 향상된다는 관점에 입각한다.

작업장에서 작업자의 만족감과 성취감이 증대되면 그의 작업성과가 향상되기 때문에 경영자들은 작업자들과 더욱 협조적이어야 하고 작업장의 사회적 환경을 개선해야 하며 작업자의 개인적 위신을 강화하도록 노력해야 한다.

인간관계운동을 이끈 이론가들은 매슬로(Abraham Maslow)와 맥그레거(Douglas McGregor)이었다.

매슬로(1908~1970)는 미국에서 태어난 심리학자로서 인간 본성에 관한 세 가지 감정에 입각하여 모티베이션 이론을 전개하였다.

• 인간은 절대로 만족될 수 없는 욕구(needs)를 갖는다.
• 인간의 행위는 만족되지 않은 욕구를 충족시키려는 목적을 갖는다.

[그림 3-6] 욕구의 계층

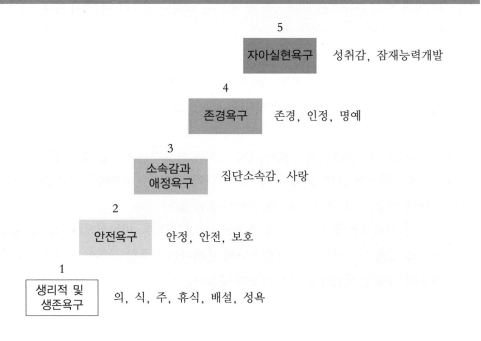

5 자아실현욕구	성취감, 잠재능력개발
4 존경욕구	존경, 인정, 명예
3 소속감과 애정욕구	집단소속감, 사랑
2 안전욕구	안정, 안전, 보호
1 생리적 및 생존욕구	의, 식, 주, 휴식, 배설, 성욕

- 욕구는 그의 강도에 따라 계층을 이룬다.

이것이 바로 매슬로의 욕구단계설(needs hierarchy theory)이다.
욕구 계층의 단계는 〈그림 3-6〉에서 보는 바와 같이

- 1단계: 생리적 욕구(physiological needs)
- 2단계: 안전욕구(safety needs)
- 3단계: 소속감과 애정욕구(belongingness and love needs)
- 4단계: 존경욕구(esteem needs)
- 5단계: 자아실현욕구(self-actualization needs)

이다. 매슬로는 사람은 욕구를 순서대로, 즉 기본적인 욕구로부터 높은 단계의 욕구로 만족시키려 한다고 믿었다. 따라서 작업장에서 작업자의 중요한 욕구를 만족시켜 주는 경영자는 작업자들의 근로의욕을 높여 높은 생산성을 가져오게 된다는 것이었다.

맥그레거(1906~1964)는 〈표 3-2〉에서 보는 바와 같이 인간 본성에 대해 어떤 관점을 갖느냐에 따라 두 가지 이론을 제안하였다.

맥그레거는 작업자들의 태도와 행위가 경영자의 행위에 어떻게 영향을 미치는가에 따라 서로 다른 두 가지의 가정을 제안하였다. 작업자들의 행위에 대해 비판적이고 부정적으로 보는 가정은 X이론(theory X)이라 하고 낙관적이고 긍정적으로 보는 가정은 Y이론(theory Y)이라 하였다.

X이론은 〈표 3-3〉에서 보는 바와 같이 작업자들은 게으르고 의욕이 없으며 일을 하도록 위협과 협박이 필요하고 다만 그들은 직업안정 욕구에만 관심이 있다고 가정한다.

이에 비해 Y이론은 작업자들은 일을 싫어하는 것이 아니고 자제할 능력을 갖고 있으며 창조적이며 혁신적이고, 달성하기 어려운 높은 수준의 욕구를 갖는다고 가정한다.

| 표 3-2 | 인간본성에 대한 관점에 따른 경영이론

부정적(X이론)	긍정적(Y이론)	중립적
고전적 접근법 • 과학적 관리론 • 관료제이론 • 경영관리이론	인간관계 접근법	시스템이론 상황적합이론

X이론	• 작업자는 일을 싫어하고 일을 피하려고 한다. • 경영자들은 작업자들이 열심히 일을 하도록 감시하고 통제하고 강요하고 위협해야 한다. • 작업자들은 지시받기를 좋아하고 책임을 회피하며 야망을 갖지 않고 다만 직업안정을 원한다.
Y이론	• 작업자들은 일을 싫어하지 않고 오히려 생활의 일부라고 생각한다. • 작업자들은 목적을 달성하기 위해 자극을 받는 것을 허용한다. • 작업자들은 목표를 달성하였을 때 받게 되는 보상수준에 맞는 목표를 달성하려 한다. • 작업자들은 좋은 조건하에서는 책임을 맡으려 한다. • 작업자들은 조직의 문제를 창조적으로 해결할 능력을 갖는다. • 작업자들은 유능하지만 그들의 잠재력은 충분히 발휘하지 않는다.

X이론의 가정을 따르는 경영자는 작업자에게 발언권을 인정하지 않고 직접 명령하고 통제하는 식으로 행동한다. 작업자들의 성과를 높이기 위해서는 경영자들은 당근(보상)과 채찍(벌)을 사용해야 한다. 이러한 경영자 밑에 있는 부하들은 지시받거나 꼭 해야 하는 일만 하는 수동적이고 의존적이며 억지로 하는 성격을 갖게 된다. X이론은 관리에 대한 전통적 접근방법에 근거하는 이론이다.

반면 Y이론의 가정을 따르는 경영자는 작업자에게 목표설정에의 참여, 자유, 분권화, 권한위임, 직무확대, 책임을 부여하려고 한다. 작업자들은 존경과 자아실현욕구를 만족시킬 기회를 갖기 때문에 높은 성과를 달성할 수 있다. 따라서 맥그레거는 경영자들이 따라야 할 이론은 Y이론임을 강조하였다.

▌ 행동과학 접근법

인간관계론에 이어 그의 사상적 흐름을 더욱 발전시킨 연구 분야는 행동과학 접근법(behavioral science approach)이다. 이 이론가들은 인간관계론자들의 주장은 단순하고 작업자들의 행동을 충분하게 설명하지 못한다고 강조한다. 예를 들면, 작업자의 만족은 성과향상을 가져온다고 하는 주장은 타당성도 적고 오히려 성과향상이 만족을 유발한다는 것이다.

조직행동론(organizational behavior: OB)이라고 불리는 행동과학 접근법에서는 조직에서의 인간행동은 인간관계론자들이 인식한 것보다 훨씬 더 복잡하다고 주장한다. 조직행동론은 인간의 행동(human behavior)에 관한 종합적인 연구에 테일러가 과학적 관리법에서 시도하였던 과학적인 접근법을 적용하는 학문 분야이다.

조직행동론은 기존의 경제학과 경영학은 물론 심리학, 사회학, 인류학 등 사회과학에서 산발적으로 연구되어온 기업에서 작업자의 행동과 상호작용에 관한 연구를 종합하여 이용하려는 응용학문이다.

행동과학 접근법을 사용하는 사람들은 작업자들을 고전적 접근법에서 보는 경제인(economic man)과 인간관계론에서 보는 사회인(social man)보다 훨씬 더 까다로운 복합인(complex man)으로 취급한다. 행동과학 접근법은 작업 자체의 성격과 인간의 욕구를 만족시켜 기술과 능력을 발휘시키는 정도에 더욱 관심을 갖는다. 행동과학자들은 개인은 돈을 벌고 사회적 관계를 형성하고자 하는 이유 외의 여러 가지 다른 이유로 일을 하려 한다고 믿는다.

행동과학자들은 개인의 모티베이션, 그룹행동, 작업장에서의 대인관계, 사람에 작업의 중요성 등을 이해시키는 데 큰 공헌을 하였다. 그들의 업적으로 경영자들은 부하들을 효과적으로 다루는 데 예민하게 되었다.

1950년대의 행동과학자로서는 맥그레거 등을 들 수 있지만 1960년대 들어서는 아지리스(Chris Argyris)와 리커트(Rensis Lickert) 등을 들 수 있다. 아지리스는 1957년에 발간한 그의 저서 *Personality and Organization*에서 인간의 본성에 관한 성숙·미성숙 이론(maturity-immaturity theory)을 전개하였다. 그는 인간이 성장하는 과정에는 7가지 변수가 있는데 미성숙의 상태로부터 성숙의 상태로 발달한다고 주장하였다. 즉 성숙한 인간과 미성숙한 인간은 태도와 행동에 있어서 차이를 보인다는 것이다.

한편 리커트는 1967년에 발간한 *The Human Organization*에서 참여적 경영(participative management)의 가치를 강조하였다.

이러한 행동과학자들의 공헌에도 불구하고 이 분야의 잠재력이 완전히 실현되지 않았다고 믿는 것이다. 많은 경영자들은 행동과학자들이 제시한 모델과 이론이 너무 복잡하고 추상적이어서 특정 문제에 적용하기가 어렵다고 보는 것이다.

▌행동과학이론의 공헌과 비판

고전 경영이론은 작업을 기계적으로 보지만 행동과학이론에서는 복잡한 인간관계, 그룹행동, 동기부여, 관리자의 리더십 스타일의 중요성을 강조함으로써 작업자들이 단순히 생산도구가 아닌 값진 자원임을 인정하였다.

즉 작업자는 물질적 보상에 의해서만 움직이는 것이 아니라 정신적·심리적 요인에 의해서도 영향을 받는다는 사실을 발견하였다. 이와 같이 행동과학이론은 경영의 사고를 변화시킨 점에 큰 공헌을 하였다.

행동과학이론의 기본적인 가정은 다음과 같다.

- 작업자들은 사회적·심리적 욕구에 의해 근로의욕이 동기유발되고 타인과의 유대관계를 통하여 일체감을 느낀다.
- 작업자들은 기업의 금전적 보상과 규칙보다는 동료들에 의해서 영향을 받는 사회적 힘에 더욱 민감하다.
- 작업자들은 그들의 욕구를 만족시켜 주는 관리자들을 가장 따른다.
- 경영자들은 효율을 증대시키기 위하여 작업을 조정할 때 부하들을 포함시킬 필요가 있다.

이러한 가정은 실무에 그대로 적용되는 것은 아니다. 작업조건과 관리자의 인간관계 기술이 항상 생산성을 증대시키는 것은 아니다. 테일러가 믿은 바와 같이 작업의 경제적 관점은 아직도 작업자들에게는 중요하다. 예를 들면, 근래에도 노동조합은 직장안정과 임금 인센티브에 초점을 맞춘다.

작업자들은 동료들과의 관계가 좋고 작업환경이 좋더라도 임금이 낮으면 결근이나 이직을 하게 된다. 아무리 동료들과의 관계가 좋다고 해도 조직구조가 나쁘고 커뮤니케이션이 잘 되지 않고 지루한 일을 하는 데서 오는 부정적 영향을 극복할 수는 없다. 오늘날 직무의 인간적 측면은 1930년대 행동과학 이론가들이 생각했던 것보다 훨씬 복잡한 것이다.

5. 계량경영 접근법

고전적 접근법이 20세기 초에 탄생하였고 행동과학적 접근법이 1920~30년대부터 출현하였지만 계량적 관점은 제2차 세계대전 때에 싹트기 시작하였다.

대전 중 관리자, 정부관리, 과학자들은 영국과 미국에서 자원의 효율적 사용을 위하여 군사문제의 의사결정에 참여하였다. 군사노력을 최대화하기 위하여 영국 정부는 과학자, 수학자, 공학자, 행동과학자 등의 팀을 구성하여 복잡한 전략 전술문제를 해결하여 야전군사령관을 돕도록 하였다.

이러한 영국의 작전연구팀(operational research team)의 성공에 힘입어 미국도 작전연구(operations research: OR) 팀을 구성하여 적의 잠수함으로부터의 피해를 극소화하기 위하여 상선의 경호함을 전개하는 데 노력을 하였다. 이외에도 군대, 장비, 잠수함의 전개에 관한 결정을 수학적 분석을 통하여 해결하였다.

전쟁이 끝나자 컨설팅회사와 산업체에서 군사 목적으로 활용되었던 수학적·통계학적 기법을 적용하여 종업원들을 전개하고 공장입지를 결정하고 창고건설을 계획하였다.

기본적으로 계량적 관점은 경영의사결정에 계량적 기법을 적용함을 강조한다. 더욱 구체적으로 말하면 계량경영 접근법(quantitative management approach)은 의사결정, 경제적 효과, 수학적 모델, 컴퓨터의 사용에 초점을 맞춘다.

이러한 계량경영 접근법은

- 경영과학
- 생산/운영관리
- 경영정보시스템

이라는 세 가지의 분야로 나뉜다.

▌경영과학

경영과학(management science: MS) 또는 OR은 경영문제의 분석과 결정을 위하여 과학적이고 합리적인 방법론을 적용하는 분야라고 할 수 있다.

사실 오늘날 기업경영에 있어서 관리자의 경험과 창의력이 절대적으로 필요하기는 하지만 한편으로 의사결정의 실수를 줄이고 기업의 생존을 위해서는 복잡한 경영문제를 해결할 과학적이고 체계적인 도구나 기법에 의한 합리적 의사결정방법을 관리자는 이해하고 적용할 수 있어야 한다.

MS/OR 기법이 급속히 성장하고 발전한 이유는

- 전후 경제성장, 제품 다양화, 기술개발, 경쟁심화, 사회적 압력 등으로 체계적으로 분석적 의사결정의 필요성이 제고되었고
- 고성능 컴퓨터의 개발로 매우 복잡하고 거대한 경영문제도 해결할 수 있게 되었기 때문이다.

특히 최근에 개인용 컴퓨터와 사용하기 쉬운 스프레드시트(spreadsheet) 소프트웨어의 출현으로 복잡한 수학적 기법의 내용을 모르더라도 경영문제의 해를 구할 수 있게 되었다.

오늘날 MS/OR 기법은 기업, 산업체, 정부, 군사, 병원, 교육 등 영리 또는 비영리 조직의 문제를 해결하는 데 널리 이용되고 있다.

▌생산/운영관리

운영관리(operations management) 또는 생산관리는 제품과 서비스를 생산하고 공급하는 생산시스템의 설계와 운영을 담당하는 기능이다. 운영관리는 제품선정과 설계, 생산능력계획, 시설입지, 시설배치, 자재관리, 일정계획, 품질관리 등의 분야를 포함한다.

한편 제조업에서는 원자재, 에너지, 자본, 노동, 시설, 기술, 정보 등의 투입물이 완제품으로 변환되지만 서비스업에서는 이러한 투입물이 서비스로 변환된다. 이러한 과정에서 서비스업이든 제조업이든 수요예측, 품질, 공정, 생산능력, 재고, 노동력 등 중요한 요소들을 관리하게 된다.

▌경영정보시스템

경영정보시스템(management information system: MIS)이란 경영자가 사용할 정보를 제공하기 위하여 컴퓨터에 기초한 정보시스템을 설계하고 실행하는 것을 다루는 경영학의 한 분야이다. 이러한 정보시스템은 방대한 원데이터(raw data)를 정보(information)로 변환시켜 경영의 여러 계층에서 사용할 수 있게 해준다.

많은 산업에서 컴퓨터에 기초한 정보시스템은 방대한 양의 정보를 쉽게 처리할 수 있기 때문에 강력한 경쟁무기가 되고 있다.

경영정보시스템에 관해서는 제16장에서 자세히 공부하게 될 것이다.

▌계량경영 접근법의 공헌과 한계

다른 경영이론과 마찬가지로 계량적 접근법도 경영이론의 발전에 큰 공헌을 하였지만 한계 또한 가지고 있다. 계량적 접근법은 과거처럼 경영자의 경험이나 직관에 의한 관리의 한계점을 벗어나 경영자들에게 기업에서의 경영문제를 해결하는 데 도움이 되는 분석적 도구와 기법을 제공하였다. 계량적 접근법은 특히 계획과 통제 분야에서 널리 사용된다.

계량적 접근법은 수리적 모델을 사용함으로써 데이터 수집에 따르는 시간과 비용의 절감을 가져온다.

그러나 한편으로 볼 때 수리적 모델은 기업과 개인의 행위와 같은 심리적이고 사회적인 인간적 요소를 완전히 반영하지 못한다는 결점과 한계를 갖는다. 또한 수리적 모델을 사용할 때는 비현실적인 가정에 입각하는 경우가 있기 때문에 실제로 그의 결과를 이용할 때에는 주의를 기울일 필요가 있다.

6. 현대 경영이론

과학적 관리법은 효과적인 직무설계를 통하여 조직의 생산성을 극대화하는 데 초점을 맞추었다. 인간관계론은 연구의 초점을 직무설계로부터 사회적 요소로 바뀌게 만들었다.

이와 같이 이러한 이론들은

- 조직과 그의 외부환경과의 관계를 소홀히 하였다
- 조직의 각 측면을 따로따로 강조하였다

는 비판을 받아 왔다. 즉 이들 이론들은 인간의 행동에 영향을 미치는 요소들이 서로 상호작용한다는 사실을 간과하였다.

이들 이론들은 조직 내에서 경영자가 어떻게 경영해야 하고 행위에 어떻게 영향을 미쳐야 하는가에 초점을 두고 있다. 이제 경영이론가들은 조직 경계선 밖의 외부환경에서 무엇이 벌어지고 있는가에 관심을 갖기 시작하였다. 경영자들이 제품과 서비스를 생산하는 데 필요한 물적·인적자원을 획득하는 데 영향을 미치는 조직환경(organizational environment)과의 관계에 눈을 돌리게 되었다. 조직환경이론으로서 시스템이론과 상황적합이론이 1960년대에 등장하였다. 시스템이론은 카쯔(Daniel Katz)와 칸(Robert Kahn) 등에 의해서 개발되었다.

▌시스템이론

■1 시스템의 정의

시스템(system)이란 특정 목적을 달성하기 위하여 여러 개의 독립된 구성인자가 상호간 의존적이고 영향을 미치는 유기적인 관계를 유지하는 하나의 집합체(a whole)라고 정의할 수 있다.

우리 주위에는 수많은 시스템이 있다. 사람의 신체도 하나의 시스템이고 가정도 시스템이다.

조직도 서로 함께 일하는 사람들의 사회적 역학(dynamics)에 의해 서로 관련되어 있는 많은 상호 의존적인 구성요소로 만들어진 시스템으로 볼 수 있다.

❷ 시스템의 분류

시스템은 전형적으로

- 폐쇄시스템
- 개방시스템

으로 분류할 수 있다.

폐쇄시스템(closed system)이란 외부환경과 상호작용을 하지 않는 시스템을 말하고 개방시스템(open system)이란 외부환경과 상호작용을 계속하는 시스템을 말한다. 여기서 상호작용이라 함은 시스템이 외부환경에 영향을 미치기도 하고 외부환경으로부터 영향을 받기도 하는 것을 의미한다.

모든 조직은 외부환경으로부터 각종 자원을 구입하고 이들의 산출물을 외부환경의 고객이나 소비자에게 공급한다.

전통적인 관리이론은 조직을 폐쇄시스템으로 간주하였다. 그러나 조직은 현실적으로 외부환경과 정도의 차이는 있을지라도 상호작용을 하고 있기 때문에 개방시스템이라고 할 수 있다.

시스템은 수많은 부분 또는 구성요소들로 만들어지기 때문에 상위시스템과 하위시스템(subsystem)의 여러 계층으로 구성되어 있다고 할 수 있다. 어떤 시스템을 상위시스템(또는 전체시스템)이라고 하면 그의 부분 또는 구성요소들은 하위시스템이라고 할 수 있다.

어떤 기업도 생산, 마케팅, 재무, 인사, 회계 등 여러 기능을 수행하는데 그 기업을 전체시스템이라고 하면 각 기능을 수행하는 구성요소들은 하위시스템이라고 할 수 있다. 예컨대 생산기능을 담당하는 생산시스템은 하위시스템이다.

그런데 하위시스템 상호 간 또는 상위시스템과 하위시스템 간에는 상호 의존성과 상호 연관성을 갖고 상호작용을 하게 된다. 이렇게 볼 때 조직이란 상호작용하는 하위시스템의 복잡한 네트워크라고 볼 수 있다. 이는 〈그림 3-7〉에서 보는 바와 같다.

[그림 3-7] 하위시스템의 네트워크

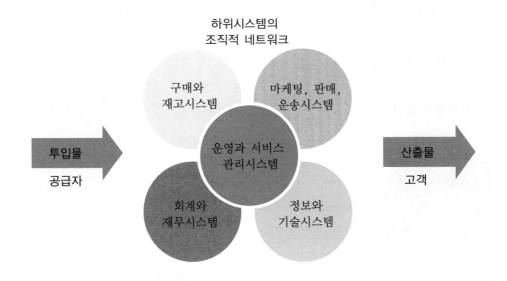

3 시스템의 구성요소

어떤 시스템도 투입물, 변환과정, 산출물, 피드백, 환경의 다섯 가지 요소로 구성되어 있다.

투입물(input)은 재화와 서비스를 생산하는 데 필요한 사람, 자재, 자본, 정보, 토지, 시설 등과 같은 다양한 자원을 말한다. 그런데 투입물은 시스템의 성격에 따라 크게 다른 것이다.

변환과정(transformation process)이란 투입물을 산출물로 변형시키는 기업의 관리적, 기술적 능력, 즉 공정이라고도 말한다. 변환과정은 제조업에서처럼 실물의 형태가 바뀌거나, 운송업에서처럼 지역 이동적이거나, 창고업에서처럼 상거래적인 것이다.

산출물(output)은 유형의 재화, 무형의 서비스, 시스템의 고객 또는 사용자가 원하는 정보, 만족 등을 포함한다.

피드백(feedback)은 시스템을 통제하는 데 열쇠가 된다. 시스템에서는 원하는 제품이나 서비스를 생산하기 위하여 변환과정의 결과인 산출물에 대해서 측정이 이루어지고 이 산출물을 사용하는 고객과 시장에 대한 조사가 이루어지는데 이러한 정보는 투입물

[그림 3-8] 시스템의 구성요소

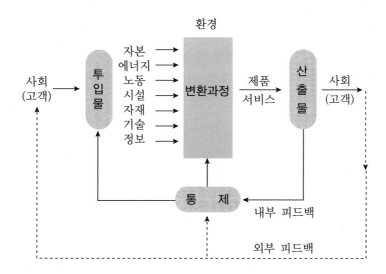

의 선정과 변환과정에 반영하여야 한다. 이를 피드백이라 하고 이러한 측정결과를 사전에 결정한 표준과 비교하여 차이가 발견되면 시정조치를 취하도록 하는데 이를 통제(control)라고 한다.

환경(environment)이란 기업의 결정에 영향을 미치는 경제적, 사회적, 정치적, 기술적 요인을 말한다. 환경에 대해서는 제5장에서 자세히 공부할 것이다.

〈그림 3-8〉은 시스템의 구성요소를 보여 주고 있다.

4 시스템이론의 내용

시스템이론(system theory)은 인간행동의 영향 요소들 간 복잡한 상호작용의 중요성을 강조하였다. 즉 모든 것이 서로 관련이 있고 의존되어 있다는 것이다. 이런 관점에서 볼 때 조직에 있어서 인간의 행동은 태도, 성격, 커뮤니케이션, 보상제도 등과 같은 다양한 요소의 상호작용에 의해 결정된다고 할 수 있다.

경영자는 조직을 개방시스템의 관점에서 이해해야 한다는 것이다. 즉 조직을 상호 의존적인 여러 개의 하위시스템으로 구성된 하나의 시스템으로 보아야 한다는 것이다. 시스템이론은 조직의 어떤 분야의 활동이 다른 모든 분야의 활동에 영향을 미친다고 주장한다. 즉 개인, 그룹, 태도, 동기, 구조, 상호작용, 목표, 상태, 권한 등 상호 의존된

요인들로 구성된 조직의 각 분야에서 작업활동을 조정할 때 이러한 상호 의존성을 고려하여 조직의 목적을 달성하도록 해야 한다.

따라서 시스템이론에 의하면 관리자들은 업무를 수행함에 있어서 자신의 부서뿐만 아니라 다른 부서 나아가 조직 전체에 미치는 영향까지도 고려해야 한다. 이와 같이 시스템적 사고에 익숙한 관리자들은 조직 전체의 목적에 부합하도록 업무를 수행하게 된다.

▍상황적합이론

1960년대 이후 경영사고에 번스(Tom Burns)와 로렌스(Paul Lawrence) 등이 공헌을 한 이론이 상황적합이론(contingency theory)이다. 고전적·행동적·계량적 접근법은 다양한 상황(situation)에서 기업을 경영함에 있어 유일 최선의 방법(one best way)을 적용하려 했기 때문에 보편적 관점(universal perspective)이라고 한다. 즉 모든 상황에 동일한 경영원칙을 적용하려 한 것이다. 보편적 원리가 발견만 된다면 경영자들은 이를 배우고 적용하는 방법을 익히면 되는 것이다.

이에 비해 상황적합이론은 모든 기업경영에 유일 최선의 방법은 없으며 각 조직은 유일하고 독특하기 때문에 모든 조직에 일률적으로 보편적 경영원칙을 적용할 수는 없다고 주장한다. 다시 말하면, 어떤 상황에 가장 알맞은 경영행위는 그 상황에 독특한 요소들에 의존한다는 것이다. 따라서 경영자가 조직구조와 통제시스템을 선택한다든지 근로자들을 리드하고 모티베이트하는 것은 조직환경의 특성에 따라 달라야 한다. 특히 기업의 규모나 기업목표, 과업의 종류, 시장상황, 기술수준, 사용하는 전략에 따라서 합리적이고 효율적인 관리방식을 찾아야 한다. 이와 같이 상황적합이론은 모든 조직의 경영문제를 해결할 유일 최선의 방법은 없을지라도 특정 조직의 경영문제를 해결할 유일 최선의 방법은 있을 것이라는 주장이다.

어떤 상황에서는 가장 효과적인 행위일지라도 다른 모든 상황에 이를 일반화할 수는 없다는 것이다. 모든 상황이 다르기 때문에 결과가 다르고 어떤 상황에서 가장 효과적인 방법이 다른 상황에서는 전혀 다른 결과를 가져오는 것이다. 상황적합이론에 따르면 경영자의 임무란 특별한 상황에서, 특별한 경우에, 특정 시점에, 특별한 환경에서 기업의 목적을 가장 잘 달성할 수 있는 접근법(관점)이 무엇인가를 찾아내는 것이다. 이에 따라 앞절에서 설명한 네 개의 관점은 다른 상황에 따라 홀로 또는 결합하여 사용해야

[그림 3-9] 상황적 관점으로의 통합

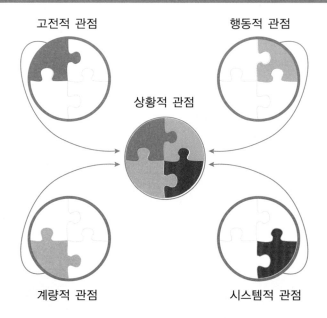

출처: P. S. Lewis, S. H. Goodman & P. M. Fandt, *Management*, 4th ed.(South-Western, 2004), p. 64.

한다. 〈그림 3-9〉는 고전적·행동적·계량적·시스템적 관점을 상황적 관점으로 통합하는 틀을 보여 주고 있다.

　　이와 같이 상황적합이론은 "만일~그러면" 관계(if-then relationship)를 강조한다. 예를 들면, 관리자가 만일 경험이 없는 부하들을 거느린다면 그러면 경험이 많은 부하들을 거느리는 경우와 다른 방법을 사용해야 한다는 것이다.

현대 경영이론의 공헌과 비판

　　경영에 대한 현대 경영이론의 큰 공헌은 보편적 원리를 맹목적으로 적용하는 것을 반대하고 의사결정 분석의 과정을 적용할 것을 강조한 것이라 할 수 있다.

　　현대 경영이론은 경영절차와 스타일을 상황에 따라 달리 적용할 필요성을 강조하는 중요한 요인들을 인정한다.

　　현대 경영이론은 새로운 기술, 다른 사회적 가치의 출현과 같은 환경의 변화에 빨리 적응할 것을 경영자들에게 권유한다.

상황적합 관점은 지금까지 설명한 여러 관점들보다 더욱 실제적이다. 왜냐 하면, 이는 문제를 따로따로 보면서 그에 맞는 해결책을 찾아 나가기 때문이다.

그렇지만 현대경영에 있어서는 효과적인 경영성과를 거두기 위하여 본절에서 논의한 개념들 외에도 고전적·행동적·계량적 이론으로부터 관련된 개념들을 사용한다.

토·론·문·제 *EXERCISE*

01 경영사상에 영향을 미치는 환경적 요인을 설명하라.

02 전고전이론이 경영을 하나의 학문으로 발전시키는 계기를 제공하는데 공헌한 내용은 무엇인가?

03 고전 경영이론에 포함되는 세 가지 접근법을 비교 설명하라.

04 고전 경영이론의 공헌과 한계를 설명하라.

05 행동과학이론의 발전과정을 설명하라.

06 X이론, Y이론을 설명하라.

07 호오손 연구의 내용을 설명하고 이 연구가 인간관계운동의 전개에 미친 영향을 설명하라.

08 행동과학 접근법의 공헌과 한계를 설명하라.

09 계량경영 접근법을 설명하라.

10 시스템이론, 시스템의 구성요소를 설명하라.

11 상황적합이론을 설명하라.

제 **2**편

기 업 론

기업과 경영

우리는 제1장에서 조직은 무엇이며 왜 우리 사회에서 필요한 것인지를 살펴보았다. 또한 조직은 기업처럼 이윤이라는 영리성을 추구하는 영리조직과 정부조직, 병원, 시민단체처럼 공익성을 추구하는 비영리조직으로 구분할 수 있음도 공부하였다.

넓은 의미에서 경영의 대상은 모든 조직이다. 즉 영리조직은 물론이고 비영리조직도 경영의 대상이다. 이는 경영지식의 적용범위가 단순히 기업조직에만 국한되는 것이 아니고 병원, 학교, 국가 등 비영리조직에도 확대 적용될 수 있기 때문이다.

그러나 기본적으로는 경영의 대상을 영리조직, 즉 기업조직에 국한하고 그 안에서 발생하는 복잡한 경영현상을 연구하게 된다. 이와 같이 경영학의 연구대상을 기업조직으로 제한하기 때문에 본장에서는 기업의 경영에 대해서 자세히 공부하고자 한다.

근래 전통 기업과 달리 가치 창출하는 플랫폼 기업이 확산되는 추세에 있기 때문에 전통 기업과 플랫폼 기업의 차이에 대해서도 공부할 것이다.

1. 기 업

기업의 개념

　　기업(enterprise)은 자본주의 경제체제하에서 발달한 역사적 제도이며 시장경제사회의 대표적인 조직의 하나이다. 기업은 사회발전과 국가경제 발전을 이끄는 기관차 역할을 하는 자본주의의 꽃이라 할 수 있다. 기업은 오늘날 우리 사회에서 가장 흔히 찾아볼 수 있는 대표적인 국민경제의 한 축이다. 기업의 수 뿐만 아니라 그들의 구성원의 수도 가장 큰 대표적 조직으로서 현대사회에 가장 많은 영향력을 끼치는 조직이기도 하다.

　　기업이란 영리를 목적으로 경제재와 서비스를 생산, 유통하는 조직적인 개별 경제단위이다. 예컨대 냉장고, 연필, 가구, 이발, 소매, 도매 등 유형의 제품과 무형의 서비스(금융, 보험, 교육, 도·소매 등)의 생산과 유통에 참여하는 경제단위들을 기업이라고 한다. 기업은 신제품의 생산, 새로운 생산방식의 채용, 새로운 조직의 형성, 새로운 시장 개척, 새로운 원료의 개척, 새로운 자본시장의 개척 등을 통해 계속적인 비즈니스 활동을 하며 그에 따른 위험을 스스로 부담하는 대표적 조직체이다.

　　오늘의 기업은 사회의 구성원은 물론이요, 사회의 모든 부문과 깊은 관련을 가지고 막대한 영향력을 행사하고 있다. 즉 오늘날 기업은 우리의 의·식·주를 해결하는 데 필요한 제품과 서비스를 생산, 공급하는 경제적 기능을 수행하고 있다. 뿐만 아니라 기업은 고용을 통한 우리의 소득의 원천임과 동시에 삶을 이어가는 인간에 있어서는 생활의 터전으로서 기능하고 있다.

　　또한 기업은 지역사회뿐만 아니라 정치와 문화에도 영향을 미친다. 기업은 산업사회에 존재하는 사람들의 가치관, 욕구수준, 사고방식에도 큰 영향을 미친다. 그리하여 사람들의 행동양식을 규정하기도 한다.

기업의 특징

　　그렇다면 기업의 본질적인 특징은 무엇인가?

- 기업은 원료·인력·자본·기술 등의 투입물을 재화와 서비스라는 산출물로 생산하고 공급하는 생산경제단위이다. 기업은 가계(household), 정부(government)와 더불어 국민경제를 구성하는 개별 경제단위이다. 가계는 소비를 목적으로 하는 소비 경제단위인 데 비해서 기업은 주로 인간의 욕구충족에 필요한 재화와 서비스의 생산과 공급을 목적으로 하는 생산 경제단위라는 점에서 차이가 있다.
- 기업은 비즈니스(business) 활동을 효율적으로 영위함으로써 이윤추구를 목적으로 운용되는 자본체이다. 자본주의는 사회적으로 필요한 생산과 공급이 사적인 이윤추구를 목적으로 하여 이루어지는 사회이다.
- 기업은 구성원의 소득의 원천이요, 생활의 터전이다. 기업이 사회가 요구하는 재화를 생산하는 것은 그 자체가 기업에 참여하고 있는 사람들의 소득을 형성하고 복지향상에 기여하는 것이다.
- 기업은 일반 소비자들의 수요를 창출하고 이를 만족시킨다. 기업이 재화와 서비스를 생산·공급하는 것은 사회가 필요로 하는 수요를 충족시키기 위함이다.
- 기업은 사회시스템이기도 하다. 기업은 독자적·영속적으로 존재하면서 인간이 필요로 하는 재화나 서비스를 생산, 공급하는 경제·기술시스템인 동시에 경영과정에서 공해방지, 환경보호, 불공정거래 방지, 소비자보호, 윤리준수 등을 만족시키는 사회·심리적 시스템이다.
- 기업은 자신을 둘러싸고 있는 여러 내·외적 환경요인들과 직·간접적으로 끊임없이 상호작용하는 개방시스템(open system)이다.

기업의 설립목적

목적이 없는 조직은 존재할 수가 없다. 어떠한 기업도 설립목적을 갖는다. 앞에서 살펴 본 경제시스템과 사회시스템이라는 기업의 특징으로부터 기업의 목적이 무엇인지 유추할 수가 있다.

사람과 마찬가지로 기업 역시 비즈니스 활동을 통해 최종적으로 달성하고자 하는 목적을 갖는다. 이러한 목적은 비즈니스 활동의 명확한 방향을 제시해 주고 복잡한 의사결정이나 비즈니스 활동의 기준으로 이용될 뿐만 아니라 기업성과의 평가기준으로도 이용된다.

기업의 목적은 크게 경제적 목적과 사회적 목적으로 구분할 수 있다. 이러한 목적은 대립적인 관계가 아니고 상호보완적인 관계를 갖기 때문에 기업은 두 목적을 균형 있게 추구하는 것이 바람직하다고 할 수 있다.

경제적 목적은 이윤추구 목적으로 전통적으로 강조되어 오던 기업 본연의 기능으로서 재화와 서비스를 사회에 효율적으로 공급함으로써 얻는 총수익(total revenue)에서 총비용(total cost)을 차감한 총이윤(total profit)을 극대화(maximization)하려는 목적이다. 자본주의 경제시스템에서 기업활동은 영리추구가 본질적인 목적이 된다.

이윤은 소유주 또는 주주에게는 부를 축적할 기회를 제공하고 정부에 세금을 납부하게 된다. 한편 이윤이 있어야 기업이 성장할 수 있고 성장은 곧 기업규모의 확장을 의미하기 때문에 이윤극대화는 전통적으로 경제적 단일 목적(single goal)의 전형이 되어 왔다.

이러한 전통적인 이윤극대화와 유사한 개념으로는 기업가치라는 개념이 있다. 여기서 기업가치란 투자자들이 자본시장에서 평가하는 기업의 총주가를 의미한다.

이외에도 기업은 성장목적, 매출액목적, 만족목적, 고객창조 목적 등을 갖는다. 한편 기업은 종업원, 은행, 정부, 거래처, 채권자, 노조, 소비자, 지역사회, 경쟁기업 등 다양한 이해관계자(interest group)들의 이익도 고려해야 하는 복수목적(plural goal)도 갖는다. 기업의 최종 목적은 기업의 존속과 성장에 있기 때문에 다원적 목적을 가져야 한다. 기업이 다원적 목적을 추구하게 되면 이윤극대화의 원칙보다는 만족화(satisfaction) 원칙을 따르게 된다.

기업의 사회적 목적은 사회가 기업에 기대하고 요구하는 역할을 기업이 자발적으로 수행함으로써 달성된다. 이와 같이 기업은 이윤추구 목적 외에도 사회로부터 존경과 신뢰를 획득하려는 목적도 갖는다. 사회적 목적은 시장에서의 불공정 경쟁이나 환경오염 등의 퇴치와 같은 사회적 책임이나 기업윤리라는 용어로 대체할 수 있다.

올바른 사회적 가치판단과 합리적인 경영윤리만이 기업을 생존 유지시킨다는 점에서 이상적 의사결정 방법과 행동을 이끌어 내는 올바른 기업윤리(managerial ethics)의 설정은 대단히 중요하다.

특히 최근에는 기업의 사회적인 영향력이 어느 때보다 현저해 지면서 기업은 내·외적으로 많은 이해관계집단과 연루되고 이로 인해 복잡한 이해관계와 갈등관계에 직면하게 되었다. 기업은 이 과정에서 이들의 갈등을 조정하는 조정자의 역할을 수행해야 한다.

이런 관점에서 기업윤리는 변화하게 되는데 기업의 사회적 가치 창출이라는 보다 큰 목적을 위해 소극적, 대내적인 기존의 윤리체계가 점점 더 적극적, 대외적인 기업윤리로 바뀌게 되었다. 이러한 변화의 일환으로 경영윤리와 더불어 사회적 책임이라는 적극적 윤리형태가 제기되었다.

▍기업의 기능과 활동

기업조직은 사회에 제품이나 서비스를 공급하는 역할을 수행한다. 기업마다 목적, 제품, 서비스가 같을 수도 있지만 상이할 수도 있다. 그럼에도 불구하고 그들의 기능, 활동, 운영방식은 동일하다.

전형적인 기업조직은 생산(운영), 마케팅, 재무라는 기본 기능(basic functions)과 회계, 인사, 구매, 보수, 산업공학(industrial engineering), 경영정보시스템(management information system) 등 보조 기능(supporting function)을 수행한다.

운영관리(operations management)란 여러 가지 원료와 부품의 구입과 이들을 변형한 제품 및 서비스의 생산과 관련된 기능을 말한다. 모든 기업은 비즈니스 활동을 통해 자원의 효율적 이용의 결과 얻는 이윤추구를 목적으로 한다.

마케팅관리(marketing management)란 생산된 제품이나 서비스의 판매, 광고, 판매촉진 등과 관련된 기능을 말한다. 여기에는 고객의 욕구 및 취향을 조사하여 제품설계와 생산에 필요한 정보를 제공하는 것도 포함한다.

재무관리(finance management)란 원료구입, 제조과정, 인력관리, 토지임대 및 공장설비에 필요한 자금조달 등 자본을 관리하는 기능을 말한다.

[그림 4-1] 기업의 3대 기능

|표 4-1| 기업의 기능별 주요 활동

기능	주요 담당 활동
생산	원하는 제품과 서비스의 생산에 필요한 원자재와 부품의 구매, 생산계획의 수립과 실행, 재고관리, 품질관리, 공급사슬관리
마케팅	제품과 서비스 개발, 가격결정, 판매촉진, 유통, 고객관리
재무	자금의 조달·운용·배분
인적자원	인력의 고용, 교육, 양성, 동기부여, 임금관리, 노사관계
경영정보	정보의 수집·처리·분석·배분

기업의 기능은 상호 의존적이다. 제품의 생산능력과 자본이 있더라도 그 제품의 판매시장이 존재하지 못하면 아무런 도움이 되지 못한다. 마찬가지로 생산기술이 있고 제품시장이 확보되더라도 작업자를 채용하고 원자재를 구입할 자본이 없으면 쓸모가 없게 된다. 이러한 기업 기능의 상호의존성은 〈그림 4-1〉이 보여 주고 있다.

[표 4-1]은 기업의 기능별로 주요 활동들을 요약한 결과이다.

▌기업의 중요성

기업은 사람이 살아가는 데 있어서 없어서는 안될 중요한 생산경제주체이다. 또한 기업은 사람이 기본적으로 해결해야 할 의·식·주에 필요한 소득의 원천이 되고 문화생활·여가생활을 할 수 있는 기회 등을 제공하기 때문에 매우 중요한 기능과 역할을 수행한다고 할 수 있다.

한편 기업의 생산활동이 활발하면 국민소득이 증가하고 정부의 재정이 확대되고 소비가 증가하게 되어 기업은 투자를 통해 소득과 부를 창출하게 된다. 기업은 국민경제의 중요한 경제주체로서 다음과 같은 다양한 역할을 수행하기 때문에 그의 중요성이 인정된다.

1 제품과 서비스의 제공

기업의 기본적 역할은 정부, 기업, 일반 소비자들이 필요로 하는 제품이나 서비스를 생산하고 유통하는 일이다. 이러한 제품이나 서비스는 최종소비자들의 소비를 위해서도 필요하지만 다른 제품이나 서비스를 생산하기 위해서도 필요하다.

② 취업기회 및 생활기반 제공

기업은 우리에게 일자리를 제공하고 일한 대가를 지불함으로써 생활기반을 확충시키는 데 기여한다. 정부기관, 교육기관, 독자적인 전문직업 등을 제외한 기업에서 제공하는 취업기회와 생활기반의 확충을 위한 역할과 기능은 더욱 중요시되고 있는데 이는 살아가는 데 필요한 소득원이기 때문이다.

③ 이윤 극대화

오늘날 기업은 여러 가지 목적을 달성하려고 노력한다. 이러한 목적 중에서 가장 중요한 것은 이익 창출이다. 이윤은 제한된 자원을 효율적으로 사용하여 최소의 투입물로 최대의 산출물을 생산함으로써 창출된다. 기업이 지속적으로 이익을 창출하지 못하면 제품과 서비스의 재생산에 필요한 자금을 확보할 수 없고 근로자들에게 임금을 제대로 지불할 수 없고 취업기회의 확대가 불가능하게 된다.

④ 경제성장과 발전촉진

기업은 사회발전과 국민경제를 이끌어가는 중요한 주체로서 국민경제의 성장과 발전을 추진하는 엔진의 역할을 수행한다. 또한 기업은 우리들이 살아가는 데 필요한 확실한 소득원이 됨으로써 생활수준과 복지향상에 큰 공헌을 한다.

⑤ 사회적 요구의 충족

기업은 사회가 요구하는 여러 가지 욕구를 충족시킴으로써 사회적 책임을 완수하고 삶의 질 향상에 기여한다. 현대사회는 위에서 설명한 기업에 대한 본질적인 요구 외에도 공해의 방지, 환경의 보호, 불공정거래의 방지, 소비자의 보호, 윤리준수 등 다양한 사회적 요구를 기대하고 있다.

국민경제의 순환

자본주의하에서 국민경제의 주체는 가계(개인), 기업, 정부이다. 가계는 기업에 노동, 자본, 토지 등 제품과 서비스의 생산에 필요한 생산요소를 제공하고 기업으로부터 임금, 이자, 임대료, 배당 등을 받는다. 이들 생산요소에 대한 보수는 가계의 입장에서 볼 때 소득이 된다. 가계는 이 소득으로 기업이 생산하는 제품과 서비스를 구매한다.

기업은 제품과 서비스를 생산·판매하여 얻는 수입에서 가계로부터의 생산요소에 대한 보수를 제외한 이윤을 챙기게 된다. 이 이윤은 기업의 소득으로서 생산설비나 건물구입 등 투자자금으로 쓰이게 된다.

정부는 다양한 경제정책을 실시한다. 정부는 도로·항만 등과 같은 공공재는 물론 경찰, 공공의료시설이나 교육 등 서비스를 생산하고 고용을 창출한다. 한편 정부도 가계처럼 기업으로부터 생산물을 구매한다. 정부의 활동에 소요되는 수입의 원천은 가계와 기업으로부터의 조세이다.

이처럼 국민경제의 순환은 가계, 기업, 정부가 서로 영향관계에 놓여 있어 경제순환의 틀 속에서 기업의 활동을 이해할 필요가 있다. 이는 〈그림 4-2〉가 보여 주고 있다.

[그림 4-2] 경제순환과 기업

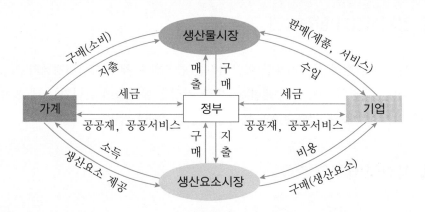

2. 기업과 경영의 관계

우리는 이미 기업과 경영의 개념을 공부하였다. 이제 경영학을 올바르게 이해하기 위해서는 그 기초적 개념이 되는 기업과 경영의 관계를 명확하게 인식하여야 한다.

- 기업은 소유단위로서 실체가 있지만 경영은 생산(작업)단위로서 실체는 없다. 이 것은 경영을 실체가 없는 경제적 활동을 통해 생산을 목적으로 하는 생산 경제단 위로 파악하는 것이다.
- 기업이 목적을 설정하면 경영은 그 목적을 달성하기 위한 수단이다. 이것은 기업 은 영리경제이며, 경영은 이에 대한 인적, 물적 기초를 부여하는 기술적 단위로 보아 경영을 기업의 종속적 지위에 두는 견해이다.
- 기업은 법률적, 경제적, 재무적 단위이고 경영은 기술적, 조직적 의사결정단위이 다. 이것은 경영을 기업의 목적을 실현하는 기술적 기초 및 그 조직으로 보는 견해 이다. 즉 경영과정 그 자체를 하나의 합목적적인 기술적 체계로 보려는 것이다.
- 기업의 지도원리(guiding principles)를 수익성 또는 영리성(이윤추구)이라 할 수 있 다면, 경영의 지도원리는 경제성 또는 생산성(효율성)이다.

이러한 견해를 종합하면 기업은 설정된 목적을 달성하기 위하여 원재료, 노동력, 기계, 설비, 자금 등 모든 요소를 구입하여 제품과 서비스를 창조하고 판매한다. 경영은 기업에 있어서 구체적이고 실제적인 활동이 되는 것으로 원료, 기계, 노동력 등 모든 생 산요소를 결합하여 재화와 서비스를 생산, 판매하는 활동이 계속적으로 영위되도록 하 는 조직체로서 존재하는 것이다.

3. 기업의 형태

기업의 종류는 매우 다양하다. 분류방법과 기준도 다양하다. 일반적으로 기업의 형태는 출자, 경영, 지배라는 세 요소에 의해서 결정된다. 기업은 자본출자와 이에 따르는 책임부담의 기준에 의해 경제적 형태와 법률적 형태로 구분할 수 있다. 경제적 형태는 출자자의 성격과 종류, 출자와 책임한계 등 경영활동에 따른 분류이고, 법률적 형태는 법인격의 유무나 사원책임의 형태에 따른 분류이다.

▌기업의 분류

기업의 형태는 경제적인 측면으로 분류할 수 있다. 기업 운영에 필요한 자본을 제공하는 사람을 출자자라고 하는데 이러한 출자의 주체에 따라 기업은

- 사 기 업
- 공 기 업
- 공사공동기업

[그림 4-3] 기업 형태의 분류

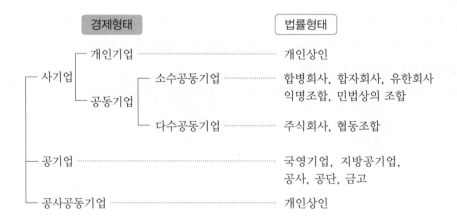

경제형태		법률형태
개인기업		개인상인
사기업 — 공동기업 — 소수공동기업		합병회사, 합자회사, 유한회사 익명조합, 민법상의 조합
다수공동기업		주식회사, 협동조합
공기업		국영기업, 지방공기업, 공사, 공단, 금고
공사공동기업		개인상인

으로 대별되며 사기업은 다시 출자자의 수에 따라

- 개인기업
- 공동기업

으로 분류할 수 있다.

기업의 형태는 법률적인 측면으로 분류할 수 있다. 이는 법인격의 유무, 사원의 책임한계, 회사기관의 구성, 대체적 지분증권 발행가능성 등이다. 경제형태와 법률형태에 따른 기업의 분류는 〈그림 4-3〉이 보여 주고 있다.

▌사 기 업

사기업(private enterprise)이란 개인의 자본으로 개인에 의해 영리를 목적으로 영위되는 일체의 개별 경제를 말한다. 사기업은 출자와 책임부담이 개인인지 여부에 따라 개인기업과 공동기업으로 나눈다.

① 개인기업

개인기업(sole proprietorship)은 한 명의 소유주(owner)가 출자, 소유, 관리를 담당하고 의사결정을 하는 기업형태이다. 동네 소매점같은 개인상인이 대표적인 개인기업이다. 개인이 주체가 되어 기업의 소유·경영·지배를 홀로 담당하는 형태가 개인기업이다.[1] 개인기업의 경우 거래에 따른 권리와 의무의 주체가 개인상인이지만 뒤에 설명할 공동기업인 회사의 경우에는 법인격이 있기 때문에 회사 그 자체가 상인으로서 모든 권리, 의무의 주체가 된다.

개인기업은 설립과 폐쇄가 용이하고 순발력 있는 경영이 용이하고, 이익을 독점하는 장점이 있는 반면 경영과 관련된 모든 위험과 손실이 개인에게 귀착하고(무한책임) 자본조달능력이 제한된다는 약점이 있다.

---

1 지배란 경영기능을 담당하는 경영자의 임면과 자본운용에 대한 지배감독권을 말한다.

② 공동기업

공동기업(partnership)은 2인 이상의 출자자(동업자)에 의해 공동으로 자본이 형성되어 책임과 이익을 공동으로 나누기로 합의하고 세운 기업형태이다.

이는 출자자 수의 상대적 다소에 따라 합명회사, 합자회사, 유한회사, 익명회사 등이 포함되는 소수공동기업과 주식회사로 대표되는 다수공동기업으로 구분된다.

◀ 합명회사

합명회사(unlimited partnership)는 2인 이상의 무한책임사원이 공동출자하여 정관을 법원에 등기함으로써 설립되는 법인체이다. 여기서 법인체란 법에 의하여 인위적으로 개인과 동등한 권리·의무 및 권력이 부여된 실체를 말한다.

합명회사는 소유와 경영이 분리되지 못하며 정관에 특별한 계약이 없는 한 전원이 회사의 공동경영에 참여하고 언제나 무한책임을 지게 되므로 상호 간 신뢰관계가 두터운 가족이나 친지 간에 이용된다.

◀ 합자회사

합자회사(limited partnership)는 채권자에 대해 기업의 출자액을 한도로 책임을 지는 유한책임사원과 출자액을 초과한 기업의 채무에 대해서도 변제의무가 있는 무한책임사원으로 구성되는 기업형태이다. 2인 이상으로 구성된다.

유한책임사원은 출자만 할 뿐 경영에 참여는 하지 않는 반면 무한책임사원은 출자와 경영에 참여한다. 무한책임사원은 금전 이외의 서비스 또는 신용만을 제공할 수도 있다.

◀ 유한회사

유한회사(limited company)는 2인 이상 50인 이하의 사원이 출자액을 한도로 하여 기업채무에 대해 유한책임을 지는 전원 유한책임사원으로 조직되는 기업형태이다. 유한회사는 전 사원이 유한책임을 진다는 점에서 주식회사와 유사하지만 소수의 출자자에 의한 소액의 자본조달과 지분의 양도시 사원총회의 동의를 받아야 한다는 점 때문에 중소기업 경영에 이용된다.

◀ 익명조합

익명조합(dormant partnership)은 조합에 출자를 하고 경영에 참여하는 무한책임의 영업자와 조합에 출자만 하고 경영에 참여하지 않지만 이익분배에는 참여하는 유한책임사원의 익명조합원으로 구성되는 2인 이상의 기업형태이다. 그런데 이는 합자회사와 유사하지만 법인은 아니다.

◀ 주식회사

개인기업 또는 소수공동기업이 운영하기 어려운 현대의 대기업을 운영하는 데 소요되는 대자본의 조달과 경영의 합리화를 위하여 자본주의 체제의 기업은 거의 모두 주식회사(corporation)의 형태를 취하고 있다. 주식회사가 자본주의의 대표적 기업 형태로 각광받는 이유는 다수의 출자자로부터 대규모의 자본을 쉽게 조달할 수 있기 때문이다. 따라서 주식회사의 소유권자는 주주(stockholder)라는 불특정 다수인으로서 이들은 주식회사의 주인이 된다.

■ 설립

주식회사는 상법에 의해 설립되는 법인이기 때문에 그의 이름으로 부동산을 소유, 판매할 수 있으며 법적인 소송 및 계약을 체결할 수 있을 뿐만 아니라 소유권이 넘어가더라도 계속기업(going concerns)으로 존속한다.

주식회사를 설립하기 위해서는

- 발기인에 의한 회사명 선정 및 정관 작성
- 주주의 모집
- 창립총회의 개최
- 설립 등기

등의 절차를 거쳐야 한다.

주식회사의 설립은 3인 이상의 발기인과 5천만 원의 자본금이 필요하지만 벤처기업의 경우에는 2천만 원이면 가능하다.

■ 기관

실제로 회사의 의사를 결정하고 행위를 실천하는 회사 조직상의 지위를 기관이라고

하는데 주식회사의 기관으로서는 주주총회, 이사 및 이사회, 감사가 있다.

주주총회(general meeting of stockholders)는 주주들로 구성되는 회의체로서 회사의 기본 조직과 경영에 관한 중요 사항을 결정하는 최고 의사결정 기관이다.

주주총회는 다음과 같은 사항에 대해 결정한다.

- 정관의 변경, 자본의 증감, 해산, 영업의 양수·양도 및 합병
- 이사, 감사, 검사인, 청산인의 임면에 관한 사항
- 주식배당, 신주인수권, 계산서류의 승인 등에 관한 사항

주주는 1주에 대해서 1개의 의결권을 가지며 대리인을 두어 권한을 행사할 수 있다. 주주총회는 매 결산기에 정기적으로 소집되는 정기총회와 필요에 따라 소집되는 임시총회로 구분할 수 있다.

이사(director)는 주주총회에서 선임하는데 최소 3인 이상이어야 하며 임기는 3년이다. 이사 중에서 대표이사를 선임해야 하는데 그는 대외적으로 회사를 대표하고 대내적으로는 업무를 집행한다.

이사회(board of directors)는 이사 전원으로 구성되는 상설기관인데 회사의 업무집행에 관한 의사를 결정한다.

감사(auditor)는 주주총회에서 선임되는데 임기는 2년이다. 감사는 회사의 회계감사와 업무감사를 담당하는 상설기관이다.

■ 특징

주식회사의 특징을 요약하면 다음과 같다.

- **자본의 증권화**: 출자의 단위를 균일한 주식으로 세분하여 출자를 용이하게 하고 이를 증권시장에서 매매가 가능하도록 하여 소유권의 이전을 용이하게 한다. 자본의 증권화를 통하여 주식회사의 소유권은 수많은 소규모 단위(주식지분)로 분할되기 때문에 회사는 자본을 조달하기가 더욱 쉬워진다. 출자자는 주식을 통해 회사에 대한 출자의무와 주주로서의 의결권 및 이익배당청구권 등 권리를 행사하게 된다.
- **출자자의 유한책임**: 주식회사가 다액의 자본을 조달하기 쉬운 이유로는 유한책임제도를 들 수 있다. 주주의 책임은 출자액(주식금액)의 한도(지분) 내이며, 그 이상의 자본위험으로부터 발생하는 채무를 부담할 필요가 없다. 따라서 출자자는

안심하고 기업에 출자할 수가 있다. 이것을 주주의 유한책임이라 한다. 주주의 재산과 회사의 재산이 구별되어 주주의 개인 재산이 법적으로 보호를 받는다.

• **중역제도**(출자와 경영의 분리제도): 중역이라 함은 이사를 말하는 것으로 반드시 주주 가운데서 선출되는 것을 요하지 않으며 일반주주를 대신하여 회사의 업무를 지휘, 감독하는 자를 말한다. 이러한 제도를 통하여 주주는 출자를 하여 자본위험을 부담하는 직능을 담당하고 전문지식을 갖춘 중역(전문경영자)은 경영의 직능을 담당하게 함으로써 출자(소유)와 경영의 인적 분리가 이루어지고 자본의 증권화와 더불어 주식회사의 자본 규모를 확대하는 역할을 하고 있다. 즉 출자자의 범위가 확대되고 주식분산이 고도화될수록 소유와 경영의 분리가 더욱 가속화된다. 출자자들은 경영에 관여하지 않고 다만 주가상승차익이나 배당과 같은 자본이득(capital gain)에만 신경을 쓰게 된다.

■ 장·단점

주식회사는 장점뿐만 아니라 단점도 갖는다.

장점으로서는 다음을 들 수 있다.

• 주주는 유한책임을 진다.
• 대규모 자본조달이 용이하다.
• 소유권의 이전이 용이하다.
• 기업의 영속성이 보장된다.
• 전문경영자(agent, 대리인)를 활용할 수 있다.

단점으로서는 다음을 들 수 있다.

• 회사의 설립이 복잡하고 비용이 많이 소요된다.
• 기업활동 결과에 대한 보고 의무가 있다.
• 정부의 강력한 규제를 받는다.
• 기업공개로 경영 비밀 유지가 어렵다.

최근 국내에 도입된 주식회사의 특수한 형태로 지주회사(holding company)가 있다. 지주회사는 자회사의 주식 전부 또는 일부를 소유해 자회사의 경영권을 지배하는 회사를 말한다. 지주회사는 순수지주회사와 혼합지주회사(또는 사업지주회사)로 나누는데, 전자는 자회사의 지배 이외에 독립적인 사업을 하지 않는 데 비해 후자는 독자적인 수익사업도 추구하는 회사이다.

◀ 협동조합

협동조합(cooperatives)은 경제적 약자인 생산자와 소비자 등이 상부상조와 정신적 협동에 의하여 대자본의 압력을 방어하고 중간이익을 배제함으로써 경제상의 지위를 향상시키고자 조직된 기업형태이다. 따라서 그의 직접적인 목적은 영리가 아니라 조합원의 경제적 지위의 향상과 복지를 꾀하는 데 있다.

협동조합은 조합의 주체에 따라서

- 소비자 협동조합
- 생산자 협동조합
- 신용조합

등으로 구분할 수 있다. 신용조합의 예를 들면, 농업협동조합, 수산업협동조합, 중소기업협동조합, 어업협동조합 등이 있다.

▌공기업 및 공사공동기업

1 공기업

공기업(public enterprise)은 국가, 지방 자치단체 또는 지방 공공단체가 출자자로서 그 사업체를 공익을 목적으로 경영하는 기업이다. 따라서 이는 국가 또는 공공단체가 소유·경영하는 기업으로서 특히 국가가 소유하는 기업을 국영기업, 공공단체가 소유하는 기업을 공영기업이라 한다.

공기업은 재정수입을 확보하여 독립채산제로 운영되는데 서민생활 안정과 실업구제와 같은 공공의 이익증진, 민간 기업이 할 수 없는 산업의 육성과 거대한 자본이 필요한 사업(예: 서울 지하철), 공익사업의 자유경쟁으로 인한 폐해제거, 기간산업의 국영화에 의한 산업통제, 국토방위와 사회안전을 위한 사업(무기 제조업) 등을 목적으로 설립된다.

공기업의 예를 들면, 전신, 전화, 철도, 체신, 전매, 상·하수도, 국민생명보험, 우편연금사업, 양곡관리사업, 특수은행, 공단, 금고, 공사, 특수회사 등이다.

❷ 공사공동기업

공기업과 사기업이 혼합하여 운영되는 공사공유경영의 형태로서 국가 또는 지방 공공단체와 개인 또는 사적단체가 공동으로 출자하여 공동으로 경영하는 기업형태이다. 이와 같은 공사공동기업(mixed undertaking)은 사기업과 공기업의 단점을 보완하여 공기업의 무사안일주의적인 폐해를 없애고 경영능률의 증진을 목적으로 한다.

공사공동기업의 예를 들면, 국민은행, 중소기업은행, 포항제철, 한국증권선물거래소, 국정교과서주식회사, 한국전력공사, 한국관광공사 등이다.

4. 기업집중

▌기업집중의 의의와 목적

자본주의 경제체제 속에서 기업은 경쟁을 배제하고 시장을 독점하여 이윤을 극대화하려는 노력을 경주한다. 이를 위해서 기업은 자기가 축적한 이윤을 통한 개별 자본의 확대라든가 이미 존재하는 다른 기업의 개별 자본과 결합하는 형태를 취한다. 이를 기업집중(business concentration)이라고 한다.

기업이 경영활동을 통하여 획득한 이윤을 축적하고 자본화함으로써 자기자본 확장에 의한 개별 자본 확대를 꾀하게 되는데 이를 집적(accumulation) 또는 내적 성장(internal growth)이라 하고, 동종 또는 유사한 타기업과의 수평적 또는 수직적 상호결합에 의한 개별 자본 확대를 집중(concentration) 또는 외적 성장(external growth)이라 한다.

집적에서는 자기이윤의 축적을 통한 자본규모의 확대로 사회 전체의 총자본 확대를 의미하지만 집중에서는 인수·합병을 통해 사회 총자본을 구성하는 개별 자본의 수를 감소시킬 뿐이다. 한편 집적은 축적력에 한계를 나타내지만 집중의 경우에는 개별 자본의 대규모적인 확대를 통하여 생산력의 확대를 가능케 한다.

기업집중은 결합기업 이외의 타기업과 소비자들에 대하여 폐해나 불이익을 초래할수 있다. 독과점적 지위를 이용하여 경쟁제한적 행위를 함으로써 자원배분의 왜곡, 소득분배의 형평성 저해, 영업자유의 제한 등 부작용을 유발하여 경쟁업체, 소비자, 국민경제 전체에 피해를 줄 수 있다.

따라서 오늘날 기업집중의 폐해를 방지하기 위하여 자본주의 국가에서는 주식취득, 인수·합병 등 각종 기업집중 행위에 대하여 규제를 하고 있다.

그러면 기업들은 왜 집중을 추구하려고 하는가? 근본적인 동기는 다음과 같다.

1 경쟁의 제한 또는 배제

오늘날 시장에서의 경쟁은 치열하다. 이러한 경쟁을 제한 내지는 배제를 통해서 시장통제를 강화하고 이윤을 극대화하기 위해 기업은 집중을 추구하게 된다.

이러한 목적으로 이루어지는 기업집중은 주로 동종 또는 유사한 기업 사이에서 행해지는데 이를 수평적 결합(horizontal integration)이라고 부른다. 예를 들면, 후술할 카르텔이나 트러스트가 여기에 속한다.

2 생산의 합리화

생산비 절감이나 원료의 안정적 확보 또는 기술, 생산 및 유통과정에 있어서의 경영합리화를 도모하기 위해서 관련 기업 간에 기업결합이 행해진다. 이를 수직적 결합(vertical integration)이라고 한다. 예를 들면, 신문회사가 제지회사와 결합하는 경우이다. 후술할 산업형 콘체른이나 콤비나트는 이러한 목적으로 발생한다.

3 출자를 통한 기업지배

대기업이나 금융회사가 동종기업 또는 이종기업에 대한 금융지배력을 강화하기 위하여 장기융자를 하여 주거나 그 기업의 주식을 소유함으로써 기업결합이 행해진다. 이를 자본적 결합(capital integration)이라고 한다. 이외에도 금융콘체른이 여기에 해당된다.

이는 기업지배를 위한 자본의 절약과 투자수익의 증대를 목적으로 하는 것인데 재벌이 여기에 속한다.

▌기업집중의 기본 형태

기업의 독립성과 결합의 정도에 따라 기업집중은

- 카르텔
- 트러스트
- 콘체른

등으로 구분할 수 있다.

1 카르텔

카르텔(cartel)은 담합 또는 기업연합(association)이라고도 하는데 동종 또는 유사한 산업에 속하는 다수의 기업들이 법률적·경제적 독립성을 유지한 채 신사협정을 맺고 과당경쟁을 제한하여 가격의 안정을 도모하고 독점적으로 시장을 지배하여 기업의 안정과 경제적 이익을 얻기 위해 수평적으로 결합하는 형태를 말한다.

카르텔은 가격, 판매량·조건·지역, 생산, 기술, 그리고 구매 측면에서 협약하는데 예를 들면, 석유의 가격과 생산을 통제하기 위해 조직한 석유수출국기구(OPEC)이다.

우리나라에서는 공정거래를 저해하기 때문에 공정거래법상 카르텔 행위를 금지하고 있다.

2 트러스트

트러스트(trust)는 기업합병이라고도 하는데 자유경쟁의 배제 내지 제한을 통한 시장의 지배 또는 독점과 경영합리화를 목적으로 각 참가 기업들이 법률적·경제적 독립성을 완전히 버리고 새로운 기업으로 통합하는 결합형태이다.

트러스트는 대자본의 시장지배력과 독점성이 카르텔보다 강한 형태이다. 트러스트는 원래 미국에서 발생하였지만 법에 의해 금지되어 지금은 지주회사가 형성되었다.

트러스트는 각 참가 기업이 자발적으로 해산하고 모든 자산이 신설기업에 흡수하는 신설합병(consolidation)과 막대한 자금을 가진 기업이 약한 다른 기업의 주식을 모두 매수함으로써 그의 모든 권리와 의무를 승계하고 소멸시키는 흡수합병 형태인 합병·인수

(merge and aquisition: M&A)로 구분할 수 있지만 후자가 보다 일반적이다.

③ 콘체른

콘체른(concern)이란 기업연맹이라고도 하는데 몇 개의 기업이 법률적 독립성을 유지하면서 실질적으로는 주식소유, 자금대여와 같은 방법에 의해 자본적 독립성을 상실하고 지배를 받는 하나의 기업으로 결합되는 형태이다.

콘체른은 생산, 판매 및 금융에 대하여 경영상으로 수평적으로는 물론 수직적 또는 다각적으로 결합된다. 우리나라에서는 재벌(financial clique)이 이와 유사한 형태이다.

5. 기업집단

▮ 기업집단의 의의와 유형

어떠한 형태든 기업집중은 앞에서 살펴본 바와 같이 경쟁을 배제하고 경영합리화를 위하여 규모를 확대시켜 독점력을 강화하려고 하기 때문에 사회적으로 보면 이는 불공정경쟁을 유발하므로 엄격한 법의 규제를 받게 된다.

따라서 기업들은 이를 피하기 위하여 기업집단(enterprise group)이라는 새로운 형태로 발전해 가고 있다. 기업집단이란 두 개 이상의 참가 기업이 상호간 지배관계가 없이 독립성을 유지하면서 상호간 보완적 역할을 하는 경영상 또는 금융상 협조관계에 따라 결합하는 형태를 말한다.

이러한 현상은 기업의 국제경쟁이 치열해짐에 따라 외국 기업과의 경쟁력을 강화하기 위하여 국내 기업과 합병을 한다든지 또는 다국적기업 등으로 진행되고 있다.

① 콤비나트

콤비나트(combinat)는 기업집단의 대표적인 형태인데 원래 1930년대 소련에서 계획

생산을 수행하기 위한 기술적 결합방법으로 발생하였다. 콤비나트는 기술적인 관점에서 유기적으로 결합된 다수 기업의 집단으로서 공장집단이라고도 한다.

콤비나트는 원재료의 가공, 폐기물·부산물의 처리·이용, 원재료와 반제품의 종합적 이용을 위해 결성되어 자원의 다각적·효율적 이용, 원료확보 및 에너지 절약, 운송의 절약 면에서 시너지 효과를 유발한다.

우리나라의 경우 울산 공업단지와 여천 석유화학단지가 콤비나트의 좋은 예이다.

② 콘글로머리트

콘글로머리트(conglomerate)란 상호 관련이 없는 이종 기업의 주식을 무차별 집중매입하여 합병함으로써 기업의 규모를 확대시켜 대기업의 이점을 추구하려는 다각적 합병을 의미한다. 콘글로머리트는 기업합병·인수(M&A)를 통한 급속한 다각화를 특징으로 한다.

과거 우리나라 대기업들은 산업화시대에 기술이나 경영에 있어 연관성이 없는 기업을 합병하여 사업의 다각화(diversification)를 성장전략으로 추구해 왔다.

③ 다국적기업

다국적기업(multinational corporation)이란 기업의 성장과정에서 필연적으로 발생하는 기업형태로서 생산·판매활동을 국제적 규모로 수행하는 대기업이 일국에 본사를 가지고 세계 각 지역에 자회사·지사·사업본부·합병회사·공장 등 일련의 관계 회사를 확보하고 경영책임을 직접 부담하면서 영업활동을 하는 것을 말하는데 세계기업(world enterprise)이라고도 한다.

다국적기업의 신장을 통해 국제무역 및 국제투자가 급증하고 있다. 다국적기업은 단순히 해외에 지점 또는 자회사를 두는 것이 아니라 세계 각국의 국적을 가지는 현지법인으로서의 제조공장 또는 판매회사를 가진다.

다국적기업에 대해서는 제8장에서 자세히 공부할 것이다.

④ 조인트 벤처

조인트 벤처(joint venture)란 두 명 이상의 사업자가 공동출자·공동계산·공동경영을 목적으로 설립하여 출자액에 비례하는 손익을 분담함으로써 위험을 분산하려는 합작

회사를 말한다.

오늘날 조인트 벤처라고 하면 국제합작기업을 뜻하는데 외국에 투자하고자 할 때 그 나라의 외환관리, 무역장벽, 기술보호 등 여러 가지 규제를 피하기 위하여 현지 기업과 특정 사업을 대상으로 설립하기 때문에 목적달성을 위한 사업이 완료되면 동시에 해산하게 된다.

과거 우리나라는 1970년대 정부의 해외투자 유치전략에 따라 선진국 기업과의 합작투자기업이 성행하였는데 이는 자본도입과 함께 기술도입을 촉진하기 위함이었다.

5 기업 계열화

기업 계열화(integration)란 대기업이 투자자본의 절약, 시장의 확보, 생산기반의 확립, 고정설비의 활용, 우수기술의 전수 등을 목적으로 중소기업을 지배하에 두고 그의 생산력, 판매력, 금융력 등을 독점적·배타적으로 이용하려는 것을 말한다.

보통 계열화란 대기업이 부품수급의 원활화를 위하여 중소기업과 종속적인 협력업체 형태의 하청관계를 맺는 것을 뜻한다. 대기업인 모기업은 계열화된 중소기업을 위하여 출자하고 중역을 파견하며 필요한 자금과 기술을 지원한다. 반대로 계열사는 모기업에 대하여 판로확보를 위한 하청 또는 장기 공급관계를 맺기 위하여 배타적인 계약을 체결하기도 한다.

기업 계열화는 원료구입, 생산·판매·자본 등을 통한 상호 보완관계를 맺음으로써 공동이익을 증진함을 목적으로 하기 때문에 경쟁배제나 시장통제를 목적으로 하는 기업집중이나 조인트 벤처와는 다른 형태이다.

6 기업 다변화

기업 다변화(diversification)는 다각화라고도 하는데 원래 경영하고 있던 업종 이외의 다른 업종에 진출하여 기업규모를 확대해 가는 형태이다.

기업 다변화는 환경의 변화(기술변화, 수요감소)나 경쟁의 격화에 따른 위험을 분산시키고 상호 구매와 상호 견제 등을 통한 시장 지배력을 강화하기 위하여 새로운 성장산업에 진출하는 방법으로 사용된다. 한편 기업 다변화는 다양한 자산을 공동으로 활용하고 경영기법의 이전 등을 통해 범위의 경제(economy of scale)를 창출할 수 있다.

기업의 다각화 전략에 대해서는 제5장에서 다시 설명할 것이다.

▌기업의 인수·합병

우리는 앞절에서 기업집중을 위해서 내적 성장전략과 외적 성장전략을 구사할 수 있음을 공부하였다. 그런데 기업은 양적인 경쟁력 확보를 위해 기업다각화를 통한 외적 성장전략을 사용할 수 있다. 이때 기업은 다른 기업을 인수·합병(merger and acquisition: M&A)함으로써 국내·외에 생산거점, 판매거점을 확보할 수 있는 것이다.

기업의 인수란 한 기업이 다른 기업의 주식이나 자산을 취득하여 경영권을 매입하는 것을 말하고 합병이란 기업 지배권 획득을 목적으로 두 개 이상의 기업들이 법률적으로나 사실적으로 하나의 기업으로 통합되어 외적 성장을 추구하는 것을 말한다.

우리나라에서는 외국인의 M&A가 허용되고 있으며 증권투자회사법의 개정으로 적대적 M&A까지 가능해졌다.

이러한 M&A의 목적에는

- 기존 기업의 내적 성장한계를 극복하고 신규사업 참여에 소요되는 기간과 투자비용의 절감
- 경영상의 노하우 획득
- 숙련된 전문인력 및 기업의 대외적 신용확보
- 경쟁기업 인수를 통한 시장점유율 확대
- 경쟁기업의 주식 매입을 통한 M&A 대비
- 자산가치가 높은 기업을 인수한 뒤 매각을 통한 차익획득

등 여러 가지가 있다.

M&A는 상대 기업의 동의를 얻어 인수합병을 하는 우호적 M&A와 상대 기업의 동의 없이 강행하는 적대적 M&A로 분류할 수 있다.

일반적인 M&A 방법으로는 합병, 주식인수, 자산취득(영업양수), 위임장대결 등이 있는데, 기업합병에는 흡수합병과 신설합병의 두 가지가 있다.

- **흡수합병**: 한 기업이 존속기업으로 남고 소멸되는 다른 기업으로부터 모든 영업 활동과 자산·채무를 인수하는 가장 강력한 형태이다.
- **신설합병**: 결합하려는 모든 기업이 해산하고 새로운 기업을 설립하면 신설기업 이 소멸기업의 영업, 자산, 채무를 인수한다.

주식인수란 취득기업이 피취득기업의 주식의 일부 또는 전부를 그의 주주들로부터 취득하는 것을 말한다. 주식인수가 합병과 다른 점은 주식취득이 발생해도 피취득기업이 개별기업으로 계속 존재한다는 것이다.

자산취득이란 두 기업 간 체결된 계약에 따라 영업의 일부만을 취득하는 것을 말한다. 형식상 매각기업의 기업구조나 주주들의 주식소유권에는 영향을 미치지 못한다.

이에 반하여 적대적 M&A는 주로 주식의 공개매수와 위임장대결을 통해 이루어진다. 위임장대결이란 주주총회에서 의결권을 보유하는 위임장을 보다 많이 확보해서 현재의 이사진과 경영진을 교체하는 방법을 말한다. 공개매수란 의도한 가격으로 단기간에 대량의 주식을 공시해 매집하는 것을 말한다.

6. 전통적 기업과 플랫폼 기업

▌플랫폼의 의미

4차 산업혁명이 진행하면서 우리의 삶과 비즈니스가 크게 변화하고 있다. 디지털 기술을 기반으로 전통 기업과 다른 새로운 경영시스템을 영위하는 기업이 등장하고 있다.

마이클 포터는 어떤 제품을 구매하기 위하여 소비자가 기꺼이 지불하려는 금액을 가치(value)라 정의하였다. 전통적인 기업에서는 제품이나 서비스를 생산하여 소비자들에게 직접 일방적으로 판매한다. 여기서 기업의 역할은 가치를 직접 생산해 제공하는 것이다.

이러한 과정에서 가치가 창출되고 이동하는 방식을 포터는 가치사슬 모델(value chain model)이라고 한다. 가치사슬 모델에서는 원료를 구입하고 가공하여 제품으로 만든 후 유통·판매 및 서비스라는 가치사슬 활동 하나하나에서 사슬 모양처럼 원가보다 큰 가치 창출이 단계적으로 선형적으로 발생한다. 제품 제조과정이 순차적으로 이루어지므로 이는 선형적 가치 창출 모델 또는 파이프라인 모델(pipeline model)이라고도 한다. 파이프라인의 한쪽 끝에는 생산자가 있고 반대편 끝에는 소비자가 있다. 이는 투입-변환-산출로 이루어지는 전통적인 경영시스템(management system)이다.

그런데 2007년경부터 디지털 혁신을 통해서 새로운 방식으로 가치를 창출하는 기업들이 나타나 시장을 지배하는 현상이 벌어지고 있다. 우리는 이러한 기업을 플랫폼 기업이라고 부른다. 이와 같이 세상을 급변시키는 플랫폼이란 무엇이며 왜 이러한 일이 발생하는지 알아야 한다.

원래 플랫폼이란 기차역에서 승객이 타고 내리는 물리적인 승강장을 의미하였다. 즉 많은 사람들이 만나고 연결하는 장소를 의미하였다. 그러나 오늘날 정보통신기술 (ICT)이 급속하게 발전하는 환경에서 사용하는 플랫폼의 의미는 사뭇 다르다.

플랫폼(platform)이란 제품이나 서비스를 제공하는 생산자(공급자) 그룹과 이를 필요로 하는 소비자(수요자) 그룹이 Internet 공간에서 만나 상품, 서비스, 정보 등의 교환(거래)을 통해서 가치를 창출할 수 있게 해 주는 것에 기반을 둔 비즈니스라고 정의할 수 있다. 디지털 소프트웨어로 만들어진 디지털 플랫폼에 일반적으로 사용된다. 플랫폼 기업은 디지털 기술을 기반으로 해 전통 기업과 다른 새로운 경영시스템이요 비즈니스 모델이라고 말할 수 있다.

플랫폼 기업은 사업자(운영자)로서 제품 또는 서비스를 직접 제공하는 것이 아니고 다만 가치를 만드는 생산자와 그 가치를 사용하는 소비자의 두 그룹이 자유롭게 다양한 장소에서 만나고 연결되어 활발히 공정하게 거래함으로써 다양한 방식으로 가치가 만들어지며 교환되고 하는 장소(데이터와 디지털 기술로 구현된 소프트웨어 공간)를 제공하는 것이다. 따라서 플랫폼 사용자 수가 증가할수록 그 플랫폼의 가치는 지수적으로 증가하고 이에 따라 더 많은 사용자가 모여드는 네트워크 효과가 발생한다 한편 공급자와 소비자들은 Internet으로 연결되는 디지털 통신수단으로 온라인 시장에 접근할 수 있다. 〈그림 4-4〉는 플랫폼의 기본 구조를 나타내고 〈그림 4-5〉는 가치사슬 모델과 플랫폼 모델을 비교하고 있다.

[그림 4-4] 플랫폼의 기본 구조

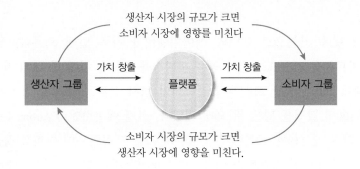

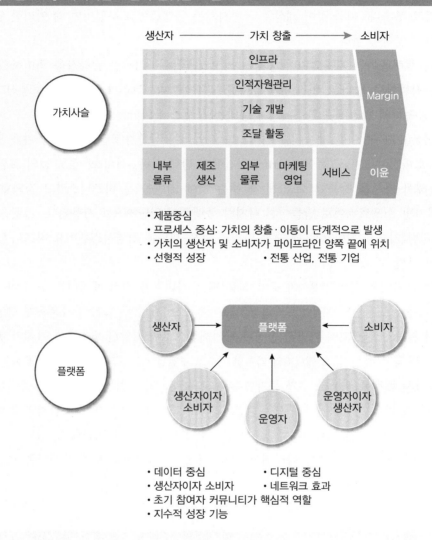

출처: 이성열 · 양주성, 플랫폼 비즈니스 미래, 리더스북. 2021, p. 33.

성공한 플랫폼 기업으로 우버와 에어비앤비가 자주 입에 오른다. 우버(Uber)는 2009년에 스마트폰을 기반으로 승차 공유 서비스를 출시한 이래 한 대의 차량도 소유하지 않고서 세계 200개 이상 도시에서 전통적인 택시 산업을 대체할 기세이다. 회사의 기업 가치는 500억 달러를 넘은 지 오래 되었다. 한편 에어비앤비(Airbnb)는 호텔 방 하나 소유하지 않은 채 119개 국가에서 숙박 서비스를 제공하는데 아파트 등 50만 건 이상의 숙소가 등록되어 있고 서비스 이용자가 1,000만 명을 넘어섰다. 회사의 기업 가치는 100억 달러가 넘은 지 오래 되었다.

플랫폼 제공자로서는 이외에도 구글, 애플, 아마존, 네이버, 카카오, 쿠팡 등 헤아릴 수 없이 증가하고 있는 추세이다.

오늘날 IT 기술의 발전과 4차 산업혁명이 몰고올 거대한 변화에 편승하여 플랫폼 비즈니스 모델은 의료보건, 교육, 행정, 관광, 유통, 금융 등 서비스 산업을 중심으로 활발하게 확장되고 있지만 제조업, 중공업, 에너지 산업 등으로 전파될 가능성도 증가하고 있다.

플랫폼 기업이 제품 중심의 파이프라인 기업과 경쟁하면 하나같이 플랫폼 비즈니스가 승리하였다. 따라서 앞으로도 플랫폼 기업 경영시스템으로 인하여 파이프라인 기업의 경영에 큰 변화가 있을 것으로 예상된다.

▎플랫폼 비즈니스의 특징

플랫폼은 이해관계가 서로 다른 사용자와 사용자를 연결시킨다. 예를 들면, 네이버는 사용자와 언론사를 연결하고 결혼중개회사인 듀오는 결혼하고자 하는 남자와 여자들을 연결한다. 이와 같이 플랫폼은 서로 다른 두 시장을 중개하는 고리이다.

플랫폼 비즈니스의 첫 번째 특징은 양방향에 있는 생산자와 소지자라는 두 경제주체를 연결해 주는 양면시장(two-sided market)이라는 것이다. 〈그림 4-6〉에서 보는 바와 같이 플랫폼이 가운데에 있고 양쪽에 서로 상이한 시장들이 하나로 묶여 있는 것이다.

따라서 양면시장에서는 쌍방의 경제주체가 서로를 필요로 하기 때문에 밀접한 상호작용을 통해 서로서로 혜택을 본다. 집단의 규모가 크면 클수록 서로에게 이득이 간다.

플랫폼은 두 고객집단(양면시장)이 서로 자유롭게 거래할 수 있도록 연결고리 역할을 한다. 예를 들면, KB국민카드는 카드 소지자와 카드 가맹점으로 구성되는 양면시장의 예이다. 공인중개사 사무실도 아파트나 땅을 팔고자 하는 공급자와 이들을 사려고 하는 수요자가 모두 외부에서 참여하기 때문에 양면시장이라고 한다.

양면시장이 활성화되는 이유는 네트워크 효과 때문이다. 네트워크 효과(network effect)란 어느 특정 상품에 대한 수요가 형성되면 이것이 다른 소비자의 상품 선택에 큰 영향을 미치는 효과를 말한다. 다시 말하면, 네트워크 효과란 상대 집단이 클수록 높은 이익이나 효용을 취하는 효과를 말한다.

네트워크 효과는 플랫폼 운영자가 직접 서비스를 제공하는 카카오톡이나 백화점같

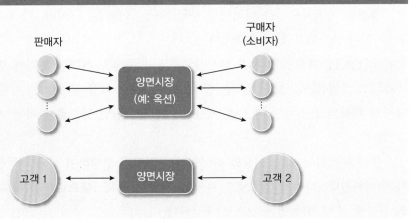

[그림 4-6] 플랫폼의 양면시장

은 단면시장(one-sided market)의 경우에는 단면 네트워크 효과라 한다. 단면시장에서는 판매자가 구매자를 직접 상대한다. 백화점과 같이 상품과 서비스를 직접 플랫폼에서 공급하기 때문에 사용자 집단이 소비자 집단으로만 이루어진다. 반면 에어비앤비와 우버와 같이 생산자와 소비자 양쪽이 상대방에게 영향을 주며 상승작용하는 효과는 다면 네트워크 효과 또는 교차 네트워크 효과(cross-side network effect)라고 한다. 이와 같이 서로 다른 시장의 고객들의 규모가 크면 클수록 서로에게 이득이 되고 시장의 가치도 증가하게 된다. 양면시장의 사용자 수가 늘어날수록 시장의 가치도 지수적으로 증가하고 이에 따라 더 많은 사용자가 모여드는데 그 이유는 네트워크 효과 때문이다. 〈그림 4-6〉은 플랫폼의 양면시장을 보여 주고 있다.

플랫폼 비즈니스의 또 다른 특징은 플랫폼 내에서의 가격결정이다. 전통적인 가치사슬 모델에서는 제품의 시장가격은 경쟁을 통한 수요와 공급에 따라 결정된다. 규모의 경제(economies of scale)를 통해 대량생산을 함으로써 단위당 평균비용을 낮추어 가격도 내릴 수 있었다.

그러나 플랫폼 비즈니스에서는 수요와 공급에 따라 제품의 시장가격이 결정되는 것이 아니다. 플랫폼 모델에서는 단위당 생산비용의 개념이 무의미하다. 양면시장의 교차 네트워크 효과 때문에 사용자들이 많으면 많을수록 광고주들이 플랫폼 기업의 운영비를 값비싼 광고비로 부담하니 가입자들은 공짜로 서비스를 받는 것이다. 또한 플랫폼 내에서의 정보교환의 한계비용(marginal cost)이 0에 가깝다. 따라서 한쪽의 고객에게 서비스를 무료로 제공하면서 가능한 한 많은 사용자들을 끌어들이기 위한 전략을 동원한다.

끝으로 플랫폼 비즈니스의 특징은 플랫폼 내에서 생산자와 소비자 간의 데이터나 제품의 교환과정을 통해서 가치가 창출되지만, 가치사슬 모델에서는 기업 내에서 수행하는 활동이 순차적으로 실행되므로 가치 창출이 사슬 모양처럼 단계적·선형적으로 이루어진다.

공유경제

4차 산업혁명으로 현실세계와 가상세계가 서로 융합하는 O2O(online 2 offline) 시대가 전개될 것이다. 공유경제는 물질로 이루어진 소유의 세계와 정보로 이루어진 공유의 세계가 융합하는 O2O 플랫폼에서 시작되었다. 한편 플랫폼에서 생산자와 소비자 간 네트워크가 형성되면서 가치와 관계가 연결하게 된다. 이는 4차 산업혁명이 진행하면서 초연결(hyper-connectivity) 사회를 만들어낸 정보통신기술로 개인 간의 연결을 가능하게 되어 공유경제가 확산하기 시작하였다. 4차 산업혁명으로 공유경제는 전체 경제의 절반 이상으로 증가할 것으로 예측하고 있다.

공유경제(sharing economy)란 한번 생산한 제품을 여러 사람이 필요에 따라 공유해 협력소비하는 것을 말한다. 여러 가지 자원을 내가 소유하지 않더라도 필요할 때 타인으로부터 적절한 대가를 지불하고 빌려 쓰는 반면에, 내가 자원을 소유하더라도 언제든지 타인에 빌려주어 자원을 효율적으로 사용하고 부가적인 가치도 창출할 수 있는 협력적인 소비를 일컫는다. 이와 같이 공유경제의 서비스는 자원이 남는 사람과 그 자원이 필요한 사람을 연결해 줌으로써 유휴자원의 효율성과 가치 창출을 제고시켜 준다.

공유경제 거래의 핵심은 신뢰이다. 낯선 사람을 신뢰하면서 거래하고 교환하는 것이다. 공유경제를 통해 우리의 삶이 본질적인 가치 중심의 사회로 바뀌고 있다.

공유경제의 대상은 정보, 자동차, 자전거, 장난감, 옷, 도서, 공간(숙소, 사무실, 빈집), 여행, 지식, 경험, 금융, 교육, 에너지, 시간, 돈, 기능, 서비스 등 일상생활에 필요한 모든 것을 포함할 정도로 다양하다. 공유경제를 바탕으로 수많은 기업들이 편리한 플랫폼 서비스를 제공하고 있다.

공유경제가 확산 일로로 뻗어나가게 되는 요인을 요약하면 다음과 같다.

첫째, 2008년 시작된 세계 경제의 위기로 저성장과 높은 실업률로 인해 실질 가계소득이 저하되어 소유와 과소비의 소비패턴에서 소비 절약의 합리적 소비패턴으로 변화하였다.

둘째, SNS와 ICT의 발전에 따른 융·복합 형태의 신산업의 등장으로 합리적인 소비를 원하는 개인들을 연결하여 거래에 참여토록 하였다.

셋째, 1인 가구가 급증함에 따라 실용적인 소비문화가 확산되고 있으며 기존의 대량생산과 과잉소비에 따른 환경문제에 대한 사회적 인식이 변화하였다.

▌공유경제와 기존 경제의 차이

공유경제는 2010년경에 본격적으로 등장하기 시작한 이래 빠르게 성장하고 있다. 원래 공유경제라는 용어는 2008년 하버드대 교수 로렌스 레식(Lesig) 교수가 그의 저서에서 처음 사용하였다. 20세기 대량생산과 대량소비로 특징지우는 자본주의 시장경제와 대비되는 개념으로 소개되었다.

기존 경제는 시장에서 수요과 공급을 통해 가격이 결정되고, 생산자(기업)와 소비자의 거래가 이루어지고, 소비자는 구매한 물품의 소유를 통한 소비로써 효용을 얻는다. 하지만 공유경제는 네트워크 속에서 가격이 플랫폼 기업의 독점력에 의해 결정되고 신뢰를 바탕으로 낯선 사람들이 거래를 형성한다. 기존 경제에서는 소유의 경쟁이 이루어지지만 공유경제에서는 협력적 소비와 생산이 가능하게 된다.

대량생산과 과잉소비로 인해 환경 파괴가 일어나는 기존 경제와는 달리 공유경제에서는 자원의 재활용으로 환경을 보호하고 자원의 낭비를 최소화할 수 있다. 이와 같이 유휴자원의 효율적 사용으로 수익성이 창출된다.

가치 창출 과정에 있어서도 기존 경제와 공유경제는 차이가 있다. 전통적인 경제모델에서는 원자재 구매, 제품생산, 운송, 마케팅, 물류, 서비스, 소비자에 이르는 단방향 단계적 선형 단계를 거치면서 가치가 창출된다. 그러나 공유경제에서는 생산자, 소비자, 플랫폼이 상호작용을 하면서 물품이나 데이터의 교환활동을 통해 참여자들로 하여금 가치가 창출되도록 한다.

기존 경제에서는 제품 하나 하나를 생산할 때마다 비용이 발생하기 때문에 이익을 남기기 위해서는 규모의 경제를 통한 대량생산체제가 필수적이었다. 그러나 플랫폼 모델에서는 단위비용이라는 개념이 적용되지않는다.

〈그림 4-7〉은 기존 경제와 공유경제의 차이를 나타내는 그림이다.

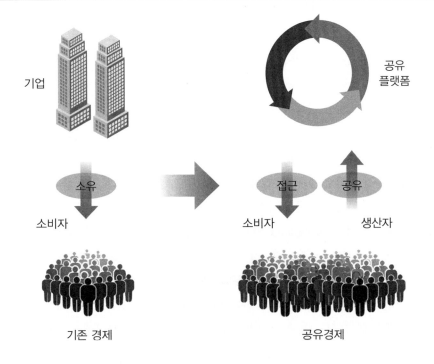

[그림 4-7] 기존 경제와 공유경제의 차이

기업

공유
플랫폼

소유

소비자

접근   공유

소비자   생산자

기존 경제   공유경제

출처: 차두원 외 14인, 4차 산업혁명과 빅뱅파괴의 시대, 한스미디어, 2017, p. 340.

디지털 트랜스포메이션

오늘날 디지털 기술은 전례없는 스피드와 확장성으로 기존 시장 질서를 교란시키면서 이를 대체하고 있다. 어제까지 소비자들의 사랑을 받고 승승장구하던 기업들이 기술혁신의 변화에 동참하지 못하여 디지털 혁신을 통해 새로운 방식으로 가치를 창출하는 신생 혁신 기업들에 여지없이 무너지고 있다.

이러한 예는 주위에 수없이 많다. 미국의 컴팩은 PC와 그외 서비스 분야 시장에서 50% 이상의 점유율을 기록한 세계적인 선두 기업이었다. 컴팩은 컴퓨터를 기존 방식으로 제조한 후 오프라인 매장에서 판매하는 오래된 생산구조와 기존 비즈니스 모델을 고집하다가 1997년 휴렛패커드에 넘어갔다. 이에 비해 Dell 컴퓨터는 개인 고객들의 맞춤형 PC를 주문받은 다음 생산하여 Internet에서 직접 팔기 시작하는 디지털 혁명을 통하여 세계 시장의 선도 기업이 되었다.

지금 디지털 기술의 영향을 받지 않는 산업은 찾아볼 수 없다. 디지털 혁명이 산업 곳곳에서 맹위를 떨치고 있다. 디지털 변화를 거역하면 컴팩, 코닥, 노키아, 블록버스터와 같은 몰락의 운명을 맞이한다. 과거의 비즈니스 모델은 설 땅을 잃고 새로운 비즈니스 모델이 주인 행세를 하고 있다.

제조업에서는 아디다스와 지멘스 같은 스마트 팩토리가 계속 출현하고, 유통은 아마존과 쿠팡 같은 디지털 경쟁사들의 도전에 직면해 있고, 은행은 핀테크의 위협을 받고 있다. 이외에도 관광산업, 광고산업, 택시산업, 숙박산업, 유통업, 소매업 등 모든 산업 분야가 디지털 혁신으로 경쟁 구조가 확 바뀌어 가고 있다.

전통 기업들이 살아남기 위하여 적극적으로 디지털 혁신을 추진하고 있다. 초연결시대에 기업이 생존하고 경쟁력을 갖추기 위해서는 디지털 혁신 밖에는 다른 방도가 없다.

여기서 디지털 혁신(digital innovation)이란 시장에 대한 통찰력과 창의적인 아이디어를 가지고 디지털 기술을 이용하여 기업의 모든 분야에서 변화를 이끄는 활동을 말한다.[2] 전통 기업도 기존의 사업과 병행할 새로운 디지털 비즈니스 모델을 추구하기 위하여 디지털 혁신을 과감하게 실행해야 한다. 즉 디지털 기술을 도입해서 IT 시스템을 강화하고 조직 재설계, 프로세스 혁신, 구성원들의 역량 강화에 전념해야 한다.

여기에 전사적인 디지털 전환의 필요성이 대두된다. 디지털 전환(digital transformation)이란 제조업이든 서비스업이든 전 산업에 걸쳐 인공지능, 사물인터넷, 로봇, 클라우드 등 여러 가지 디지털 기술을 사용해서 디지털 기업으로 대전환하는 것을 말한다. 이는 디지털화(digitalization)라고도 말한다. 앞에서 설명한 디지털 혁신과 디지털 전환은 동전의 양면과 같이 유사한 개념이다.

전 산업에 걸쳐 디지털 전환이 이룩되면 산업과 산업이 융합되고 제품과 제품이 융합되어 모든 것이 연결되는 새로운 세상으로 바뀌게 된다. 디지털 기업으로 전환하게 되면 전략, 제품, 서비스, 프로세스, 비즈니스 모델, 조직구조, 제도, 인사, 문화, 의식 등 모든 것이 바뀌게 되어 새로운 기업 형태로 탈바꿈하게 된다. 특히 비즈니스의 영역과 프로세스를 디지털 기술로 혁신하여 전통적인 운영방식과 서비스 및 가치 창출 방식을 새롭게 함으로써 고객의 새로운 니즈를 충족할 신제품이나 서비스를 제공하게 되어 시장을 점유하게 된다.

〈그림 4-8〉은 전통 기업이 디지털 기업으로 변신하는 과정을 보여주고 있다.

전통 기업이 디지털 기업으로 탈바꿈할 때 디지털 전환은 프로세스 변화, 제품 및

---

2 이성열 · 양주성, p. 62.

[그림 4-8] 디지털화의 의미

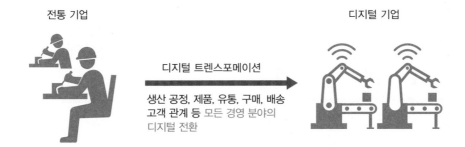

전통 기업

디지털 트렌스포메이션

생산 공정, 제품, 유통, 구매, 배송
고객 관계 등 모든 경영 분야의
디지털 전환

디지털 기업

출처: 노규성, 디지털 대전환 시대의 전략경영 혁신, 북스타, 2022, p. 160.

서비스 변화, 신규 비즈니스 모델 창출 등 세 가지 유형으로 추진된다.[3] 신제품 및 서비스가 제공되고, 새로운 비즈니스를 시작하든지 또는 새로운 산업 분야로 확장하기도 한다. 예를 들면, 디지털 기술을 활용하여 전체적인 생산 프로세스를 최적화, 지능화하는 스마트 팩토리(smart factory)는 아디다스, LS 일렉트릭 등 수없이 많다. 디지털 기술을 접목하여 기존 제품이나 서비스를 지능화하여 부가가치를 높이는 예를 들면, GE로서 엔진에 센서를 부착하여 판매후 품질을 관리하는 등 지속적으로 서비스를 제공하고 있다. 앞으로는 배터리를 사용하는 전기자동차가 기존 휘발유 사용 자동차를 대체할 것인데 이러한 전기자동차는 기술혁신의 대표적 제품이다.

디지털 기술을 활용하여 새로운 비즈니스 모델을 시작하여 성공한 예는 아마존 등 수많은 플랫폼 기업이 있다. 아마존은 원래 온라인 서점이었으나 디지털 기술을 활용하여 글로벌 종합 쇼핑몰로 변신하고 오프라인 무인 점포 아마존고를 출시하였다.

---

3 노규성, 전게서, p. 161.

토·론·문·제 EXERCISE

01 기업의 개념과 특징을 설명하라.

02 기업의 3대 기능은 무엇인가?

03 기업은 우리에게 왜 중요한가?

04 국민경제의 순환구조를 설명하라.

05 기업과 경영의 관계를 설명하라.

06 개인기업과 공동기업의 차이점을 설명하라.

07 현대 기업이 주식회사의 형태를 취하는 이유는 무엇인가?

08 주식회사의 특징을 설명하라.

09 기업집중과 기업집단의 차이점을 설명하라.

10 기업의 인수·합병에 관하여 설명하라.

11 플랫폼 기업에 관하여 설명하라.

12 전통적 기업과 플랫폼 기업의 차이점을 설명하라.

13 플랫폼 비즈니스의 특징을 설명하라.

14 공유경제와 기존 경제의 차이점을 설명하라.

15 디지털 전환을 설명하라.

제 5 장

기업의 창업과 성장

최근 들어 현실세계에서 창업에 대한 논의들이 국내뿐만 아니라 외국에서도 매우 활발하다. 이러한 창업 붐이 일게 된 배경으로는 소비자들의 다양화된 욕구, 기술 발전, Internet 등 가상공간의 존재로 인한 새로운 비즈니스 기회 창출, 정부의 정책적 지원, 도전정신을 가진 사람들의 창업 욕구, 일자리 창출 등이 주요 요인으로 작용한 것으로 보인다.

한편 대기업에서 근무하였다가 퇴직하게 된 경우라든지 좋은 아이디어를 가지고 있는 경우에 중소기업의 창업에 뛰어들게 된다. 미국의 경우 창업에 의하여 1990년 이후 매년 70만~100만 개 이상의 신생기업들이 설립되고 있으며 국내의 경우도 소기업 수가 약 10만 개에 이르고 있어 창업 열풍은 전 세계적이라 할 수 있다.[1]

국내에서는 벤처 비즈니스를 중심으로 많은 신생기업들이 생성되고 있는데 특히 첨단 기술기반의 하이테크형 기업, Internet과 전자상거래를 중심으로 한 닷컴 기업, 생명공학을 기반으로 한 바이오(bio) 벤처기업 등에 창업활동이 집중하는 경향을 보이고 있다.

그러나 중소기업을 경영한다는 것은 어렵고도 위험한 일이다. 미국의 경우 500명 이하의 종업원을 갖는 기업의 경우 창업 2년 내에 34%가, 3년 내에 50%가 문을 닫고 있다. 특히 첨단기업의 실패율은 더욱 높다고 하겠다.

본장에서는 기업가 정신은 무엇이며 기업가의 특징과 경제·사회에 미치는 영향은 어떠한지를 살펴보고 기업가의 창업과정, 기업의 성장전략, 그리고 벤처 비즈니스를 설명하고자 한다.

---

1 htvc.kaist.ac.kr

1. 기업가 정신

▌ 기업가 정신의 개념

우리는 일반적으로 기업가라 하면 이병철, 정주영, 빌 게이츠, 스티브 잡스 등 성공한 사업가들을 연상하지만 서울 테헤란로에서 위기를 기회로 바꾸며 모험으로 보이는 신기술에 과감히 도전하여 새로운 시장을 개척하는 데 성공한 이름없는 IT 창업자도 기업가이다. 따라서 골목에서 식당을 개업한다든지 또는 부동산업같은 소기업을 오픈한다든지 하는 경우에는 기업가라기 보다 자영업자라고 한다.

그러면 기업가란 어떻게 정의할 수 있는가?

경영학적 의미로 기업가(entrepreneur)는 높은 수익을 목적으로 제품이나 서비스에 대한 새로운 기회(opportunity)를 발견하고 이를 실현할 사업을 구상하고 시작한 도전적인 사람으로서 창업자라고도 하는데 그 사업에 대한 조직화, 방향설정, 지휘 · 감독의 책임을 가진 사람으로 정의되고 있다. 한마디로 기업가는 파괴적인 혁신을 주도하고 새로운 사업을 창조하는 주체로서 필요한 자원을 조달하고 조직관리를 하면서 여러 가지 위험(risk)과 불확실성(uncertainty)을 감당하고 이의 보상을 취득하여 만족감을 즐기는 사람으로 단정지을 수 있다.

기업가는 일반적으로 소기업(small business)으로부터 시작한다. 그러나 기업가는 소기업의 소유자(small-business owner)와 다른 점을 갖는다. 소기업은 종업원의 수가 100명 미만이고 독립적으로 소유 경영을 하는데 공격적이고 혁신적으로 운영하는 것도 아니고 판매액, 이윤, 성장 등이 완만한 수준으로 기대된다. 이에 반하여 기업가가 하는 사업은 벤처사업으로서 높은 성장과 이윤의 부를 주된 목적으로 한다. 따라서 기업가는 공격적으로 경영하고 혁신적인 전략, 관행, 제품을 개발하려고 한다. 이러한 기업가적 성격을 갖는 소기업 소유자는 기업가라고 볼 수 있다.

국가나 사회적으로 볼 때 기업가들은 열성적인 노력과 창의력(creativity)을 발휘하여 신상품이나 서비스를 제공하기 때문에 사회의 경제활동이 활력을 갖게 되므로 경제발전에 밑거름이 된다. 다시 말하면, 기업가는 혁신적인 신상품이나 서비스를 제공하고 새로운 창업을 통하여 일자리를 창출하기 때문에 중요시 된다. 특히 4차 산업혁명으로의 커다란 발걸음을 내딛고 있는 지금 기업가 정신으로 무장한 기업가들의 도전이 절실히

|표 5-1| 기업가 정신에 대한 세 가지 견해

구 분	내 용
경제 기능적	기업가 정신은 제품, 공정, 생산요소, 시장, 조직 등에서 다양한 혁신을 일으키며, 기업가의 핵심적 역할은 혁신 특성이다.
사회 · 심리적	기업가 정신은 개인적으로 높은 성취 욕구, 자유 의지, 위험 감수 등의 특성을 가지며 가정환경과 교육수준 등의 배경요인도 포함된다.
종합화	기업가 정신은 위험 대비 이익을 전제로 하여 가치 있는 것을 창조해 내는 과정이며 사업 기회의 인지, 위험 부담의 관리, 적절한 자원 동원을 통해 가치 있는것을 만들어 내는 것이다.

출처: http://www.centerworld.net/acad/prof/leejw/venture/12/12-4.htm의 내용을 발췌, 수정.

필요한 상황이다.

기업가는 성공하면 부와 명예를 얻지만 실패하면 비참한 삶을 살아가게 된다. 일반적으로 소기업은 창업 후 3~5년 이내에 문을 닫는 경우가 허다함에도 불구하고 기업가는 어떠한 이유로 사업을 구상하고 창업에 이르게 되는가? 이는 강한 도전정신, 이윤획득, 만족감, 성취욕구, 위험감수 성향, 혁신 추구, 추진력, 창의성으로 특징 지어지는 기업가 정신(entrepreneurship)에서 발원된다고 할 수 있다. 기업가는 독립성과 더 나은 삶의 질을 추구하며 무에서 유를 창조하고 이것이 성공하고 이러한 아이디어와 신상품을 받아들이는 것을 보고 무한한 만족감을 느끼게 된다. 사람은 해고를 당할 때 자신의 새로운 사업을 시작하려 한다. 기업에 취직하였을 때 승진도 쉽지 않고 기업의 관료제도라든지 다른 이유로 좌절을 느낄 때 이직하고 기업가가 되기도 한다.

기업가 정신의 정의들은 많은 연구자들에 의해 내려지고 있는데 이들 정의의 특징은 크게 세 가지 견해로써 경제 기능적, 사회 · 심리적, 종합화 견해로 나누어지고 있다 (〈표 5-1〉 참조). 경제 기능적 견해는 다양한 분야에서 혁신적 특성을 고려한 기업가의 기능적 측면을 말하는 것이며, 사회 · 심리적 견해는 기업가의 개인적 특성을 의미한다. 마지막으로 이들 견해들을 종합한 견해는 기업가 정신을 창조적 활동과정으로 정의하고 있다.

이 세 가지 견해들을 모두 고려할 경우 기업가 정신은 "조직의 모든 요소들에 대해 독창적이고 혁신적인 사고를 하며 자아욕구가 강하여 가치에 근거한 창조적인 활동을 하는 것"으로 정의할 수 있을 것이다.

오늘날 기업가 정신은 토지, 자본, 노동, 정보(지식) 못지 않게 중요한 생산요소로 취급한다.

▌기업가의 특성과 역할

유능한 기업가가 되기 위한 조건들로는 여러 가지 요인들이 복합적으로 작용한다고 볼 수 있다. 기업가의 행동적 측면에서 기업가에게는 다음과 같은 개인적 특성(personal characteristics)들이 요구된다. 이는 〈그림 5-1〉에서 보는 바와 같다.

그러나 기업가가 성공하기 위해서는 개인적 특성만으로는 충분하지 않다. 이외에도 기술적 재능과 함께 성공적인 경영자에 요구되는 여러 가지 경영재능(management competencies)도 겸비해야 한다. 이는 〈그림 5-2〉에서 보는 바와 같다.

이와 더불어 창업을 위한 철저한 준비과정이 필요하며 사전에 지식을 습득하여 준

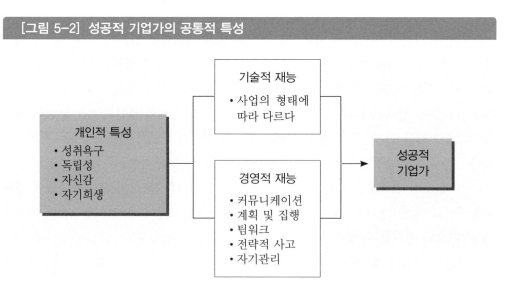

[그림 5-1] 기업가의 특성

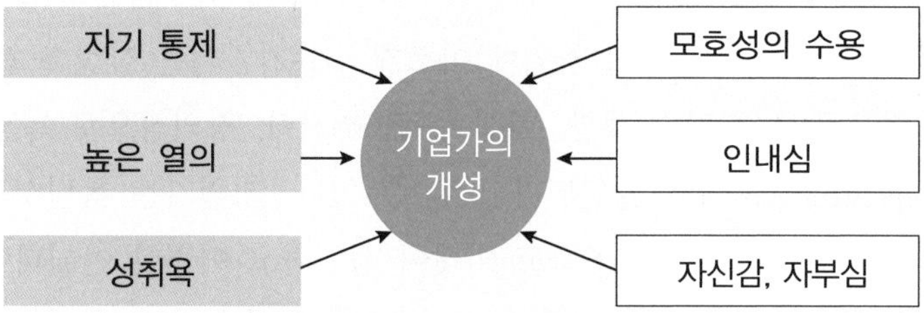

[그림 5-2] 성공적 기업가의 공통적 특성

비하고 기회를 잘 포착하는 능력을 갖추어야 할 것이다. 또한 창업한 신생기업이 성장하려면 기술혁신 능력뿐만 아니라 경영관리 능력(의사결정능력)과 대인관계 능력도 필요하다. 따라서 기술적 배경을 가진 기업인이 경영지식을 모두 갖기 어렵기 때문에 서로 보완적 역량을 갖춘 사람들이 팀을 구성하여 창업을 하는 경우가 많다.

역할 측면에서 볼 때 기업가는 조정자(coordinator), 혁신자(innovator), 위험 감수자(risk taker), 중개자(arbitrager)의 역할을 수행한다.

슘페터(Schumpeter)는 기업가를 창업과정을 통하여 자원의 신결합과 새로운 산업방법으로 균형(현상유지)을 파괴하는 혁신가로 보았다. 경제는 끊임 없는 혁신(innovation)을 통하여 창조적 파괴(creative destruction) 과정으로 발전되어 왔으며 이 과정을 추진하는 자가 기업가이다. 기업가는 낡은 것을 파괴하고 새로운 전통을 창조하는 경제발전의 원동력이다.

카오(Kao) 등은 기업가와 경영자 간의 차이가 개인적 특성에서 기인한다고 주장한다. 〈표 5-2〉는 상황적 특성에 따라 기업가와 경영자 간에 차이가 나고 있음을 보여 주고 있다.

어떤 기업가들은 새로운 비즈니스를 시작한 후 기업이 성장함에 따라 그 기업을 어떻게 경영할 것인가를 결정하는 데 어려움에 직면한다.

기업가 정신은 경영과 동일하지 않기 때문이다. 경영은 자원의 계획화, 조직화, 지휘, 통제 등에 관한 결정을 수행하지만 기업가는 고객의 니즈(needs)를 만족시킬 기회를 발견하면 이를 수행할 새로운 제품이나 서비스를 생산할 자원을 조달할 궁리를 하게 된다.

이와 같이 기업가가 고객이 원하는 것을 찾아내면 경영자는 제품을 효율적이고 효과적으로 제공하는 방안을 강구하게 된다. 성공한 기업가를 보면 경영이나 비즈니스에서 탁월한 지식과 자질을 갖춘 혁신가가 많다. 그러나 많은 경우에 창업하는 기업가에

|표 5-2| **기업가와 경영자의 차이점**

구 분	기 업 가	경 영 자
개인적 성향	기회를 현실화시키는 통찰력과 타인들을 사업에 동참시키려는 설득력이 강하다.	합리적이고 분석적 판단을 중시하며 실무에 능통하다.
의사결정	새로운 비즈니스를 개시할 때 현재 가용 자원의 고려 없이도 시작한다.	현재 상태 유지와 자원에 근거한 의사결정을 중시한다.
위험인식	현실 안주를 거부하고 여러 가지 위험을 감수하며 자신의 비전을 실현한다.	주어진 목표와 상응한 보상에 의해 동기가 부여되며, 불확실성과 위험을 기피하는 성향이 강하다.

게는 경영자가 기업경영에서 발휘하는 역량, 인내, 경험 등에 있어 부족한 점이 많다. 많은 기업가는 경영정보시스템과 기술에 관한 지식이 부족하고 기업의 생산시스템의 효율성을 증진시킬 생산관리 기법을 모르기 때문에 이러한 업무를 담당할 경영자를 채용하게 된다.

그러나 현실 상황에서 기업가와 경영자는 표에서 보는 바와 같은 분명한 차이를 보이지는 않고 있으며 각각의 특성들이 혼합되어 있다. 즉 벤처 비즈니스를 창업한 기업가들은 조직 내부의 경영관리를 위해 경영자와 같은 역할도 수행하며 경영자 역시 시대 및 환경 변화에 대처하고 기업 내부에 혁신을 일으키기 위해 기업가의 특성을 보이기도 한다. 예를 들면, FedEx를 창업한 프레드 스미스(Fred Smith)나 Google을 창업한 래리 페이지(Larry Page)는 기업가이면서 효과적인 경영자로 인정을 받는다.

이러한 점을 감안할 때 기업가와 경영자의 특성은 뚜렷한 기준에 따라 구분하기보다는 개인특성, 과업특성, 환경특성 등에 따라 기업가로서 혹은 경영자로서의 역할을 수행한다고 말할 수 있을 것이다.

▌ 기회의 형태

우리는 앞절에서 기업가를 정의하면서 기회를 연관시켰다. 사실 기회는 슘페터(Schumpeter)가 말한대로 다섯 가지 형태로 구분할 수 있는데 기업가가 되려면 이러한 기회와 경쟁우위(competitive advantage)를 규명하고, 평가하고, 이용할 수 있는 능력을 갖추어야 한다.

- 기회는 신상품이나 서비스의 창출로부터 발생한다 예를 들면, 새로운 의료기기가 창조되면 의사들로 하여금 시술할 때 새로운 기기를 사용토록 권유할 기회가 발생한다.
- 기회는 신상품이나 서비스를 구매할 고객들이 많은 새로운 시장을 개척할 때 발생한다. 예를 들면, 도이체 방크가 한국에서 서비스를 제공한다든지 현대자동차가 동유럽국가에 생산공장을 건설하는 경우이다.
- 기회는 새로운 원자재의 발견 또는 창출 외에도 기존 원자재의 새로운 사용법을 발견할 때 발생한다. 예를 들면, Dell Computer는 고객들에 Internet을 통하여 컴퓨터를 직접 판매하기 위하여 소매 아울렛을 금지함으로써 고객들에게 좀 더 저

렴한 컴퓨터를 제공하고 있다.
- 기회는 새로운 조직화 방법으로부터 발생한다. 우리는 DVD나 비디오 게임을 즐기기 위하여 컴퓨터를 통해 구입할 수 있고 책을 구매하기 위해서는 amazon.com을 이용할 수 있다.

기업가의 경제적 · 사회적 영향

기업가 정신과 기업가가 주요 화제가 되는 이유는 기업 환경의 변화가 극심하고 소비자의 욕구변화가 다양화하면서 제품과 기술의 수명이 크게 단축되고 있는 현실에서 그 중요성 및 경제 · 사회에 미치는 영향이 크기 때문인 것이다. 즉 기업가의 기업가 정신에 의해 창업된 벤처 비즈니스는 경제 · 사회 부문에 파급되는 효과가 매우 큰 것으로 인식되고 있다. 기업가는 경제발전, 고용창출, 혁신창조 등의 측면에서 사회 전반에 영향을 미친다고 할 수 있다.

① 경제발전

슘페터가 주장한대로 기업가는 경제의 무게중심을 이동시키는 데 중요한 역할을 하며 경제발전에 주요하게 공헌한 사람이다. 기업가 정신은 많은 기업이 새로운 아이디어를 사업화하는 데 시간과 자본을 투자하는 창업을 통하여 고용을 창출하고 의욕적인 경영활동을 전개하여 경제성장을 촉진시키는 결과를 초래한다.

② 고용창출

경제발전과 더불어 기업가는 새로운 비즈니스 창조로 인해 고용기회를 창출(job creation)하게 되는데 이러한 벤처 비즈니스의 고용은 대기업보다 더 많은 기회를 제공해주고 있다. 대기업이 창출하는 일자리는 40%이고 나머지 대부분의 경우는 벤처 비즈니스를 포함한 중 · 소규모의 기업들에 의해 창출되고 있다.

③ 혁신창조

혁신가로서 기업가는 새롭고 독특한 아이디어와 기술을 개발·사용함으로써 시장에 혁신적(innovative) 제품 및 서비스를 창조하여 소비자들에게 제공하는데 이러한 기업가의 혁신적 창조활동은 사회 각 부문에 영향을 준다.

2. 창업과 창업전략

▌기업의 창업

기업의 창업(inauguration of an enterprise)이란 제품이나 서비스를 생산·판매하거나 그와 부수된 활동을 수행하기 위하여 사업을 새롭게 개시(startup)함을 의미한다. 새로운 시장과 새로운 고객을 창출하기 위한 새로운 기업의 스타트업을 위해서는 인적·물적자원이 필요하지만 기업의 입지, 형태, 규모 등에 관한 사전 의사결정이 이루어져야 한다. 모든 창업이 성공하는 것은 아니다. 오히려 손해만 보다가 곧바로 문을 닫는 경우가 더 많다. 오늘날 실패할 위험부담이 큼에도 불구하고 소기업(small business)의 창업이 꾸준히 진행되는 이유는

- 이윤추구의 목적
- 경제적 변화
- 글로벌화와 경쟁의 격화
- 기술발전
- 새로운 기회

등 때문이라고 할 수 있다.

경제는 소기업에 기회를 제공하면서 꾸준히 변화하고 있다. 서비스의 수요는 증가일로에 있고 이를 위해 설립되는 기업의 대부분은 소기업이다. 특히 저렴하게 생산하는

기업에 아웃소싱하는 추세에 따라 소기업의 창업이 중단없이 진행된다.

글로벌화는 빠르고 좋고 저렴하게 운영하는 기업을 요구한다. 대기업은 비용을 절감하기 위하여 전문화된 소기업에 아웃소싱하는 추세이다. 글로벌화와 경쟁의 격화로 소기업의 신축성과 빠른 대응이 유리하게 되었다.

컴퓨터 기술의 괄목할 발전과 가격하락은 제품과 서비스를 생산하는 새로운 방법을 추구하게 만들었고 이는 소기업에 기회를 주고 있다.

오늘날 소기업은 시장에서 변화하는 고객들의 욕구를 충족시킬 기회를 활용하고 있다. 예를 들면, 택배와 퀵서비스는 과거에는 별로 성업하지 않았던 운송사업이 되고 있다.

창업이 말처럼 쉽지는 않다. 창업을 하려면 우선 생산하고자 하는 제품이나 서비스에 대한 아이디어가 필요하고 자원을 구입할 자본이 필요하며 제품이나 서비스의 생산방식에 대한 지식과 정보와 기술이 있어야 한다. 이러한 조건이 구비되더라도 창업에 따른 위험부담이 크기 때문에 창업에는 신중을 기해야 한다.

▌ 창업전략

의욕적인 기업가가 기업의 소유자가 되는 창업의 방법으로는

- 신규사업의 채택
- 기존 업체의 인수
- 가맹점에의 가입

등을 들 수 있다.

기업가가 되는 가장 보편적인 방법은 새로운 사업을 신규창업하는 것이다. 전에 채우지 못했던 신제품과 서비스에 대한 필요성을 느껴 아이디어와 꿈이 현실로 나타나는 것을 볼 때 감동하게 된다.

새로운 사업을 창업한다는 것은 기업가가 원하는 대로 사업을 개발하고 설계할 수 있다는 것을 의미한다. 기업가가 사업의 성공에 전적인 책임을 소유하지만 성공하여 이윤을 내기까지는 긴 시간이 소요된다.

신규창업을 하게 되면 입지, 설비, 제품이나 서비스, 종업원, 공급업자, 유통채널 등을 자유롭게 선택할 수 있지만 기존 기업을 매입하는 경우보다 매출액, 현금흐름, 고

|표 5-3| 신규창업의 장·단점

장 점	단 점
• 창업자 자신의 소신과 정보에 따라 설립된다. • 창업자의 자율권이 보장된다. • 최신기술, 장비 및 원재료, 기자재 등을 임의로 선택할 수 있다. • 최신 제작과정을 도입할 수 있다. • 신선한 상품전략을 선택할 수 있다. • 시장선택이 자유롭다.	• 성공적인 창업을 보장할 수 없다. • 판매나 이익달성 정도의 예측이 불확실하다. • 창업계획의 합리성 검증이 어렵다. • 유통경로 및 시장확보가 어렵다. • 입지, 건물, 장비, 재료, 직원채용 등과 관련된 준비기간이 길다. • 창업자금의 확보가 어렵다.

출처: 김종재 외, 경영의 이해(박영사, 2007), p. 111.

객관계, 공급업자 등에 관한 불확실성이 높다는 단점을 갖는다.

신규창업의 장점과 단점을 살펴보면 〈표 5-3〉과 같다.

긴 창업시간과 피할 수 없는 실수를 회피하기 위하여 기업가들은 타인의 기존 업체를 구매하여 새로이 사업을 시작하는 인수창업을 통하여 위험부담을 줄이고자 한다. 한편 현재의 경영상태가 부실한 기업을 인수하여 새로운 경영방식을 도입함으로써 이익을 얻고자 하는 경우에도 이러한 방법이 사용된다.

기존 기업을 매입하는 인수창업의 경우에는 신규사업에 필요한 자금과 시간을 줄일 수 있고 현금흐름, 매출액 등에 관한 역사적 자료를 활용할 수 있으며 기존 공급업자, 유통채널, 고객망을 인수할 수 있는 반면에 기존 기업이 갖고 있던 나쁜 점도 그대로 인수하게 되고 변화와 혁신의 추구가 어렵다는 단점을 갖는다.

가맹점(franchise: 체인점)에 가입하거나 기존의 가맹점을 매입하는 방법이 최근에 급속도로 팽창하는 기업가의 길이라 할 수 있다. 가맹점은 본사(모기업, franchisor)와 가맹자(franchisee) 간에 본사의 독점판매권에 관해 체결된 계약관계에 따라 운영되는 사업이다.

가맹자는 본사의 경영 도움을 받아 본사의 제품이나 서비스를 독점판매할 권리를 사면서 비용이나 로열티를 지불한다. 그리고 본사의 상호, 경험, 명성, 로고, 기업 이미지, 훈련, 생산기술, 노하우, 서비스 제공방법, 마케팅 기법, 점포 운영방법 등 경영에 관한 지도를 받을 수 있다.

따라서 시장이나 제품면에서 실패할 위험이 감소한다. 가맹자는 자본과 시설을 투자하여 기업을 소유할 뿐 새로운 회사를 설립하는 것도 아니고 새로운 제품을 개발하고 시장을 시험할 필요가 없다.

가맹자는 경영의 자율권을 제한받고 본사로부터 고가매입의 요구를 감수해야 할 뿐만 아니라 본사에 지불해야 하는 비용이 막대하다는 결점을 갖는다.

가맹점은 특히 음식료업에 보편화되어 있는데 맥도날드, KFC, 스타벅스 등은 그의 예이다.

3. 창업과정

창업은 기업가에 의해 새로운 기업이 탄생됨을 의미한다. 다시 말해 창업은 이윤획득을 목표로 하여 기업가가 사업 아이디어를 가지고 사업자금을 투자 또는 조달하여 수익을 창출하는 사업체를 결성하거나 타인의 사업을 인수하여 새롭게 사업을 시작하는 행위로 규정할 수 있다.

기업가가 창업을 하게 되는 동기는 여러 가지가 있겠으나 크게 네 가지를 들 수 있다.

- 이윤을 얻기 위한 경제적 동기
- 도전정신 및 자신의 자아실현을 위한 개인적 동기
- 사회적 책임을 다하기 위한 사회적 동기
- 자신이 생각해낸 새로운 사고나 개념을 상업화하기 위한 전략적 동기

등이 그것이다. 이러한 동기요인들로 인해 현재 국내의 경우 창업이 활성화되고 있다. 그러나 한편으로는 성공할 아이디어가 없다든지 아이디어가 있어도 기업경영에 필요한 자원을 구입할 창업자본이 부족하기 때문에 창업에 어려움을 겪는 경우도 허다하다.

새로운 사업이 창업되는 과정을 살펴보면 먼저 기업가는 소비자 수요의 동향이라든가 예상되는 경쟁과 제품의 판매경로 등 전반적인 시장조사를 통하여 사업 아이디어를 내고 제품이나 서비스의 시장성을 검토한 후 자본사정과 시장조건 등을 감안하여 기업규모와 기업형태를 결정하고 교통, 원자재, 전력, 용수, 노동력, 시장과의 거리 등을 토대로 입지(location)를 선정한다. 다음에는 구체적인 사업계획과 계획서를 작성하고 시장

분석을 실시하며 여기에서 사업의 타당성이 입증된 경우에는 자본을 투자하여 구체적으로 사업화하려는 의도를 굳히게 된다.

이를 위해 투자자금을 확보하기 위한 자본조달 활동과 운영관리를 수행하며 제품개발을 통해 새로운 기업을 조직화하게 된다.

전통적으로 신제품 개발(new product development)은 아이디어(아이템)의 창출로부터 시작하여 여러 과정을 순차적으로 거치면서 진행되었다. 많은 아이디어로부터 신제품이 선정되고 설계 및 공정이 결정되어 제품의 상업화가 이루어진다.

▌ 사업 아이디어 창출

기업가로서의 꿈을 실현하는 첫 단계는 어떤 제품이나 서비스를 생산 · 판매할 것인가를 결정하는 아이디어 창출(idea generation)이다. 성공적인 기업을 설립하기 위하여 창업자가 맨 먼저 해야 할 활동은 수익성이 있는 상품을 선택하는 것이다. 혁신적인 제품, 가능한 시장, 타이밍은 성공의 비결이다.

사업 아이디어는 어디서나 찾을 수 있다. 해결해야 할 문제가 있다든지, 마음에 들지 않는 제품이 있으면 이것이 아이디어가 될 수 있다. 대부분의 성공적인 사업은 누군가가 문제를 제기하고 이를 해결하기 위한 노력을 시작하면서 시작된다.

이러한 사업 아이디어를 창출하는 원천으로는 보통 현장경험, 고객의 권고, 시장조사, 신상품의 발명, 우연한 발견, 개인적 취미, 주위로부터의 권유, 기타 교육기회 등을 들 수 있다.

▌ 타당성 검토

새로운 사업개발을 위한 아이템(아이디어)이 선정되었을 때 이 아이템을 제품 개발로 곧장 선정하는 것은 아니다. 새로운 아이템에 대해 마케팅 부서는 몇몇 제품개념(product concept)을 개략적으로 정의하고 평가한다. 예를 들면, 새로운 시리얼(cereal)을 설계할 때 밀, 귀리, 옥수수, 겨 등을 어떻게 혼합할 것인가? 플레이크(flake)로 할 것인가, 비스킷(biscuit)으로 할 것인가? 설탕과 비타민을 첨가할 것인가? 등을 결정한다.

제품개념이 결정되면 아이템이 상품화의 과정을 거쳐 시장에서 수요를 만족시킬 가능성이 있는지 체계적이며 합리적으로 분석해야 한다. 아무리 고객들이 환호할 제품이라 하더라도 기술적으로 생산 불가능하거나 비용이 너무 많이 들어 수익이 보장되지 못할 제품이라면 아무 소용이 없는 것 아닌가? 이와 같이 수집된 아이디어에 대해서 실현가능성이 있는 것과 없는 것을 가려야 한다. 제품으로의 전환 가능성이 전혀 없다고 판단되는 아이디어는 아예 제거해야 한다.

이러한 아이디어의 검토과정을 **타당성 검토**(feasibility study)라고 한다.

타당성 검토는

- 시장분석
- 경제분석
- 기술분석

을 포함한다.

1 시장분석

창업 전에 기업가는 시장분석(market analysis)을 실시하는데 제품개발을 위해 투자할 가치가 있는지 알기 위하여 개발하는 제품의 판매가능성(marketability), 즉 시장의 규모와 시장 잠재력은 어떠한가, 경쟁에서 성공할 가능성은 어느 정도인가를 면밀히 평가할 필요가 있다.

2 경제분석

제품개발과 생산에 따르는 비용을 추산하고 이를 수요예측에 입각한 예상매출액을 비교함으로써 이익 잠재력을 평가하는 경제분석(economic analysis)은 가장 중요한 내용이다.

또한 필요한 시설 및 운전자금의 확보와 계속적인 자금수지예상을 검토하는 자금조달능력 분석이 이루어져야 한다.

③ 기술분석

새로운 제품은 새로운 기술을 요하는가(기술확보 여부), 위험 또는 자본투자가 지나친 것은 아닌가, 충분한 노동력과 관리기술을 보유하고 있는가, 필요한 원자재와 생산시설능력은 충분한가, 적정한 원가수준 내에서 제조가 기술적으로 가능한가, 현재의 생산능력과 생산 프로세스로 가능한가 등 기술적 측면에서 생산가능성을 평가하는 기술분석(technological analysis)이 실시되어야 한다.

이외에도 기업목적과 전략에 부합하는지, 경영능력이나 조직상 문제는 없는지, 사업이 장기적으로 성장발전할 수 있는지 경영환경, 즉 시장 환경, 소비 패턴, 국·내외 경제상황에 대한 분석도 병행해야 한다.

▌사업계획 수립

아이템과 시장에서의 반응을 바탕으로 하여 구체적인 사업계획(business plan)을 세워야 하는데 이러한 사업계획은 창업을 준비하는 기업을 비롯하여 기존 기업에서 신규사업과 현재 사업을 변경하고자 할 경우에도 작성하게 된다. 사업계획은 계획사업에 관련된 제반사항을 객관적이고 체계적으로 작성하여 자금조달이 필요한 경우에는 투자자의 관심과 신뢰를 얻을 수 있게 된다. 사업계획의 주요 기능을 살펴보면 〈표 5-4〉와 같이 네 가지로 요약할 수 있다. 사업계획은 벤처, 그의 시장, 전략, 미래의 방향 등을 기술한다.

사업계획에서 주요하게 고려되는 사항들로는 사업성격, 시장상황, 경쟁자, 고객, 제공할 제품 및 서비스 내용, 생산 및 판매방법, 수익성, 자본조달 시기와 방법, 경영진 구성과 인력수급계획 등으로 경영관리의 전반적인 내용들에 대한 중요 사항들이 포함된다.

|표 5-4| **사업계획의 주요 기능**

• 기업의 목표, 목적, 전략, 전술, 사업수행일자, 특정 시장에서의 성공가능성 등을 설명한다.
• 소비자 및 고객, 관리자, 은행 또는 채권자들이 사업을 평가할 수 있다.
• 기업의 목표와 운영 방법 등에 대해 고객 및 종업원들과 커뮤니케이션할 수 있다.
• 기업 자산 및 부채의 체계적 관리, 경쟁적 시장 상황의 설명, 설비와 재무 상황의 확인, 문제 예측, 적절한 해결방안의 강구, 성공적인 기업의 전략과 전술을 확인시켜 준다.

|표 5-5| 사업계획서 내용

Ⅰ. 사업계획서 요약문	사업개념 및 사업배경, 기업 및 제품에 대한 개요, 틈새 및 기회, 경쟁 우위, 수익성, 성장전망 및 비전, 사회에의 공헌도(필요성 부여) 등을 간략히 서술
Ⅱ. 기업 및 산업 개요	1. 기업개요: 기업명, 기업이념, 목표, 성격 등 2. 사업개념: 어떠한 사업이며 추구하는 상품이 무엇인지에 대한 설명 3. 사업배경: 산업현황 및 전망, 성장추이, 기회 등
Ⅲ. 사업 및 제품 (서비스) 개요	1. 제품(서비스)의 특성 및 용도 2. 기술 인력 및 제품(서비스) 개발계획 3. 경쟁 제품(서비스)과의 차별성
Ⅳ. 시장환경분석	1. 목표 시장 2. 시장규모 및 성장추이 3. 경쟁 및 경쟁우위전략 4. 시장진입 및 성장전략 5. 예상 매출 규모 6. 수익잠재력 7. 차기 아이템
Ⅴ. 마케팅계획	1. 주요 마케팅전략 2. 제품전략 3. 가격전략 4. 유통전략 5. 촉진전략
Ⅵ. 생산계획	1. 생산전략 2. 원자재 수급계획 3. 설비 및 필요 기자재 4. 운영주기 5. 공장입지 및 법적인 규제
Ⅶ. 재무계획	1. 채산성 분석 2. 추정 재무제표(3~5년) 3. 비용관리계획 4. 자금조달계획
Ⅷ. 조직 및 인적자원	1. 조직도 2. 핵심창업인력 3. 경영능력 4. 인사정책 및 계획 5. 외부자문 및 지원인력
Ⅸ. 위험요소 및 대책	
Ⅹ. 사업추진일정	

출처: http://board.cgiworld.net에서 수정·보완함.

이러한 요소들을 기본으로 하여 기업가 나름대로 사업계획을 갖고 있을 경우 다음에 할 일은 구체적으로 이러한 요소들이 포함되고 문서화된 형태로 갖기 위해 사업계획서(business plan)를 작성하는 일이다.

〈표 5-5〉는 사업계획서 내용의 한 사례를 보인 것이다. 사업계획서는 정형화된 형식을 취하지 않으며 창업하려는 기업가 자신의 사업 분야에 따라 그 내용이 추가·삭제될 수 있다.

사업계획서는 아이템을 기술하고 이 사업을 시행하는 데 필요한 생산, 재무, 마케팅, 인사 등 경영 부문별 계획을 나타냄으로써 기업의 창업과정을 일목요연하게 보여 준다.

사업계획서가 완성되면 집중하고자 하는 시장에 대한 분석이 또다시 이루어지는데 이러한 시장분석은 기업이 자신의 고객이 누구인지를 확인하고, 어떻게 이들에게 자신의 제품, 서비스, 프로그램 등을 판매, 유통, 촉진하며 이에 따른 인적자원의 충원, 교육, 배치는 어떠한지를 파악해 볼 수 있도록 한다.

일반적으로 시장분석은 시장조사의 결과를 기본으로 하며 이를 기초로 하여 마케팅 계획이 수립된다. 이러한 마케팅계획에는 시장의 범주, 시장세분화, 시장장벽, 시장수요, 시장점유율, 매출액, 유통경로, 가격구조와 정책, 광고와 판촉 등의 관점들을 고려하게 된다.

▌기업의 법적 구조 선택

기업인은 기업을 설립하기 전에 기업의 형태로서 개인기업으로 할 것인가, 소수공동기업으로 할 것인가, 아니면 주식회사로 할 것인가를 선택해야 한다. 기업의 형태에 대해서는 이미 제4장에서 공부한 바와 같다.

▌창업자본 조달

창업하려는 사업이 투자자들로부터 그 타당성이 입증되고 시장분석이 완료되어 시장성이 있다고 판단되면 자본이 투입되어 사업의 구체성을 갖게 된다고 할 수 있다. 자본조달을 위하여 기업가는 직접적으로 자금을 투자하거나 외부에서 자금을 유치하게 되는데 직접적인 투자는 기업가 자신의 자금보유 능력에 따르므로 이에 대한 설명은 생략하고 외부에서 자본을 조달·운용관리하는 사례를 살펴보기로 한다.

1 벤처 캐피탈

벤처 캐피탈(모험자본)은 고도의 기술력과 장래성은 있으나 자본과 경영능력이 취약한 기업에 창업 초기단계부터 자본과 경영능력을 지원하여 투자기업을 육성한 후 투자자본을 회수하는 자금공급기관을 말한다.

그러므로 벤처 캐피탈(venture capital)은 융자를 위주로 하는 기존의 금융기관과 자금의 지원방식, 투자금의 회수방법, 성과보수, 리스크 등에서 현격한 차이가 있다.

- 기존 금융기관이 일정한 담보를 조건으로 융자형태의 자금을 지원하고 있는 반면, 벤처 캐피탈은 유형의 담보를 요구하는 것이 아니라 투자기업의 기술력·성장성을 평가하여 무담보 주식투자를 원칙으로 한다.
- 성과보수면에 있어서 일반 금융기관은 투자기업의 경영성과에 관계 없이 대출시점에서 정한 일정 금리를 얻는 대신 벤처 캐피탈은 투자업체의 성공 여부에 따라 많게는 투자금의 수배, 수십 배의 이익을 얻을 수 있는 반면 실패하는 경우 투자금을 전혀 회수할 수 없는 리스크를 가진다.

2 코스닥 시장(장외시장)

벤처투자는 장기적으로 위험이 따르는 투자이기 때문에 자금을 조달해 주는 자본시장의 역할이 중요하다. 이에 벤처기업들에 안정적인 시장진입을 할 수 있도록 이를 대신해 줄 수 있는 자본시장이 바로 코스닥(Kosdaq) 시장(장외시장)이다.

코스닥 시장에 등록한 벤처기업들은 일반 공모의 증자를 통해 직접 자금을 마련할수도 있고 자기회사 주식을 획득함으로써 주가 안정을 유지하고 경영권도 방어할 수 있다.

미국의 경우 우리의 코스닥 시장과 같은 나스닥(Nasdaq)을 통해 세계적인 기업으로 성장한 인텔이나 마이크로소프트가 있어 자본시장을 통한 자본조달의 대표적 사례로 볼수 있다.

❸ 엔 젤

엔젤(angel)이란 창업 초기에 자금이 부족한 벤처기업에 자금지원과 경영지도를 해 주는 개인 투자자를 말한다. 이러한 엔젤에 의한 투자는 유망한 벤처기업을 발굴해 장기적으로 투자하는 고위험·고수익 투자 수단으로 볼 수 있어 투자위험은 높지만 미래의 성공가능성과 성장성이 높은 기업에 투자하여 투자금액보다 많은 수익을 기대하며 투자하는 특성을 보이고 있다.

❹ 투자조합

투자조합은 전문투자금융기관들이 조합을 결성해서 조성된 자금을 재원으로 하여 고성장·고수익이 예상되는 유망한 벤처기업을 대상으로 이들 기업이 발행하는 주식, 전환사채 등을 획득함과 동시에 각종 경영, 기술상의 자문을 제공하여 투자기업의 육성발전을 지원하고 향후 공개시장에서 투자수익을 환수함으로써 조합 출자자들에게 높은 수익을 분배하는 제도이다.

❺ 금융기관

창업하려는 기업들은 기술개발자금의 대부분을 금융기관의 시설자금 융자와 기술개발 융자에 의존하고 있으나 대기업에 비해 담보능력이 적어 금융기관이 대출을 기피하고 있는 실정이다.

즉 현재 대부분의 금융기관들은 신생기업들의 연구단계에 있는 기술투자의 수익성을 제대로 예측할 능력이 없기에 자신들의 위험부담을 줄이기 위해 안정성 위주로 지원하는 특성을 보이고 있는 것이다.

4. 벤처 비즈니스

벤처 비즈니스의 정의

원래 벤처(venture)란 모험이란 뜻으로 위험부담과 불확실성을 내포한다. 벤처 비즈니스라고 하면 첨단기술과 위험부담을 연상한다. 첨단기술 제품은 새롭게 시장에 나오기 때문에 수요에 대한 불확실성이 높고 변화속도가 빨라 도산 위험도 일반 기업보다 훨씬 높을 수밖에 없다. 그러나 벤처창업이 성공하면 막대한 수익을 보장받을 수 있기 때문에 높은 실패 가능성에도 불구하고 벤처창업의 대열에 참여하는 것이다.

벤처 비즈니스(venture business)가 등장하게 된 태초의 배경에는 중세시대 항해를 목적으로 선원을 모으고 항해하는 기업가들이 있었는데 이들을 벤처 비즈니스의 역사적 선조로 보고 있다. 벤처 비즈니스는 원래 미국에서 시작되었는데 그 역사적 배경을 살펴보면 〈표 5-6〉과 같다.

벤처 비즈니스를 "기업가 정신을 바탕으로 위험이 많은 첨단기술 개발에 과감히 도전하여 새로운 시장을 개척하는 사업 또는 높은 위험성에도 불구하고 성공가능성을 보고 이에 과감히 도전하는 기업" 혹은 "기술수준이 높은 신규기술의 기업화를 위해 기업가 정신이 강한 기술 창업자 또는 기존 기업인이 창업 또는 점진적 기술 축적을 통해 위

|표 5-6| **벤처 비즈니스의 역사적 배경**

시대구분	내 용
1950년대	NASA를 중심으로 군사, 우주 개발 등 국가적 프로젝트 수행에 따라 축적된 기술을 바탕으로 이직한 전문가들이 벤처 비즈니스로 사업화를 추진
1960년대	미국 중화학 공업의 성숙기/쇠퇴기 이후에 반도체 산업의 발달로 수많은 벤처 비즈니스가 태동, 실리콘 밸리를 중심으로 세계적 테크노폴리스를 태동시키며, 벤처 비즈니스가 성장산업으로 등장(일본의 경우는 1970년대, 한국의 경우에는 1980년대 후반이 미국의 이 시기에 해당)
1970년대	반도체산업에서 유전공학, PC 등 첨단기술을 중심으로 벤처 비즈니스가 탄생
1980년대 이후	기술집약형 벤처 비즈니스를 육성하기 위하여 자본이득에 대한 세율 인하 등을 통해 벤처 캐피탈이 양적·질적으로 성장하였고 일반 투자자들이 기술 및 산업에 투자함으로써 벤처 비즈니스의 사업화를 촉진

험부담은 높으나 성공시의 기대수익이 큰 사업을 운영하는 중소기업"으로 규정하는 정의가 일반적으로 사용되고 있다.[2]

이러한 정의들로부터 벤처 비즈니스의 특징을 기술하면 다음과 같다.

- 소수의 기술적 배경 지식을 가진 기업가가 첨단 기술혁신의 아이디어를 사업화하기 위해 설립한 신생기업이다.
- 높은 위험부담이 있으나 성공할 경우 매우 높은 기대이익이 예상된다.
- 모험적 사업에 대한 도전의식이 강한 기업가에 의해 주도되는 경향을 보인다.

2007년부터 미국의 실리콘밸리를 중심으로 새로운 스타트업이 창업하면서 개인과 전통 기업에 새로운 혁신의 기회가 몰려 왔다. 기존의 IT 산업에서 인공지능, 사물인터넷, 빅 데이터, 블록체인 등 첨단 디지털 기술이 발전하면서 전통 기업에서도 혁신적 아이디어를 가진 개인들이 스타트업을 창업하기 시작하였다.

예를 들면, 숙박업에서의 에어비앤비, 운수업의 우버와 같은 스타트업이 폭발적으로 성장하기 시작하였다. 이에 모든 전통 산업에서 데이터와 디지털 기술을 이용하여 파괴적인 혁신을 과감하게 시작하게 되었다.

사물인터넷 등 첨단 디지털 기술의 발전으로 세상의 모든 사물이 서로 연결되는 초연결 시대가 전개되면서 혁신적인 아이디어와 시장에 대한 통찰력을 가진 창업가들이 스타트업을 시작하는 데 소요되는 비용은 크게 떨어졌다. 그후 스타트업이 크게 번창하여 2021년 세계 시가총액 10대 기업 속에 IT 플랫폼 기업이 8개 회사에 이르게 되었다.

▌우리나라 벤처 창업의 어려움

4차 산업혁명으로 초연결시대가 등장하고 디지털 기술이 보편화하면서 개인이 스타트업을 시작하는 데 소요되는 자본은 많이 떨어졌다.

---

2 국내는 벤처기업에 대한 정의를 법으로 명시하고 있는데 벤처기업 육성에 관한 특별조치법의 제 2 조 제 1 항 제 1 호의 규정에 의한 벤처기업은 동호 각목의 중소기업 창업투자회사, 중소기업창업투자조합, 신기술 사업금융업자 · 신기술사업투자조합 및 한국벤처투자조합(이하 이 항에서 "중소기업 창업 투자회사 등"이라 한다)의 투자총액이 당해 기업 자본금의 100분의 20 이상이거나 중소기업 창업투자회사 등의 주식인수 총액이 당해 기업 자본금의 100분의 10 이상인 기업으로 하고 있다〈개정 1999년 4월 30일〉.

개인들이 혁신 아이디어와 시장에 대한 통찰력을 가지고 스타트업을 창업하려고 노력한다. 4차 산업혁명이 진행하면서 기술혁신의 결과 각 산업에서 쏟아져 나오는 신사업은 대부분 젊은 스마트폰족이 담당해야 할 영역이다. 청년 창업이 활발한 나라는 미국과 중국이다. 우리나라는 이들 나라와 달리 규제가 너무 심하여 위험한 창업에 뛰어들려하지 않는다. 미국에서 실업률이 3% 대의 완전고용 수준을 유지하는 것은 바로 청년 창업이 활발하기 때문으로 알려져 있다. 중국은 현재 대학생 중 약 40%가 벤처 창업이라는 험난하고 위험한 길을 개척하고 있다. 우리나라의 기준으로 보면 미국이나 중국의 젊은이들이 4차 산업혁명의 신사업 분야에서 성공한 벤처 기업의 50% 정도는 불법이라고 한다. 청년들의 벤처 창업을 가로막는 각종 규제와 법령을 혁파해서 한 번 실패하더라도 영원한 범법자로 낙인찍지 말고 악의가 아닌 경우 재기할 기회를 주도록 해야 한다.

5. 온라인 비즈니스의 시작

많은 기업가들은 Internet을 이용하여 그들의 소기업을 확장하거나 새로운 벤처사업을 시작하고 있다. 누구든 아이디어, PC, Internet에의 접속, 웹사이트(Website)의 개설을 위한 도구를 가지고 있으면 온라인 비즈니스를 시작할 수 있다.

오늘날 IT 산업의 발달로 Internet이라는 매개체를 이용하여 상품을 사고 파는 비즈니스의 방식이 날로 번성하고 있다. 이러한 온라인 비즈니스 방식을 온라인 마케팅(online marketing) 또는 Internet 마케팅이라고도 한다.

온라인 비즈니스를 시작하려는 기업가는 전통적인 비즈니스를 시작하는 데 필요한 절차를 따르면 된다. 즉 틈새시장의 발견, 비즈니스 계획의 수립, 회사의 법적 형태의 선정, 자금조달계획의 수립 등이다.

온라인 비즈니스를 시작하는 데 필요한 몇 가지 절차를 간단히 설명하면 다음과 같다.[3]

- 틈새시장의 발견(niche market): 목표로 하는 고객이 원하는 독특하고 맞춤형 제품

---

3 R. L. Daft, *New Era of Management*, 10th ed.(South-Western, 2012), p. 169.

이나 서비스를 판매해야 성공한다.

- 웹사이트의 개설: 온라인 고객들의 주의를 끌기 위해서 웹사이트는 읽기 쉽고 이해하기 쉬운 메뉴를 제공해야 하며 오자와 같은 실수라든지 내려받는 데 시간이 걸리는 큰 파일은 피하도록 해야 한다.
- 도메인 이름의 선정: 도메인(domain) 이름은 웹상에서 회사의 주소를 나타내기 때문에 독특해야 하고, 기억하고 발음하는 데 쉬워야 한다. 도메인 이름은 회사 이름이라든지(예: Dell.com) 제품 또는 서비스를 나타내는(예: chocolate.com) 이름을 사용할 수 있다.
- 온라인 고객 관계의 구축: 고객에 대한 이해와 주의 그리고 친절한 서비스를 바탕으로 고객이 원하는 제품과 서비스를 지속적으로 제공함으로써 고객을 오래토록 유지시키는 고객관계관리(customer relationship management: CRM) 시스템을 구축할 필요가 있다.

6. 기업의 성장단계

기업성장(business growth)이란 기업의 동일성이 유지되는 범위 내에서 기업의 규모나 능력이 확대되어 가는 것을 말한다. 그런데 성장변화를 측정하는 성장지표(growth indicator)로는 일반적으로 매출액을 사용한다.

우리는 기업의 성장단계(stages of growth)를 대체로

- 창 업
- 유아기
- 성숙기
- 장년기
- 쇠퇴기

와 같이 다섯 단계로 나눌 수 있다.

▎창 업

기업은 우선 뜻이 맞는 사람(창업주주)들이 모여 돈을 투자해 회사(대부분 주식회사 형태의 조직)를 만들면서 개시(start-up)하게 된다. 주식회사는 주주들이 자기가 낸 돈만큼 의사결정권을 갖게 되는데 자본주의 경제의 등뼈 같은 구실을 하는 조직이다.

이 단계의 최고의 목표는 우수한 제품과 서비스를 생산·판매하여 살아남는 것이고 최대과제는 자금조달과 고객확보이다. 창업 초기에 마련한 돈은 흔히 생각보다 빨리 바닥나고 신생기업은 고객을 끌어오는 과정에서 숱한 난관에 부딪히게 된다. 그래서 많은 창업기업들이 이 고비를 넘기지 못하고 사라진다.

기업은 창업한 후 일반적으로 다음과 같은 단계를 거치면서 성장·쇠퇴하게 된다.

▎유 아 기

창업기업은 커가면서 종업원도 채용해야 하고, 기계도 들여와야 하며, 공장을 확장해야 할지도 모른다. 이 모든 일이 돈을 필요로 함은 말할 것도 없다. 사람이 커가면서 더 많은 음식을 먹게 되는 것과 마찬가지라고 할 수 있다. 이 단계에서는 충분한 고객을 확보하여 규모도 커지고 이윤도 내기 시작한다.

▎성 숙 기

기업이 어느 정도 궤도에 오르면 아주 많은 사람으로부터 돈을 모을 수 있다. 즉 주식을 새로 발행해 그것을 일반인들에게 팔아 자금을 모을 수 있게 된다. 이 단계에서는 이윤을 충분히 내기 때문에 소유자는 경영을 계속 담당할 수도 있지만 전문경영자에게 맡길 수도 있다.

▎장 년 기

주식시장 등을 통해 자금을 모은 기업은 이를 바탕으로 시설을 확장하거나 마케팅에 투자하여 매출의 증가를 꾀한다. 이러한 일들이 순조롭게 진행되면 성장에 가속도가 붙는 등 기업은 전성기를 맞게 된다.

그러나 이럴 때일수록 기업은 고객과 경쟁사의 움직임을 면밀히 관찰하고 그에 따라 적절한 조치를 재빨리 취하는 등 긴장을 늦추지 말아야 한다.

▌쇠퇴기

기업이 자금조달에 성공했다고 해도 잘 팔리는 상품을 개발하지 못하면 기업은 또 돈에 쪼들리게 된다. 대우그룹이 그 좋은 보기이다.

쇠퇴기에 접어든 기업은 워크아웃을 통해 회생하려는 노력을 할 수 있지만 많은 기업은 문을 닫는 도산의 길로 가게 된다.

〈그림 5-3〉은 지금까지의 이야기를 그림으로 보여 주고 있다.

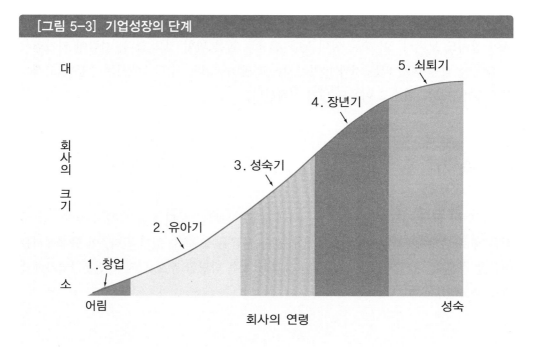

[그림 5-3] 기업성장의 단계

기업의 성장전략

그러면 기업이 앞에서 얘기한 성장의 여러 단계를 거치면서 추구할 수 있는 성장전략에는 어떤 것들이 있는가? 기업이 활용할 수 있는 핵심적인 성장전략들은 대체로 다음의 다섯 가지다.

- 전문화 성장전략
- 다각화 성장전략
- 통합적 성장전략
- 내부육성/인수 · 합병
- 매각 또는 폐기

▌전문화 성장전략

전문화 성장전략(specialization growth strategy)이란 기업이 스스로의 핵심역량을 바탕으로 특정 시장이나 제품 또는 기술에 집중하여 전문적으로 성장을 꾀하는 전략이다. 그런데 어떤 시장에 집중하면 그에 공급하는 제품은 다양해야 할 것이다. 예를 들어 어린이 시장에 초점을 맞추면 어린이들이 필요로 하는 교육상품 · 옷 · 장난감 · 식품 등 여러 가지의 제품과 서비스를 공급해야 할 것이다.

반면에 어떤 특정 제품에 집중하면 그 제품이 쓰일 수 있는 여러 세분시장을 공략해야 할 것이다. 예를 들어 회사가 전기모터 제품에 승부를 건다면 그것이 쓰이는 여러 세분시장(보기: 장난감용, 가정용, 중공업용, 경공업용)에 진출해야 할 것이다.

▌다각화 성장전략

전문화전략과는 달리 글자 그대로 다각적으로 사업을 펼침으로써 성장을 꾀하는 전략을 다각화 성장전략이라고 하는데 이에는 크게

- 집중적 다각화
- 수평적 다각화
- 복합적 다각화

의 세 가지가 있다.

집중적 다각화(concentric diversification) 성장전략이란 기업이 이미 보유하고 있는 생산·기술·제품·마케팅 등의 분야에서의 노하우를 활용하여 새로운 고객집단/시장을 겨냥한 신제품을 추가적으로 내놓음으로써 성장을 추구하는 전략이다. 배를 만들던 회사가 공작기계 시장에 진출하고(현대중공업), 도로건설을 해 오던 회사가 아파트건설 분야에 진입하며, 분유회사가 요쿠르트·아이스크림 등의 가공유제품을 추가로 생산·판매하는 것 등이 이 전략의 보기이다.

수평적 다각화(horizontal diversification) 성장전략은 기업이 기존의 고객층에게 이제까지 공급해 오던 것과는 다른 종류의 제품들을 그들에게 새로 공급함으로써 성장을 꾀하는 전략이다. 즉 이것은 기업이 기존 고객들을 깊이 이해하고 있다는 점을 활용하여 그들의 다른 욕구들을 충족시키는 방법으로 다각화하는 것이다. 냉장고·TV 등을 만들던 가전회사가 에어콘·세탁기·VCR 등의 신제품을 추가하는 것은 이 전략의 보기라고 할 수 있다.

복합적 다각화(conglomerate diversification) 성장전략은 한마디로 말해 산업의 경계선을 뛰어넘어 여러 산업분야들에 진출함으로써 성장을 꾀하는 전략이다. 즉 이것은 기업이 기존의 제품 및 고객과는 전혀 관계없는 이질적인 제품을 이질적인 생산기술로 생산하고 또 새로운 시장에 들어가는 등의 복합적인 방법으로 성장을 추구하는 것이다.

설탕을 만들어 파는 제일제당으로 시작한 삼성이 전자·기계·화학·광고·증권·보험·카드 등의 분야에 진출하여 오늘날의 화려한 삼성그룹을 일군 것은 이 전략의 아주 좋은 본보기이다.

▌ 통합적 성장전략

통합적 성장전략(integrative growth strategy)이란 기업이 자사가 속해 있는 산업에서 규모의 경제(economy of scale)나 범위의 경제(economy of scope)를 노리고 전방, 후방, 또는 수평적으로 협력업체 또는 판매점 등의 기업간 결합을 통해 자기 영향권 내에 포함시켜 경쟁력을 높이고 성장을 꾀하는 전략을 일컫는다. 이는 기업계열화라고도 한다.

만일 어느 특정 기업이 자사에게 원자재·중간재 등을 공급하던 협력업체들에 대한 소유지분/영향력을 높여 사실상 이들을 통제하려고 하면 우리는 이 회사가 후방통합 성장전략(backward integration growth strategy)을 추구한다고 말한다. 예를 들면, 자동차회사가 철강회사를 인수하려 하거나 건설회사가 건설공사에 투입되는 시멘트를 확보하기 위해 시멘트회사를 설립 또는 매수하는 경우이다.

전방통합(forward integration) 성장전략은 그 반대로 제조업체가 자사제품을 취급하는 유통업체를 인수한다든가, 또는 원자재 생산업체가 생산공정을 추가하여 부가가치가 더 높은 반제품이나 완제품을 생산·판매한다든가 하는 등의 전략을 뜻한다.

수평적 통합 성장전략은 특정 업체가 같거나 비슷한 업종의 경쟁사들을 인수하거나 또는 그런 회사를 신설하는 등의 방법으로 해당분야에서 힘을 늘려가는 전략이다. 자동차·반도체·가전·금융 등의 산업에서 살아남기 위해 해당분야의 기업들이 서로 합치는 것이 이 전략의 보기이며 국내에서 할인점과 백화점들이 다투어 여기저기 분점을 세우는 것도 마찬가지다.

▌내부육성/인수·합병

기업이 성장을 해나가는 데 있어서 필요한 제품·기술·시설·인재·마케팅 노하우 등을 회사 내부에서 육성하여 조달할 것인지 또는 밖에서 사들이거나 다른 회사와 합병하여 확보할 것인지는 무척 중요한 결정사항이다. 다른 조건들이 똑같다면 대체로 기업들은 내부육성을 선호하는 경향이다.

그러나 기업이 스스로 조달한 자금과 자체의 연구개발을 통해 내부육성을 하려면 시간이 많이 걸린다. 또 시간이 걸리더라도 우리가 원하는 경영자원을 다 얻을 수 있다는 보장이 없다. 그래서 짧은 시간 내에 원하는 외부경영자원을 얻기 위한 목적으로 기업은 인수 또는 합병을 고려하게 되는 것이다.

▌매각 또는 폐기

마케팅에서는 흔히 '구매도 마케팅이다'라는 말을 한다. 즉 잘 파는 것뿐만 아니라 제대로 사는 것도 중요한 마케팅활동이라는 것이다. 이것은 참으로 적절한 말이다. 이와 비슷하게 기업이 성장을 추구할 때는 매각 또는 폐기도 아주 훌륭한 성장전략일 수 있다.

왜냐 하면 기업은 경쟁력이 없거나 앞으로의 장기계획과 어울리지 않는 사업부 또는 일부 부서를 떼어 내서 팔거나(매각) 아주 없애버림으로써(폐기) 몸을 가볍게 하고 더 핵심적인 일에 몰두할 수 있기 때문이다.

8. 워크아웃과 기업도산

▎워크아웃의 의미

워크아웃(work-out)이란 기업가치 회생작업으로서 계약 불이행이 발생하였을 때 도산 등을 피하기 위해 채권금융기관이 거래기업의 구조조정을 통하여 재무구조를 개선시키고 경쟁력을 강화시킴으로써 궁극적으로 기업의 채무상환능력을 제고시키는 절차라고 정의할 수 있다. 이와 대비되는 개념으로 턴 어라운드(turn-around)가 있는데 이는 기업 자체에서 주도적으로 부실기업을 회생시키는 것이다.

워크아웃은 부실기업을 파산시키는 것보다 사적인 계약협의를 통해 회생시키는 것이 유리하다고 판단될 경우 금융기관과 기업이 긴밀하게 협의하여 개선작업을 진행시킨다.

채권자인 금융기관은 종합적인 부채구조 조정작업을 실시하는데 대출원리금의 상환유예, 이자율조정, 단기대출금의 중장기 전환, 일부 부채의 탕감, 신규자금의 투입 등의 내용을 포함한다. 이에 기업에서는 자산과 지분의 매각, 감자조치 단행에서 경영진의 교체와 업무 프로세스의 효율적 조정을 통해 한계사업을 정리하고 주력사업을 정비하여야 한다.

이러한 점에서 볼 때 워크아웃은 금융기관의 입장으로 보면 부실채권의 추가발생을 방지하고 또한 기존 부실채권을 감소시키기 위한 적극적 자구노력이고 기업의 입장에서는 부도를 방지하고 기업의 가치회복을 위한 생존노력이라 할 수 있다.

이렇게 워크아웃은 기업회생을 위한 장기적 프로그램이라는 면에서 부도유예협약이나 협조융자와 차이가 있다.

부도유예협약이란 부실기업의 부도사태를 막기 위해 만든 금융기관 협약이다. 협약 적용 대상기업은 2개월 동안 채권상환부담이 유예되어 회생의 기회를 갖게 되며 이러한 지원에도 회생의 가망이 없다고 판단되면 채권기관협의회가 기업회생절차(법정관리)를 신청하고 청산절차에 들어간다.

협조융자(joint financing)란 주거래 은행이 다른 한 개 이상의 은행과 협정된 융자조건, 즉 대출금액, 대출부담비율(협조융자비율), 대출조건에 따라 각 은행이 개별적으로 대출하는 융자방식이다.

▍기업도산

기업의 도산(insolvency)이란 과도한 적자로 인해 더 이상의 경영이 불가능할 때 이러한 비효율적인 기업을 도태시키는 제도적 장치라고 정의할 수 있다. 그런데 도산의 정의로 거론되는 용어로는 부도, 회사정리, 화의, 파산 등이 있다.

부도(dishonor)란 어음이나 수표의 소지자에게 지급하기로 약속한 기일 내에 현금을 지급하지 못하여 거래은행으로부터 거래정지처분을 받는 것을 말한다. 우리나라의 경우 기업의 도산은 대부분 어음의 부도에서 연유한다.

회사정리란 이해관계자의 승인하에 법원의 감독을 받아 회사정리법에 의거 회사를 청산하는 법적 제도로서 기업회생절차(법정관리)라고도 한다.

화의란 자산보다 채무가 많아 파산원인이 발생하였으나 이를 방지하기 위하여 채무자가 채무변제의 조건을 법원에 제출하여 인가를 받고 채권자회의의 가결을 거쳐 갱생을 도모하는 제도이다.

파산(bankruptcy)이란 기업의 채무변제가 불가능하다고 판단할 때 법원이 채무자 또는 채권자의 신청을 받아들여 기업의 재산을 처분하여 이해관계자에게 분배하는 제도이다.

01 기업가 정신이란 무엇이며 유능한 기업가에게는 어떠한 특성들이 요구되는가?

02 기업가가 경제와 사회에 미치는 영향을 논의하라.

03 창업할 때 취할 수 있는 전략에는 어떤 것이 있는가?

04 새로운 사업을 창업할 때 거쳐야 할 과정을 기술하라.

05 일반적으로 사업계획서를 작성할 때 포함하여야 할 내용에는 어떠한 것들이 있는가?

06 벤처 비즈니스의 개념을 논의하라.

07 기업의 성장단계를 요약하여 설명하라.

08 기업이 성장하기 위하여 취할 수 있는 전략에는 어떤 것이 있는가?

09 워크아웃을 간단히 설명하라.

10 기업의 도산, 부도, 회사정리, 화의, 파산 등의 개념을 간단히 설명하라.

11 우리나라의 경우 벤처 창업이 어려운 이유는 무엇인가?

기업과 환경

기업과 환경

제 6 장

대부분 기업의 외부환경은 지난 30여 년 동안 급속도로 변화하여 왔다.

오늘날 외부환경은 끊임없이 변화하면서 기업의 목표달성에 막대한 영향력을 행사하여 생존 또는 성장 여부를 결정한다. 기업활동은 정치적 · 경제적 · 사회문화적 · 기술적 · 글로벌 환경의 변화에 많은 영향을 받을 뿐만 아니라 공급자, 소비자, 경쟁기업과 같은 요인에 의해서도 영향을 받는다. 특히 오늘날에는 지구 온난화에 따른 환경변화라든지 이산화탄소 배출량 규제 등 환경적 이슈에 관심을 갖지 않을 수 없다. 지속가능한 비즈니스 환경 유지를 위한 노력은 피할 수 없는 경영활동의 핵심이 되고 있다.

2020년에 시작한 코로나-19 대유행으로 경제가 큰 타격을 받아 기업이 도산하고 일자리가 사라져 소득이 줄어들고 개인 삶과 행동에 변화가 초래되어 많은 기업들이 경영위기를 맞고 있다. 여기에 미 · 중 간 패권경쟁으로 인한 중국경제의 심각한 파탄과 러시아의 우크라이나 침공으로 우리 수출기업의 공급사슬 재편 등 글로벌 경영환경이 극도로 악화되고 있는 현실에서 현명한 대응이 요구된다.

한편 지금 한창 빠르게 진행하고 있는 4차 산업혁명은 기업으로 하여금 동참을 강요하고 있다. 이는 선택이 아닌 필수이기 때문이다. 여기서 낙오하는 기업은 쇠퇴할 것이다. Internet과 같은 정보통신기술의 발달로 정보의 교환이 획기적으로 빨라지는 등 우리 주위에는 헤아릴 수 없는 환경의 변화가 꼬리를 물고 진행하고 있다.

따라서 오늘날 경영자들은 기업을 경영함에 있어 글로벌하게 사고하고 수많은 외부환경의 변화를 예상하고 이에 대응하도록 점증하는 압력 속에 놓여 있다.

본장에서는 경영환경의 의의, 특성, 분류를 자세히 다루고 기업과 환경의 상호작용에 대해서도 공부할 것이다.

1. 기업환경의 의의와 중요성

기업은 진공에서 사업하는 것이 아니다. 기업은 그의 목적과 목표를 달성하기 위하여 여러 가지 투입물을 변형시켜 제품이나 서비스를 생산한다. 기업이 외부와 완전히 단절된 폐쇄시스템(closed system)에서 경영활동을 수행한다면 사회의 다른 요소들과 상호작용을 하지 않기 때문에 그의 환경은 별로 영향력이 없게 된다.

그러나 기업이 개방시스템(open system)에서 경영활동을 수행하는 상황에서는 원자재나 부품 등을 요소시장(factor market)으로부터 구입해야 하고 생산된 제품이나 서비스는 고객과 같은 제품시장(product market)에 판매해야 한다. 이와 같이 기업은 기업 시스템 경계선 외부의 여러 요인들과 깊은 관련을 맺으면서 비즈니스 행위를 수행하는 것이다. 기업은 생존에 필요한 자원을 제공하는 환경에 의존할 수밖에 없고 환경은 기업활동을 제약하는 요인이 된다. 그러므로 기업은 환경의 변화에 예민하게 적응할 수 있어야 한다.

경영환경(business environment)이란 기업활동에 관한 의사결정에 따른 경영성과에 영향을 미치는 기회와 제약 등 기업 내·외의 다양한 형태의 제도, 상황, 세력이라 할 수 있다. 모든 기업은 외부환경과 내부환경이라는 두 개의 주요한 환경과 상호작용을 한다. 외부환경이란 기업시스템의 경계선 밖에서 기업성과에 영향력을 행사하는 모든 요소들을 말하고 내부환경이란 기업의 경계선 안에서 기업성과에 영향력을 행사하는 모든 요소들을 말한다.

오늘날 외부환경은 변화의 속도가 빠를 뿐만 아니라 더욱 복잡해지고 필요한 자원은 고갈되어 경영환경은 점점 불확실해지고 있다. 고객의 욕구는 다양해지고 좀더 질 좋은 제품이나 서비스를 요구하고 있다. 새로운 기술의 출현과 함께 새로운 경쟁자들이 신상품과 서비스를 제공하면서 시장에 침투하고 있다. 이와 같이 급변하는 경영환경은 기업경영에 절대적인 영향을 미치기 때문에 오늘날 기업의 생존과 실패는 이에 크게 의존한다고 말할 수 있다. 따라서 기업의 관리자들은 환경변화에 민감해야 하며 환경의 동향을 끊임없이 감시하고 그 변화에 능동적으로 대응하기 위하여 중요한 환경요인들에 관한 데이터를 수집하고 분석하는 데 많은 시간과 노력을 경주하고 있다.

경영환경은 기업에 성장의 기회(opportunity)를 제공하는 한편 생존의 위협(threat)이 될 수도 있다. 신기술과 신소재의 개발, 해외시장의 개척 등은 새로운 자원을 조달할 수 있는 기회를 제공하고 반대로 경쟁자의 출현, 경제불황, 산유국들의 석유감산 등은 존폐를 위협하는 요인이 될 수 있다. 그러므로 환경이 제공하는 기회는 잘 활용하고 위협에 대해서는 이를 최소화한다든지 잘 대처하여 기업의 존속·번영에 도움이 되도록 해야 한다.

특히 지금은 4차 산업혁명이 한창 진행 중에 있어 급격한 기술환경의 변화가 쓰나미처럼 몰려오고 있어 경영자들은 이에 현명하게 동참하도록 해야 한다.

2. 경영환경의 특성

오늘날 기업이 직면하는 외부환경은 급속도로 변하고 있다. 이와 같이 변하는 외부환경의 특성으로서는 환경변화의 가속화, 환경의 복잡성,자원의 고갈 등이며 이들로 인해 환경은 불확실성을 가중시킨다.[1]

▌변화의 가속화

현대 기업을 둘러싼 외부환경의 한 특성은 변화의 속도(rate of change)가 매우 빠르다는 것이다. 안정적 환경에서는 변화의 속도가 느리지만 동태적 환경에서는 변화의 속도가 매우 빠르다. 안정적 환경(stable environment)이란 새로운 경쟁자도 없고 현재의 경쟁자에 의한 새로운 기술적 도약도 없을 뿐만 아니라 기업에 영향을 미치기 위한 압력단체들의 어떠한 활동도 없는 경우이다. 예를 들면, 버거킹의 경영환경은 비교적 확실하고 안정적이다.

반면 경영환경의 동태성(dynamics)이란 국제화, 정보화 시대에 다양한 환경요인들이 복합적으로 매우 빠른 속도로 변하면서 경영활동에 영향을 미치는 것을 의미한다. 따라서 이를 사전에 정확히 예측하기도 힘들고 또한 이에 대응하는 조치를 강구하는 것도 어려운 것이다.

---

1 C. Williams, *Management*, 2nd ed.(Thompson, 2003), p. 39.

미국의 스포츠(EA Sports)사는 매우 동태적인 환경에서 컴퓨터용 비디오 게임을 생산하는 회사이다. 이 회사는 NFL 미식축구, NBA 농구, NHL 하키, PGA 골프, FIFA 축구 등을 생산하는데 컴퓨터 기술이 발전함에 따라 게임의 기술도 매우 빠르게 변하고 있다.

▌환경의 복잡성

환경의 복잡성(complexity)은 기업경영에 영향을 미치는 환경요인들의 수와 기업이 이들에 대해 알고 있는 정도로써 측정한다. 단순한 환경은 몇 개의 요인을 갖는 반면 복잡한 환경은 고객, 경쟁자, 공급자, 정부기관 같은 환경의 구성요인들의 수가 많을 뿐만 아니라 경영자들이 별다른 지식이나 정보를 보유하고 있지 않는 경우이다. 어떤 산업은 오랫동안 환경의 변화가 적어서 단순한 환경을 경험하는가 하면 어떤 산업은 경쟁자가 속출하고 가격인하가 불가피한 경우도 발생한다.

예를 들면, 제빵산업은 효율적인 오븐(oven)이 출현하였다는 것을 제외하면 옛날이나 지금이나 매일 빵을 굽고 포장하고 신선한 상태로 고객에 공급하기 때문에 어떤 빵은 10년 전과 똑같이 지금도 인기가 있는 것이다. 이와 같이 제빵산업은 안정된 경영환경을 경험하고 있다고 할 수 있다.

반면 아침식사용 시리얼을 생산하는 켈로그(Kellog)사는 최근 복잡한 환경 속에서 월마트(Wal-Mart) 등과 같이 새롭게 출현하는 수많은 경쟁자들과 치열한 경쟁을 전개하면서 가격인하를 감내하는 경우이다.

환경요인의 수는 경영환경의 범위가 확대되기 때문에 증가하기도 한다. 현대 기업은 글로벌 시장에서 경쟁하기 때문에 환경의 복잡성이 증대할 뿐만 아니라 활동영역도 과거처럼 소비자나 노동조합 등의 차원을 넘어 환경단체나 지역사회로 그 범위가 날로 확대되어 환경변화의 방향이나 영향력의 정도를 예측하기가 무척 어려운 것이다.

▌자원의 풍부성 정도

외부환경의 또 다른 특성은 기업의 외부환경이 기업에 중요한 인력, 자금, 원료 등 자원을 풍부하게 제공하느냐 또는 부족을 느끼게 하느냐 하는 환경의 자원풍부성(munificence)이다. IMF 사태와 세계적인 금융위기 이후 많은 기업과 금융기관 등에서 구조조정을 하는 과정에서 많은 사람들이 직장을 잃는 일이 빈번히 발생하고 있다. 그럼에도 불구하고 기술직이나 또는 전문직에서는 유능한 사람을 구하기가 무척 어려운 것이 사실이다. 경제가 정상화되면 이러한 현상은 더욱 두드러질 것으로 전망된다. 이러한 현상은 경제가 발전할수록 구직에 대한 수요가 공급보다 훨씬 커지기 때문으로 여겨진다.

▌환경의 불확실성

　오늘날 많은 기업의 경우 기업에 영향을 미치는 외부환경의 변화와 그의 추세를 미리 이해하고 예측하기가 무척 어려운 것이 사실이다. 이러한 환경의 불확실성 (uncertainty)은 외부환경에서 어떤 사태가 전개될지 완전한 정보를 갖지 못하는 데서 연유한다. 미래의 상황전개를 예측하기 어려울 뿐만 아니라 기업에 미칠 잠재적 암시를 이해하기가 무척 어려운 것이다.

　〈그림 6-1〉은 환경의 불확실성을 복잡성, 변화속도, 자원의 풍부성 정도의 차원에서 측정하는 그림이다. 이 그림에서 왼쪽 부분은 불확실성이 가장 낮은 경우이다. 환경요인이 복잡하지도 않고 그의 변화속도가 완만할 뿐만 아니라 자원도 풍부하여 관리자들은 사업에 영향을 미칠 외부요인들을 거의 확실하게 이해하고 예측 및 대책수립에 큰

[그림 6-1] 환경의 불확실성

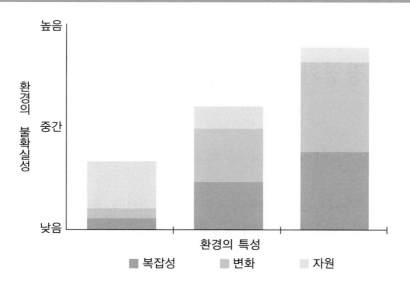

어려움을 겪지 않는다.

이러한 경우는 우리 주위에서 많이 볼 수 있는 상황이다. 대학교 정문 앞에 늘어 서 있는 음식점과 복사업체들은 경쟁은 치열하지만 고려해야 할 환경요인의 수는 많지 않고 또한 그의 변화속도는 아주 낮은 것이다.

그림의 오른쪽 부분은 환경의 불확실성이 아주 높은 경우이다. 환경의 복잡성과 변화의 속도가 높은 반면에 필요한 자원은 부족하기 때문이다. 이러한 예로 글로벌 회사인 월드컴(World-Com)이라는 텔레콤회사를 들 수 있다. 이 회사는 다국적기업으로서 텔레콤 산업의 성격 및 핵심기술과 관련된 다양한 많은 수의 환경요인이 급속도로 변화하는 환경 속에서 치열한 경쟁을 이겨내고 있다. 이와 같이 외부환경의 불확실성을 관리하는 것과 이의 기업경영에 미치는 영향은 기업마다 서로 다르다고 할 수 있다.

일반적으로 환경의 불확실성이 크면 클수록 관리자들은 외부환경의 변화에 더 많은 주의를 기울여야 한다. 즉 관리자는 환경에 관한 정보를 수집하고 분류하고 분석할 수 있는 방법과 기법을 적용하여 얻는 정보를 의사결정에 이용하도록 해야 한다. 관리자는 환경분석(environmental analysis)을 통하여 기업에 미치는 기회(opportunity)와 위협(threat)을 규명할 수 있다.

한편 환경의 불확실성이 크면 클수록 조직설계와 작업행위에 있어 신축성과 적응성의 필요는 더욱 높아진다. 외부환경의 변화를 예상하는 데는 한계가 있으므로 기업은 새로운 변화추이에 빨리 대응하도록 해야 한다.

3. 경영환경의 분류

기업은 개방시스템(open system)으로서 그의 외부환경에 영향을 받고 반대로 이에 영향을 미친다.

이러한 요인의 대부분은 기업이 통제할 수 없는 것이다. 통제할 수 없다고 해서 이러한 요인을 무시할 수는 없다. 경영자는 외부환경의 변화에 따라 가면서 이에 대응해야 한다. 그러나 외부환경의 어떤 구성요소에 대해서는 기업이 영향을 미칠 수도 있음을 우리는 알아야 한다.

▌일반환경과 과업환경

〈그림 6-2〉는 환경의 구성요소를 보여 주고 있다. 환경은 크게 내부환경과 외부환경으로 구분된다. 내부환경(internal environment)에는 종업원, 조직구조, 조직문화, 자원, 경영 스타일, 생산기술, 보상제도 등이 포함된다.

보통 환경이란 외부환경을 말하는데 이는 기업 밖에서 기업의 의사결정과 업무수행에 영향을 미치는데 외부환경은 다시 일반환경과 과업환경으로 구분된다.

일반환경(general environment)이란 특정 대상이 파악되지 않기 때문에 기업의 영향권에서 벗어나 기업이 전혀 이를 통제할 수 없는 반면 사회 전체의 모든 기업에 간접적으로 공통적인 영향을 미치는 환경요인을 말한다. 이러한 요인은 매일매일의 기업경영에 직접적인 영향을 미치는 것은 아니지만 모든 기업에 결국 영향을 미친다.

여기에는 경제적 환경, 기술적 환경, 정치적·법적 환경, 사회·문화적 환경, 글로벌

[그림 6-2] 환경의 구성요소

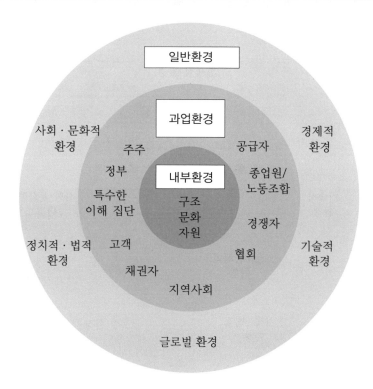

환경 등이 포함된다.

한편 과업환경(task environment)이란 기업의 업무와 매우 밀접한 관련을 가지면서 기업의 운영과 목적달성에 직접적으로 좋은 영향 또는 나쁜 영향을 미치는 환경요소를 말한다. 이는 기업의 입장에서 볼 때 그 대상을 파악할 수 있기 때문에 영향력 행사가 가능하고 관리 가능한 것이다. 여기에는 경쟁자, 주주, 고객, 공급자, 노조, 정부, 지역사회, 타기업, 금융기관 등이 포함된다.

▌일반환경과 경쟁환경

외부환경은 일반환경과 경쟁환경으로 구분하기도 한다. 경쟁환경(competitive environment)이란 포터(Michael Porter)가 주창한 개념인데 한 기업이 상호작용을 하는 특정 기업들을 말한다. 여기에는 〈그림 6-3〉에서 보는 바와 같이 고객, 경쟁업체, 공급자,

[그림 6-3] 일반환경과 경쟁환경

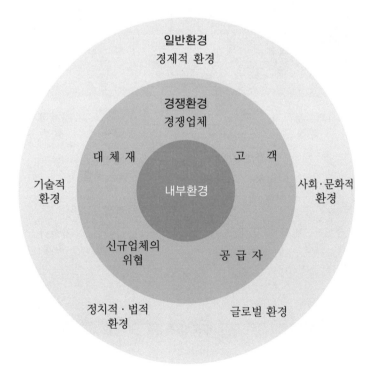

대체재, 진입하는 신규업체 등이 포함된다.

이들은 특정 기업과 더욱 밀접하고 직접적인 관련을 맺으면서 영향을 미치고 영향을 받는 요인들이다. 이는 기업이 직면하는 경제적 상황의 일부분이지만 매우 중요하기 때문에 따로 분류하는 것이다.

경쟁환경은 일반환경에 비하여 기업의 전략적 경쟁력과 평균 이상의 수익에 더욱 직접적인 영향력을 행사한다. 산업 내 경쟁과 장기적 자본수익률은 위에서 언급한 다섯 가지 요인의 함수이다.

4. 일반환경

본서에서는 환경을 외부환경과 내부환경으로 구분하고 외부환경은 다시 일반환경과 과업환경으로 구분하는 방식을 따르기로 하고 이들의 구성요소들에 대해서 설명하려고 한다.

일반환경은 앞에서 설명한 바와 같이 기업 외부의 전체 사회시스템 내에서 발생하므로 특정 기업에 간접적 영향을 미칠뿐 그 기업과 관련성이 명확하지 않는 특성을 갖는다. 따라서 기업은 이런 환경의 변화를 통제할 수 없기 때문에 오히려 이런 변화에 순응하거나 적극적으로 대응하는 방안을 수립하는 것이 현명하다고 하겠다.

일반환경에는 경제적 환경, 기술적 환경, 정치적·법적 환경, 사회·문화적 환경, 글로벌 환경, 생태학적 환경 등이 포함된다.

▌ 경제적 환경

한 국가의 경제적 상태와 전망은 개별 기업과 산업의 경영성과에 막대한 영향을 미친다. 호경기에는 투자가 활발히 이루어져 많은 일자리가 창출되고 근로자의 소득이 증가되어 소비지출이 확대된다. 따라서 기업은 더 많은 제품이나 서비스를 생산하게 된다. 호경기가 모든 기업의 판매량 증가를 의미하는 것은 아니지만 이는 기업성장에 유

리한 환경을 제공하는 것만은 분명하다.[2]

반대로 불경기에는 소비자들의 소비지출이 줄어들어 사고 파는 제품이 감소하여 개인기업이 성장하는 데 위협요인이 된다. 이와 같이 기업이 생산을 확장할 것인가, 근로자를 더 채용할 것인가, 은행대출을 받아 시설에 투자를 할 것인가, 반대로 기업규모의 축소를 위해 어떤 기업은 매각하고 종업원을 해고할 것인가 등 변화를 위해 경제환경을 검토할 필요가 있다.

오늘날 세계화, 글로벌화가 빠른 속도로 진행되는 과정에서 우리 경제는 세계경제의 영향권에 놓여 있으며 기업은 세계경제의 변화로부터 바로 영향을 받게 되었다. 따라서 국내 경제의 건전성은 물론 세계경제의 일반적 상태, 예컨대 유가, 주가, 금리, 환율 등은 기업의 의사결정에 많은 영향을 미치기 때문에 기업의 전략을 수립할 때 국내·외 경제상황의 변화와 추이에 대한 면밀한 검토가 이루어져야 한다.

경제적 환경(economic environment)이란 기업이 국내·외 시장에서 경쟁하고 있는, 또는 앞으로 경쟁할 그 나라 경제의 전반적 여건과 방향을 의미한다. 임금, 물가수준, 산업구조, 경기변동, 환율, 유가, 금리, 주가, 경제개발정책, 경쟁자의 가격, 정부의 재정정책은 제품을 생산하는 원가는 물론 그 제품의 시장조건에 영향을 미친다. IMF 외환위기와 글로벌 금융위기를 겪으면서 기업은 구조조정도 하고 합병도 하는 과정을 거쳤다.

▌기술적 환경

기술(technology)이란 원자재, 정보, 자본 등과 같은 투입물을 제품이나 서비스와 같은 산출물로 변형시키는 데 사용되는 지식, 도구, 기법 등을 말한다. 따라서 기술이 발전하면 새로운 제품을 개발할 수 있고 기존 제품에 대해서는 개선된 제품을 원가절감 등으로 더욱 효율적으로 생산하게 된다.

예를 들면, 최근 수술기술의 발전과 장비의 고급화로 예전과 달리 더욱 빠르고 안전하게 심장을 수술한다. 또한 CD-ROM의 기술개발로 책으로 된 브리태니카(Britannica) 백과사전 32권을 1,500달러에 사던 것을 CD-ROM 백과사전을 100달러 미만에 살 수 있게 되었다.

한편 기술이 향상되면 새로운 산업, 새로운 시장을 창조한다. 예를 들면, 컴퓨터 기술

---

2 주류업, 트레일러주택(mobile home), 자동차 정비업은 경제상태가 좋지 않을 때 그들에 대한 수요가 증가한다.

의 개발로 오늘날 정보기술(information technology) 산업이 국가의 경제에서 차지하는 비중이 점점 높아지고 있다. 정보통신기술의 발달과 Internet을 통한 네트워크의 확대로 전자상거래가 활성화되고 있다. 이제 시장에서 지리적 조건의 중요성은 점차 줄어들고 있다. 기업은 이제 고객과 직접 접촉하지 않고 온라인을 통해 고객에 접근할 수 있게 되었다.

한편 4차 산업혁명이 진행되면서 제조업에 인공지능, 사물인터넷, 로봇, 빅 데이터 등 첨단기술이 접목되면서 스마트 팩토리(smart factory)가 증가하고, 한편 산업과 산업이 서로 연결되고 융합되어 산업구조가 변경되고 새로운 산업이 출현하고 있다. 특히 인공지능이 모든 산업에 접목되어 새로운 비즈니스 모델이 출현하고 심지어는 운전자 없는 자율주행자동차가 시내를 씽씽 달리는 세상이 되고 있다. 기술이라는 환경요인은 산업에 변화와 기업과 고객 간 관계에 변화를 초래하고 새로운 경쟁자를 창조한다. 현명한 경영자는 새로운 고객을 찾아내고 고객에 저렴한 새로운 제품을 신속하게 개발·공급하기 위하여 기술을 적절히 활용할 수 있어야 한다.

▎정치적·법적 환경

일반환경 가운데 정치적·법적 요인으로서는 기업행위를 규제하는 법령, 규정, 법원의 결정 등을 들 수 있다. 이는 마치 게임의 룰과 같은 것이다. 기업은 법의 테두리를 벗어나 존재할 수는 없다. 직·접간접으로 법의 규제 속에서 기업활동을 수행한다. 경영자들은 정부가 기업활동에 불간섭원칙을 고수하기를 원한다. 그러나 정부와 지방자치단체는 기업활동을 지원하거나 규제하는 규칙과 법령을 제정하여 왔다. 특히 정치는 기업활동에 막강한 영향력을 행사하는 환경요인이다. 대통령의 성향과 다수당 및 야당의 경제정책은 기업의 의사결정에 영향을 미치고 있다.

조세정책, 무역에 관한 규정, 최저임금법, 환경오염 기준치에 관한 법령, 직장 내 성희롱 금지에 관한 법령, 고용차별금지에 관한 법령, 제조물책임에 관한 법령, 금융기관에 대한 공적자금 투입에 관한 법령 등 헤아릴 수 없을 정도로 정부는 기업에 책임을 부여하고 있다.

정부는 독과점 금지법, 공정거래법, 소비자보호법, 환경보호법, 제품안전법 등 수많은 규제 입법을 통하여 공정한 기업활동을 보장하려고 한다. 공청회, 보고서, 회의 등을 통해 산업, 회사, 제품에 대한 여론에 영향을 미칠 수 있다.

▌사회·문화적 환경

일반환경의 사회·문화적 요인(sociocultural forces)이란 특정한 사회에 속하는 사람들의 일반적인 행위, 태도, 신념, 생활양식, 문화적 가치관을 뜻한다. 태도와 가치관은 사회의 초석이기 때문에 인구통계학적, 경제적, 기술적, 정치적·법적 변화의 원동력이 된다.

사회·문화적 변화와 추세는 기업에 막대한 영향을 미친다. 변화하는 인구통계학적 성격이 기업경영방식에 영향을 미친다는 것이다. 가장 괄목할 만한 사회·문화적 추세는 최근들어 여성 근로자와 외국 근로자의 수가 점차 증가하고 있고 젊은 근로자의 수가 감소하여 점차 고령화 작업장으로 변하고 있다는 사실이다.

이러한 추세는 편의시설, 전문복, 유아시설, 가사(housekeeping)와 같은 제품과 서비스에 대한 수요의 증가를 초래하였다.

문화적 배경이 다른 사람들이 한 작업장에서 함께 작업하기 때문에 서로 다른 가치관, 직업윤리, 행위규범이 혼재하고 있다. 관리자는 작업자의 가치관을 이해하고 관리방식을 필요하면 조정해야 한다.

사회의 변화는 기업경영에 막대한 영향을 미친다. 농경사회→산업사회→정보사회로 발전해 오면서 건물, 기계, 자본, 노동력 등 유형자산보다 지식과 정보 등 무형자산의 가치를 더욱 중요시 한다. 즉 인적 자본(human eapital)이 더욱 큰 힘을 갖게 되는데 이는 지식을 창조하고 공유하는 것은 사람이기 때문이다. 따라서 정보와 지적 자산을 공유하고 개발하고 창조하기 위한 지식경영(knowledge management)의 중요성을 기업은 인식하고 실천해야 한다.

▌글로벌 환경

글로벌 환경은 국제관계에서의 변화, 다른 외국 국가들의 환경변화로 인하여 발생하는 외적 환경요인이다. 오늘날 정보·통신·수송수단의 발달로 경영자와 기업에 영향을 미치는 가장 중요한 국제적 요인은 점증하는 국가 간의 경제통합이다.

관세무역일반협정(GATT), 세계무역기구(WTO)는 국가간 제품과 서비스의 자유교역을 위해 여러 가지 장벽을 낮추는 역할을 수행한다. 이러한 무역장벽의 제거로 국제적 차원에서 기업에 기회 또는 위협을 제공하게 된다.

국가간 교역이 확대되면 국내 기업의 경영환경은 국제적으로 영향을 받지 않을 수 없게 된다. 즉 국내 기업이 외국에 제품이나 서비스를 수출할 기회가 확대되고 외국 기업이 국내의 고객들을 대상으로 경쟁해야 하기 때문에 위협이 될 수 있다.

한편 무역장벽의 제거를 통한 시장개방의 추세와는 달리 EU(유럽연합), ASEAN(동남아국가연합), NAFTA(북미자유무역협정) 외에 우리나라와 칠레, 싱가폴, 인도, EU, 미국 등 52개국과 체결한 FTA(자유무역협정)와 같은 대륙별·지역별 경제블록화 현상이 강화되어 국가간 제품과 서비스의 자유무역에 역행하는 흐름도 발생하고 있다.

한편 영국의 EU로부터의 탈퇴, 미·중 간 무역전쟁, 러시아의 우크라이나 침공 등은 한국 경제, 특히 수출전선에 영향을 미치고 있다.

▌생태학적 환경

생태학(ecology)이란 인간을 중심으로 한 그의 환경, 예컨대 공기, 토양, 물, 공장, 야생과의 관계를 연구하는 자연과학의 한 분야이다. 오늘날 경영자들은 기업활동이 야기하는 오염(pollution)문제를 평가하고 통제하도록 해야 한다. 산업사회에서 인간활동으로 발생하는 생태계에의 위협이 바로 오염이다. 따라서 경영자들은 기업이 자연환경에 미치는 부정적 영향을 최소화하도록 노력해야 한다.

에너지 부족과 오염 등 생태학적 문제는 그 동안 경제가 성장해 오는 과정에서 풍요로운 생활양식, 도시집중화, 기술향상 등으로 꾸준히 누적되어 왔다. 세계는 지금 산림의 벌채, 종(species)의 소멸, 토양의 부식, 공기오염 및 수질오염으로 몸살을 앓고 있다.

▌5. 과업환경

기업활동과 업무에 간접적으로 영향을 미치는 일반환경과 달리 과업환경의 변화는 기업활동에 직접적으로 영향을 미친다. 예컨대 고객이 다른 회사의 제품을 사용하기로 변경한다거나, 경쟁회사가 가격을 10% 인하하기로 결정한다거나, 공급자가 원료공급을 중단하기로 선언한다거나, 정부가 오염기준치를 낮춘다거나, 소비자보호단체가 불량

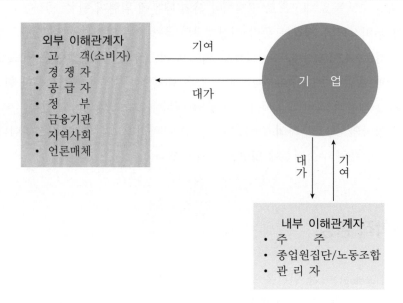

[그림 6-4] 이해관계자

외부 이해관계자
- 고　　객(소비자)
- 경 쟁 자
- 공 급 자
- 정　　부
- 금융기관
- 지역사회
- 언론매체

기여

대가

기　업

대가

기여

내부 이해관계자
- 주　　주
- 종업원집단/노동조합
- 관 리 자

품을 제조하였다고 고발한다거나 하면 이 기업은 직접적인 영향을 받게 되어 그의 대응책을 강구해야 한다.

기업은 경영성과에 직접적 영향을 미치는 이해관계자(stakeholder), 즉 이해집단(interest group)과 관계를 맺고 있다. 이러한 이해관계자들은 기업에 중요한 자원(또는 기여)을 제공하고 대신 기업으로부터 어떤 이해(대가)가 만족되기를 기대한다. 이들이 기업 내부에 소속하면 내부 이해집단, 기업 외부에 소속하면 외부 이해집단이라고 한다.

본서에서는 〈그림 6-4〉에서 보는 바와 같이 외부 이해관계자로서 경쟁자, 공급자, 정부, 금융기관, 지역사회, 언론매체 등에 관해서, 그리고 내부 이해관계자로서 주주, 종업원/노동조합, 경영자 등에 관해서 간단히 설명하고자 한다.

▌외부 이해관계자

고객(customers)은 기업이 생산하는 제품과 서비스를 돈을 주고 구매하는 소비자이다. 따라서 그 어느 때보다 위상과 파워가 강화된 고객의 기호나 선호도를 제대로 파악하지 못하는 기업은 존재할 수 없다. 예를 들면, 프랑스의 할인업체인 까르푸는 한국 진출 10년 만에, 미국의 월마트는 8년 만에 한국에서 잇따라 철수하였다. 또 다른 예를 들면, Internet 검색만을 위주로 하는 구글(Google)은 검색 외에 질문과 답변을 해주는 다음(Daum)이나 네이버(Naver)에 밀리고 있는 것이다.

오늘날 소비자들은 그들의 가치와 욕구를 실현하기 위하여 소비자 고발센터, 소비자 보호원, 공정거래위원회, 매스컴, 트위터, Internet 등 조직화된 행동 또는 각종 사회운동의 참여를 통하여 기업에 대한 영향력을 행사하는 중요한 이익집단으로 변모하고 있다. 이러한 소비자주의(consumerism)의 만연으로 정부는 소비자들의 권익을 보호하기 위하여 소비자관련 입법을 통해 기업에 대해 압력을 가하게 되었다.

경쟁자(competitors)란 고객에게 동일한 제품이나 서비스를 판매하는 같은 산업에 속하는 기업을 말한다. 현대, 기아, 르노 삼성, GM 쉐보레는 자동차 시장에서 경쟁하며 KBS, MBC, SBS는 TV 시청자를 상대로 경쟁을 벌인다. 오늘날 개방된 환경에서 경쟁자 없는 기업은 없다. 경쟁을 통하여 질 좋은 제품이나 서비스를 생산하게 된다. 그런데 기업이 성공하느냐 또는 실패하느냐 하는 갈림길은 경쟁자보다 제품의 사용에 있어 고객만족(customer satisfaction)을 넘어 고객감동(customer delight)을 줌으로써 경쟁자의 희생으로 시장점유율을 높이느냐 못하느냐에 달려있다. 따라서 기업은 경쟁자가 무엇을 하는지 예의 주시할 필요가 있다. 예를 들면, 경쟁자의 가격, 품질, 대고객 서비스, 공급원, 시장점유율, 기술혁신, 임금, 인력개발 및 기타 활동에 대하여 관심을 가져야 한다.

공급자(supplier)란 고객에 판매하기 위하여 제품이나 서비스를 생산하는데 필요한 여러 가지 자원을 한 기업에 제공하는 사람 또는 기업을 말한다. 사람의 경우 공급자는 직업학교 · 대학교이고, 원자재의 경우 생산자 · 도매업자 · 유통업자 등이고, 정보의 경우 연구자와 컨설팅회사이고, 에너지의 경우 전력회사 · 정유회사이고 금융자본의 경우 은행 등 금융기관이다.

기업이 공급자로부터 무엇을 지원받아 무엇을 만들 것인가는 최종제품의 가격과 품질을 결정하므로 기업은 공급자에 의존할 수밖에 없다. 한편 공급자는 기업이 필요로 하는 고품질의 자원을 저렴한 가격으로 적기에 제공하는 차원을 넘어 때때로 가격인상을 요구하거나 저질의 제품이나 서비스를 제공할 수 있기 때문에 공급자는 아주 중요한 존재이다.

모든 기업에 영향을 미치는 일반환경의 정치적 · 법적 요인에 비하여 정부의 산업규제는 특정 산업과 기업의 경영활동과 절차를 규제하는 규정과 규칙을 뜻한다. 정부(government)는 감시자, 감독자로서 민간부문에 꾸준히 관여해 왔다. 정부는 소비자, 근로자, 안전 등 공익을 보호하기 위하여 법과 제도를 제정하고 강화하여 왔을 뿐만 아니라 자유경쟁을 통한 시장경제원리를 증진하기 위하여 규제를 강화하여 왔다.

예컨대 정부는 식품위생법, 환경보전법, 직업훈련법, 독과점금지법, 공정거래법과 각종 세법을 통하여 기업을 규제하고 감독하는 기능을 수행한다.

기업은 시중은행, 투신, 보험, 증권, 신용금고 등의 금융기관(financial institutions)으로부터 운영에 필요한 단기대출을 받거나 새로운 시설과 장비 투자에 필요한 장기대출을 지원받는다.

지역사회(community)는 도·시·읍·면·동의 지방자치단체를 일컫는데 이는 기업과 긴밀한 관계를 맺는 이해집단이다. 전통적으로 지역사회는 기업에 의존하여 왔다. 기업은 지역주민인 종업원에 급료를 지불하고 지방정부에 세금을 납부하고 지역사회의 납품업자와 건설업자와 계약을 체결함으로써 지역주민의 고용과 소득증대를 이룩하여 지역사회의 경제발전에 기여한다.

기업의 경영성과에 막대한 영향을 미치는 언론매체(mass media)로서는 TV, 라디오, 신문, 잡지 등을 들 수 있다. 기업은 이러한 언론매체를 통하여 제품과 서비스의 판촉활동을 전개하기도 하고 기업 이미지 고양에 힘쓰기도 한다.

▌내부 이해관계자

주주(shareholder, stockholder)는 주식회사의 주식을 소유함으로써 출자하여 자기의 출자비율에 따라 배당을 받고 파산 등의 위험에 유한책임을 지게 된다. 주식은 언제든지 필요에 따라 누구에게나 매매할 수 있는 소유권 이전의 권한을 갖게 됨으로써 투자할 기업을 손쉽게 선택할 수 있다.

우리나라의 경우에는 기업의 오너가 대주주로서 기업경영에 직접 참여하는 것이 일반화되어 왔지만 선진국가의 경우에는 소유와 경영의 분리가 철저하게 지켜지고 있다. 이런 경우 주주는 투자수익에 주로 관심을 갖고 경영은 전문경영인에게 일임하는 것이 상례로 되어 있다. 이와 같이 주주는 주주총회에서 투표권을 행사함으로써 기업에 영향력을 행사하게 된다.

종업원들은 기업이 제품이나 서비스를 생산함에 있어서 없어서는 안 되는 중요한 인적자원이다. 종업원들은 기본적으로 임금에 관심을 두지만 근로환경과 조건, 후생복지 등에도 큰 관심을 갖게 되었다. 우리나라의 경우에도 근로자의 해외로부터의 수입이 불가피하게 되었고 점차 고령화사회로 진행함에 따라 노동력의 공급부족은 더욱 심화될 것이다.

노동조합(labor union)은 기업에서 사용자인 경영자에 비해 약한 위치에 있는 노동자(종업원)들이 지위향상과 권익을 보호하기 위하여 결성한다. 우리나라에서는 1953년에 노동조합법을 제정하여 노동조합에 단결권, 단체협약권, 단체행동권 등 노동3권을 보장하고 있으며 사업장 단위의 기업별 노동조합을 인정하고 있다.

노동조합은 단체교섭권(collective bargaining)을 이용하여 조합원의 임금, 작업조건, 직업안정, 근무시간, 복지와 각종 혜택에 관해 경영자와 협상을 벌인다. 이러한 협상과 협약이 원만히 타결되지 않으면 노동조합은 법적 절차에 따라 파업이나 태업을 단행하여 기업활동을 제약할 수 있고 사용자측은 직장폐쇄로 맞설 수 있다.

6. 내부환경

기업의 내부환경(internal environment)에는 소유주, 이사회, 종업원, 작업환경(physical work environment), 경영 스타일, 보상제도, 생산기술, 조직구조, 조직문화, 자원 등이 포함된다. 그런데 이 가운데서 기업의 경쟁우위에 가장 큰 영향을 미치는 것은

[그림 6-5] 내부환경의 구성요소

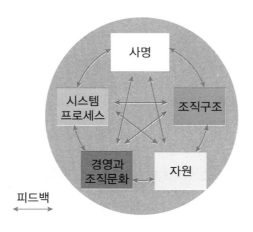

조직문화이다. 이는 〈그림 6-5〉에서 보는 바와 같다.

소유주(owner)란 기업에서 법적 소유권을 갖는 사람들을 말한다. 소유주는 개인기업의 경우에는 개인이 되고 기업을 합자하여 경영하는 경우에는 파트너들이 되고 주식회사에서는 주식을 소유하는 개인투자자들이 될 수 있다. 이사회(board of directors)는 주식회사에서 주주들에 의하여 선임되며 주주들의 이익을 위해 기업경영을 하도록 경영자들을 감시하는 직무를 맡는다.

7. 기업과 환경의 상호작용

기업은 경쟁, 고객, 공급자 또는 정부 규제 등 외부환경의 요인들에 대해 많은 신경을 써야 하는데 이것은 경영자가 환경요인의 변화에 대해 예측을 할 수 없어 확실한 정보를 갖지 못하기 때문이다. 이러한 환경의 불확실성이 증가할수록 기업은 환경의 변화에 적응하도록 기업의 조직을 이에 맞게 재설계하는 방법을 통해 변화를 추구할 수도 있고 또는 환경에 영향을 미쳐 기업의 요구에 유리하도록 유도하는 방법을 택할 수도 있다. 전자를 환경적응, 후자를 환경통제라고 한다.

▌환경 적응

어떤 조직이든 외부환경의 변화에 제때에 적응하지 못하면 엔트로피(entropy)가 발생하여 그 조직은 마침내 몰락하고 만다. 따라서 조직이 꾸준하게 성장하고 발전하기 위해서는 환경변화에 순응(adaptation)해야 한다. 기업이 경쟁자, 고객, 공급자, 정부 규정 등에 관해 많은 불확실성에 직면하게 되면 기업은 경계연결 활동, 전략의 수정, 유연한 기업조직, 합병 또는 조인트 벤처 같은 방법을 통해 환경의 변화에 신속하고 유연하게 순응하는 길을 선택한다.[3] 이는 〈그림 6-6〉에서 보는 바와 같다.

---

3 R. L. Daft, *The New Era of Management*, International ed.(Thompson, 2006), p. 91; R. W. Griffin, *Management*, 8th ed.(Houghton Mifflin Co., 2005), p. 93.

[그림 6-6] 조직의 환경에의 순응방법

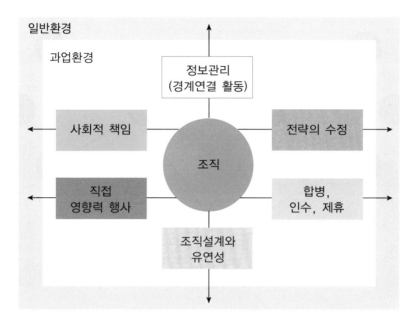

1 경계연결 활동

경영자들은 의사결정을 잘 하기 위해서 그들의 경쟁자, 고객, 공급자 등 외부환경 요인에 대한 정확한 정보를 필요로 한다. 따라서 성공적인 기업에서는 모든 구성원들이 경계연결 활동을 수행토록 한다. 정보관리(information management)의 한 기법이 경계연결자를 이용하는 것이다. 즉 기업과 환경의 경계선에서 활동하는 종업원들로 하여금 환경정보 수집활동을 지원하여 환경예측을 보다 쉽게 하려는 것이다.

경계연결(boundary spanning)이란 외부환경에 관한 값진 정보를 얻기 위하여 기업 외부의 개인이나 그룹과 접촉하여 정보를 얻는 행위를 말한다. 예를 들면, 마케팅부와 구매부에 근무하는 사람은 고객과 공급자를 대면하고 시장조사를 통해 다른 기업이 무엇을 하는지 정보를 얻기 위해 경계를 넓힐 수 있다. 환경변화가 극심한 오늘날 경영자들은 경계연결활동을 통해 경쟁자, 고객 등에 관한 정보를 수집하여 의사결정에 이용하려 한다.

〈그림 6-7〉은 기업 X와 기업 Y에서 경계연결 활동을 수행하는 두 경영자가 서로 연결되어 있음을 보여 주고 있다. 두 경영자는 산업환경에서 변화하는 요인과 상황을

[그림 6-7] 경계연경 활동의 성격

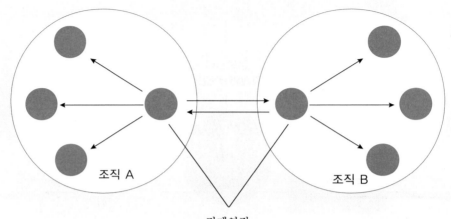

조직 A

조직 B

경계연결
역할을 하는 경영자는
자기 회사의 다른 경영자들에게
정보를 피드백한다

이해할 수 있도록 의견을 교환하고 정보를 공유한다.

② 전략의 수정

기업이 환경변화에 순응하기 위해서 적절한 전략을 구사할 수 있다. 기업이 현재 아주 잘 하고 있다면 현상유지전략을 고수할 수도 있지만 그렇지 않을 경우에는 조직목적을 달성하기 위한 장기전략방향과 장기계획을 수정하든지 또는 중요한 자원배분에 대한 변화 등 전혀 새로운 전략을 채택할 수 있다.

기업이 제품이나 서비스를 공급하는 시장이 급속하게 확장하면 더 많은 투자를 할 수 있지만 반대의 경우라면 축소전략을 구사할 수 있다.

예를 들면, 미국의 커피 체인인 스타벅스는 1990년대 후반 국내시장이 포화상태이기 때문에 해외시장의 개척에 적극적으로 나서게 되었다.

③ 조직간 협력

환경의 변화에 순응하는 하나의 전략은 기업의 경계를 낮추고 다른 기업과 협력관계를 유지하는 것이다. 이는 조직간 협력(interorganizational partnerships)이라고 한다. 홀로 사업하고 서로 경쟁하던 기업들도 불확실하고 서로 연관되어 있는 글로벌 환경에서는 비용을 줄이고 가치를 증진하는 등 더욱 효과적이기 위해서 서로 합치고 희소한 자원을 공유해야 한다.

예를 들면, 소니, 도시바, IBM은 새로운 컴퓨터 칩을 생산하기 위하여 적대관계를 버리고 협력하고 있다. 삼성전자와 LG전자가 공동으로 기술개발을 하면서 다른 경쟁사에 공동으로 대처하는 경우도 여기에 속한다.

④ 조직문화의 관리

환경의 변화에 기업이 순응하는 하나의 방법은 경영자들의 조직문화 관리이다. 오늘날 경쟁력 강화를 위해 고객 지향적이고 품질을 향상시키고 필요한 조치를 강구하는 것은 기본적이기 때문에 뿌리 깊은 조직문화를 변경할 필요가 있다고 하겠다.

최고경영층이 문화를 관리하기 위해 사용할 수 있는 접근법은 다음과 같다.

- 조직 구성원을 고취할 수 있는 기업의 고상한 목표와 비전을 채택하는 것이다.
- 정기적으로 커뮤니케이트하고 조직을 통해 가시적이고 활동적인 일, 본보기를 설정하는 일 등과 같은 매일매일의 세속적인 일에 관심을 가져야 한다.
- 새로운 가치를 예시하는 종업원에게는 보상한다. 새로운 기업문화에 기초하여 신입직원을 채용하고 승진시킨다.

이런 식으로 새로운 문화가 기업 곳곳으로 스며들어야 한다. 새로운 문화를 조성하는 일이 시간 소모적인 것처럼 보이지만 전통적인 가치관을 새로운 경쟁적인 가치관으로 교체하는 일이야말로 기업을 더욱 효과적으로 만들고 환경의 도전과 기회에 순응하는 길이기도 하다.

⑤ 유연한 조직구조

기업의 구조는 환경의 변화에 효과적으로 대응해야 한다. 외부환경의 변화 또는 사내 혁신에 의해 불확실성이 가중되면 유연한 조직구조가 효과적이고 반대로 확실한 환경하에서는 엄격한 구조가 효과적이다.

유기적 조직(organic structure)은 규칙과 규정이 적고 종업원 사이에 팀워크를 조장하고 실제로 작업을 하는 종업원에 의사결정권을 분산하는 성격을 갖는다. 유기적 조직은 원자재, 새로운 제품, 정부규정, 혹은 마케팅에 있어 변화를 다룰 많은 팀을 구성하게 만들어 조직은 더욱 유연하여 환경의 변화에 쉽게 적응할 수 있는 이점을 갖는다.

유연한 구조에 대립되는 개념이 기계적 구조(mechanic structure)이다. 이러한 구조하에서는 과업이 경직되게 정의되고, 많은 규칙과 규정이 존재하며, 팀워크는 적고, 의사결정은 중앙집권화된다. 기계적 구조는 안정된 환경의 경우에 알맞는 형태이지만 오늘날 어떤 기업이 안정된 환경 속에서 경영활동을 전개한다는 것은 드문 일이다.

⑥ 합병과 전략적 제휴

기업이 새로운 시장에 쉽게 진입하기 위하여 또한 현재의 시장에서 입지를 강화하기 위하여 다른 기업과 관련하여 취할 수 있는 방법으로는 합병·인수, 접수, 조인트 벤처 등을 들 수 있다. 합병(merger)은 두 개 이상의 기업이 합쳐 새로운 기업을 만드는 것을 말한다. 과거 상업은행과 한일은행이 합쳐 우리은행(한빛은행)이 된 것은 합병의 예이다.

인수(acquisition)는 인수된 기업이 인수기업의 자회사로서 계속해서 업무를 수행하지만 접수(takeover)는 보통 적대적 매입으로서 접수된 기업은 사라지고 접수기업의 한 부분으로 귀속된다.

조인트 벤처(joint venture)는 두 개 이상의 기업이 파트너로서 참여하는 전략적 제휴의 한 형태이다. 이는 프로젝트가 너무 복잡하고 막대한 비용이 소요된다든지 불확실하여 한 기업이 수행하기에는 벅찬 경우에 적용된다. 또는 시장이나 기술적 요인 때문에 공동으로 자원을 이용할 때 참여하는 기업의 경영성과가 증가하므로 널리 선호된다.

급속한 기술변화와 글로벌 경제에서 경쟁하기 위하여 Nissan과 Chrysler가 조인트 벤체를 형성한 바 있다.

▌ 환경통제

기업은 환경의 변화에 적응하는 노력도 하지만 경우에 따라서는 반대로 기업에 맞게 환경변화의 방향, 크기, 성격, 결과에 영향을 미치는 조치를 취한다. 환경의 변화를

[그림 6-8] 환경변화의 기법

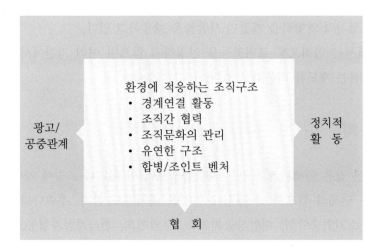

위해 널리 사용되는 기법으로서는 광고와 공중관계, 정치적 활동, 협회 등을 들 수 있다. 〈그림 6-8〉은 기업이 외부환경 변화에 적응하고 반대로 이에 영향을 미치는 기법을 요약한 것이다.

1 광고와 공중관계

광고는 기업의 제품에 대한 수요를 관리하는 데 사용되는 가장 성공적인 기법이다. 기업은 고객의 취향에 영향을 미치기 위하여 막대한 자금을 사용한다. 광고야말로 고객에 대한 불확실성을 감소시키는 중요한 방법이다.

공중관계(public relation: PR)는 기업의 대중 이미지를 고양시키려는 목적을 갖는다는 점을 제외하고는 광고와 유사하다. 공중관계와 좋은 기업 이미지는 광고, 연설, 매체를 통한 보고서를 통해 수행된다. 미국의 담배회사들은 '담배와의 전쟁' 시대에 살아남기 위하여 흡연자의 선택의 권리와 자유를 권유하는 공격적인 공중관계 캠페인을 벌이고 있다.

2 정치적 활동

기업은 정부의 법과 규정의 제정에 영향을 미치기 위하여 정치적 활동을 전개한다.

미국의 경우 많은 기업은 로비스트(robbist)들을 고용하여 그들의 견해를 연방정부와 주정부의 국회의원들에게 전달하도록 한다. 한편 일본의 기업들은 미국 정부에 대한 로비스트로서 과거 정치적 영향력을 가졌던 사람들을 채용하고 있다.

우리나라에서는 법적으로 로비활동을 인정하지 않으며 여러 기관에서 국회의원들에 입법을 청원하는 제도를 허용하고 있다.

③ 협   회

많은 기업은 같은 이해관계를 갖는 사람들의 모임인 협회나 조합에 가입한다. 이렇게 하여 기업은 단체의 힘으로 법 제정에 영향을 미치기도 한다. 우리나라에는 전국경제인연합회, 중소기업중앙회, 대한상공회의소, 무역협회, 전국자동차협동조합 등 무수한 협회와 조합이 결성되어 있어 이해관계에 따라 집단적으로 의사표시를 하여 불리한 법 제정을 방지하려고 한다.

8.   조직문화

▌조직문화의 의의

모든 경영자들과 종업원들이 다르게 사고하고 행동하는 것은 개성이 다르기 때문이다. 그러나 같은 조직 내에 있는 사람들은 어떤 신념이나 가치를 공유하여 같은 방식으로 행동하게 된다.

조직문화(organizational culture)란 조직의 구성원들의 행동을 만들고 인도하기 위해 이들이 공유하는 신념, 이념, 가치관, 전통, 관습, 의식, 규범 등과 같은 사회제도나 사회적 태도 등을 말한다. 그런데 이는 객관적인 측정이나 관찰을 할 수 없는 무정형의 개념이다. 이는 조직의 내부환경의 기초로서 그 구성원들의 경영행위에 대한 방향과 지침이 된다. 모든 조직은 고유한 문화와 특성을 가지고 있어 일을 처리하는 방식에 차이가 있다. 비록 문화가 조직에서 발생하는 것의 유일한 결정요인은 아닐지라도 조직에서 무엇을 어떻게 결정하고 수행할 것인가에 영향을 미치는 것이다. 즉 조직문화의 성격은 구성원들의 행위를 통해 수행하는 일들의 성과와 품질에 절대적인 영향을 미친다.

이와 같이 조직문화는 구성원들이 부딪히는 문제를 정의하고 분석함으로써 해결방법을 제시하고 행동을 제한하게 된다. 한편 조직문화는 구성원들의 행동에 정당성을 제공함으로써 조직의 결속 및 협동체계를 강화하는 역할을 수행한다.

성공적인 기업에 있어서 조직문화는 기업의 장기적 경영성과에 큰 공헌을 하였음이 연구결과 밝혀졌다.[4] 더욱 기업문화는 조직이 이루고자 하는 것에 대한 비전을 제공함으로써 구성원들로 하여금 역량을 결집하여 이를 달성토록 유도하는 역할을 한다.

우수한 조직은 고객 위주로 성과 지향적인 문화를 갖는 것으로 알려졌다. Disney-land 또는 Disney World는 강한 조직문화를 가진 기업으로 알려졌는데 강한 문화(strong culture)란 분명하고 잘 정의되어 있으며 구성원 사이에 폭넓게 공유되는 문화를 말한다. 다시 말하면, 강한 문화는 구성원이 사고하고 행동하는 데 강한 영향을 미치는 것이다. 이러한 문화는 긍정적인 작업행위를 조장하고 기능을 해치는 행위는 못하도록 말리는 역할을 한다.

강한 문화는 그것이 장려하고 조장하는 행위가 시대에 알맞으면 조직에 아주 강한 힘이 된다.

약한 문화(weak culture)를 갖는 조직에서는 사람마다 서로 다른 가치관을 갖고 기업의 목적에 혼란이 발생하고 의사결정에 사용할 원칙이 매일매일 분명하지 않게 된다. 따라서 이러한 문화는 혼란, 갈등, 저조한 성과를 유발한다.

대부분의 경영자들은 기업을 더욱 효과적으로 만드는 목적과 행위를 조장하고 지원하는 강한 문화를 선호한다. 다시 말하면, 기업의 경쟁환경과 적절하게 어울리는 강한 문화를 조성하려고 한다.

한국의 기업문화는 첫째, 인간중심의 가부장적이며 둘째, 명분주의와 집단주의에 의한 행동방식을 추구하며, 셋째, 상·하 간의 위계질서를 중시하는 특성을 가지고 있는 반면 일본의 기업문화는 충성심, 몰입, 높은 품질표준, 집단참여 등의 특성을 가지고 있다. 일본의 근로자들은 주체성과 귀속감을 보유한다.

---

4 J. Collins & J. Porras, *Built to Last*(Harper Business, 1994).

▎ 조직문화의 생성과 유지

조직문화는 그의 설립자에 의해서 생성된다. 설립자의 개성, 신념, 태도, 감정, 가치관 같은 자신의 이미지로 조직을 설립한다.

조직이 성장함에 따라 그의 문화는 심벌, 이야기, 영웅, 슬로건, 의식, 사회화 등을 통하여 형성되고 수정되고 전달된다.

물리적 심벌의 예를 들면, 설비배치, 착용하는 의상, 사무실 크기, 각종 회원권, 회사식당, 종업원 전용 라운지, 주차장 배치 등인데 이는 조직에서 중요시되는 사람은 누구이며 구성원간 평등의 수준과 요구되는 행동의 유형을 읽을 수 있다.

조직 내에서 전파되는 이야기(story)는 창업자 또는 특정인의 성공담, 인력감축, 인사발령, 규율위반, 조직의 사활을 건 전쟁 등과 같은 중대한 사건이나 사람들에 대해 입에 오르내리는 내용을 말한다.

영웅(hero)이란 강한 조직문화에서 개인의 행위, 성격 및 특성이 타인들의 모범이 되는 사람을 말한다. 영웅은 실제 인물일 수도 있지만 상징적인 것일 수도 있다.

슬로건(slogan)은 조직의 핵심가치를 간결하게 표현한 구, 절, 문장 등을 말한다.

의식(rite)이란 조직의 구성원들에게 문화적 가치관을 조직 내·외에 공포하고 강조하기 위한 일련의 계획된 활동을 말한다. 예를 들면, 기업체에서 우수사원 표창식을 갖는 경우이다. 한편 예식(ceremony)이란 특수한 상황이나 사건과 관련하여 수행하는 일련의 의식체계를 말한다.

조직문화는 새로 채용된 종업원이 조직의 가치, 규범, 문화를 배우고 일을 효과적

[그림 6-9] 조직문화의 유지·전달요인

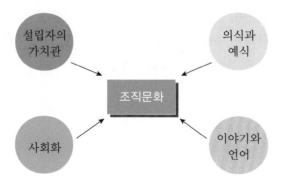

으로 수행하는 데 필요한 작업행위를 익히는 사회화를 통해서도 생성·전달된다. 예를 들면, 대학교 신입생은 오리엔테이션이나 학과 MT에 참여하여 신입생으로서 갖추어야 할 여러 가지 내용을 배우고 습득하게 된다.

〈그림 6-9〉는 조직문화를 유지하고 전달하는 요인들을 나타내고 있다.

▌조직문화의 변화

조직문화는 조직에서 경영행위가 어떻게 행해져야 하는가에 관한 공유된 가치관과 가정(assumption)의 패턴이다. 이러한 패턴은 구성원들이 내·외부환경문제에 직면할 때 학습하게 되고 새로운 구성원이 되면 옳게 인식하고 느끼도록 가르침을 받는다.

조직문화는 〈그림 6-10〉에서 보는 바와 같이 세 가지 수준으로 분석할 수 있다. 첫째는 표면에 나타나는 유형의 가공물(artifacts)로서 인간에 의해 구체적인 행동으로 표출

[그림 6-10] 조직문화의 수준

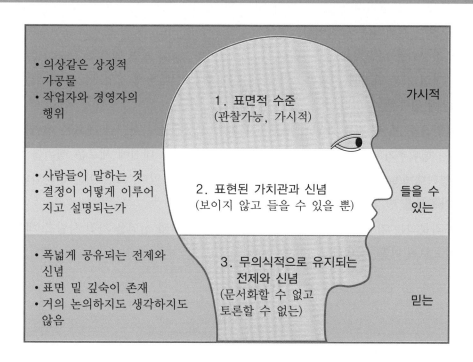

자료: C. Williams, *Effective Management*, 2nd ed.(Thompson, 2006), p. 50.

되어 육안으로 확인할 수 있는 가시적 문화(visible culture)이다.

여기에는 의상, 심벌(symbol), 관습, 의식, 사무실 배치, 주차장 배치, 경영자와 작업자들의 행위 등이 포함된다. 예를 들면, 주차장 배치시 특정인에게 고정된 위치를 배정하느냐 또는 모두에게 전체 공간을 개방하느냐는 문화의 가시적 측면이다.

둘째는 바로 다음 수준의 가치관과 신념으로서 보이지는 않지만 조직구성원들에 의해 표현된다. 이는 이야기, 언어 및 구성원들이 자신을 표현하는 심벌 등으로부터 해석할 수 있다.

가치관이란 사물의 옳고 그름, 또는 해야할 일과 해서는 안 되는 일을 구분해 주는 판단기준이다. 따라서 기업에서의 가치관이란 기업목적을 달성하기 위해서는 어떤 방법으로 경영활동을 수행하고 관리해야 할 것인가에 관한 지속적 신념이라고 할 수 있다. 이와 같이 조직 내에서의 가치관은 행위의 원천으로서 인간의 행위를 일정한 방향으로 유도하는 역할을 한다.

셋째는 표면에서 가장 깊숙이 존재하는 기본 전제(가정)(basic assumption)인데 이는 구성원들이 의식적으로 알 수 없는 핵심문화(core culture)이다. 이는 조직에서 경영행위와 의사결정을 거의 무의식적으로 이끌게 된다. 이들은 강하게 유지되고 폭넓게 공유되기 때문에 누가 변화시키려는 시도가 없는 한 거의 논의도 하지 않고 심지어는 생각해보지도 않는 견해 또는 규칙이다.

조직문화를 바꾼다는 것은 무척 어려운 일이다. 사실 표면 밑으로 깊숙이 존재하는 무의식적인 기본 가정과 신념은 바꾸기가 무척 힘들기 때문에 경영자들은 통제할 수 있는 부분에 집중할 수 있다.

육안으로 볼 수 있는 표면적 수준의 문화는 구성원들로 하여금 새로운 행위를 하도록 하는 행위추가(behavioral addition)와 바꾸고 싶은 행위 대신에 새로운 행위를 하도록 하는 행위대체(behavioral substitution)방법을 통해 바꿀 수 있다. 또한 이는 구문화의 가시적인 가공물을 변경해서도 가능하다.

조직문화는 기업이 원하는 문화와 일치하는 가치관과 신념을 가진 사람을 채용하고 선정함으로써 바꿀 수 있다.

9. 환경의 최근 변화

우리는 과거에 경험하지 못했던 더욱 역동적이고 복잡하고 예측 불가능한 변화 속에서 살아가고 있다. 이러한 변화는 과거와 다른 기업경영의 방식에 커다란 영향을 미치고 있다. 기업이나 경영자 개인의 성공은 변화하는 환경 속에서 작업자들을 리드할 수 있는 능력에 크게 달려 있다고 할 수 있다.

이러한 변화는 환경에 영향을 미치고 따라서 경영자의 직무에도 영향을 미치고 있다. 〈그림 6-11〉은 변화와 그의 결과 및 기업이 해야 할 일을 요약한 것이다.

1 정보기술의 향상

조직에서 하는 일의 효율성과 효과성을 증진하는 데 이용되는 정보기술은 작업자와 고객의 생활에 큰 영향을 미치고 있다. Internet이라는 세계적으로 연결된 네트워크를 통하여 정보를 공유하고 고객이나 공급업자와 커뮤니케이션을 할 수 있으며 전자 상거래를 함으로써 비용을 절감하고 효율을 증진할 수 있다.

[그림 6-11] 변화의 영향

변화	결과	기업이 해야 할 일
* 기술혁신 * 시장과 경쟁의 글로벌화 * 규제완화 * 인구증가율 변동 * 새로운 정치 시스템 * 서비스 및 지식산업 발전	* 경쟁 격화 * 불확실성, 혼란 * 소비자의 선택권 향상 * 합병과 빼앗기 * 합작기업 * 복잡성 증대 * 제품수명주기 단축 * 사업 실패의 증가	* 빠른 대응 * 수평적 조직 * 다운사이징 * 품질 인식 * 작은 규모 * 임파워먼트 * 분권화 * 인적 자본, 가치, 비전 중시 * 팀제

4차 산업혁명이 진전되면서 디지털 기술의 발달은 전통 기업으로 하여금 혁신제품, 혁신 프로세스, 새로운 비즈니스 모델 중에서 선택하도록 강요하고 있다. 이러한 기술적 환경의 변화에 동참하는 기업은 생존하지만 그렇지 않고 거부하는 기업은 사라질 수밖에 없는 현실이 되었다.

② 시장의 글로벌화

오늘날 세계는 지구촌(global village)이 되어 하나의 세계경제(world economy)를 형성하고 있다. 과거와 달리 기업의 입지결정에 있어 지역과 거리는 중요한 요인이 되고 있지 않아 세계 곳곳으로 분산되고 운영되고 있는 것이다.

글로벌화(globalization)란 기업이 세계 곳곳으로 시설과 운영을 전개하는 것을 말한다. 국가간 장벽이 낮아져 자원이동이 쉽고 국가 간의 상호의존도가 높아지는 현상이 일반적이다. 시장은 이제 국내 기업뿐만 아니라 세계의 기업이 참여하는 경쟁을 피할 수 없다.

글로벌화의 경향은 통신과 교통수단의 기술향상으로 더욱 가속하고 있다. 이외에 WTO와 NAFTA, 한국과 미국 · 칠레 · 싱가폴 · EU · 인도 등과 맺은 자유무역협정(FTA) 등을 통한 무역장벽의 완화, 교통시설의 발달로 인한 저렴한 수송비, 신흥공업국가와 같은 매력적인 시장의 출현 덕택이다.

③ 지적자본의 중요성

과거와 달리 오늘날에는 지적자본(intellectual capital)이 가장 중요한 생산요소가 되었다. 육체노동을 하는 작업자들은 줄어들고 지식기반 업무에 종사하는 작업자들은 늘어나고 있다.

지적자본이라 함은 조직의 지식, 경험, 관계, 발견, 혁신, 시장출현, 지역사회 영향 등을 말한다. 오늘날 지식은 기업이 경쟁우위를 확보하는 토대라고 생각한다. 지식을 갖춘 경영자는 기회를 잘 이용하고 문제를 잘 해결할 수 있다. 지식의 토대는 정보이다. 정보를 이용하여 가치를 창조하게 된다.

지식경영(knowledge management)의 개념을 맨 먼저 언급한 Stewart는 그의 저서에서 지적자본을 다음과 같이 구분하고 있다.[5]

---

5 T. Stewart, *Intellectual Capital: The New Wealth of Organization*(New York: Doubleday, 1998).

- **구조적 자본**(structural capital): 특허, 상표, 지적재산권, 특수 공정과 방법, 독점적 데이터베이스(database) 등과 같은 조직의 지식과 노하우
- **고객자본**: 고객과 공급업자와 맺은 공고한 관계의 가치
- **인적자본**: 조직의 기능과 지식

토·론·문·제 *EXERCISE*

01 기업 성패의 책임에 관한 두 가지 관점을 비교·설명하라.

02 기업환경의 의미를 설명하라.

03 기업환경의 특성을 설명하라.

04 내부환경과 외부환경을 구분 설명하라.

05 일반환경과 과업환경에 포함되는 요인들을 설명하라.

06 일반환경에 영향을 미치는 요인들을 설명하라.

07 내부 이해관계자와 외부 이해관계자를 비교 설명하라.

08 조직구조에 대하여 간단히 설명하라.

09 조직문화에 대하여 논하라.

10 조직문화가 최고경영층의 기능에 어떻게 영향을 미치는가를 설명하라.

11 기업이 환경에 적응하는 방법과 환경에 영향을 미치는 방법을 설명하라.

12 환경의 최근 변화를 요약하여 설명하라.

제 7 장

사회적 책임과 윤리적 행동

　현대 사회에 있어서 기업은 점차 가장 중요한 조직으로 부상하고 있다. 기업은 사회에서 자원을 가장 많이 가지고 있는 조직이며 사회 발전에 근간을 이루게 되었다. 따라서 기업이 단지 주주 이윤의 극대화를 추구한다는 것은 더 이상 사회에서 수용하기 어렵게 되었다.

　기업이 사회적 정당성을 획득하기 위해서는 자신이 기능하고 있는 사회 체계의 목표와 가치에 부합되는 활동을 하여야 한다. 단순한 경제적 활동에만 국한한 것이 아니라 그 경제적 활동이 사회 전반에 미치는 역기능적인 결과에 대하여 책임을 져야 한다. 더 나아가 기업이 소유하고 있는 사회적 영향력 및 부와 권력에 비례하여 보다 적극적인 사회적 기여를 해야 한다.

　사회적 책임이란 개념은 미국의 대공황 이후 요구되기 시작하였다. 독과점 기업의 등장으로 시장기능이 실패하고, 규모의 경제를 통한 기업의 대형화로 사회에 대한 영향력이 증대하고, 사회가 더욱 복잡하고 환경요인들의 상호 의존성이 증대하게 되자 기업의 사회적 책임론이 등장하게 되었다. 오늘날 경제가 성장함에 따라 기업의 경영자에게 사회적 책임과 윤리를 더욱 요구하고 있다.

　우리나라 대기업들은 과거 정부와의 유착을 통해 온갖 특혜를 받아온 것이 사실이다. 이러한 과정에서 몇몇 대기업 총수들이 법의 심판을 받는 일이 자주 있어 왔다. 이러한 일은 기업 경영자들의 사회적 책임과 윤리 의식이 결여된 측면이 강하다고 할 수 있다.

　본장에서는 기업의 사회적 책임에 대한 정의, 찬반론, 내용 등을 살펴본 후 기업의 사회적 책임을 완수하기 위한 윤리적 경영의 정착 방안을 공부하고자 한다.

1. 기업의 사회적 책임

▌기업의 사회적 반응

기업에 대한 점증되는 비판과 권한-책임의 등가성(power-responsibility equation) 개념은 기업의 사회적 역할에 대한 관심을 고조시켰다. 사회의 가치관(value), 인구분포, 생활 스타일 등이 변함에 따라 기업에 대한 기대(expectation)도 변하기 마련이다. 사회적 환경과 기업에 대한 기대가 변화함에 따라 기업은 새로운 환경에 적응하도록 변화해야만 한다.

기업과 사회 간의 사회계약(social contract)은 〈그림 7-1〉에서 보는 바와 같이 광범위한 개념으로 명시적인 법규와 규제 그리고 상대방에 대한 공유된 이해(shared understanding)로 구성된다고 볼 수 있다. 확실히 법규와 규제는 기업이 사회 속에서 활동하는 게임의 규칙을 규정하고 있다. 반면에 공유된 이해는 상대방의 역할, 책임 그리고 윤리에 대한 기대로서 반드시 공식적으로 규정된 것은 아니어서 상당한 혼동이 있을 수 있다.

오늘날 기업에 점점 더 광범위한 사회적 책임을 요구하며 보다 광범위한 인간 가치에 공헌하도록 요구하고 있다. 기업이 사회에 공헌하는 한 기업의 미래는 변화하는 사회의 기대에 경영이 얼마나 효과적으로 반응하느냐에 달려 있다.

[그림 7-1] 사회와 기업의 사회계약

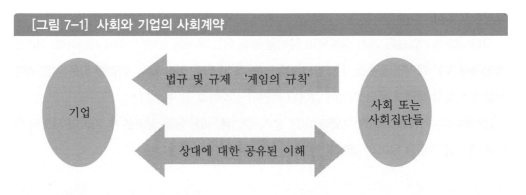

출처: A. B. Carroll, *Business & Society: Ethics and Stakeholder Management*, 3rd. ed. (South-Western College Publishing Co., 1996), p. 20.

사회적 책임의 정의

현대 사회에 있어서 기업은 가장 많은 자원을 가지고 있으며 사회발전에 근간을 이루는 힘 있는 조직으로 부상하였다. 이제 기업이 사회적 정당성을 획득하기 위해서는 자신이 기능하고 있는 사회 시스템의 목표와 가치에 부합되는 경영활동을 하여야 한다는 것이다. 기업은 단순한 경제적 활동에만 국한한 것이 아니라 그 경제적 활동이 사회 전반에 미치는 역기능적인 결과에 대하여 책임을 지도록 강요받고 있다.

한편 기업은 개방시스템으로서 내·외부 환경의 영향을 받고 있다. 경영에 대한 경제적, 정치적, 사회적, 기술적 환경이 변화함에 따라 경영의 역할과 환경에 대한 응분의 책임도 확대되고 있다.

옛날에는 기업이 사회가 필요로 하는 재화나 서비스를 효율적으로 생산하여 최대이윤을 추구하면서 고객의 욕구를 만족시키는 공급자 역할을 수행한다고 여겨왔다. 그러나 현대 사회에서는 이러한 역할을 뛰어넘어 기업을 도덕적 대리인으로 간주하고 모든 경영의사결정 과정에 사회적 관계 또는 영향을 고려하도록 강요하고 있다. 이와 같이 기업의 사회적 역할과 책임에 대한 고객들의 요구와 압력이 점점 거세지고 있다. 기업은 사회라는 울타리를 벗어나 존재할 수 없다. 기업활동은 경제적 범위를 벗어나 정치, 사회, 문화 등 다방면에 걸쳐 영향을 미치는 성격 때문에 기업에 대한 사회적 기대가 점점 높아지고 있다. 이에 따라 언론, 소비자 단체, 환경보호단체 등 이해관계자들의 기업활동에 대한 감시 기능이 갈수록 강화되고 있다.

따라서 기업의 사회적 책임(social responsibility)이란 기업은 물론 사회 전체의 이익·발전·보호와 복리를 증진하는 방향으로 의사결정을 해야 할 기업의 책무를 말한다. 이와 같이 오늘날에는 사회적 책임이나 뒤에서 설명할 기업윤리같은 사회적 목적도 달성하는 범위 내에서 이윤극대화(profit maximization) 같은 경제적 목적을 추구하도록 강요받고 있는 것이다. 그런데 사회적 책임은 그 조직이나 관리자가 속하는 사회·문화적 환경에 의해 영향을 받는데 사회규범, 가치, 도덕성, 윤리성 등의 사회·문화적 환경은 시대의 변화에 따라 상이하므로 사회적 책임의 개념도 계속해서 변화하게 된다.

사회적 책임에 대한 기대에 미치는 영향요소

기업의 사회적 책임에 대한 공중의 기대는 어떤 요소에 의해 영향을 받는지를 살펴

[그림 7-2] 기업에 대한 기대에 변화를 초래하는 요소

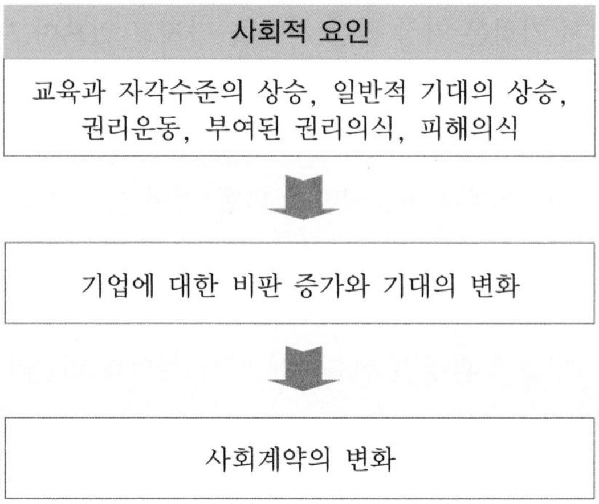

사회적 요인
교육과 자각수준의 상승, 일반적 기대의 상승, 권리운동, 부여된 권리의식, 피해의식

기업에 대한 비판 증가와 기대의 변화

사회계약의 변화

보자.

다양한 사회적 요소에 의해서 기업에 대한 기대가 변한다. 이러한 기업에 대한 기대의 변화는 궁극적으로 사회 속에서 기능을 수행하는 기업의 사회계약에 변화를 초래할 것이다. 사회계약의 범위와 내용에 따라 기업의 사회적 책임의 범위와 내용이 영향을 받는다. 이는 〈그림 7-2〉에서 보는 바와 같다.

① 교육과 자각 수준의 상승

교육수준이 높아짐에 따라 사회에 대한 기대는 높아지며 사회에 있어서 공중의 자각수준도 높아진다. 교육수준이 높아짐에 따라 사회적 · 경제적 생활수준에 대한 기대도 높아지는 경향이 있어 사회의 주요 기관—기업뿐만 아니라 정부나 사회 기관도 포함— 에 대한 기대도 높아진다.

또한 오늘날 발달된 대중매체에 의해서 일반 공중은 사회현상에 대해 다양한 정보를 얻을 수 있다 특히 TV는 정규 뉴스뿐만 아니라 '뉴스추적', '현장르포', 'PD수첩' '토론회' 등과 같은 프로그램 등에 의해 일반 공중의 정서에 상당히 영향을 미치고 있다. 따라서 일반 공중은 기업의 실책이나 문제 있는 정책 등에 대해 과거 보다 더 잘 알게 되어 이에 민감하게 반응하고 있다. 최근에는 Internet 사용자가 급증함에 따라 Internet에 의한 영향도 무시 못하는 실정이다.

② 일반적 기대의 상승

공식적 교육이나 대중매체에 의한 자각수준 상승 외에도 기업의 사회적 기능에 대한 기대를 상승시키는 요인이 있다. 이것은 공중의 일반적 기대 상승으로서 후세는 선조세대 보다 높은 생활수준을 유지하여야 한다는 태도 또는 믿음이다. 이러한 믿음은 사회의 주요 기관에 대한 기대를 높여 보다 폭넓은 사회적 책임을 강조하고 있다. 이러한 높은 수준의 기대는 기업이 실업에 대해서 상당한 부문 책임이 있으며 사회적 약자 (예컨대 장애인)에 대해서 지원을 하여야 한다는 생각을 널리 퍼지게 만들었다.

③ 권리운동

최근 우리나라에는 참여연대, 환경운동연합 등 다양한 시민단체가 생겨나 지방의 권리운동이 활발히 추진되고 있다. 과거에는 그냥 넘어갔던 문제들에 대해 이들 단체들을 중심으로 활발히 권리주장이 제기되고 있다.

권리에는 모든 공중에게 일반적으로 적용되는 것과 일부 사회 구성원에만 적용되는 권리로 나눌 수 있다 전자의 예로는 사생활 보호나 정당한 법적 절차를 받을 권리 등이 있으며 후자의 예로는 소액주주의 권리 운동이나 장애인 차별금지 등을 들 수 있다. 실제로 우리나라에서 다수의 집단이나 개인이 권리를 추구하는 것을 제한하기는 어렵다. 따라서 사회의 주요 기관인 기업은 종업원뿐만 아니라 주주, 고객 그리고 일반 사회 구성원에 의해 제기되는 다양한 권리주장에 적절히 적응하여야 할 것이다.

④ 부여된 권리의식

부여된 권리의식(philosophy of entitlement)이란 사회 구성원으로서 당연히 무엇인가를 소유한다거나 자격이 있다는 일반적 믿음이다. 예를 들면, 대한민국 국민인 이상 직업을 가질 권리가 있으며 정부나 기업이 이를 적극적으로 보장하여야 한다는 믿음이 여기에 속한다. 이런 믿음이 강하면 국민들은 정부에 대해서 강력한 실업대책이나 의료보험정책을 요구하게 된다.

5 피해의식

이와 대조적으로 사회의 일각에서는 피해의식이 광범위하게 퍼질 수도 있다. 이것은 특정 개인이나 집단이 사회에 의해 손해를 보고 희생을 강요당했다고 믿는 것이다. 이런 피해의식은 종교, 성 또는 연령에 관계 없이 광범위하게 퍼져 있을 수 있다. 예를 들어 농민들은 도시민 보호를 위한 저곡가정책에 의해 피해를 받았다고 느낄 수 있으며 또한 일반 시민들은 대기업의 환경훼손에 의해 피해를 본다고 느낄 수 있다.

지금까지 살펴본 사회적 요인들은 서로 상호 연관적이다. 예를 들어 피해의식은 권리운동이나 부여된 권리의식과 불가분의 관계를 맺고 있다. 또한 이런 의식들은 다양한 대중매체에 의해 널리 퍼질 수 있는 것이다. 사회의 주요 기관인 기업은 이러한 대중적 기대의 변화에 잘 적응해야 미래에 있어서 기업의 사회적 가치를 높일 수 있는 것이다.

사회적 책임의 견해

사회에서 기업의 역할은 무엇인가? 기업의 사회적 책임에 대해서는 찬반논쟁이 계속되어 왔는데 이는 기업의 목적이 무엇이냐는 논쟁과 일치한다. 기업은 주주(stockholder)들을 위해 이익만을 극대화할 책임이 있는 경제적 주체인가 그렇지 않으면 기업은 사회에 경제적·사회적 공헌을 해야 할 책무를 갖는 사회경제적 주체인가에 따라 두 가지 견해로 나눌 수 있다. 이는 〈그림 7-3〉에서 요약하고 있다.

1 고전경제적 관점

고전경제적 모델(classical economic model)은 경영의 유일한 사회적 책임은 기업의 현재가치를 극대화하는 것, 즉 생산과정에서 효율(efficiency)을 통한 주주들의 단기이익을 극대화하는 것이라고 주장한다. 투자에 대한 이익을 최대 관심사로 여기는 주주들의 이익에 공헌하는 것이 국가와 사회에 공헌하는 것이라는 관점이 바로 사회적 책임이라는 주장이다. 따라서 기업은 경제활동에 전념함으로써 이윤을 극대화하면 책임을 다 한다는 것이다. 즉 기업이 사회활동에 참여할 필요가 없다는 것이다.

이러한 견해는 산업사회가 정착되어 경제발전이 시작되던 시대, 즉 기업이 주로 기업가 또는 소유경영자에 의해 소유되었던 시대에 등장한 것이다.

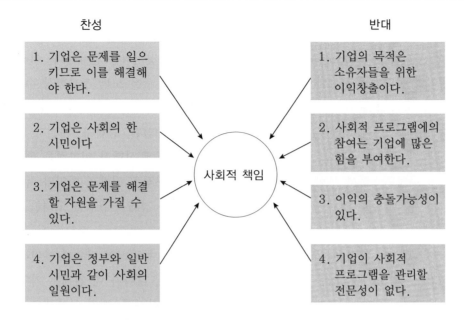

[그림 7-3] 기업의 사회적 책임에 대한 찬반논쟁

찬성

1. 기업은 문제를 일으키므로 이를 해결해야 한다.

2. 기업은 사회의 한 시민이다

3. 기업은 문제를 해결할 자원을 가질 수 있다.

4. 기업은 정부와 일반 시민과 같이 사회의 일원이다.

사회적 책임

반대

1. 기업의 목적은 소유자들을 위한 이익창출이다.

2. 사회적 프로그램에의 참여는 기업에 많은 힘을 부여한다.

3. 이익의 충돌가능성이 있다.

4. 기업이 사회적 프로그램을 관리할 전문성이 없다.

아담 스미스는 국부론에서 개인이나 기업이 자기이익을 추구하면 보이지 않는 손(invisible hand)에 의해 공공의 복리는 향상된다고 주장하였다. 그후 노벨 경제학상 수상자인 프리드먼(M. Friedman)이 이 견해를 이어받으면서 경영자는 공정한 규칙하에서 자유롭게 경쟁하면서 기업의 의사결정이 기업의 이익극대화를 위해 이루어지면 국가적으로는 경제성장과 부의 축적은 물론 종업원, 고객, 지역사회, 나아가 인류의 삶의 질 향상에 도움이 된다고 주장하였다. 이러한 주장은 경제적 측면만을 고려한 것이라 할 수 있다.

그는 어떤 경영자가 시간, 자원, 주의를 주주이익이 아닌 사회이익이나 사회적 목표를 추구한다면 시장기구를 해쳐 자유사회의 기초를 위태롭게 하고 결국 이런 자원배분의 대가는 배당의 감소를 통해 주주에게 또는 가격상승을 통해 소비자들에게 전가된다는 것이다. 따라서 기업은 우선 수익성과 성장을 높이면서 사회의 법률적·윤리적 기준을 따르는 것이 기업의 유일한 사회적 책임이라는 것이다.

고전적 견해의 핵심은 기업은 주주에게만 최소한의 책임을 질 뿐 사회적인 책임을 지지 않으며 사회적 문제의 해결책임은 정부 또는 봉사기관에 있다는 것이다.

2 사회경제적 관점

사회경제적 모델(social economic model)은 경영의 사회적 책임은 이익창출을 넘어 전반적인 사회복지(social welfare)를 보호하고 증진시키는 것이라는 견해이다. 이러한 사회적 책임의 범위가 종전보다 더욱 확대된 이해관계자 모델은 노벨 경제학상 수상자인 새뮤엘슨(P. Samuelson)에 의하여 강조되고 있다. 여기서 이해관계자(stakeholder)란 기업의 의사결정과 조치에 의하여 영향을 받는 주주, 고객, 종업원, 공급자, 채권자, 정부기관, 지역사회, 노조 등 집단을 말한다. 그는 기업은 사회에 상당한 영향력을 행사하는 사회의 한 구성원으로서 사회의 전반적인 문제와 사회 구성원 전체의 이익과 복리증진에 관심을 가져야 한다고 주장한다. 이러한 주장은 사회·경제적 관점을 고려한 것이라 할 수 있다.

이러한 견해는 기업은 다만 주주에게만 책임을 지는 독립적인 단위가 아니라 사회 전체에 최대한의 책임이 있는 종속적인 단위라는 것이다. 나아가 이 견해는 기업은 이익만을 추구하는 단순한 경제적 조직이 아니라 사회적, 정치적, 법적 문제에도 적극적으로 관여해야 하는 사회적 조직이라고 주장한다. 이익에 있어서도 단기이익의 극대화가 아니라 장기적인 이익의 극대화를 통한 기업의 장기적 유지·존속이 목표가 되어야 한다는 것이다.

여기서 사회적 요구의 예를 들면, 자연환경보호, 빈곤타파, 성차별금지, 장애자 보호, 소비자 보호, 안전, 건강, 교육지원, 문화·예술지원, 지역사회의 복리증진 등을 들 수 있다.

기업의 사회적 책임에 찬성하는 주장은 적극적인 사회적 참여로 지역사회와의 관계 개선을 통해 고객이나 지역사회로부터 환영을 받아 기업에 장기적 이익을 보장하고, 기업의 이미지를 향상시켜 매출액도 증가하고 정부의 규제를 피하게 된다는 점을 강조한다.

오늘날 사회 전체는 시장기능의 실패비용이 커지고 기업의 영향력이 확대될수록 기업에 폭넓은 사회적 책임을 요구하고 있다. 사회적 비용(social cost)을 절약하기 위하여 사회봉사를 외면하는 기업에 대해서는 고객이나 공중으로부터 외면을 당하고 경제적 손실을 초래하게 된다.

▌사회적 책임의 내용

지난 30년 동안 우리나라 기업들은 일반 대중으로부터 고객에 대한 불친절, 환경에 대한 무관심, 이기적인 이윤추구 그리고 비윤리적 행위 등으로 상당한 비판을 받아 왔다. 이러한 사회적 관심은 두 가지 초점으로 귀결된다.

첫째는 과연 기업은 사회적 책임을 가져야 하는가? 그리고 만약 사회적 책임이 있다면 무엇에 대하여 어느 정도 책임을 져야 하는가? 이다.

〈그림 7-4〉에 의하면 기업의 사회적 책임은 사회적 환경에 대한 관심 증대와 사회계약의 변경으로부터 도출된다. 이러한 사회적 책임은 사회에 대한 기업의 적응성과 사회적 성과(social performance)가 증대된 것이라고 가정한다.

둘째는 기업의 사회적 책임의 내용은 무엇인가?

기업의 사회적 책임은 경제적, 법적, 윤리적 그리고 자선적(philanthropic) 기대를 망

[그림 7-4] 기업의 사회적 책임에 관한 내용

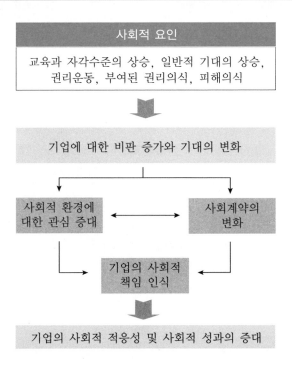

출처: A. B. Carroll, *Business & Society: Ethics and Stakeholder Management*, 3rd. ed.(South-Western College Publishing, 1996).

라하고 있다. 경제적 책임은 자본주의 체제하에서 기업이 경제적 기관인 이상 가장 기본적이고 중요하다. 기업은 사회가 요구하는 재화와 서비스를 생산하여 공정한 가격에 공급하여야 하며 기업이 지속적 생존과 성장을 할 수 있도록 적정한 이윤을 남겨야 한다. 한편 기업은 이해관계자(오너 포함)에 대해 응분의 책임을 다 해야 한다.

사회가 기업이 경제적 주체를 담당하도록 허가한 이상 사회는 기업이 운용되는 테두리, 즉 게임의 규칙을 정할 수 있다. 따라서 기업은 사회가 정한 법과 규제에 순응할 의무가 있어 이런 법규 테두리 내에서 공정하게 경쟁하고 분배하여야 한다.

윤리적 책임은 법규로 명시되지는 않지만 사회 구성원들이 기대하는(또는 중시하는) 행위를 수행하여야 할(또는 하지 말아야 할) 책임을 의미한다. 윤리적 책임은 고객, 종업원, 주주 그리고 지역사회가 공정하고 올바르다고 여겨지는 관심사를 반영하는 규범, 기준 그리고 기대로 구체화된다.

마지막으로 자선적 책임(philanthropic responsibility)은 순전히 자발적인 것으로 기업의 자유재량에 의해 행해지는 것이다. 이것은 기업의 사회에 참여하고 싶은 욕구에 의

[그림 7-5] 기업의 사회적 책임 피라미드

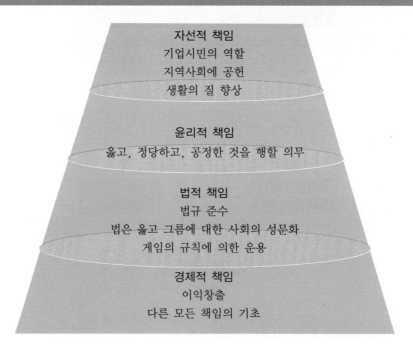

출처: A. B. Carroll, "The Pyramid of Corporate Social Responsibility: Toward the Moral Management of Organizational Stakeholder," *Business Horizon*(July-August, 1991).

해 행하여지며 법이나 윤리에 의해 강요되는 것은 아니다. 자선적 책임의 예로는 자선 및 자원봉사 활동, 기부금 제공, 지역사회 문화활동이나 알콜 중독자 재활프로그램 지원 사회공헌활동 등을 들 수 있다. 자선적 책임은 윤리적 또는 도덕적 의미에 있어서 기업에 기대되지 않는다는 점에서 윤리적 책임과는 구분이 된다.

자선적 책임은 '기업시민(corporate citizenship)'으로서의 의무라고 간주될 수 있다. 이상을 도표로 요약하면 〈그림 7-5〉와 같다.

▌ 사회적 책임에의 접근법

기업이 사회적 책임을 준수하는 강도의 범위는 〈그림 7-6〉에서 보는 바와 같이 네 가지로 구분할 수 있다.

- 방해자적 접근법
- 방어적 접근법
- 화해적 접근법
- 적극적 접근법

방해자적 접근법(obstructionist approach)이란 조직과 경영자들이 사회적 책임을 무시하고 불법적이고 비윤리적으로 행동하고 그들의 행동을 조직의 이해관계자뿐만 아니라 사회가 알지 못하도록 하는 접근법이다. 예를 들면, 미국의 담배회사들은 흡연이 폐암의 원인이라는 증거를 오랫동안 숨겨왔다.

방어적 접근법(defensive approach)이란 법규는 엄격하게 지키지만 그 이상의 사회적 책임은 회피하고 비윤리적 행동을 가끔하는 접근법이다.

[그림 7-6] 사회적 책임에의 접근법

방해자적 접근법	방어적 접근법	화해적 접근법	적극적 접근법

낮음   높음

← ─────── 사회적 책임 ─────── →

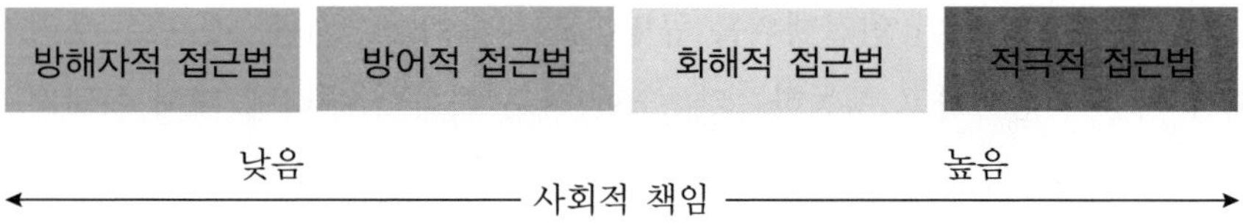

예를 들면, 기업이 파산하려고 할 때 최고경영층이 다른 주주들에 앞서 그들의 주식을 매각함으로써 손실을 줄이려고 하는 경우이다.

화해적 접근법(accommodative approach)이란 회사와 경영자들이 사회적 책임을 지고 합법적이고 윤리적으로 행동하려는 접근법이다. 이러한 접근법을 채택하는 경영자들은 사회의 눈으로 볼 때 적절한 선택을 하게 되고 옳은 일을 하려고 한다. 미국이나 유럽의 대기업들은 부하들이 불법적이거나 비윤리적 행동을 하게 되면 많은 것을 잃고 명성에 타격을 주기 때문에 이러한 접근법을 채택한다.

적극적 접근법(proactive approach)이란 회사와 경영자들이 사회적으로 책임지려는 방식으로 행동할 필요성을 적극적으로 인식하려는 접근법이다. 경영자들은 주주, 근로자, 지역사회의 이해를 위해 회사의 자원을 기꺼이 사용하려 한다. 이러한 회사는 오염 없는 환경, 재활용, 자원보존, 범죄예방, 문맹퇴치, 빈곤타파 운동에 적극적이다.

2. 기업윤리

▌윤리의 의의

윤리(ethics)란 개인이나 그룹의 행위와 결정의 옳고 그름, 선과 악, 또는 도덕적인 것과 비도덕적인 것에 대한 가치판단기준이다. 이와 같이 윤리는 개인이나 집단의 행동 기준이 된다. 윤리는 부적절한 행동이 무엇이고 타인을 해치지 않도록 행동하기 위해서 어떻게 해야 하는가를 가르쳐 준다. 즉 우리는 윤리적 기준, 원칙, 신념, 가치에 의해서 우리의 행위와 의사결정이 옳고 또는 그른가를 판단한다. 따라서 윤리적 행위(ethical behavior)란 일반적으로 사회적으로 통용되는 표준에 따라 옳다고 여겨지는 행위를 말한다.

윤리는 선악과 관련된 인간행위를 규명하고 구체화하기 위한 것으로 '우리가 타인에 대해서 어떻게 생각하고 행동하는가, 또한 다른 사람이 우리에 대해 어떻게 생각하고 행동해 주기를 바라는가'라는 기본적인 인간관계를 다룬다.

윤리원칙(ethical principle)은 도덕적 행위에 대한 지침이다. 예를 들면, 거의 모든 사회에서 거짓말, 도둑질, 사기 그리고 타인을 해치는 것 등은 비윤리적이고 비도덕적이다. 반면에 정직, 약속 준수, 타인을 돕고 타인의 권리를 존중하는 것 등은 윤리적으로나 도덕적으로 바람직한 행위로 여겨진다. 이러한 기본적인 행동 규칙은 조직사회의 지속과 유지에 필수적이다.

옳고 그름에 대한 생각은 다양한 원천에서 나온다. 종교적 신념은 많은 사람들에 있어서 윤리적 지침의 원인이 된다. 또 가정은 어린이들이 성장함에 따라 옳고 그름에 대한 사고를 발전시킨다. 또한 학교, 친구, 이웃, 비공식적 집단 등은 인생에 있어서 옳고 그름에 대한 사고에 영향을 미친다.

이러한 다양한 학습 경험에 의해서 우리는 윤리, 도덕성 그리고 사회적으로 바람직한 행동에 대한 개념을 발전시킨다. 윤리적 문제가 발생했을 때 우리는 이러한 윤리적 신념에 의해서 행동하게 된다.

도덕이나 윤리는 사회·문화적 환경을 바탕으로 한 인간생활의 관습이라고 할 수 있기 때문에 모든 사회, 모든 조직, 그리고 모든 개인마다 서로 다른 윤리적 기준을 가질 수 있는 상대적 측면이 있다.

이런 차이는 윤리적 상대주의(ethical relativism)의 개념을 등장시켰다. 즉 윤리기준은 시대상황, 사회적 전통, 또는 기타 특수 상황에 의해서 다양하게 정의된다는 것이다. 윤리는 시간, 장소, 환경 그리고 관련된 사람에 따라 상대적이다. 그러므로 옳고 그름과 선악에 대해 합리적인 방법으로 구분할 수 없고 어떤 의사결정이 다른 것보다 더 좋다라고 평가할 수는 없다.

▌법, 가치관, 윤리적 행동

윤리에는 첫째, 타인에게 해가 되는 일을 해서는 안 된다와 둘째, 타인에게 도움이 되는 일을 해야 한다라는 의무가 있다. 법은 윤리의 첫째 의무를 지키도록 함으로써 사회 전반적으로 최소한의 윤리수준을 유지하고자 한다. 따라서 윤리는 법에 우선하고 법을 생성시킨다고 할 수 있다. 그러므로 윤리적 행동에는 합법적 행동도 포함된다. 정의롭고 공정한 사회(just and fair society)에서는 윤리적 행동은 적법한 행동이라고 할 수 있다.

우리는 일반적으로 합법적이면 윤리적이라고 생각한다. 그러나 불법적인 행동이 아니라고 해서 모두 윤리적인 행동이라고 볼 수는 없다. 옛날 노예제도라든가 남자에게만 투표권을 부여하는 법이 있었다. 법의 준수 여부가 윤리적 행동을 판단하는 충분조건은 아니다. 예를 들면, 근무시간에 개인용무로 전화를 건다든지 아프다는 핑계를 대고 결근하는 경우는 엄격하게 불법적이라고는 할 수 없지만 비윤리적 행동이라고 볼 수 있다.

윤리적 신념이 법이나 규정의 제정을 이끌기 때문에 윤리적 신념이 변하면 법 자체가 변하든지 사라지게 된다. 이와 같이 윤리나 법도 세월이 흘러도 고정된 원칙은 아니라는 것이다. 즉 기업의 윤리적 행동도 사회적 책임과 마찬가지로 사회의 규범, 가치관 및 도덕의 영향을 받는다.

사실 작업장에서 대부분의 윤리적 문제는 개인이 자기의 믿음에 반하는 행동을 하거나 하도록 강요를 받을 때 발생한다. 어떤 사람은 행위가 합법적인 한 거리낌 없이 진행하겠지만 다른 사람은 행위의 적법성을 넘어 개인의 행동을 결정할 자기이해는 물론 믿음과 태도(beliefs and attitudes), 즉 개인적 가치관(personal values)에 따라 행동할 것이다.

사람마다 가치관이 다르기 때문에 어떤 행동이 주어진 상황에서 윤리적이냐 또는 비윤리적이냐 하는 문제에서 서로 다른 해석을 할 수 있게 된다.

▌ 기업윤리의 의의

기업윤리(business ethics)란 일반적인 윤리적 사고를 특수한 사업 행동에 적용하는 것이다. 기업윤리는 모든 상황에 보편적으로 적용되는 사회적 윤리와는 다른 독특한 윤리적 사고를 의미하는 것이 아니고 단지 사회적 윤리를 기업경영이라는 특수한 상황에서 나타나는 행동이나 태도의 옳고 그름이나 선이나 악을 체계적으로 구분하는 판단기준으로 적용하는 것이다.

부정직이 비윤리적이고 부도덕하다고 여겨진다면 종업원, 고객, 주주 또는 경쟁자에게 부정직한 사업가는 비윤리적이고 부도덕적인 것이다. 다른 사람을 위해하지 않는다는 것이 윤리적이라면 결함이 있어 위험 가능성이 있는 제품을 리콜(recall)하는 것이 윤리적인 방식이다.

이렇게 기업윤리는 사회적 윤리에 기반을 두고 기업 경영과정에서 발생하는 여러 가지 도덕적 문제들을 규명하거나 해결하는 길잡이가 된다. 기업은 무엇이 옳고 그른지에 대해 자신만의 정의를 꿰매 맞추어서는 안 된다.

〈그림 7-7〉에 의하면 가치판단은 실제로 무엇이 일어났는가(실제 행위) 그리고 사회적 규범에 대한 타인의 판단에 의해 이루어진다. 이것은 서로 다른 두 사람이 동일한 행위를 관찰하더라도 사회적 규범에 대한 지각이 달라 서로 다른 판단을 내릴 수 있다는

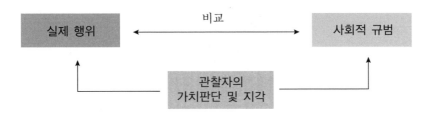

[그림 7-7] 윤리적 판단

실제 행위　　　비교　　　사회적 규범

관찰자의
가치판단 및 지각

것이다.

　따라서 기업이 윤리적이기 위해서는 그 기업이 속한 사회의 모든 구성원이 윤리적이라고 인정하는 규범을 따라야 하며 그렇지 않으면 비윤리적 기업이 된다. 비윤리적 기업의 예를 들면, 남몰래 폐수를 방류하는 염색공장이나 교통사고 경력을 숨긴 채 중고차를 판매하는 도매상, 폭스바겐의 연비 조작, 옥시의 가습기 살균제 사건 등이다.

기업윤리의 필요성

　기업은 왜 윤리적이어야 하는가? 기업은 왜 윤리를 도외시하고 수단과 방법을 가리지 않고 이윤을 추구하지 못하는가? 제품과 서비스의 생산과 제공이라는 기업의 경제적 활동이 안전문제, 공해문제, 부의 편재문제, 정경유착문제 등 부정적인 결과를 초래하는 경우도 있기 때문에 오늘날의 기업은 경제적 역할은 물론 경영윤리의 실천과 사회적 책임의 완수가 절대적으로 요구되고 있다. 이는 〈표 7-1〉에서 보는 바와 같다.

　첫째는 일반 대중들이 기업은 높은 윤리기준을 가지고 사회적 책임을 완수하기를 기대하기 때문이다. 즉 오늘날 기업이나 경영자가 의사결정을 할 때 경제적 합리성과

|표 7-1| **기업이 윤리적이어야 하는 이유**

- 기업에 대한 일반 공중의 기대 충족
- 남을 해치지 않음
- 사업관계와 종업원 생산성 향상
- 타인으로부터 사업보호
- 사용자로부터 종업원 보호
- 개인적 도덕성 고취

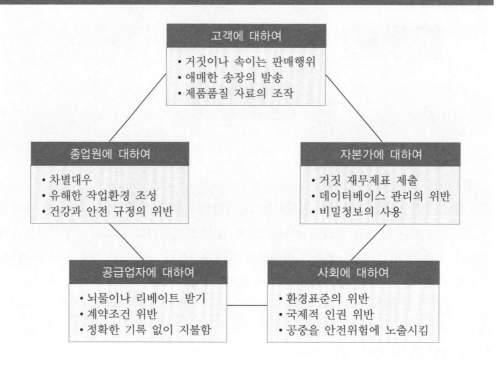

[그림 7-8] 비윤리적 조직행동의 예

고객에 대하여
• 거짓이나 속이는 판매행위
• 애매한 송장의 발송
• 제품품질 자료의 조작

종업원에 대하여
• 차별대우
• 유해한 작업환경 조성
• 건강과 안전 규정의 위반

자본가에 대하여
• 거짓 재무제표 제출
• 데이터베이스 관리의 위반
• 비밀정보의 사용

공급업자에 대하여
• 뇌물이나 리베이트 받기
• 계약조건 위반
• 정확한 기록 없이 지불함

사회에 대하여
• 환경표준의 위반
• 국제적 인권 위반
• 공중을 안전위험에 노출시킴

함께 윤리적 판단도 고려해야 한다고 사회는 기대한다.

이러한 대중의 기대를 충족시키는 데 실패하는 기업은 비판을 받고 불이익을 받을 것이 예상된다. 기업의 역할이나 활동이 사회의 윤리적 기준에 맞게 준수하는 것은 생존과 성장의 사회적 정당성을 획득하는 한 방법이다. 이렇게 기업과 사회는 서로 협조하여 윤리적 원칙을 고수하면서 경제적 이득을 누릴 수 있다.

기업과 종업원이 윤리적으로 행동하여야 하는 두 번째 이유는 일반 대중과 기업의 이해관계자들에게 해를 끼쳐서는 안 된다는 것이다. '해를 끼치지 말라'는 대다수의 사회에서 가장 강력한 윤리원칙 중 하나이다. 높은 수준의 윤리성을 유지하는 기업은 사회로부터 두터운 신뢰와 좋은 이미지를 얻어 성장 발전할 수 있게 된다.

〈그림 7-8〉은 고객, 종업원, 기타 이해관계자에 대한 조직의 비윤리적, 불법적 행동의 예를 보여주고 있다.

기업이 윤리적이어야 하는 세 번째 이유는 기업이 윤리적이면 보상을 받는다는 것이다. 즉 기업의 윤리는 좋은 사업관계 유지와 종업원들의 생산성 향상과 관련이 있다는 것이다. 도덕적이고 윤리적인 기업의 구성원은 자부심과 보람을 느끼고 열심히 일하려는 의욕을 갖게 된다.

한편 윤리적일수록 신뢰감을 높여 사업 파트너 간에 제휴를 공고히 할 수 있다. 신뢰가 깨진다면 비윤리적 상대는 회피되거나 무시될 것이다. 이런 현상은 국내에서 부실시공하여 많은 인명 피해를 준 회사가 외국에서 수주하기 어려운 예에서 찾을 수 있다.

비윤리적 종업원이나 경영자로부터 기업을 보호하기 위해서도 윤리적 행동은 촉진할 필요가 있다. 조직 구성원이 회사의 재산을 절취하거나 뇌물을 받고 사리사욕을 채운다면 조직의 이미지나 생존에 크게 위협이 될 수 있다. 조직 내부의 비리는 발견하기가 어려워 문제가 심각해진 다음에야 폭로되기가 쉽다.

기업의 높은 윤리기준은 조직 구성원을 보호할 수도 있다. 종업원들은 사생활 침해(예를 들면 정당화되지 않은 거짓말 탐지기 테스트)나 개인적 신념에 어긋나는 행위의 강요(예를 들면, 회계 보고서 조작) 또는 위험한 작업환경에서 근로강요(예를 들면, 통풍이 되지 않는 갱도에서 채탄 작업이나 위험한 화학물질에 노출) 등에 분개할 수도 있다. 기업은 종업원들의 존엄성을 존중함으로써 높은 사기와 생산성으로 보상받을 수 있다. 따라서 기업, 종업원, 사회 모두가 승자가 되는 상황을 결과할 수 있다.

마지막 이유는 개인적인 것이다. 사람들은 자신의 옳고 그름의 가치관에 따라 일관성 있게 행동하기를 원한다. 개인적 신념과는 다른 행위를 강요받는다면 많은 스트레스를 경험할 것이다. 사람들이 지원적이며 윤리적인 분위기에서 일한다고 느낄 때 그들은 심리적 안정감을 경험할 것이다. 따라서 사람들은 윤리적 기업에서 근무한다고 느낄 때 일반 대중뿐만 아니라 자신도 보호를 받는다고 느낄 것이다.

▌윤리문제 발생의 원인

확실히 기업의 윤리적 문제는 환경훼손, 뇌물, 불량제품 등 다양한 형태로 발생하고 있다. 이런 현상이 일반적이라고는 할 수 없지만 빈번히 일어나는 것은 사실이다. 윤리적 문제를 일으키는 원인이 무엇인가를 밝히는 것이 기업의 윤리적 문제를 강화하는 첫 단계가 된다. 〈표 7-2〉는 기업이 비윤리적으로 행동하게 하는 주요 원인을 요약하고 있다.

1 개인적 이득 및 이기심

개인적 이득 또는 탐욕이 강한 사람은 다른 사람, 기업 또는 사회보다는 무엇보다

|표 7-2| 기업이 비윤리적 행동을 하는 이유

원 인	윤리적 문제	전형적 접근방식	태 도
개인적 이득 및 이기심	이기심 대 타인의 이해	이기주의	'내가 원한다'
이윤에 대한 경쟁적 압력	기업의 이해 대 타인의 이해	'최후의 보루' 정신	어떠한 일이 있더라도 타인에게 이겨야 한다'
기업목표 대 개인목표	상사의 이해 대 부하의 가치관	권위주의	'내가 말하는 대로 하라'
이 문화간 상충	기업의 이해 대 다양한 문화적 전통과 가치	자기만족 중심주의	'외국인은 무엇이 옳고 그름에 대해서 이상한 관념을 가지고 있다'

출처: J. E. Post, et. al., *Business and Society: Corporate Strategy, Public Policy & Ethics*, 8th ed.(McGraw-Hill, 1996), p. 101.

자신의 이해관계를 우선 챙긴다. 따라서 개인의 욕심이 기업의 윤리문제 발생의 원인이 될 수 있다. 비윤리적 가치관을 소유한 사람은 비도덕적 행위가 사회에 어떤 영향을 미치는지 고려치 않고 자신의 이익추구에 몰두하게 된다. 조직은 채용과정에 있어서 윤리적으로 바람직하지 못한 지원자를 색출하려고 하지만 윤리적 자질을 측정하고 평가하는 것이 쉽지는 않다. 따라서 횡령자, 바가지 씌우는 사람, 뇌물수수자, 그리고 기타 비윤리적 사람들이 걸리지 않고 채용될 수도 있다. 채용시스템이 완전하지 않으므로 기업은 이런 유형의 비윤리적 행위로부터 전적으로 자유스럽지 못하다.

다른 무엇보다 자신의 이해관계를 우선하는 경영자나 종업원을 윤리적 이기주의자(ethics egoist)라고 부른다. 자기본위, 이기주의 그리고 탐욕 등이 윤리적 이기주의자에서 흔히 볼 수 있는 특성이다. 윤리적 이기주의자는 윤리는 타인을 위해서 만들어졌다고 믿기 때문에 윤리원칙을 무시하는 경향이 있다. 일반적으로 말하면 '제일주의 추구'는 윤리적 이기주의자의 모토이다.

❷ 이윤에 대한 경쟁적 압력

기업이 격렬한 경쟁에 의해서 압박을 받을 때 자신의 이익을 보호하기 위하여 종종 비윤리적 행동을 행한다. 기업의 재무적 성과가 기준 이하일 때 기업이 생존을 위해서 비윤리적 행위를 취할 가능성이 크다.

그러나 이윤이 높은 기업도 윤리원칙에 위배된 행동을 할 수 있다는 점에서 불안정한 재무상태는 비윤리적 기업행위의 한 요인일 뿐이다. 실제로 기업의 비윤리적 행위의 원인이 되는 것은 재무상태와는 관계 없이 무모한 이윤추구 동기인 것이다.

우리나라와 같은 2중적 경제구조하에서 빈번히 일어나는 비윤리적 행동은 하청업체에 부당하게 비용을 전가하는 행위일 것이다. 하청업체에 공정한 가격 아래로 납품을 강요하거나 광고비를 전가시키는 행위 등이 공공연하게 자행되고 있다. 특히 기업 간부들의 이윤에 대한 집착이 강할수록 이해관계자들의 윤리적 주장을 무시한다. 이러한 행동은 기업과 사회를 서로 싸우게 만드는 불행한 결과를 초래한다.

③ 기업목표 대 개인목표

기업에서 윤리적 갈등은 때때로 기업이 개인이 수용할 수 없는 목표나 방법을 강요할 때 발생한다. 즉 기업이 추구하는 목표나 가치가 구성원인 개인의 가치와 차이가 발생하면 윤리적 갈등이 심화된다. 종업원이 개인적으로 기업의 잘못된 행위를 수정하도록 노력했지만 실패했을 경우에는 종업원들은 내부고발자(whistle-blowing)가 될 가능성이 있다.

또한 종업원은 법에 의지하여 소송할 수도 있을 것이다. 이런 행위는 최근에 정부가 다양한 보호행위를 취함으로써 점점 경제적으로나 경력적으로나 위험이 적어진다.

이렇게 조직에 저항한 종업원은 문제아가 아니다. 그들은 먼저 내부절차에 따라 문제를 해결하려고 노력하였다. 그러나 조직이 타인에게 해가 되는 또는 비윤리적 행위를 따를 것을 명령함으로써 문제가 발생하는 것이다.

④ 이 문화간 충돌

기업이 점점 글로벌화됨에 따라 기업들은 관습과 규범이 다르고 문화와 윤리적 전통이 다른 국가에서 사업을 행함으로써 문화적 충돌이 자주 발생하게 되었다. 예를 들어 정치헌금(political contribution), 뇌물(bribe)과 선물(gift)의 구별은 나라마다 다르다. 우리나라의 경우 뇌물과 관련된 스캔들에 공통적 특징은 혐의당사자들이 지금까지 관행적으로 해오던 것을 왜 나만이 문제가 되느냐는 식이다.

우리나라를 포함한 아시아에서는 선물이 인간관계를 돈독하고 부드럽게 하는 사회적 윤활유로서 역할을 한다고 생각한다. 그러나 독일에서는 '선물은 독이다'라고 하듯이 악의나 저주에 찬 선물의 증여는 상대방을 파멸시킬 수도 있다는 뜻이기도 하며, 한편으로는 상대방이 도저히 되갚을 수 없는 선물의 증여는 상대방에 대한 모독이기도 하다.

▎윤리적 판단의 개발

　경영자든 종업원이든 개인들이 어떻게 윤리적(또는 도덕적) 판단을 개발하는지를 이해하는 것은 윤리적 경영에 도움이 될 것이다. 우리가 윤리적 판단의 발전과정을 이해한다면 우리 자신의 행동은 물론 주위 사람들의 행동을 더 잘 이해할 수 있을 것이다.

　미국 심리학자 로렌스 콜버그(Lawrence Kohlberg)는 인간은 성숙해지고 교육을 받으면서 3수준(각 수준별로 두 개의 단계가 있는)을 거치면서 도덕적으로 발달한다고 한다. 〈그림 7-9〉는 콜버그의 도덕적 발달(moral development)의 3수준(6단계)을 제시하고 있다.

1 수준 1: 인습 이전의 수준

　어린이 행동으로 특징지워지는 인습 이전의 수준(preconventional level)에서는 주로 자신에 초점이 맞추어진다. 어린이는 처벌과 보상에 반응하여 행동한다. 단계 1은 처벌에 반응하는 단계이다. 아주 어린애가 특정 행동을 하기 위한다면(예를 들어 차도에서 뛰지 않기를 원한다면) 엉덩이를 때리거나 꾸지람이 필요하다. 이 단계에서는 규율에 복종함으로써 '고통의 회피'를 지향하는 경향이 있다.

[그림 7-9] 콜버그의 도덕적 발달 수준

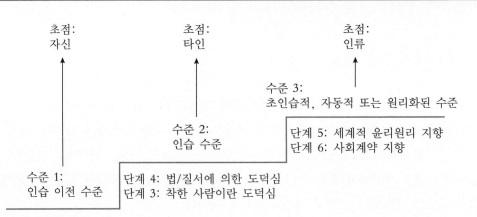

초점:
자신

초점:
타인

초점:
인류

수준 3:
초인습적, 자동적 또는 원리화된 수준

수준 2:
인습 수준

단계 5: 세계적 윤리원리 지향
단계 6: 사회계약 지향

수준 1:
인습 이전 수준

단계 4: 법/질서에 의한 도덕심
단계 3: 착한 사람이란 도덕심

단계 2: 보상추구
단계 1: 처벌에의 반응
리더십 스타일:　　지도/장려/팀 지향적　　　봉사하는 리더십
　전제주의적/위압적　작업자그룹 협력관계　　권한을 부여받은 근로자 적극 참여
근로자 행동: 과업완수

어린이가 나이가 좀 들면 개인적 이득 같은 보상을 추구하는 경향이 생긴다. 단계 2는 보상추구 단계이다. 어린이들은 '착한 것'(예를 들어 부모가 원하는 행동을 하는 것)과 앞으로 제공될 보상 사이의 어떤 관계를 찾기 시작한다.

보상은 부모의 칭찬일 수도 있으며 사탕 등과 같이 구체적인 물질일 수도 있다. 이러한 인습 이전의 수준에서는 어린이들은 도덕적으로 '옳고'·'그름'을 진정하게 이해하고 있는 것이 아니라 단지 결과 — 즉 처벌과 보상 — 에 따라 행동하는 것을 배우는 것이다.

② 수준 2: 인습수준

어린이가 나이가 듦에 따라 다른 사람의 생각이나 안녕을 고려해야 한다는 것을 배운다. 다른 사람들로서는 처음에는 가족과 친구들이 포함이 된다. 도덕적 발달의 인습수준에서는 개인들은 사회의 전통적 규범에 순응하는 것이 중요하다는 것을 배운다.

인습수준(conventional level)은 두 단계로 구성되어 있다. 단계 3은 '착한 사람'이라는 도덕심 단계이다. 어린이들은 가족이나 친구들이 기대하는 대로 산다면 보상(예를 들어 신뢰, 수용 또는 따뜻함)이 있다는 것을 학습한다. 따라서 개인들은 일반적으로 착한 아들, 딸, 형제 또는 친구로서 기대되는 행동을 하기 시작한다.

단계 4는 법·질서 도덕심 단계(law-and-order morality stage)이다. 개인들은 단계 3에서와 같이 가족, 친구, 학교 등에 적응하기 시작할 뿐만 아니라 사회가 질서 있게 기능하기 위해서는 어떤 규범이 있다는 것을 인식하게 된다. 따라서 개인은 선량한 시민으로 사회화되는 것이다.

이러한 삶의 규칙은 법규(붉은 신호등에서는 차를 멈춘다 등)뿐만 아니라 보다 비공식적인 규범(교실에서는 담배를 피우지 않는다, 레스토랑에서는 팁을 주어야 한다 등)을 포함하고 있다. 단계 4에서는 개인은 사회적 시스템의 한 부분이고 사회 속에서 활동하고 수용되기 위해서는 사회의 규범과 기준에 순응하고 수용하여야 된다는 것을 인식한다.

③ 수준 3: 초인습적, 자동적 또는 원리화된 수준

소수의 사람들만 도달할 수 있는 제3의 수준에서는 초점이 자기에게 직접적 중요성을 지닌 '다른 사람'으로부터 '인류' 전체로 옮겨진다. 초인습적 수준(postconventional level)에서는 인습적으로 규정된 개념보다 더 성숙한 선악의 개념이 개발된다. 도덕적 원리가 사회의 법이나 규범 때문이 아니라 개인이 옳다고 느끼기 때문에 수용된다.

사회적 계약지향(social-contract orientation)의 특성을 지닌 단계 5에서는 일반적인 개인권리(general individual right)와 사회 전체가 동의한 기준에 근거하여 행동이 평가된다. 여기서는 개인적 가치와 합의에 도달하는 과정이 동시에 고려된다.

세계적 윤리-원칙 지향(universal-ethical-principle orientation)이란 개인이 세계적이고, 포괄적이고, 일관적인 윤리원칙에 따라 행동하는 것을 의미한다. 보편적 원리(혹은 황금률: the Golden Rule)는 정의, 인권 그리고 사회복지 같은 이상에 초점을 맞추고 있다.

수준 3에서는 개인은 사회가 정한 기준보다 높은 차원에서 자신의 행동을 정당화할 수 있다. 예를 들어 우리나라 사회에서는 법적으로 여성을 차별해서는 안 된다. 수준 2의 경영자는 법을 위반하지 않기 위하여 여성을 차별하지 않는다.

수준 3의 경영자는 차별을 하지 않지만 좀 다른 이유에 근거하고 있다. 예를 들면, 여성을 차별하는 것이 인간권리에 대한 보편적 원리에 위반되기 때문이다. 수준 2와 수준 3의 차이는 부분적으로는 행동의 내적 동기에 의해서 설명될 수 있다.

지금까지의 논의를 신체적으로 연령과 비교해 본다면 수준 1은 유아기, 수준 2는 청소년기 그리고 수준 3은 성년기에 해당된다고 볼 수 있다. 수준 1과 수준 2는 신체적 연령과는 연관이 어느 정도 있어 보이지만, 그러나 대부분의 성인들은 수준 2를 뛰어 넘지 못하고 있다.

경영자로서 수준 3에 도달한다는 것은 바람직한 일이다. 이러한 경영자들은 사회가 일반적으로 요구하는 수준 이상으로 사람, 제품 그리고 시장을 생각한다. 우리가 비록 수준 3에 도달하지 못하더라도 우리는 지속적으로 무엇이 올바른 경영인가?를 자문하여야 할 것이다.

▌ 윤리적 행동의 영향요인

윤리적 행동은 사람마다, 기업마다, 국가마다 서로 다르게 나타나는데 그러면 개인과 조직의 윤리적 행동에 영향을 미치는 요인은 무엇인가?

〈그림 7-10〉에서 보는 바와 같이 윤리적 행동에 영향을 미치는 요인으로는

- 개인으로서의 경영자
- 조직
- 외부환경 { 문화적 요인
            법과 규제적 요인

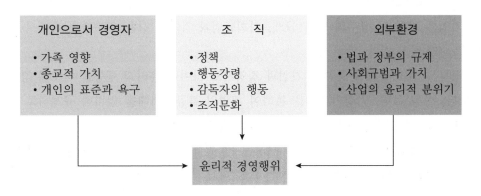

[그림 7-10] 윤리적 행동의 영향 요인

개인으로서 경영자	조 직	외부환경
• 가족 영향 • 종교적 가치 • 개인의 표준과 욕구	• 정책 • 행동강령 • 감독자의 행동 • 조직문화	• 법과 정부의 규제 • 사회규범과 가치 • 산업의 윤리적 분위기

윤리적 경영행위

을 들 수 있다.

1 개 인

개인은 무엇이 옳고 그른지 자신의 가치관과 감각을 가지고 있다. 가족의 영향, 종교적 가치, 개인적 표준과 욕구 등은 개인의 윤리적 행동에 영향을 미친다.

강하고 일관된 개인적 윤리관이 결여된 경영자는 자신의 이익을 극대화하려 하기 때문에 상황에 따라 다른 의사결정을 하게 된다. 윤리적 의사결정을 위한 개인적 규칙이나 전략이라는 강한 윤리적 틀(ethical framework)을 갖는 사람만이 윤리적 표준에 맞는 좀더 일관되고 자신있는 행동을 할 수 있는 것이다.

2 조 직

직장에서 근로자의 행동에 중요한 영향을 미치는 사람은 직속 상관이다. 감독자가 무엇을 요구하는지, 어떤 행위를 했을 때 칭찬을 듣고 꾸중을 듣는지는 근로자의 행위와 결정에 바로 영향을 미친다.

공식적·비공식적인 정책, 규칙, 지시, 윤리규정, 연설 등은 조직문화를 지원하고 강화하고 조직문화, 리더십, 보상제도, 업무관행 등은 근로자의 윤리적 행동에 큰 영향을 미친다.

③ 외부환경

기업은 경쟁자, 정부의 법과 규제, 사회규범과 가치와 같은 외부환경 속에서 경영행위를 지속하고 있다.

정부는 법과 규제를 통하여 기업과 경영자로 하여금 윤리적 행동을 하도록 강요하고 있다. 예를 들면, 공정거래법을 통하여 기업의 불공정거래를 엄격히 규제하고 있으며 남녀고용차별금지법에 따라 고용과 승진에 있어 남녀간 차별을 금지하고 있다.

사회의 문화적 가치와 규범 및 전통은 구성원들의 윤리적 행동에 막강한 영향력을 행사하고 있다. 개인의 기본적인 가치는 보통 다음과 같이 나열할 수 있다.

- 정직(honesty)
- 청렴결백(integrity)
- 믿음(trustworthiness)
- 타인의 존중(respect for other people)
- 자존(self-respect)
- 가족(family)
- 달성(achievement)
- 신뢰(reliability)
- 공정(fairness)
- 충성(loyalty)

이러한 가치들은 윤리적 의사결정과 행동을 하도록 강요한다. 또한 이들은 행위나 결정이 윤리적인지, 비윤리적인지 구별하는 데 도움을 준다.

▌경영자를 위한 윤리원칙

다음의 원리들은 윤리적 행동과 관련된 특성과 가치를 내포하고 있다. 다음의 원리들을 체계적으로 고려하여 윤리적 의사결정을 내릴 수 있다.

- **정직**: 윤리적 경영자는 모든 거래에 있어서 정직하고 신뢰할 만하다. 그들은 그

룻된 설명, 과장, 부분적 진실, 선택적 누락 등의 방법으로 고의적으로 타인을 속이지 않는다.

- **진실성**: 윤리적 경영자는 상당한 압력하에서도 자신이 옳다고 생각하는 것을 행하는 용기와 진실성을 지닌다. 그들은 원칙이 있으며 명예스러우며 강직하다. 그들은 자신의 신념을 위하여 투쟁한다. 그들은 편리함을 위해 원칙을 희생하지 않으며 위선적이지도 않다.

- **약속준수 및 신뢰**: 윤리적 경영자는 신뢰를 존중하며 적절한 정보를 제공하거나 사실에 대한 오해를 수정하는 데 주저하지 않는다. 그들은 자신의 약속을 지키기 위하여 노력과 헌신을 행한다.

- **충성**: 윤리적 경영자는 어려움에 처할 때 우정, 지원 그리고 의무에 전념함으로써 개인과 기관에 대해 충성을 보인다. 그들은 사적인 이익을 위하여 정보를 활용하거나 누설하지 않는다. 그들은 부당한 영향과 이해의 갈등을 신중하게 회피함으로써 독립적이고 전문적인 판단을 내릴 수 있는 능력을 지키려고 한다.

- **공정성**: 윤리적 경영자는 모든 거래에 있어서 공정하다. 그들은 권력을 자의적으로 행사하지 않는다. 그들은 이득을 유지하기 위하여 또는 상대방의 실수나 어려움을 부당하게 이용하기 위하여 기만적이거나 억지의 수단을 쓰지 않는다.

- **타인에 대한 관심**: 윤리적 경영자는 친절하고 보살피고 자비롭다. 그들은 황금률을 지키며 곤경에 처한 사람을 돕는다. 그들은 최대의 선과 최소의 해악을 결과하는 방식으로 사업목적을 달성하려 한다.

- **타인에 대한 존경**: 윤리적 경영자는 인간의 존엄성, 자율성, 권리 및 의사결정과 관련이 있는 모든 사람의 이해관계를 존경한다. 그들은 성, 인종 또는 출신국가와 관계 없이 모든 사람을 인간적 존엄성을 가지고 예의 바르고 공정하게 다룬다.

- **법규 순응**: 윤리적 경영자는 사업활동과 관련된 법규, 규칙 및 규제에 순응한다.

- **탁월성 추구**: 윤리적 경영자는 자신의 의무를 탁월하게 수행하려 하며 자신이 책임지고 있는 모든 분야에 있어 준비하고 숙달되고자 노력한다.

- **리더십**: 윤리적 경영자는 리더십의 책임과 기회를 잘 알고 있으며 행동의 모범을 보임으로써 또한 논리적 사고와 윤리적 의사결정이 높이 평가되는 분위기를 만듦으로써 긍정적인 윤리적 역할모델을 추구한다.

- **명성 및 사기**: 윤리적 경영자는 회사의 명성에 해가 되는 행동을 행하지 않음으로써 그리고 다른 사람의 부적절한 행동을 방지하거나 교정함으로써 회사의 명예와 종업원의 사기를 보호하고 구축하려고 한다.

• **책임감**: 윤리적 경영자는 의사결정 또는 무작위의 윤리적 측면에 대하여 자신, 동료, 회사 그리고 지역 사회에 대해서 책임을 인정하고 수용한다.

3. 윤리적 의사결정 기준

　개인이든 관리자이든 의사결정을 할 때 윤리적 딜레마(ethical dilemma)에 빠질 때가 있다. 윤리적 딜레마란 개인이나 조직에겐 유익하지만 비윤리적이라고 생각되는 어떤 대안을 선택해야 할 것인지 또는 선택하지 말아야 할 것인지를 결정해야 하는 상황을 말한다. 이는 어떤 행동을 취해야 하지만 무엇이 옳고 그른지에 대해서는 분명한 의견 일치가 이루어지지 않는 경우에 발생한다.

　기업에서 관리자가 겪는 윤리적 딜레마는 상관, 부하, 고객, 경쟁자, 공급자, 규제 기관 등과의 마찰에서 발생한다. 예를 들면, 광고에 있어서의 부정직성과 최고경영층·고객·정부기관과의 커뮤니케이션상의 부정직성 등이다.

　따라서 기업은 윤리적 딜레마에 직면할 때 적용할 지침을 필요로 한다. 이러한 지

[그림 7-11] 윤리적 행동의 접근법

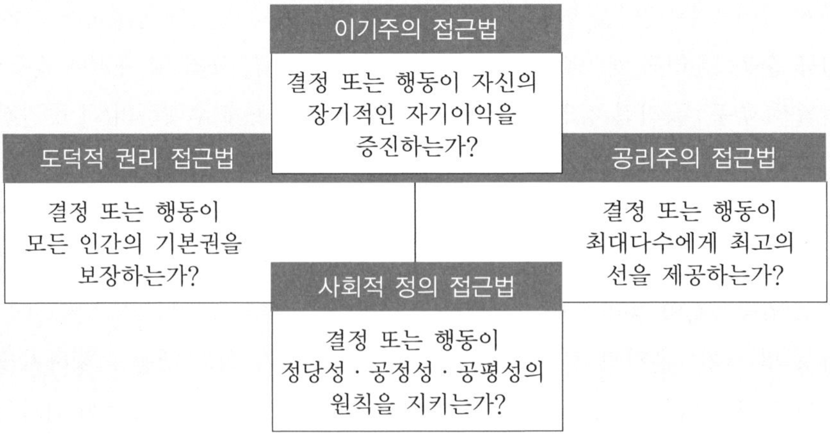

이기주의 접근법
결정 또는 행동이 자신의 장기적인 자기이익을 증진하는가?

도덕적 권리 접근법
결정 또는 행동이 모든 인간의 기본권을 보장하는가?

공리주의 접근법
결정 또는 행동이 최대다수에게 최고의 선을 제공하는가?

사회적 정의 접근법
결정 또는 행동이 정당성·공정성·공평성의 원칙을 지키는가?

침으로 관리자와 종업원들은 윤리문제의 성격을 규명하고 어떤 대안을 선택할 때 가장 좋은 윤리적 결과를 초래할 것인가를 결정하게 된다.

규범과 가치를 중시하는 규범적 윤리(normative ethics)란 관리자가 윤리적 의사결정을 할 수 있도록 유도하는 윤리적 기준을 기술하는 접근법으로서 이에는 공리주의 접근법, 이기주의 접근법, 도덕적 권리 접근법, 정의 접근법이 있다. 〈그림 7-11〉은 윤리적 행동의 서로 다른 해석을 보여주고 있다.

▌공리주의 접근법

공리주의 접근법(utilitarian approach)은 도덕적 행동과 옳은 의사결정의 결과는 최대 다수에게 최고의 만족을 제공하는 일반선(general good)을 지향해야 한다는 주장이다. 이는 행위의 윤리성을 행위의 동기에 의해 판단하려는 것이 아니고 그 행위의 객관적 결과에 의해 판단하려는 것이다.

따라서 어떤 행위, 계획, 정책 등은 그의 결과에 의해서 평가되어야 한다는 것이다. 이러한 결과 지향적인 윤리적 사고는 잠재적인 긍정적 결과가 잠재적인 부정적 결과보다 가치가 있다고 판단되는 경우에 의사결정을 하도록 유도한다.

공리주의 접근법은 비용-효익 분석(cost-benefit analysis)이라고도 하는데 결정, 정책, 행위의 비용과 효익을 서로 비교하기 때문이다. 비용과 효익은 경제적(원화로 표시할 수 있는), 사회적(사회 전체에 미치는 영향), 인간적(심리적·감정적 영향) 성격을 갖는다. 효익이 비용보다 크면 이윤을 내기 때문에 경제적 성공이라고 할 수 있다.

따라서 공리주의 접근법은 이익극대화, 능률성, 능력과 성과에 의한 보수, 경쟁, 조직이익 우선의 개념을 정당화하고 있다. 예를 들면, 기업이익과 70%의 근로자를 보호하기 위하여 30%의 근로자들을 해고할 수 있는 경우는 여기에 해당한다.

공리주의 접근법의 결점은 예컨대 종업원의 사기처럼 금전적 측정이 곤란한 경우에는 비용-효익 분석을 적용할 수가 없다는 것이다. 또한 이 접근법은 다수집단에 속한 사람들의 권리가 소수집단에 속한 사람들의 권리에 우선한다는 것이다.

▍이기주의 접근법

이기주의 접근법(individualism approach)은 어떤 행위가 도덕적인 한 개인의 장기적인 자기이익을 최대로 하고 결국 다수에 선과 이익을 초래한다는 주장이다. 개인의 권리는 최고권위가 있기 때문에 이를 제약하려는 어떤 외부의 힘도 제거되어야 한다. 즉 다른 사람들의 권리를 침해할 수 있는 결정이나 행동을 금해야 한다는 것이다. 이 접근법의 가정은 단기적으로 윤리적 행위를 하게 되면 장기적으로 해를 끼치려는 다른 사람을 피할 수 있다는 것이다.

개인이 평가할 때 악보다 선의 비율이 큰 대안은 언제나 옳은 대안이 된다. 이기주의는 장기적으로 정직과 성실을 유발한다고 믿는다. 눈앞의 자기이익을 위하여 거짓이나 속임수를 쓰면 상대방으로부터 곧바로 거짓이나 속임수가 되돌아온다. 따라서 이기주의는 다른 사람들이 원하는 윤리적인 행동을 하도록 만든다.

이기주의 접근법의 결점은 한 사람의 단기적 자기이익이 언제나 장기적으로 모든 사람에게 선이 되는 것은 아니라는 것이다. 예를 들면, 작물에 화학비료를 사용하면 곡물의 수확량은 증가하지만 폐수가 흘러 고기의 수를 감소시키는 경우에는 어업에 부정적 영향을 미칠 수 있다.

▍도덕적 권리 접근법

도덕적 권리 접근법(moral-rights approach)은 모든 인간은 다른 사람의 결정에 의해서 침해받을 수 없는 기본적 자유와 권리를 가지고 있다고 주장한다. 이는 UN의 인권선언(Declaration of Human Rights)과 미국의 권리장전(Bill of Rights)에 기초를 두고 인간의 생명, 자유, 건강과 안정, 사생활권, 사유재산권, 양심의 자유, 언론의 자유와 같은 인간의 기본권의 기준에 따라 의사결정이 이루어져야 한다는 것이다.

우리나라에서도 도덕적 권리기준을 보장하기 위하여 공해방지법, 산업안전과 재해방지법, 소비자보호법, 공정거래법 등을 제정하였다.

윤리적 의사결정 기준으로서의 도덕적 권리 접근법은 충돌하는 권리 사이에 균형을 잡기가 어렵다는 결점을 갖는다. 예를 들면, 종업원의 정직성을 평가하기 위하여 거짓말 탐지기를 사용하는 것은 그의 사생활권을 침해할 수도 있는 것이다.

사회적 정의 접근법

사회적 정의 접근법(social justice approach)은 모든 사람은 동등하게 취급되어야 하고 법규는 공평하고 공정하게 적용되어야 한다고 주장한다. 관리자는 개인이나 그룹 사이에 효익(보상)과 비용을 얼마나 공정하게 배분하는가에 따라 그의 의사결정과 행동을 평가받게 된다.

이 접근법에서는 효익과 비용의 배분에 있어서 정당성(equity), 공정성(fairness), 공평성(impartiality)의 원칙을 전제로 한다.

정당성은 인간의 생존권, 즉 최소한의 생계를 보장하는 필요의 원칙이요 사회적 의무의 기본이다. 공정성은 공헌도에 따른 능력주의 분배원칙을 말하는데 분배정의(distributive justice)의 기준이 된다. 직장에서 남녀 종업원 사이에 적용되는 동일노동 동일임금의 원칙은 여기에 해당된다. 다른 예를 들면, 종업원의 채용·해고·승진에 있어서 그들의 인종·종교·국적·성별에 따라 차별적 대우를 해서는 안 된다는 것이다.

공평성은 조직과 종업원 양측의 책임과 의무를 정한 것으로 기회균등 원칙과 상호주의 원칙의 기준이다. 종업원이 자신의 이익을 증진하기 위하여 효익이나 기회를 기꺼이 받아들이고 조직이 공평하다면 종업원은 조직의 규칙을 준수해야 한다. 예를 들면, CCTV가 설치된 가게에서 일하고자 하는 신청자가 채용이 되면 고용조건으로 CCTV를 인정해야 하는 것과 같다.

사회적 정의 접근법의 결점은 공리주의 접근법에서처럼 비용과 효익을 정확하게 측정할 수 없다는 것이다. 한편 사회적 정의 접근법에서 효익과 부담의 대부분은 무형의 감성적·심리적 성격을 갖는다는 것이다.

윤리적 접근법의 결합

앞에서 설명한 네 가지 윤리적 의사결정에의 접근법은 강점과 약점을 갖기 때문에 가장 좋은 접근법을 지적할 수는 없다. 한국과 미국의 관리자들은 대부분 경영문제를 해결할 때 공리주의 접근법을 사용한다. 효율성, 생산성, 이윤극대화라는 경제적 목적 달성을 위해 공리주의 원칙을 견지하면서 법에 의해 요구되는 정도로 도덕적 기준과 사회정의 기준을 고려한다.

그러나 유럽 여러 나라의 관리자들은 도덕적 권리 접근법과 사회적 정의 접근법에 의한 해를 추구하는 것 같다. 이러한 접근법은 단기적 이익보다도 종업원들의 장기적 복지에 더 큰 무게를 두기 때문이다.

물론 문화적 규범과 가치의 차이로 말미암아 윤리적 결정의 접근법에 차이가 있지만 조직 내의 관리자들 사이에는 조직문화와 관리자 개인의 관점 차이로 인하여 접근법이 서로 다를 수 있다.

4. 윤리적 경영의 실행

기업윤리의 실현에 가장 큰 영향을 미치는 요소는 기업의 경영이념이라고 할 수 있다. 왜냐 하면 최고경영층의 경영이념에 따라 기업문화 또는 풍토가 조성되고 그 환경이 구성원의 의사결정과 행동에 큰 영향을 미치기 때문이다. 그러므로 기업의 경영철학 및 이념을 명문화하고 이의 실천을 통해 의사결정이 이루어지도록 해야 한다.

윤리적 의사결정이 기업윤리의 실행에 있어서 핵심이다. 기업이 윤리적으로 운용되기 위해서는 모든 의사결정이 윤리적으로 행해져야 한다. 그러나 다양한 조직적 및 환경적 요소가 기업의 윤리적 의사결정 질에 영향을 미친다. 윤리적 의사결정 나아가서는 윤리적 경영에 대한 영향요소를 살펴보면 〈그림 7-12〉와 같다.

기업이 윤리적 경영을 실천하기 위해서는 먼저 최고경영자의 몰입이 중요하다. 이

[그림 7-12] 윤리적 경영에 영향을 미치는 조직적 요소

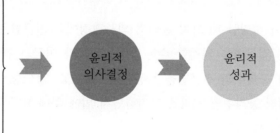

러한 최고경영자의 윤리에의 몰입은 조직의 도덕적 분위기 강화와 제도 및 절차로 구체화할 수 있다.

최고경영층의 몰입

최고경영층(top management)은 개인적 행동사례 또는 정책을 통하여 이상적으로 윤리적 역할모델을 구축할 수 있다. 즉 최고경영층으로부터 모든 의사결정에 있어서 윤리적 문제가 깊게 고려되어야 한다. 강력한 메시지는 조직 모든 계층의 구성원들의 의사결정에 영향을 미쳐 조직의 윤리적 성과 증진에 크게 기여할 것이다.

최고경영층은 일반적으로 정책수립 능력뿐만 아니라 권한이 있으므로 조직의 도덕적 분위기를 크게 좌우한다. 최고경영층은 구체적으로 다음과 같은 행동을 통하여 기업윤리를 강화할 수 있다.

- 기업의 사업윤리와 행동에 대한 간결하고 명확한 정책
- 기업의 윤리기준에 맞는 지원자 채용
- 성과와 윤리적 행동 및 신념에 따른 승진
- 윤리 또는 거래에 있어서 법칙을 보고할 의무와 기회제공

도덕적 분위기

조직 구성원이 윤리에 대하여 편하게 느끼지 않는다면 조직에서 윤리가 실천되기는 어려울 것이다. 그러나 기업에서 권리, 정의, 정직, 진실, 공정성 같은 용어가 생소하게 들릴 경우가 많다. 기업에서 윤리에 대한 논의가 저해되는 이유는 〈표 7-3〉에 제시되어 있다.

윤리에 대한 논의는 〈표 7-3〉에서 보는 바와 같은 특성을 지니고 있다고 여겨지기 때문에 부정적 결과를 낳는다고 믿는다.

조직의 윤리적 분위기는 최고경영층의 역할에 의해서 크게 영향을 받는다. 정책기술서에 윤리적 사고를 포함시키는 것, 윤리적 문제를 공공연하게 제기하는 것, 그리고 행동으로서 윤리적 모범을 보이는 것 등의 방식으로 최고경영층은 다른 조직 구성원들에게 윤리적 이슈를 언급하는 것이 허용되며 나아가서는 바람직하다는 신호를 보낼 수 있다.

| 표 7-3 | 경영자들이 윤리에 대하여 논의를 꺼리는 이유

부정적 결과	원 인
• 화합에의 위협	• 윤리적 논의는 주제넘게 공격적이어서 연쇄적인 상호비방을 결과한다.
• 능률에의 위협	• 윤리적 논의는 칭찬, 비난 또는 이상적인 형태로 논의가 진행되도록 하여 단순하고, 비효율적이고, 추상적일 수 있다.
• 효과성 및 추진력에의 위협	• 윤리적 논의는 너무 이상적이어서 열정과 추진력이 상실될 수 있다.

출처: F. Bird & J. A. Waters, The Moral Muteness of Managers, *California Management Review*, 32, 1(1989).

윤리강령

최고경영층은 조직 내 모든 경영자와 종업원에게 적용되는 행위기준을 설정하고 커뮤니케이션을 할 책임이 있다. 경영자들이 이런 책임을 수행하는 한 방법으로는 윤리강령(codes of ethics) 또는 행동강령(codes of conduct)을 제정하는 것이다.

윤리강령이란 조직에서 구성원이 준수해야 할 윤리규범, 즉 조직행동의 기준·지침·규칙·규범을 공식적으로 문서화한 것을 말한다. 경영자들이나 종업원들은 윤리적 딜레마에 당면했을 때 윤리강령에 근거하여 행동할 수 있다.

강령에는 통상 기업에 해를 끼치는 이해관계(예를 들어 공급자로부터 선물을 수락 또는 거절하는 지침, 친척의 고용 또는 경쟁회사에 도움을 주는 행위 등)를 다루고 있다. 이외에도 다양한 법규, 즉 공정거래, 환경 및 소비자 보호 등에 순응할 것들을 포함하고 있다.

윤리위원회

많은 조직에 있어서는 윤리적 문제를 다루기 위하여 이사회(board of directors) 산하에 윤리위원회(ethics committee)를 설치하거나 윤리담당임원(ethics officer)을 두기도 한다. 윤리위원회를 둘 경우 의장은 외부인사가 맡을 수 있으며 위원의 3분의 1 이상은 부사장급의 최고경영진으로 구성하는 것이 보통이다. 윤리위원회는 종업원들에게 윤리에 대한 설문조사를 행하고 윤리적 문제에 대하여 이사회에서 조언을 행하며 때때로 윤리훈련프로그램을 감독하기도 한다.

▌윤리감사

윤리감사(ethical audits)는 기업이 윤리적 분위기나 프로그램을 평가하는 메커니즘이다. 즉 윤리감사는 윤리프로그램, 윤리강령, 핫라인 그리고 윤리훈련프로그램 등이 적절히 기능하고 있는지를 신중하게 검토하는 과정이다.

또한 기존의 윤리프로그램 외에 경영의 윤리적 문제에 대한 포괄적 노력, 즉 커뮤니케이션, 보상시스템 등을 전반적으로 검토할 필요가 있다. 이러한 윤리감사는 서류분석, 위원회 그리고 종업원 면접 등을 통하여 실시할 수 있다.

▌윤리 핫라인

조직 구성원이 비윤리적 행위를 은폐하는 것은 그들이 의심스러운 행위를 목격했을 때 어떻게 반응해야 할 지를 모르기 때문이다. 이런 현상을 방지하기 위하여 조직은 윤리 핫라인(hot lines)을 설치할 수 있다. 윤리위원회 위원 또는 민원자문관이 익명의 전화를 받아 조용히 상황을 내사한다. 전화를 건 사람의 신분을 보호하기 위한 정교한 시스템이 마련되어 있어야 한다.

윤리 핫라인은 내부고발(internal whistle-blowing)을 촉진시킨다.

5. 지속가능 경영

기업의 사회적 책임에 대한 사회적 요구가 거세지면서 지속가능 개발과 지속가능 경영이라는 새롭고 폭넓은 개념이 대두되었다.

지속가능 발전(sustainable development)이란 1987년 환경과 발전에 관한 세계위원회(World Commission on Environment and Development)가 자연환경의 중요성을 강조하면서 처음 제시한 개념인데 지금 우리 세대가 원하는 것을 충족하되 다음 세대가 원하는 것을 충족할 수 있는 기회를 훼손해서는 안된다는 것 다시 말하면, 우리 세대의 잘못된 경

[그림 7-13] 세 차원의 지속가능 경영

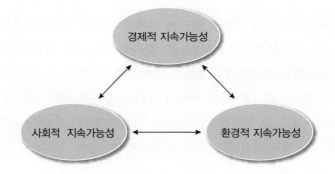

제활동이나 생활방식 때문에 다음 세대가 어려움을 겪어서는 안된다는 의미이다. 이는 현재 수준의 환경과 자원을 다음 세대에 넘겨주어야 한다는 것을 뜻한다.

지속가능 발전을 달성하기 위한 산업계 차원의 노력이 지속가능 경영이다. 이는 기업의 사회적 책임으로부터 발전된 개념이다. 지속가능 경영(sustainable management)이란 지속가능 발전을 위한 경제적 수익성, 환경적 건전성, 사회적 책임성 등 통합적 책임을 이행하는 활동으로 정의할 수 있다. 지속가능 경영은 사회가 지속적으로 발전할 수 있도록 하기 위한 기업의 활동과 책임이라 할 수 있는데 이는 1998년 엘킹턴(Elkington)이 제시한 〈그림 7-13〉에서 보는 바와 같은 3대 축(tripple bottom line: TBL)에 기반을 두고 있다. 3대 축은 사람(people), 지구(planet), 이익(profit)을 나타내는 3P라고도 한다 이는 기업이익, 환경지속성, 사회적 책임이라는 세 가지 기준으로 기업 실적을 측정하여 기업의 지속가능성을 평가해야 한다는 개념으로 기업의 사회적 책임(경제적, 사회적, 환경적 책임)을 강조하기 위해 대두된 개념이다.

기업이 세 가지 차원의 지속가능성을 추구하는 경영활동을 통해 지속가능 발전과 지속가능 경영을 달성할 수 있다.

(1) 사회적 지속가능성: 삶의 질을 향상시키기 위하여 건강한 사회와 공동체를 유지한다. 예를 들면, 빈곤층에 대한 기부활동과 교육 · 환경 · 복지 및 문화 활동을 지원하는 사회공헌활동, 소비자 안전, 작업장 안전, 지역사회 관계 등을 포함한다.

(2) 환경적 지속가능성: 지구의 온난화(global warming)와 오염 등 환경의 급격한 변화(자연재해와 인재)로 국가, 산업, 기업은 장기적으로 국민과 사업체의 건강을 고려해야 한다.

환경적 지속가능성이란 한마디로 표현하면 기업경영을 함에 있어 인체에 도움이 되는 생태학적 시스템을 해치지 않도록 자원을 사용함으로써 환경적 나쁜 영향을 제거 또는 최소화하자는 것이다. 이는 그린경영(green operation)이라고도 한다. 넓은 의미로 환경적 지속가능성은 기업은 폐기물을 줄이고 재활용하고 제품과 부품을 재사용하는 등 자원을 현명하게 사용하고 공기와 물의 품질, 폐기물 처리, 포장, 물과 에너지 사용, 사용한 장비의 재판매와 재활용, 지구 온난화, 이산화탄소 배출 등 환경적 이슈에 관심을 가져야 한다.

(3) 경제적 지속가능성: 아무리 사회적 지속가능성과 환경적 지속가능성이 우수하다해도 경제적 지속가능성이 뒷받침되지 않으면 기업이 장기적으로 계속 존속할 수 없다. 따라서 기업은 이윤을 극대화하기 위한 노력을 경주해야 한다. 이와 동시에 기업 투명성, 회계 투명성, 정보제공, 공정경쟁 등의 확립이 요구된다.

토·론·문·제 EXERCISE

01 경영자의 사회적 책임은 무엇인지 내용을 서술하라.

02 기업의 사회적 책임은 왜 발생하였는지 생각해 보라.

03 기업의 사회적 책임에 대한 상이한 견해를 설명하라.

04 사회적 책임에의 접근법을 설명하라.

05 기업윤리를 정의하라.

06 기업윤리는 왜 필요한가?

07 공리주의 접근법의 의의와 장·단점을 설명하라.

08 이기주의 접근법의 의의와 장·단점을 설명하라.

09 도덕적 권리 접근법의 장·단점을 설명하라.

10 사회적 정의 접근법의 장·단점을 설명하라.

11 윤리경영에 영향을 미치는 조직적 요소를 간단히 설명하라.

12 지속가능 경영의 내용을 설명하라.

제8장

글로벌 경영

과거에 기업들은 자국 시장을 중심으로 경영활동을 수행하였다. 국가 사이에 무역과 투자에 각종 규제가 심하였고 정치적·경제적·문화적 차이가 존재하여 외국시장에의 진출은 활발하지 못하였다. 그러나 이제는 상황이 바뀌었다. 외국시장에 진출해야 하고 무역을 하고 투자를 해야만 기업이 성장하고 발전하게 되었다. 글로벌화 할 수 밖에 없는 환경이 되었다.

글로벌화(또는 국제화)는 초국가적 인식 및 범세계적 활동을 의미한다. 세계는 하나의 큰 시장으로 변하여 글로벌 경제를 형성하고 있다. 국가를 기본 단위로 하는 세계 정치경제질서의 새로운 변화를 의미한다. 기술과 통신수단의 급격한 발전으로 과거에 비해 국가와 국경의 의미가 적어진 새로운 환경인 글로벌화에서는 전 세계를 기반으로 하는 사고방식과 의사결정이 요구된다. 글로벌화의 진전으로 국가간 무역과 투자에 대한 규제의 문턱이 낮아지고 있다.

우리나라의 삼성전자, LG전자, 현대자동차, 기아자동차 등 대기업들은 해외로 진출하고 있으며 매출액과 이익의 상당 부분을 국제경영에 의존하고 있다. 이제 국제경영을 생각하지 않고는 기업경영을 생각할 수 없는 환경이 되고 있다. 즉 기업과 사회의 장래는 글로벌 관계에 의해 결정될 것이다. 앞으로는 한국 기업이니 미국 기업이니 구분이 사라지고 다만 성공한 기업과 실패한 기업의 구분만이 있을 것이다.

글로벌 환경에서 기업이 국외로 진출하여 얻을 것은 무엇이고, 잃을 수 있는 것은 무엇일까? 기업은 어떤 절차와 방법에 따라 해외로 진출하고 글로벌화될 수 있을까? 글로벌 환경은 어떻게 변화하고 있는가? 국내기업과 국제기업들은 어떤 경영방법상의 차이가 있을까?

본장에서는 이러한 의문점들을 중심으로 글로벌 기업경영에 대해 공부하기로 한다.

1. 기업의 글로벌화

▌글로벌화의 의의

각국은 자원이나 기술면에서 비교우위(comparative advantage)를 갖고 있다. 따라서 유리한 분야에 전문화해서 제품을 생산하고 수출 또는 수입을 하는 것이 분업의 이점을 살리는 길이다. 이렇게 해서 국가간 거래가 이루어지는 것이다. 예를 들면, 삼성은 스마트폰을 콜럼비아에 수출하고 우리나라는 콜럼비아로부터 원두커피를 수입하게 된다. 이와 같이 수출과 수입이 증대되면서 해외로 진출하는 기업의 수가 늘어나고 글로벌화가 진행하게 되었다.

1970년대 이후 진행된 글로벌화(globalization), 세계화, 국제화 등은 전 세계가 하나의 시장 또는 단위로 통합되는 현상을 가리킨다. 특히 교통과 정보통신기술의 발달로 국경 및 국가의 개념이 약화되고 사람, 제품, 기술, 자본, 투자, 아이디어, 서비스의 국경도 이동이 자유로운 상황이다. 예를 들어 최근의 한류(Korean wave)도 하나의 트렌드로 세계적으로 확산되고 있다. 따라서 무역과 투자, 정보, 사회적·문화적 아이디어, 정치적 협조 등이 국경없이 국가 간에 개방되고 있다. 이러한 결과로 국가, 비즈니스, 사람 등이 점차 상호 의존되어 가고 있다. 시장은 글로벌 시장이 되어 다양한 글로벌 기업들은 표준화된 제품을 전 세계 시장에서 판매하고 있다. 글로벌하는 각국의 시장이 하나의 거대한 글로벌 시장으로 통합되어 상호 의존되어 가는 시장의 글로벌화 외에도 생산의 글로벌화로도 진행된다. 기업들은 노동력, 에너지, 자본 등 생산요소를 활용하는 생산활동의 글로벌화를 통하여 국제경쟁력을 제고하려 한다.

글로벌 경영자에게 전 세계는 아이디어, 자원, 정보, 종업원, 고객 등의 원천이 된다. 글로벌 기업 또는 국제기업은 전 세계 고객을 대상으로 이 나라 저 나라에서 원료와 인력 그리고 기술을 결합하여 생산 및 유통활동을 전개한다. 이로 인해 글로벌화는 기업에 기회의 증가와 동시에 전 세계적 경쟁을 통한 위험의 확대를 의미한다. 이와 같이 오늘의 경영자들에게 전 세계가 기업경영의 위협도 되고 기회도 된다. 이와 같이 글로벌화는 기업의 생존과 성장을 위해 필수적인 요건이 되고 있다.

오늘날 경영자들은 생존하기 위해서는 국제경쟁, 수출, 해외 공급업자로부터의 자원조달, 이질적인 해외문화 속에서의 경영이라는 국제환경을 반드시 대응해야 할 기회와 위협의 원천으로 받아들여야 한다.

기회(opportunity)란 자국의 한정된 시장에서 벗어나 새로운 시장을 개척하여 더 많은 고객을 확보하고 새로운 원자재원과 저렴한 투입물의 공급자에 쉽게 접근할 수 있음을 의미한다. 이는 막대한 이윤창출과 지속적인 성장의 잠재력을 의미한다. 반면 위협(threat)이란 진입하고자 하는 외국의 새로운 경쟁자를 만나야 하고 정치적, 경제적, 문화적 조건에 순응해야 함을 의미한다. 이외에도 글로벌 경영자는 많은 국가의 작업자들 사이의 문화적 차이, 국가별 기술수준의 차이, 국가별 법적·정치적 시스템의 차이와 같은 도전에 직면하고 있다.

▌기업의 글로벌화 동기

기업이 해외시장에 진출하는 등 글로벌화를 적극 추진하는 동기는 국내시장 지향적인 경영에만 안주할 경우 계속기업(going concerns)으로서 유지, 성장, 발전해 가는 것이 어렵다고 인식하기 때문이다.

브루크(M. Z. Brooke)와 렘머스(L. H. Remmers)는 기업이 국제화하는 과정에 대한 광범위한 실증조사를 통해 얻은 결과를 토대로 국제화의 동기를 다음과 같이 세 가지로 나누어 설명하고 있다.[1]

1 방어적 전략으로서의 국제화 동기

- 관세장벽이나 수입규제, 독점금지 또는 무역협정 등과 같은 각종 규제조치로부터 기업을 보호하고자 하는 경우
- 해외시장에서의 민족주의의 고조 등으로 인해 현지생산을 종용받는 경우
- 수송비가 과다하게 소요되거나 수송 자체가 어려운 제품인 경우
- 대리인이나 라이선싱 제휴자와의 관계가 어려워져서 자기 기업이 직접 개입해야 할 필요가 있는 경우
- 해외시장에서 애프터 서비스를 제공하는 데 어려움이 있거나 기타 기술적인 어려움에 봉착하는 경우

---

1 M. Z. Brooke and L. H. Remmers, *The Strategy of Multinational Enterprise*(London: Longmann Group, Ltd., 1970), pp. 227~229.

- 특허권을 보호하고자 하는 경우
- 원자재 및 부품조달의 어려움을 극복하고자 하는 경우
- 경쟁업체나 공급업체 또는 고객의 국제화에 대응하고자 하는 경우
- 경기변동의 위험 등 기업의 제반 위험을 지역 분산화와 제품 다각화로 회피하고 자 하는 경우

무역제한이라는 정부 규제의 두려움으로 미국의 자동차회사는 유럽, 아시아, 남미 에 공장을 세우고 한국, 일본, 독일의 자동차회사는 미국에 공장을 세우고 있다.

❷ 공격적 전략으로서의 국제화 동기

- 자본이나 설비, 인적자원 및 노하우 등을 보다 적극적으로 활용하여 기업의 수익 을 증대시키고자 하는 경우
- 범세계적인 시장전략 및 계획을 수립하여 추진함으로써 자원 및 시장에 대한 각 종 기회를 보다 적극적으로 활용하고자 하는 경우
- 외국의 새로운 기술과 노하우를 습득하고자 하는 경우
- 국내시장에서는 더 이상 확장 가능성이 희박하여 기업의 성장을 위해 국제화전략 을 택하는 경우

이러한 공격적 동기 속에는 새로운 고객과 시장의 개척, 시장점유율 증가, 투자수 익률 증가, 원자재 등 여러 자원의 획득, 세금혜택, 저임금과 규제완화를 통한 저비용 추구, 규모의 경제 등이 포함된다.

❸ 기타의 국제화 동기

기타 국제화 동기는 다음과 같다

- 해외투자에 대한 유리한 환경조성이나 조세 및 금융상의 혜택 등 각국 정부가 제 공하는 유리한 정책을 활용하고자 하는 경우
- 다른 기업의 해외진출에 자극을 받는 경우
- 기업 내부에서 국제화하고자 하는 강력한 욕구가 작용하는 경우

요약하면 기업이 국제화하는 목적과 동기는 해외시장의 확보, 자원의 확보, 인건비의 절감, 노사갈등, 무역마찰의 회피, 기술 및 시장정보의 획득, 수입규제에 대응하기 위해서라고 할 수 있다.

▌ 글로벌화의 장·단점

비용에 입각하여 경쟁하기 위하여 기업들은 자원공급을 찾아 세계 곳곳에 영업을 확장하고 있다. 이제 거리 외의 다른 요인들이 입지선정에 중요한 요인이 되고 있다.

글로벌화는 여러 가지 장점을 제공한다.

- 외국시장의 침투이다. 외국으로부터의 수입제품에 대한 수요가 확대되고 있어 이러한 시장은 경쟁의 새로운 무대가 되고 있다. 외국에 생산시설을 입지함으로써 수입품을 구매하는 데 관련된 나쁜 인상을 줄일 수 있다.
- 외국기업이 우리나라에서 운영하는 것이나 우리나라 기업이 해외에 공장을 경영하는 것이나 마찬가지이다. 예를 들면, 현대자동차가 미국에 진출하여 미국 노동자들을 고용하는 것은 미국 사람들로 하여금 현대자동차를 구매하는 데에 따른 부정적 태도를 제거하는 데 도움이 된다.
- 무역장벽의 완화이다. 많은 나라에서는 외국제품의 수입을 막기 위하여 수입 쿼터제를 적용하는데, 해외진출은 이러한 무역장벽을 완화하는 데 기여한다.
- 저렴한 노동력의 이용이다. 우리나라의 기업들도 값싼 노동력을 이용하기 위하여 중국이나 동남아 국가로 진출하는 경향이 있다.
- 적시(just-in-time: JIT)제조시스템을 적용하기 위해서이다. 납품업자는 제조회사에 근접하여 적시에 납품하여야 한다. 반대로 제조회사는 납품업자에 근접하기 위하여 이동하기도 한다.

그러나 해외영업을 위해서는 고려해야 할 사항도 많다.

- 서로 상이한 문화의 영향을 고려해야 한다. 가치관, 규범, 윤리, 표준 등이 서로 상이한 문화 때문에 현지에 적응하는 데 오랜 시간이 걸리게 된다.
- 언어의 장벽은 또 다른 문제점이다. 상이한 언어의 사용으로 인하여 작업자들과

의 커뮤니케이션이 쉽지 않고 작업지시와 토의에 오해를 유발할 소지가 있기 때문에 언어의 장벽을 무너뜨릴 준비가 철저히 진행되어야 한다.

- 국가간 법과 규정의 차이로 관행에 변화를 초래할 수도 있다. 오염에 관한 규정이나 노동 관련 법규가 서로 다를 수 있다. 또한 문화의 차이로 인하여 뇌물이 허용되는 나라도 있지만 법으로 금지된 나라도 있다.
- 불안정한 정부를 가진 나라에서는 정치적 위험이 따른다. 정치가 불안정한 기간에는 기업의 기술이 몰수될 수도 있는 것이다.
- 인프라(infrastructure)가 잘 갖추어져 있는가 하는 것이다. 개발도상국은 개발국과 달리 인프라가 부족하여 외국영업하는 데 아주 어려움이 있을 수 있다.

▍기업의 글로벌화 과정

그렇다면 기업은 어떠한 과정을 거쳐서 글로벌화로 나아가는가? 해외시장 진입의 방식은 무엇인가? 글로벌화의 과정은 여러 측면에서 설명할 수 있지만 해외시장의 개입도 측면에서 하나의 점진적 과정으로 볼 수 있다.

즉 기업의 글로벌화는

- 내수지향
- 수출지향
- 현지 시장지향 마케팅
- 현지 시장지향 생산
- 세계시장 지향

등 다섯 단계 과정을 거치게 된다고 볼 수 있다.

1 내수지향

이 단계에서는 아직 이렇다 할 국제화가 진전되기 이전의 상태로 대부분의 생산과 마케팅활동이 국내에서 국내시장을 목표로 이루어진다. 국내시장이 해당 기업이나 업계 전체의 생산능력에 비해 충분히 클 경우 또는 해외시장 개척에 대한 관심이나 인적, 물적 능력이 부족할 경우에 해당된다고 하겠다.

② 수출지향

해외시장의 상대적 중요성이 증가하고 그에 대한 관심도 늘어남에 따라 국내생산과 함께 몇몇 나라에 수출을 하게 되는 단계이다. 그러나 수출활동은 주로 국내 무역업체나 외국 바이어에 의존하는 등 직접적인 마케팅활동은 거의 없는 편이거나 지극히 초보적인 단계라고 할 수 있다.

우리나라 대부분의 중소기업의 수출활동은 아직 이 단계에 머물고 있다고 볼 수 있다. 아직 이 단계를 벗어나고 있지 못한 주된 이유 중 하나는 고유상표의 개발미흡과 고유상표를 가지고 있다 하더라도 이의 국제적 인지도 제고능력이 부족하기 때문이다. 즉 브랜드의 국제화가 선행되지 못한 것이다.

③ 현지 시장지향 마케팅

이 단계에서도 해외시장에 대한 공급은 주로 국내생산 후의 수출에 의존하나 앞 단계와의 차이점은 현지의 마케팅활동에 기업이 적극 개입한다는 것이다. 이 단계에 진입하기 위해서는 우선 OEM상표(original equipment manufacture's brand, 주문자 부착상표)에서 벗어나 자체 브랜드를 개발하는 것이 중요하다.

현지에서의 마케팅활동을 강화한다는 것은 결국 고유상표를 전제로 현지 마케팅법인 등을 설립하여 브랜드관리, 유통, 광고촉진활동 등의 제반 마케팅활동을 독자적으로 수행한다는 것을 의미한다.

④ 현지 시장지향 생산

현지 시장지향 생산단계는 많은 국가 현지에서의 마케팅활동은 물론 현지 시장의 수요충족을 위해 자체적인 현지 생산시설까지도 갖추는 단계를 말한다. 현지 생산시설은 제3국으로의 수출물량까지도 일부 생산할 수 있지만 이 단계에서는 아직 현지시장 공급이 주목적이다.

현지에 생산법인을 설립하는 것은 현지시장의 자사제품에 대한 수요가 규모의 경제를 실현할 정도로 크거나 수입에 대한 규제가 많을 경우 이에 대한 우회의 수단 등의 목적으로 이루어진다.

　물론 현지 소비자의 반응을 보다 민첩하게 제품생산에 반영할 수 있는 장점도 있다. 그러나 그만큼 현지에 대한 기업자원의 투입이 많기 때문에 위험이 커지는 것도 사실이다.

5 세계시장 지향

　국경없는 글로벌화가 가장 많이 진전된 단계로서 복수의 생산입지와 복수의 시장국가 사이의 유기적 연결관계를 주요 특징으로 한다. 즉 시장국가도 다수이고 생산시설도 다수 국가에 가지고 있다. 특정 국가의 생산법인은 해당 시장에 대한 공급만을 위한 것이 아니라 제3국에 대한 수출물량까지도 감당한다. 경우에 따라서는 해당 국가의 내수시장에 대한 공급이 없이 전량 수출할 수도 있다.

　이 단계에서의 기본목표는 전 세계적 관점에서의 최적화를 추구하는 것이며 생산활동과 마케팅활동 모두에 있어 세계중심주의 혹은 세계적 관점이 요구된다. 즉 글로벌 생산과 마케팅활동이 필요한 것이다.

　예를 들면, 스위스의 네슬레(Nestlé)는 판매액의 대부분을 외국에서 실현하고 28만 명의 종업원, 생산시설, 수백 개의 브랜드 등이 세계 각국에 흩어져 있다.

▌기업의 글로벌화 방법

　외국에서 사업을 시작하기 전에 경영자는 우선 그 나라의 환경을 분석한 후 가장 알맞은 전략을 선택하도록 해야 한다.

　일반적으로 국제환경에서 사업을 시작하는 데 취할 수 있는 방법으로는

- 글로벌 아웃소싱
- 수입과 수출　　　　시장진입 전략
- 라이선싱과 프랜차이징
- 전략적 제휴
- 외국 자회사 설립　　직접투자 전략

[그림 8-1] 국제시장에의 진입전략

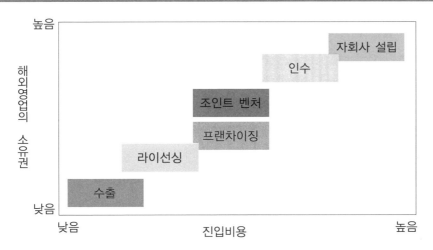

등을 들 수 있다. 이는 〈그림 8-1〉에서 보는 바와 같다.

한편 2002년 하버드대 게마와트 교수는 AAA 삼각법칙을 제시하면서 기업이 효과적인 세계화 전략으로 선택할 방향성을 제시하였다.

- 현지화(adaptation) 전략: 현지 수요에 최적화하여 매출 증대를 꾀한다.
- 통합(aggregation) 전략: 글로벌 운영을 통해 규모의 경제를 누린다.
- 거래차익(arbitrage) 전략: 각각의 가치사슬 영역에 대해 국가간 차이를 활용하여 차익을 누린다.

글로벌 아웃소싱(global outsoursing)이란 글로벌 기업이 되기 위한 첫 단계로서 제품 생산에 필요한 일부의 자재, 부품, 노동, 서비스를 외국으로부터 구매하는 것을 말한다. 이는 비용이 가장 저렴한 나라에서 활동이 수행되기 때문에 노동의 국제분업(international division of labor)이라고도 한다.

이는 비용절감을 통한 경쟁력강화를 목적으로 한다. 예를 들면, 장난감, 구두, 전자제품, 가구, 의복 등을 판매하는 기업은 글로벌 아웃소싱을 사용한다. 오늘날 중국은 글로벌 아웃소싱의 목적지가 되어 세계를 위한 공장이 되었다.

수입(importing)과 수출(exporting)은 가장 단순한 방법이다. 외국에 제조시설을 건립하는 것이 아니므로 투자에 따르는 위험부담도 매우 적다. Internet의 보급으로 구매자와 판매자 사이에 쉽게 커뮤니케이션이 이루어지고 제품과 서비스에 관한 정보를 온라인으로 쉽게 접할 수 있다.

특히 수출은 외국의 고객을 확보하고 시장을 확대하여 기업의 성장과 국민경제의 발전에 도움이 된다.

외국에서 기업활동을 수행하고자 할 때 그 나라까지의 과중한 수송비, 정부 규제, 국내 생산비 등으로 인하여 외국 기업과 라이선싱(licensing) 협약하에 제품을 생산하고 판매하는 전략을 사용할 수 있다. 외국 기업에 자신의 상표명, 등록상표, 기술, 특허, 노하우, 저작권 또는 기타 자산의 사용권을 일정 기간 동안 허가하는 대가로 매출액의 일정 비율을 사용료로 받는 것이다.

이러한 라이선싱의 이점은 외국에서 기업활동을 수행하는 데 개발비를 부담하지 않는다는 것이다. 개발비는 외국 기업이 부담하기 때문이다. 그러나 이러한 전략에 따르는 단점은 외국 기업에 기술적 노하우에 접근을 허용해야 하기 때문에 비밀에 대한 통제권을 상실할 위험을 감수해야 하는 것이다.

라이선싱은 주로 제조기업에서 사용되지만 프랜차이징(franchising)은 서비스기업에서 선호한다. 프랜차이징은 가맹점이 모기업의 등록상표, 제품, 방식, 사업계획, 자원, 자금지원, 정체성과 이미지 등을 사용하는 대가로 사용료 또는 수익의 일정한 비율을 제공하기로 하고 체결하는 사업상의 계약이다.

이상에서 설명한 글로벌 아웃소싱, 수출과 수입, 라이선싱과 프랜차이징은 과도한 투자나 위험부담 없이 자국의 상품이나 서비스를 외국 시장에 판매하기 때문에 시장진입 전략(market entry strategies)이라고 한다.

전략적 제휴(strategic alliance)란 직접투자(direct investment)의 한 방법으로서 둘 또는 그 이상의 기업들이 각자의 독립성을 유지하면서 각각의 약점을 서로 보완하고 경쟁기업에 비해 경쟁우위를 강화하기 위하여 상호 보완적이고 지속적인 협력관계(partnership)를 서로 맺는 것을 말한다. 이들은 생존을 위한 전략적 차원에서 필요한 기술을 함께 부담하면서 개발하고 정보, 지식, 경험을 서로 교환하며 마케팅이나 생산을 나누어서 하기도 한다.

1990년대 이후 세계의 많은 산업분야에서 지속적인 성장과 혁신을 갈망하는 기업들 사이에서 광범위하게 전략적 제휴가 이루어져 왔는데 최근 4차 산업혁명으로 글로벌 경영환경과 기술수준이 빠르게 변화하면서 기업 간의 전략적 제휴는 더욱 중요시되고 있다.

전략적 제휴를 맺기 위하여 사용할 수 있는 방법은 다음과 같다.

- 대규모의 프로젝트를 추진하기 위해 여러 기업들이 공동으로 참여하는 컨소시엄의 결성
- 제휴 기업들이 하나의 사업체를 만들어 내는 합작 벤처의 설립
- 생산, 연구개발 등 특정 업무에 대해 협력관계를 맺는 업무 제휴
- 특정 파트너의 지분을 취득하는 지분 참여
- 여러 분야에 걸친 복합적 제휴

조인트 벤처(joint venture)는 자원과 지식을 상호 이익을 위해 공유하는 두 개 이상의 기업이 파트너로서 참여하는 전략적 제휴의 한 형태로서 합작기업이라고도 한다. 이는 프로젝트가 너무 복잡하고 막대한 비용이 소요된다든지 불확실하여 한 기업이 수행하기에는 벅찬 경우에 적용된다. 또는 시장이나 기술적 요인 때문에 공동으로 자원을 이용할 때 참여하는 기업의 경영성과가 증가하므로 널리 선호된다.

전략적 제휴와 조인트 벤처와 관련하여 발생할 수 있는 위험과 문제를 피하기 위해 글로벌화의 마지막 단계에서 선택되는 전략으로서 진입하고자 하는 외국에 독립적인 생산설비 또는 자회사(foreign subsidiary)를 설립하거나 매입하는 방식을 선택할 수 있다. 현대자동차와 삼성전자는 미국에 공장을 설립하여 자회사를 통해 제품을 생산·판매하고 있다.

이러한 전략적 제휴, 조인트 벤처, 자회사 설립 등 직접투자 전략(direct investment strategies) 방식을 통해 해외에 진출하게 되면 막대한 자본금이 소요되지만 소유권과 경영권을 보다 확고히 유지할 수 있고 비용감축을 통한 생산·판매가 가능하다는 이점을 갖는 반면에 외국의 정치적·경제적 환경에 따르는 위험부담을 감수해야 하는 단점을 갖는다.

2. 글로벌 환경

글로벌 환경에서 발생하는 것은 국내에서 발생하는 공통적인 것과 판이하게 다르다. 글로벌 경영자는 전 세계적인 고객, 경쟁자, 공급자, 유통업자들과의 관계를 이해하

고 일반환경에서 도전을 유발하는 다양한 요인들을 잘 관리해야 한다.

이러한 요인들로서는 경제적 환경, 법적 · 정치적 환경, 사회문화적 환경, 무역협정과 장벽의 복잡성, 지역경제제휴의 역할 등이다.

▌경제적 환경

글로벌 경영자는 다른 국가에서 사업을 할 때 그 나라의 경제적 도전과 이슈를 이해해야 한다. 각 나라마다 경영자가 직면하는 도전은 독특하고 유일하다.

그러나 일반적으로 글로벌 경영자가 직면하는 경제적 환경의 내용에는 시장경제(market economy)냐 통제경제(command economy)냐 하는 경제시스템 외에도 경제개발, 인프라, 자원 및 제품시장, 환율, 인플레이션, 이자율, 정부규제, 경제성장, 국민의 소득수준, 경제의 상호 의존성 등이 포함된다.

국가 간의 무역활동을 보호하고 촉진하기 위한 법과 제도로서 다자주의체제와 지역주의체제가 있다. 전자는 GATT(관세 및 무역에 관한 일반협정)에 이어 출범한 WTO(세계무역기구)처럼 범세계적인 제도를 말하고 후자는 FTA(자유무역협정)같은 몇 개의 나라들이 또는 일대일로 관세철폐를 통한 무역과 자본이동의 자유화를 추구하는 경제협력체제이다.

글로벌 경영에서 기업들이 신경을 써야 하는 부분은 금융환경으로서 경제대국들 사이에서 벌이는 환율과 금리의 전쟁이다. 미국은 2008년 발생한 글로벌 금융위기 이후경제를 회복시키기 위하여 양적완화정책을 실시하여 오다가 2014년부터 축소하기 시작하였다. 한편 2016년 들어 미국 연방준비은행의 기준금리 인상과 EU 및 일본의 마이너스 금리정책으로 특히 우리나라를 포함한 신흥개발국의 주가, 환율, 금리 등이 요동을 치는 대혼란을 겪게 되었다. 한편 영국의 EU로부터의 탈퇴, 미국의 트럼프 대통령의 당선으로 보호무역주의가 더욱 강화되어 세계 경제 내지 한국 경제의 수출에 막대한 영향을 미치고 있다. 이에 따라 영향을 받는 각국의 경영자들은 극도의 불확실성 속에서 이에 대처할 방안을 강구하는 데 어려움을 겪어야만 했다.

지금 미 · 중 간에 벌어지고 있는 기술 패권경쟁으로 우리나라 경영자들은 두 나라 중 하나를 선택해야 하는 기로에 서 있다. 중국의 무역의존도가 25%나 되는 상황에서 안미경중 전략을 추구하는데 한계에 도달한 것으로 보여 경영자들의 의사결정에 심각한 영향을 미칠 것으로 보인다. 한편 러시아의 우크라이나 침공으로 그동안 러시아 기업들과 거래관계를 유지하여 왔던 기업들의 수출입이 중단됨에 따라 경영전략을 수정하고 새로운 거래선을 찾아야 하는 등 많은 고초를 겪고 있다.

▌법적·정치적 환경

글로벌 경영에서 가장 큰 관심은 정치적 위험부담(political risk)이다. 이는 그 나라의 정치적 불안정(instability)과 정치적 변화에 따라 기업의 자산, 구매력, 혹은 경영 통제력의 손실이 발생할 위험을 말한다.

오늘날 정치적 위험이 발생할 위협에는 테러리즘, 민중에 의한 폭력, 소요사태, 군 충돌, 정권교체 및 혁명, 정부의 감독, 법, 규제정책 등이 포함된다. 이러한 사태는 예방할 수는 없어도 정치적 위험분석(political-risk analysis)이라는 기법을 사용하여 외국 투자의 안전을 위협할 사태발생의 가능성은 미리 예측할 수 있다.

▌사회·문화적 환경

한 국가의 문화 속에는 국민들의 행동을 유도하는 공유된 지식, 신념, 도덕, 사회적 가치, 사고방식, 심볼, 언어 등이 포함된다. 그런데 이러한 문화적 요인들은 외국에서 사업하거나 거주할 때에는 정치적, 경제적 요인들보다 더욱 복잡한 것이다.

글로벌 경영자에게 국가적 문화(national culture)가 더 중요한가 또는 조직문화가 더 중요한가? 연구결과에 의하면 국가적 문화가 외국의 근로자들의 사기와 생산성에 미치는 영향은 국가의 조직문화보다 더욱 크다는 것이다. 따라서 글로벌 경영자는 국가적 문화가 경영관행에 미치는 영향을 고려하면서 외국에서 사업을 진행해야 한다.

국제기업에 영향을 미치는 다른 문화적 특성은 커뮤니케이션의 차이와 언어, 종교, 사회적 조직, 교육, 태도 등의 차이이다.

〈그림 8-2〉는 국제환경의 주요한 요인들을 나열하고 있다.

[그림 8-2] 국제 기업환경의 주요 요인

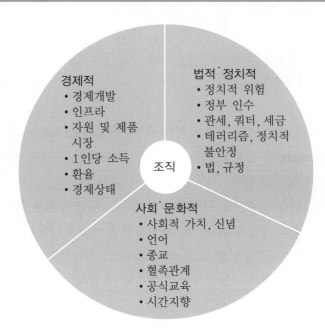

기술적 환경

로봇에서 스마트폰(smart phone)까지 이르는 모든 분야에서 기술적 이노베이션이 일어나는 등 기술적 환경이 급속도로 변화하여 글로벌 경영에 영향을 미치고 있다. 미국, 일본, 한국의 기술기업들은 외국의 시장에서 생존하고 경쟁력을 유지하기 위하여 외국기업들과 전략적 기술제휴를 하지 않을 수 없다. 삼성과 LG 등은 미국에 직접 투자를 늘려가고 있다.

Sony와 Samsung은 LCD 패널을 개발하고 제조하기 위하여 합작투자 계약을 맺고 있으며 LG와 Philips도 똑같이 합작투자를 구성하였다.

이와 같이 기술적 요인은 경영자와 기업에 깊은 의미를 부여한다. 기술적 변화는 멀쩡한 제품도 진부화시킨다. 예를 들면, LCD TV가 출현하자 CRT TV의 매출액은 급감하고 있다.

기술적 진보는 기업에 위협이 되기도 하지만 더 좋은 제품이나 서비스를 설계 · 제조 · 유통하는 데 새로운 기회를 창출하기도 한다.

▌무역협정과 무역장벽

1920~30년대에 많은 국가에서는 자국의 산업을 보호하기 위한 보호무역주의가 팽배하여 국제무역과 투자에 대해 높은 관세장벽을 쌓기 시작하였다.

그러나 이러한 무역장벽은 국가간 무역보복을 초래하여 국제수요를 위축시켜 경제성장은 커녕 오히려 대량실업을 유발하였다. 1930년대 대공황이 발생하자 제 2 차 세계대전 이후 선진공업국가들은 경제부흥을 위해서는 무역장벽의 완화를 통한 자유무역주의가 최선이라는 사실에 공감하여 1947년 관세 및 무역에 관한 일반협정(General Agreement on Tariffs and Trade: GATT)을 체결하게 되었다.

이 협정은 회원국간 관세장벽과 수출입 제한을 제거하고 국제무역과 물자교류를 증진하는 데 기여하였고 1995년 세계무역기구(World Trade Organization: WTO)의 출범으로 막을 내렸다.

WTO는 무역장벽의 완화 또는 제거와 시장개방을 통해 국가 간의 무역을 자유롭고 원활히 하기 위함과 동시에 세계무역질서의 확립과 무역거래로 인한 국가간 분쟁의 해결을 목적으로 설립되었는데 회원국 수는 153개국에 이른다.

WTO 회원국 간에는 수출 · 입품에 대해 최혜국대우(most favored nation status)를 하도록 되어 있으나 아직도 자국의 산업과 기업을 경쟁으로부터 보호하기 위해 관세와 보호무역주의(protectionism)에 의한 무역장벽이 상존하고 있는 실정이다.

▌지역경제제휴

WTO의 국가간 무역장벽의 완화노력에는 한계가 있기 때문에 지역경제제휴(regional economic alliances)와 국가간 자유무역협정(Free Trade Agreement: FTA) 체결이 최근의 추세이다.

이러한 현상은 지역단위별로 또는 해결하는 두 나라 간의 보호무역주의적 색채에도 불구하고 FTA가 지속적으로 확대되면 전 세계적 무역장벽이 철폐될 것이라는 이유로 WTO도 인정하고 있다.

지역경제제휴란 각 지역에 따라 자기 지역 내에서의 회원국간 상호 협력을 통하여 서로의 권익을 보호하고자 결성하는 지역 블록화 현상이다.

지역경제제휴에는 다음과 같은 기구가 포함된다.

- **북미자유무역협정**(North American Free Trade Agreement: NAFTA): 1994년 미국, 캐나다, 멕시코 3국이 관세와 무역장벽을 폐지하고 자유무역권을 형성한 협정이다. 3국 간에는 상품, 서비스, 노동자, 투자의 자유로운 흐름이 보장되어 있다.
- **유럽연합**(European Union: EU): 1994년 27개국의 유럽 국가들이 장벽을 제거하고 국경을 넘어 제품과 서비스, 근로자, 투자의 자유로운 이동을 통해 상호 경제성장을 지원하기로 한 공동기구이다.
- **동남아시아국가연합**(Association of Southeast Asian Nations: ASEAN): 1995년 10개국의 동남아 국가들이 지역의 경제성장, 사회발전, 문화발전을 촉진시키기 위하여 설립한 기구이다.
- **아시아 태평양 경제협력체**(Asia-Pacific Economic Cooperation: APEC): 아시아 및 태평양 지역 21개국이 지역의 경제협력 증대 및 발전을 도모하기 위하여 1989년에 설립한 기구이다.

두 국가간 자유무역협정은 관세 등 무역장벽을 크게 줄이거나 아예 없애버림으로써 상품이나 서비스의 자유로운 흐름을 보장하기 위하여 체결하는데 우리나라의 협상·추진현황을 보면 다음과 같다.

- **협상타결**: 칠레, 싱가폴, 미국, 인도, EU, 아세안국가, 페루, 콜럼비아, 중국 등 52개국
- **협상진행**: 에콰도르, 중남미 6개국 등 22개국

▌글로벌 환경의 변화

오늘날 우리는 지구촌이 경제적으로나 문화적으로 글로벌 시장이 되는 글로벌 경제 속에 살고 있다. 경영자들은 글로벌 환경을 이제 기회와 위협의 원천이라고 여기고 있다. 경영자들은 제품이나 서비스를 외국에 판매하고 외국의 공급자로부터 투입물을 구매하는 글로벌 경쟁의 도전에 직면할 뿐만 아니라 문화가 다른 국가에서 경영활동을 해야 하는 도전에 직면하고 있다.

이와 같이 경영자들은 제품과 서비스를 자유롭게 사고 팔고, 고객유치를 위한 경쟁을 하는 열린 글로벌 환경 속에서 경영활동을 수행하고 있다.

그러면 오늘날 글로벌 환경이 더욱 공개적이고 경제적으로 변해가는 이유는 무엇인가?

　　우리는 그 이유를

- 무역 및 투자 장벽의 완화
- 지리적·문화적 장벽의 완화

덕택이라고 할 수 있다.

　　우리는 앞절에서 자국의 산업을 보호하기 위한 정책으로 높은 관세장벽을 유지한 결과 대량실업을 유발하고 세계 대공황이 발생하였음을 공부하였다. 이러한 경험을 통하여 제2차 세계대전 이후에 선진공업국가들은 관세장벽의 철폐를 통한 자유무역만이 경제를 살리고 실업률을 낮출 수 있는 유일한 방법임을 공감하게 되었다.

　　과거에 거리와 문화의 장벽은 글로벌 환경을 폐쇄적으로 만들었다. 오랫동안 국가간에 언어, 문화, 가치관, 규범, 신념 등의 차이로 인하여 글로벌 환경은 폐쇄적이었다.

　　그러나 제2차 세계대전이 끝나고 통신 및 교통기술의 진보로 인하여 그동안 세계무역의 저해요인이었던 거리 및 문화(distance and culture)의 장벽을 낮추게 되었다.

　　특히 지난 40여 년에 걸쳐 발전해 온 인공위성, 디지털 기술, 광섬유 전화, 팩스기, e-mail, 화상회의 등은 통신혁명을 가져왔다.

　　한편 제트(jet) 비행기의 출현으로 교통수단이 발전하여 밤샘배송(overnight dispatch) 등을 통한 시장에서의 경쟁이 점점 글로벌화 하고 있다.

　　통신 및 수송기술의 발전은 지리적 장벽뿐만 아니라 국가간 문화적 장벽도 허물어가고 있다. Internet과 수백만 개의 웹사이트(web site)들은 글로벌 통신 네트워크와 매스미디어의 개발을 촉진하고 이들은 각국의 지역문화를 뛰어넘어 범세계적 문화를 창출하는 데 일조하고 있다.

　　미국의 CNN, ESPN, 영국의 BBC, 중국의 CCTV, 홍콩의 Star TV, 일본의 NHK 같은 국제 TV 채널을 우리의 안방에서 시청할 수 있게 되었다. 따라서 우리는 다른 나라의 문화를 가까이서 접할 기회가 점점 늘어나고 있다. 한편 외국에서 진행하는 문화 및 체육 행사를 우리의 안방에서 실시간으로 시청함으로써 그 나라 문화의 일면을 보게 된다.

3. 글로벌 기업의 형태

글로벌화(globalization)는 1970년대 이래 진행되어 오늘날 산업국가 대부분은 상당한 정도의 글로벌화를 보이고 있다. 글로벌화란 무역 및 투자, 정보, 사회적·문화적 아이디어, 정치적 협조가 국가 간에 흐르는 정도를 말한다. 이러한 결과로 국가, 비즈니스, 사람이 점차 상호 의존되어 가고 있다. 오늘날 세계는 하나의 지구촌이 되고 국경 없는 세계가 되어가고 있다. 국경 없는 세계의 어려움과 위험은 글로벌화의 혜택과 기회로 커버할 수 있기 때문에 소기업도 세계 어느 곳에서도 비즈니스를 할 수 있다.

경영자가 전 세계적으로 비즈니스를 하려고 할 때 직면하는 가장 중요한 일은 글로벌 전략(global strategy)의 선택이다. 경영자가 이때 고려할 수 있는 기업형태는 다음과 같이 네 가지이다.

- 다국내 기업
- 국제기업
- 다국적 기업
- 초국적 기업

다국내 기업(multidomestic corporation)은 경영이나 의사결정 등 재량권을 각 국가 또는 지역에 있는 자회사(subsidiary)에 일임하는 기업이다. 따라서 필요한 자원을 각 국가 내에서 구입하고 소비자들의 기호에 맞도록 생산되는 제품도 그 국가에서만 판매한다. 마케팅전략도 각 국가의 고유한 특성과 조건에 맞도록 적용한다. 다국내 기업은 각 시장을 기호나 경쟁조건에 있어 차이가 있고 고유한 문화와 거래관행을 갖는 것으로 전제한다.

예를 들면, 네덜란드에 기반을 둔 맥주회사인 하이네켄은 전 세계적으로 170개의 브랜드를 가지고 사업을 하는 다국내 기업이다.

국제기업(international corporation)은 외국시장으로 확대하기 위하여 핵심역량을 이용하는 기업으로서 기반을 특정 국가에 두지만 자원의 일부와 수입은 자회사가 있는 다른 국가에서 획득하는 기업을 말한다. 규모의 경제를 통한 비용절감의 압력도 없고 고객반응에 민감성도 필요 없는 경우에 알맞은 기업형태이다. 각국에서 사업을 하는 자회사가 있지만 주요한 기능을 수행할 때는 모회사의 통제를 받아야 한다. 따라서 자회사가 새로운 제품, 공정, 아이디어를 사용할 때는 모회사로부터 조정이나 통제를 받아야 한다.

다국적 기업(multinational corporation)은 글로벌 기업(global corporation)이라고도 하는데 많은 국가의 시장에서 원자재를 구입하고, 자금도 융통하고, 마케팅 및 생산시설을 갖추어 제품도 생산·판매하는 기업이다. 이러한 기업이 판매하는 제품은 모두 표준품이다. 제품생산은 규모의 경제를 실현하는 몇몇 국가에서 생산한다. 이러한 기업은 세계를 하나의 시장으로 보고 또한 각 나라 사이에는 소비자들의 기호에 아무런 차이가 없다고 전제한다. 따라서 제품설계, 마케팅, 광고전략 등은 세계적으로 표준화되어 있다.

월마트, 도요타, BMW, 소니, 삼성, 현대자동차 등은 다국적 기업에 속한다.

초국적 기업(transnational corporation)은 국적이 하나로 떠오르지 않는 국경 없는 기업(borderless firm)을 말한다. 초국적 기업은 전 세계를 자원을 획득하고, 생산시설을 입지하고, 제품과 서비스를 마케팅하고, 브랜드 이미지를 전달할 영역으로 여긴다. 이러한 기업은 좋은 기회와 저렴한 비용을 제시하는 어떤 나라에서든지 판매하고 자원을 획득한다. 하나의 모국을 초월하기 때문에 소유권, 통제, 최고경영층은 국적을 가리지 않는다. 네슬레는 수백 개의 브랜드를 가지고 세계 각 나라에서 생산시설을 가지고 28만 명의 종업원들이 운영을 한다. 회장과 과반의 경영자들은 스위스 출신이 아니다.

4. 다국적 기업

▍다국적 기업의 특성

다국적 기업은 무엇보다도 규모 및 활동이 광범위하여 피투자국의 산업구조 및 세계경제에 막대한 영향을 미치는데 그 특성을 살펴보면 다음과 같다.

- 해외 사업활동을 수평다각화함으로써 해외 연관회사의 기업 내 수출을 이루게 하는 생산의 다각화를 들 수 있다.
- 내부거래가 있으며 다국적기업에서 내부거래가 차지하는 비중은 총거래의 절반

정도를 차지한다. 이것은 본사와 해외 자회사간 또는 자회사 사이에서 거래되는 이전가격이 조작될 많은 유인을 낳는다.
- 다국적 기업은 기술우위에 의한 산업독점으로 국제산업조직을 재편성시키는 특성을 지니고 있다.
- 다국적 기업은 전 세계를 그들의 시장으로 간주하는 글로벌 비전과 전략에 따라 목적시장이 설정되면 해외 생산거점을 설치하여 신속하게 다국적화를 진행하는 특성을 갖고 있다.
- 다국적 기업 특성은 고정자산이나 자금원을 보유하고 있는 것이 아니라 관련 기업의 지식을 창조하고 상품화하여 과점적으로 소유하는 데 있다.

▌다국적 기업화의 동기

1960년대 초부터 성장, 등장하기 시작한 다국적 기업은 그 무엇보다도 규모의 거대성과 국경을 초월한 제반 경영활동을 전개하고 있다.
이러한 경영활동을 위한 다국적 기업화의 동기를 살펴보면

- 이윤의 극대화와 결부된다. ECAT(미국무역긴급위원회) 조사연구에 의하면 다국적 기업의 경영활동의 최대동기는 시장유지와 확대를 통한 기업성장과 이윤의 극대화를 추구하는 데 있는 것으로 나타났다.
- 원료자원의 확보도 다국적 기업화의 큰 요인으로 지적되고 있다.
- 기술의 우위성, 피투자국의 산업정책 그리고 경영자원의 축적, 시장개척 및 자금조달 능력 등도 동기가 될 수 있다.

▌다국적 기업이 관련 국가에 미치는 영향

▌1 본국에 미치는 영향

다국적 기업이 본국(home country)에 미치는 긍정적인 면과 부정적인 면은 다음과 같다.

- 다국적 기업은 현지국(피투자국)으로부터의 과실(이익배당, 이자)송금, 재화의 저가 수입 등으로 자본과 기술 등의 자원에 대한 높은 수익성을 실현할 수 있게 되어 국제수지의 개선효과를 가진다.
- 고급화된 전문직, 관리직 등의 수요 증대로 이 분야에 대한 고용의 증대가 이루어지는 반면 생산직의 경우 실업이 늘어나 고용이 감소되는 경향이 나타난다.
- 해외로의 자본, 기술유출로 인한 국제 경쟁력의 저하를 가져올 수 있다.
- 조세 피난처(tax heaven)의 활용 및 이전가격의 조작 등으로 절세 또는 탈세를 함으로써 본국 정부의 조세수입 감소를 가져오게 할 수 있다.

② 현지국에 미치는 영향

다국적 기업이 현지국(host country)에 미치는 영향은 현지국의 상황 및 그들 경제의 발전 정도에 따라 상이할 수 있는데 그 내용을 살펴보면 다음과 같이 긍정적인 면과 부정적인 면이 있다.

- 다국적 기업은 현지국에 자본, 경영 노하우, 기술이전을 전하므로 현지국의 경제 발전에 공헌한다. 특히 개도국의 경우 이 이득효과는 매우 크다고 하겠다.
- 단기적으로는 자본유입 등으로 인하여 국제수지가 개선되는 효과를 볼 수 있지만 장기적으로는 원리금 및 이익배당 상환, 현지기업의 외국으로부터의 원자재, 자본재 등의 수입으로 국제수지가 악화된다.
- 다국적 기업의 현지국 산업을 지배할 우려가 크며 이에 따라 기술종속, 경제 교란 등의 갈등을 겪게 될 수 있다.

5. 기업의 국제경영

▌국제경영

오늘날 우리는 세계경제의 글로벌화 시대에 살고 있다. 세계경제의 글로벌화란 세계경제가 국내·외 경제의 구분이 없이 하나의 거대시장이 됨을 뜻한다. 무역을 중심으로 이루어지기 시작한 각국 경제의 국제화는 곧바로 시장의 국제화와 생산의 국제화를 통해 기업의 국제화를 가져왔다. 즉 높은 수준의 자산적 지식을 보유하고 있던 거대 기업들은 이러한 자산적 지식을 최대한 활용하여 이익을 극대화하기 위해 해외에 진출하기 시작하였고 과학기술 및 운송·통신수단의 급속한 발달은 이들 기업의 해외진출을 용이하게 하였을 뿐만 아니라 해외 여러 지역에 산재해 있는 해외 자회사들을 성공적으로 관리할 수 있게 하였다.

국제경영(international business)에 대한 정의는 시대와 학자에 따라 조금씩 다르지만 국경선을 넘어서거나 2개국 이상에서 동시에 일어나는 경영활동이라고 할 수 있다.

국제기업 경영과 국내기업 경영을 비교하여 볼 때 양자가 모두 기업의 경영관리라는 점에서 별다른 차이가 없다. 그러나 국제경영 및 관리는 본국과 경제적, 문화적, 사회적, 정치적 제 환경이 상이한 외국에서 전개되는 경영 및 관리이므로 국내경영 또는 일국경영과는 상이한 특징이 존재하게 된다.

그렇다면 국제경영을 국내경영으로부터 구분시켜 주는 중요한 요인은 무엇인가? 이 점에 관해서 로빈슨(R. D. Robinson) 교수는 다음과 같은 여섯 개의 환경변수를 가지고 설명한다.[2]

- 상이한 국가주권(different national sovereignties)
- 이질적인 경제적 조건(disparate national economic condition)
- 상이한 가치관 및 제도하의 인적자원(different national values and institutions)
- 지리적 거리(geographical distance)
- 상이한 국가별 경제발전 단계(difference in timing of national industrial revolution)

---

2 R. D. Robinson, *International Business Management*, 2nd ed., p. 17.

- 시장을 구성하는 인구 및 지역의 다양성(different area and population)

이상에 열거한 요인들을 볼 때 상이한 국가주권은 상이한 법률, 화폐 및 정치시스템을 발생시키고, 상이한 법률제도는 상이한 재정법, 조세법, 회사법, 규약법의 체제를 필요로 한다. 이러한 상이한 제도와 법률은 여기에 대처하는 기업에게 새로운 조직관계를 고려하고 신기술을 익혀서 새로운 경영통제기법의 채용을 요구하는 것이다.

이와 같이 국제경영에서는 국내 시장과는 구별되는 환경변수와 그 변수 간에서 발생하는 차이점 그리고 여기에 따른 기업의 대책이 강구되어야 한다.

국제 경영전략

1 국제 경영전략의 개념

국제 경영전략이란 국제기업의 장기적인 경영전략목표를 수립하고 목표달성을 위한 경로를 결정하고 여기에 필요한 자원을 배분, 투입하려는 일련의 선택과정이라 할 수 있다. 국제기업의 경우 국내 기업보다 복잡하며 이질적인 환경 속에서 기업활동을 하므로 보다 경쟁력 우위를 확보할 수 있는 구체적인 실천방법으로서의 전략계획이 수립되어야 한다.

2 국제 경영전략의 수립절차

경영전략의 수립절차를 살펴보면 국내·외 환경요인 분석 및 기업의 통제가능변수를 분석하고 사업의 영역을 선택한 후 경쟁력 확보을 위한 전략개발 및 전술적 계획을 수립하는 것이 일반적이다. 또한 전략수립에 있어 특히 비용(cost)과 편익(benefit)의 분석을 실시하고 그 결과를 고려해야 한다.

3 국제기업 조직의 형태

기업을 설립, 운영하기 위해서는 다양한 경영활동이 필요하다. 이러한 경영활동을 합리적으로 수행하기 위해서는 일정 기준에 따른 각 부문 간의 직무분담이 필수적이다.

이러한 합리적인 기업경영활동을 위한 직무분담의 상호 관계를 조직이라 한다. 다음은 국제기업의 몇 가지 조직형태이다.

1. 국제부조직

국제부조직(international division)은 본사 조직의 일부로서 수출부를 설치하여 수출활동을 수행하고 있는 기업이 해외산업의 규모가 확대됨에 따라 별개의 조직구조로 발전한다. 수출부와 국제부와의 차이점은 수출부는 마케팅조직인데 반하여 국제사업부는 생산, 마케팅, 연구 및 개발, 인사 등의 해외사업분야와 관련된 모든 업무를 포함한다.

이 조직 형태의 장점은 다양한 시장이나 영업기회에 적응할 수 있는 조직능력을 향상시켜 주며 구매, 재고, 투자관리 등에 있어 최선의 방법을 선택하는 데 전사적으로 힘을 모을 수 있다. 그러나 국제부가 주로 제품에 대한 기술 및 정보를 국내부로부터 입수해야 하며, 국내부는 자기의 업적이 국내에서의 실적에 의해 평가받게 되므로 국제부의 활동에 소극적으로 되어 내부갈등의 소지를 갖게 된다.

2. 지역조직

지역조직(area organization)은 세계의 특정 지역별로 라인 책임자에게 기업활동의 책임을 위양하고 있는 조직형태다. 이런 형태는 국내시장과 국제시장을 구분하지 않고 국내시장도 전체 시장의 하나로 보는 시각이다. 또한 마케팅, 생산, 재무 등 모든 직능이 지역단위로 구성되어 있으며 각 지역의 사업부는 본사 스태프부서로부터 각 직능분야에 관한 지원을 받는다.

그 장점으로는 현지정보의 이용을 극대화시킬 수 있으며 일정 지역에 정통한 매니저에게 할당된 지역 내부의 모든 사업활동에 대한 책임을 부여함으로써 책임과 권한의 체계를 확립할 수 있고 또한 표준화 상품에 적합하다. 단점으로는 국제적 통합력이 낮음으로 세계적인 규모로 제품을 다각화하려거나 생산합리화를 추구하려는 기업에는 적합하지 못하다는 것이다.

3. 상품별 조직

상품별 조직(product line organization)은 상품사업부가 세계 전체의 사업이익을 책임지는 것으로 지역조직의 결함을 보완하는 데 많이 이용된다. 이 조직형태는 전략이나 통제를 본사의 최고경영자가 담당하고 제품에 대한 계획이나 통제를 각 상품사업부의 책임자가 담당한다. 그리고 제품의 책임자는 지역조직의 경우와 마찬가지로 마케팅, 재무, 인사 등의 직능에 대하여 본사 스태프로부터 지원을 받는다.

다양하고 기술 집약적인 상품에 적합한 형태로 현지생산으로 인하여 세금이나 운송비 등 비용을 절감할 수 있는 장점이 있다. 반면에 상품관리자가 국제업무 및 해외 상황에 정보가 부족할 때 협조를 받을 만한 대상이 없으며 한 국가의 생산시설에서 여러 품목을 생산할 경우 의사전달과 통제가 복잡해지는 단점이 있다.

4. 매트릭스 조직

매트릭스 조직(matrix organization)은 현재로서는 가장 고도로 발전된 조직구조라고 할 수 있으며 국제경영 조직형태의 기준이 되는 기능, 제품, 지역이 다차원적으로 중첩된 형태이다. 이 조직은 두 명 이상의 상사에게 보고하고 최고경영자는 이로 인한 혼란을 조정하고 균형을 유지시킨다.

또한 이 조직은 최고경영자 아래 있는 상위층의 경영자 등이 제품, 지역, 직능을 결합한 모든 문제에 책임을 지게 된다. 이리하여 의견교환이 끊임 없이 이루어지며 상위층 위원회활동과 공동의사결정이 가능하며 상호 책임이 교차되기 때문에 기업의 조직이 능동적으로 운영된다.

이 조직의 장점은 각 부문과의 조정이 가능하고 급속히 변화하는 시장환경에 적응이 용이하여 대처하기 적합하다는 점이 지적된다. 반면에 단점으로는 조직이 복잡하기 때문에 상호간 갈등의 소지를 가지고 있으며 책임한계가 명료하지 않다는 점이다.

토·론·문·제 *EXERCISE*

01 기업의 글로벌화의 의의와 동기를 설명하라.

02 기업이 글로벌화하는 과정 및 방법을 설명하라.

03 글로벌 환경은 어떻게 변화하고 있는가?

04 세계는 그동안 무역장벽을 허물기 위하여 어떤 기구를 설립하여 왔으며 어떤 협정을 체결하여 왔는가?

05 국제기업의 형태를 논하라.

06 다국적 기업이란 무엇인가?

07 다국적 기업이 관련 국가에 미치는 영향은 무엇인가?

08 국제 기업경영과 국내 기업경영의 차이점은 무엇인가?

제 **4** 편

경영관리 과정

제 9 장

경영 의사결정

우리는 개인으로서 혹은 조직이나 사회의 일원으로서 항상 크고 작은 의사결정을 하면서 살아가고 있다. 이러한 의사결정의 결과는 의사결정자 자신에게 뿐만 아니라 다른 사람들에게도 영향을 미친다. 따라서 의사결정을 효과적으로 한다는 것은 의사결정을 내리는 사람은 물론 의사결정에 의해 영향을 받는 사람에게도 매우 중요한 일이다.

이러한 의사결정 문제는 첫째, 고려할 수 있는 몇몇 대안 중에서 하나를 선정해야 한다. 둘째, 어떤 결과가 발생할 것인가에 대해서는 불확실한데 이는 의사결정자가 통제할 수 없는 상황에 의존하기 때문이다. 셋째, 불확실하던 상황(상태)이 실제로 발생하기 전에는 그 결정의 정확한 결과는 미리 알 수 없다는 특성을 가지고 있다.

기업은 자원(사람, 돈, 에너지, 자재, 공간, 시간)을 이용하여 어떤 목적을 달성하고자 하는데 이의 성공을 위해서 생산, 재무, 마케팅 등 여러 가지 기능을 수행한다. 이러한 기능을 수행하기 위하여 경영자는 의사결정이라는 계속적인 과정에 몰두한다. 경영 의사결정은 경영자가 하는 직무의 핵심이다. 경영자의 활동은 모두 의사결정을 통해서 이루어진다. 따라서 관리 또는 경영을 의사결정과 동의어로 사용하는 경우가 있다.

기업에 있어서 성공적인 경영자에게 가장 필요한 능력은 경영문제에 대해 합리적인 의사결정을 적시에 내리는 능력이라고 해도 과언은 아니다. 만약 기업의 효율성이 기업목표를 달성하는 데 필요한 정보와 자원을 획득하고 활용하는 데 달려 있다고 한다면 기업이 필요한 정보와 자원을 어떻게 획득하고 활용하는가 하는 의사결정은 경영자에게 핵심적인 과제가 될 것이다.

본장에서는 기업이 개인 또는 집단적으로 어떻게 의사결정을 내리는가를 이해하고, 나아가서 보다 효과적인 의사결정 과정을 개발하는 데 초점을 두고자 한다. 이를 위하여 먼저 의사결정의 본질과 유형을 알아본 후 개인 및 집단의 의사결정 과정과 그 개선 방향에 관하여 살펴보기로 한다.

1. 의사결정의 본질

▌의사결정의 정의

예를 들어 어느 연쇄점 경영자가 연쇄점의 수를 확장하고자 한다면, 점포의 규모를 어느 정도로 할 것인가? 점포를 신설할 것인가, 아니면 기존의 점포를 인수할 것인가? 기존 점포를 인수한다면 사업이 잘 되고 있는 점포를 인수할 것인가, 아니면 파산위기에 처해 있는 점포를 인수할 것인가? 등에 대한 일련의 의사결정을 해야 한다. 각각의 의사결정 자체도 중요하지만 의사결정의 순서도 매우 중요하다. 그러면 의사결정이란 무엇인가?

결정(decision)이란 여러 가능한 대안(alternative)들 중에서 실행할 하나의 선택을 말하고 의사결정(decision making)이란 기업 내 모든 계층의 경영자가 기업 내·외의 변화하는 환경에 능동적으로 대처하고 기업목표를 효과적으로 달성할 수 있도록 발생하는 특정의 문제와 기회를 규명하고 해결하기 위하여 둘 이상의 대안 중에서 하나를 선택하는 의식적 과정이라고 정의할 수 있다. 이와 같이 의사결정은 단순히 대안을 선정하는 행위가 아니고 포괄적인 과정이다. 경영자들이 내리는 의사결정은 경영문제를 어떻게 해결하고 자원은 어떻게 배분하며 기업목표는 어떻게 달성하는가를 결정하는 것이기 때문에 올바른 의사결정은 기업성과의 전제조건이 된다. 이러한 정의에 의하면 의사결정은 다음과 같은 세 가지의 특징을 갖는다.

- 의사결정은 사려 깊은 의식적 행동이라는 점이다.
- 의사결정은 여러 대안 중에서 하나를 의식적으로 선택해 가는 과정이다.
- 의사결정은 의사결정자가 현실과 바람직한 상태 사이의 차이를 인식함으로써 시작된다.

▌의사결정의 어려움[1]

기업경영과 관련하여 여러 가지 의사결정을 하게 된다. 문제의 성격에 따라 생산 관련 의사결정, 마케팅 관련 의사결정, 재무 관련 의사결정, 인사 관련 의사결정 등 기업은 매일 수많은 의사결정을 해야 한다. 경영자들의 의사결정은 기업의 성과에 직접적인 영향을 미치게 된다. 그러면 경영자들의 올바른 의사결정에 영향을 미치는 요인, 즉 의사결정이 어려운 이유는 무엇일까?

- 문제구조의 복잡성 때문이다.
- 불확실성 때문이다.
- 다양한 선택기준 때문이다. 대안을 서로 비교할 때에는 항상 하나의 기준이 적용되는 것은 아니다.
- 의사결정자의 가치관, 경험, 개성, 문제에 대한 지식, 기술적 분석능력 때문이다.

2. 의사결정 과정

불확실성이 내재되어 있는 의사결정 문제에 있어서는 의사결정은 잘 했지만 결과가 좋지 않은 경우도 있고, 반대로 의사결정은 잘못 했으나 결과가 좋은 경우도 비일비재하다. 따라서 결과는 운이 좋았다, 혹은 아니다라고 할 기준이지 의사결정 자체의 평가기준이 되기는 곤란하다. 그러므로 의사결정은 결과보다 과정의 문제라고 하겠다.

일반적으로 의사결정은 문제해결(problem solving) 과정에 포함되는 개념이다. 문제해결은 의사결정 과정 이후에 의사결정의 실행 및 평가 단계를 포함하는 과정이다. 따라서 문제해결과 관련하여 의사결정을 정의한다면 문제해결을 위하여 취해야 할 행동을 결정하는 과정이라고 할 수 있다.

일반적으로 효과적인 문제해결 과정은 〈그림 9-1〉과 같이 일곱 단계로 이루어진다.

---

1 김양렬, *Art of Management Decision*(명경사, 2000), pp. 5∼8.

[그림 9-1] 문제해결 과정

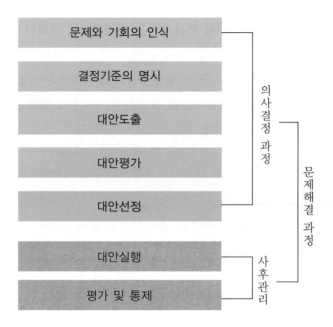

이 일곱 단계 가운데 처음 다섯 단계, 즉 문제인식, 결정기준의 명시, 대안도출, 대안평가, 대안선정을 의사결정 과정이라고 한다. 문제해결 과정은 의사결정 과정에 대한 실행과 평가 및 통제를 포함하는 과정이다.

문제와 기회의 인식

의사결정의 첫 번째 단계는 명확하게 현재의 기회요인과 위협요인이 발생한 상황(상태)을 인식하고 분석하는 것이다. 기회요인은 경영자가 현재보다 더 나은 상태에 도달할 수 있는 가치를 포착했을 때 발생한다. 한편 위협요인은 경영자가 현재의 상황과 바람직하다고 판단되는 상황의 갭(gap)이 존재하여 다른 회사와의 경쟁에서 뒤질 수 있음을 인식할 때 발생한다.

문제 또는 기회를 정확하게 인식하고 정의하지 않으면 다음 단계들은 그릇된 출발을 전제하게 된다. 그런데 이러한 문제 또는 기회의 인식이 쉽게 이루어질 수만은 없다. 또한 문제의 인식은 주관적이라서 다른 경영자는 이를 문제라고 인식하지 않을 수도 있는 것이다.

경영자가 인식하는 문제는 본질 문제의 증상(symptom)과 혼동해서는 안된다. 예를 들면, 어느 기업의 시장점유율이 감소하고 있다면 그 원인이 제품의 품질 때문인지, 기술적 문제인지, 배송에 문제가 있는지, 또는 판매원이 불충분해서인지 등 본질적인 문제의 원인을 파고들어야 한다. 여기서 시장점유율의 감소는 잘못되고 있다는 신호인 증상이고 문제는 조악한 품질일 수 있다.

▌결정기준의 명시

목표(objectives)란 조직이 문제를 효과적으로 해결하여 궁극적으로 얻고자 하는 결과물이다. 이러한 목표 또는 기준(criteria)을 설정한다는 것은 의사결정을 함에 있어 취해야 할 행동의 방향을 설정해 준다는 데 의미가 있다.

결정기준(decision criteria)이란 여러 개의 대안 중에서 선정할 표준이나 규칙을 말하는데 합법성, 윤리성, 이익이나 비용의 경제적 타당성, 자원과 능력을 갖출 실현성 등을 갖추어야 한다.

〈그림 9-2〉는 가능한 대안을 평가하는 데에 사용되는 일반적 기준을 나타내고 있다.

그런데 여러 개의 기준이 똑같이 중요하지 않다면 각 기준들에 그들의 중요성에 따

[그림 9-2] 일반적 결정기준

라 가중치(weight)를 부여하여야 결정에 정확한 우선순위를 줄 수 있는 것이다.

▌대안의 도출

대안의 도출단계에서는 창의력과 상상력이 필요하게 되며 목표를 염두에 두고 다수의 가능한 대안을 도출하는 것이 바람직하다. 대안은 혁신성(innovative)과 독특성(unique), 명확성(obvious)과 표준성(standard)을 갖추고 있어야 한다.

표준성이란 대안에 과거의 경험이 포함되어 있어야 함을 의미하며, 대안이 혁신성을 갖추기 위해서는 브레인스토밍(brainstorming) 기법과 델파이 기법(Delphi technique)을 사용할 수 있다.

▌대안의 평가

도출된 다수의 대안 가운데 어떤 대안이 가장 조직 목표달성과 기준에 적합한가, 자원조달은 가능한가를 평가·분석할 때 각 대안의 상대적 장점과 단점을 비교해 보아야 한다. 이와 같이 각 대안은 사전에 결정된 의사결정 기준(criteria)과 가중치(weight)에 따라 평가하고 이에 가장 알맞은 대안, 즉 가장 높은 점수를 갖는 대안을 선정할 수 있도록 해야 한다.

▌대안의 선정

마지막 단계인 의사결정의 단계는 의사결정 과정에 있어서의 한 프로세스임을 명심해야 한다. 대안의 평가를 통해 그 중에서 가장 좋은(높은 점수) 대안을 선택하는 과정으로서의 의사결정 단계에서는 상황의 치밀한 분석, 사용가능한 모든 정보의 활용이 이루어져야 한다.

❚ 대안의 실행

대안의 실행단계에서는 선정된 대안이 확실히 수행되도록 경영적, 관리적으로 설득하는 능력을 발휘해야 한다. 선정된 대안의 성공은 조치를 실제로 취하느냐에 달려 있다. 가끔 경영자는 자원이 부족하거나 조치를 취할 의욕이 부족하여 대안을 실행하지 못한다.

실행은 결정으로 영향을 받을 사람들과 대화를 필요로 할지 모른다. 결정이 실행되기 위해서는 경영자의 커뮤니케이션, 모티베이션, 리더십 기술이 필요하다. 왜냐 하면, 근로자들은 경영자가 그의 결정에 적절한 조치를 취하여 성공으로 가는 것을 보면 더욱 협조적으로 변하기 때문이다.

❚ 결정의 평가

의사결정 과정의 마지막 단계는 결정이 잘 실행되었으며 의도한 목적이 효과적으로 달성되었는지 결과를 평가하기 위하여 정보를 수집하는 것이다. 평가결과 아직도 문제가 남아 있다면 경영자는 무엇이 잘못되었는지 따져봐야 한다. 경영자는 이러한 통제과정을 통하여 필요한 정보를 피드백하여 적절한 시정조치를 취하도록 한다. 의사결정과정은 계속적인 과정이기 때문에 피드백은 아주 중요하다.

3. 의사결정의 유형

의사결정의 유형은 다양하다. 의사결정은 행하는 주체에 따라 개인이 혼자 해야 하는 경우도 있고 집단으로 해야하는 경우도 있다. 한편 어떤 결과가 나타날 것인지를 잘 아는 상황하에서 의사결정을 행하는 경우가 있는 반면에 어떤 결과가 나타날지 전혀 모르는 상황하에서 의사결정을 하는 때도 있다.

또 어떤 경우에는 광범위하게 영향력을 미치는 의사결정을 해야 하는 경우도 있고 아주 단순하고 평범한 의사결정을 하는 경우도 있다. 이와 같이 의사결정의 유형은 주체, 상황, 영향력, 대상 등을 기준으로 분류할 수 있다.

▌개인 의사결정

우리는 항상 의사결정을 하면서 살아간다. TV를 볼 것인가 말 것인가와 같은 단순한 의사결정에서부터 집을 살 것인가 말 것인가와 같은 복잡한 의사결정을 하면서 살아간다. 특히 조직생활에서는 업무와 관련된 중요한 의사결정을 하면서 살아간다.

따라서 개인 의사결정(personal decision making)의 특징을 이해하고 조직적인 변수들이 개인 의사결정에 어떠한 영향을 미치는가에 대하여 이해하는 것은 합리적인 의사결정에 큰 도움을 준다. 이에 따라 여기에서는 개인 의사결정에 대한 모델들에 관하여 살펴보고 개인 의사결정의 스타일에 관해서 공부할 것이다.

1 합리적 의사결정 모델

개인이 의사결정을 하는 데 있어서 가장 합리적인 방법은 어떤 것일까? 경제학자들은 모든 면에서 완벽하고 합리적인 선택을 한다고 가정하는 합리적 의사결정 모델을 사용한다. 이 모델에 의하면 합리적인 의사결정자는 문제해결을 위한 최적의 해결안을 체계적·객관적·논리적으로 찾아내어 자신의 목적을 최대화하는 경제인(economic man)이다.

합리적 의사결정(rational decision making)이 이루어지기 위해서는 의사결정자가

- 완전한 정보를 가지고 있어야 한다.
- 모든 정보에 대하여 정확한 처리를 할 수 있어야 한다.
- 모든 행동대안들을 알고 있다.
- 각 대안에 대하여 정확하고 완벽한 평가 기준에 따르기 때문에 각 대안에 대한 최종 평가 결과를 알 수 있다.

고 가정을 한다. 즉 의사결정과 관련된 모든 정보를 사전에 알고 그 모든 정보를 처리할 능력이 있다고 가정한다. 이에 따라 의사결정자는 최적의 결정을 한다는 것이다.

[그림 9-3] 의사결정의 고전적 모델

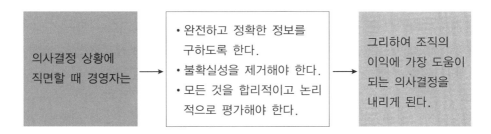

의사결정 상황에 직면할 때 경영자는

- 완전하고 정확한 정보를 구하도록 한다.
- 불확실성을 제거해야 한다.
- 모든 것을 합리적이고 논리적으로 평가해야 한다.

그리하여 조직의 이익에 가장 도움이 되는 의사결정을 내리게 된다.

물론 이 고전적 모델(classical model)은 인간들이 전적으로 이 모델에 따라 의사결정을 한다고 말하는 것은 아니다. 고전적 모델은 우리가 실제로 경영관리에 관한 의사결정을 하는 과정을 설명해 주고 있다기보다는 우리가 의사결정을 할 때 어떻게 해야만 하는가라는 당위성을 설명해 주는 규범적 모델이라 할 수 있다.

규범적 모델(normative model)은 최적화 모델 또는 분석적 모델이라고 하는데 이는 의사결정자가 주어진 목적을 가장 효율적으로 달성하기 위하여 어떻게 결정을 내려야 하는가를 규정하는 모델이다. 규범적 분석은 최적대안을 결정하기 위하여 반복적 연산 절차를 사용하여 최적해(optimal solution)를 구하게 된다. 의사결정의 고전적 모델은 〈그림 9-3〉에서 요약하고 있다.

② 제한된 합리성 모델

규범적 모델에 대립되는 개념이 기술적(서술적) 모델(descriptive model)이다. 기술적 모델은 의사결정이 실제로 어떻게 이루어지고 있는지를 서술하는 모델로서 규범적 모델을 사용할 수 없는 경우에 사용된다.

즉 합리적 모델은 실제로 이루어지고 있는 의사결정 행동을 제대로 설명하지 못하는 한계를 갖는다. 실제로 의사결정에 필요한 모든 정보를 수집하기에는 시간과 비용의 제약이 따르고 정보가 주어진다고 해도 의사결정자의 정보처리 능력에 한계가 있는 것이 일반적이다. 한편 고려하는 행동대안들도 제한되어 있고 대안의 평가 기준과 수준이 주관적이어서 대안을 평가할 때 각 평가요소에 부여하는 가중치(weight)가 사람마다 다르게 되어 전반적으로 합리성 자체에 문제가 있게 된다.

이에 따라 실질적인 의사결정을 설명하기 위한 시도로써 1978년 노벨상을 수상한 사이몬(H. A. Simon)이 하나의 새로운 모델을 제시하였다. 이 모델은 제한된 합리성 모델(bounded rationality model) 또는 관리인 모델(administrative model)이라고 한다. 이 모델은 실질적으로 의사결정 과정에서 작용하는 심리적, 인지적, 동기적 그리고 시간적 제한을 중시하고 있다. 이 모델에 따르면 의사결정자는 합리성을 추구하지만, 실제로는 여러 제한요소들 때문에 합리성은 제한될 수밖에 없게 된다는 것이다.

- 제한된 합리성의 직접적인 영향의 하나는 의사결정자가 문제에 대한 최적안을 찾는 것을 불가능하게 한다는 것이다. 즉 정보처리 능력의 한계로 인하여 의사결정자는 보다 단순한 의사결정전략을 사용하는 경향이 있다. 개인이나 조직은 최적의 대안 선택에 관심을 갖고 있으나, 아주 예외적인 경우에만 최적의 대안을 탐색, 개발하고 평가 및 선택하는 것이 일반적이다. 최적대안을 선택하는 의사결정은 만족하는 대안을 선택하는 의사결정보다 복잡한 과정을 필요로 한다. 이 때문에 의사결정자는 투입해야 하는 시간과 노력을 줄이기 위하여 주어진 여건에서 최적해는 아니지만 만족스러운 대안, 즉 만족해(satisficing solution)를 선택하게 된다.
- 제한된 합리성으로 인하여 야기되는 또 하나의 현상은 점진적 조정(incrementalism)이라는 단순화 전략의 선택이다. 의사결정자는 가능하다면 작은 범위에서 문제에 대응하고자 한다. 이러한 전략을 사용하면 의사결정자는 단지 최소한의 추가적인 수정만 하면 된다.
- 제한된 합리성으로 인하여 야기되는 또 다른 영향은 의사결정자가 당면하고 있는 의사결정 상황에 대한 전체적인 면모를 파악하지 못한다는 것이다. 다시 말하면, 실제 의사결정 상황은 보다 복잡한데 의사결정에서 적용하는 상황의 모델은

[그림 9-4] 의사결정의 관리인 모델

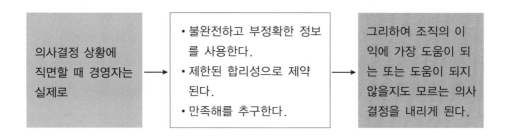

의사결정 상황에 직면할 때 경영자는 실제로 →
- 불완전하고 부정확한 정보를 사용한다.
- 제한된 합리성으로 제약된다.
- 만족해를 추구한다.
→ 그리하여 조직의 이익에 가장 도움이 되는 또는 도움이 되지 않을지도 모르는 의사결정을 내리게 된다.

제한적이고 근시적이며 이에 따라 단순화된 모델을 적용하게 된다.

〈그림 9-4〉는 의사결정의 관리인 모델을 요약하고 있다.

③ 개인 의사결정의 스타일

모든 경영자들이 같은 방식으로 의사결정을 하지는 않는다. 의사결정 방식의 차이는 의사결정 스타일(decision-making styles)이라는 개념으로 설명할 수 있다.

경영자의 의사결정은 두 측면에서 상이하다. 한 측면은 개인의 사고방식(way of thinking)인데 어떤 사람은 정보처리에 있어서 합리적이고 논리적임에 반하여 어떤 사람은 창의적이고 직관적이다.

다른 측면은 애매함의 허용정도(tolerance of ambiguity)인데 어떤 사람은 애매함을 최소로 하려고 하는 반면 어떤 사람은 높은 수준의 애매함을 허용하려고 한다.

의사결정 스타일은 〈그림 9-5〉에서 보는 바와 같이 두 측면에 따라 다음 네 가지로 구분할 수 있다.

- **지도적**(directive) 스타일: 애매함의 허용정도가 낮고 사고방식에서 합리적 스타일이다. 효율적, 논리적, 신속적, 단기적 결정을 추구한다.
- **분석적**(analytic) 스타일: 지도적 스타일보다 더 많은 정보와 대안을 고려하며 더

[그림 9-5] 개인 의사결정 스타일

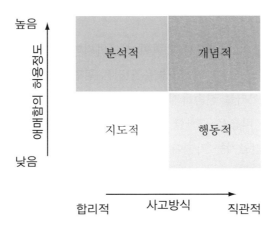

높은 수준의 애매함을 허용하는 스타일이다.
- **개념적**(conceptual) 스타일: 폭넓은 많은 대안을 고려하고 사람과 시스템으로부터의 정보에 의존하며 장기적이고 창의적인 문제 해결책을 추구하는 스타일이다.
- **행동적**(behavioral) 스타일: 타인에 대한 관심이 깊어 대면대화를 즐기고 타인으로부터의 제안을 받아들이는 스타일이다. 한편 타인이 그의 목적을 달성하는 데 돕는 의사결정을 선호한다.

4 개인 의사결정과 인공지능

인공지능(AI)의 강력한 힘에 의해 로봇, 드론, 자율주행차, 가전제품이나 다른 기기가 그들 스스로 결정을 내리고 인간의 지시를 따르지 않고 자의로 행동하는 것을 보게 될 것이다. 이는 분명히 앞절에서 공부한 사람이 의사결정 시 저지를 오류를 감소하는 역할을 할 것이다.

인공지능이 이러한 힘을 발휘하기 위해서는 빅 데이터와 기계 스스로가 학습할 수 있는 머신러닝과 딥러닝이라는 알고리즘의 개발이 전제되어야 의사결정에 유용한 가치와 통찰력을 추출할 수 있다.

인공지능은 분명히 사람에 의한 의사결정 시 저지르는 오류를 감소시킨다. 이와 같이 인공지능의 가장 괄목할 만한 응용은 인간의 의사결정을 돕는 것이다. 인공지능 기법을 활용하여 컴퓨터의 반복 학습을 통해 데이터 속의 패턴을 탐구하고 미래를 예측하게 되었다. 인공지능은 질병의 진단과 치료, 환경오염과 교통 혼잡의 해결, 의료기술 향상, 유전자 분석, 신약개발, 금융거래 등 다방면에 적용되고 있다. 검색 · 번역은 물론 모바일, 상거래, 물류, 자율주행자동차까지 모든 제품과 서비스에 인공지능 기술이 침투하지 않은 곳이 없다.

그렇지만 인공지능의 의사결정 능력이 진보하더라도 인간의 의사결정에 의존하는 것을 아주 감소시킬 수는 없다. 인공지능은 인간의 판단력을 높이 평가한다.

인공지능은 빅 데이터를 신속하게 분석해서 예측과 분류를 하는데 아주 효율적이지만 의사결정의 효익과 비용을 평가할 수 없는 한계를 갖는다. 여기서 인간의 판단력이 개입될 소지가 있다. 인공지능 기술이 아무리 발전하더라도 인간의 경험과 판단력의 가치를 과소평가할 수는 없다.

5 의사결정의 인지적 오류

심리학자들은 인간이 의사결정할 때 제한된 합리성으로 인하여 의사결정 과정을 단순화시키는 실용적인 방식(rule of thumb)이라고 하는 휴리스틱(heuristic)에 의존한다고 주장한다. 평소 경험했던 사실과 유사한 상황이 발생할 때 정보를 분석하지 않고 이미 경험했던 믿음에 따라 바로 결정해 버리는 경우가 허다하다. 휴리스틱, 육감, 직관, 경험에 입각한 의사결정은 복잡하고, 불확실하고, 애매모호한 정보 밖에 없는 상황에서의 의사결정 시 유용하게 사용된다.

그러나 휴리스틱의 사용은 의사결정할 때 체계적 오류를 저지르게 된다. 체계적 오류(systematic errors)란 사람들이 되풀이 해서 저지르고 나쁜 의사결정에 이르는 오류를 말한다. 체계적 오류 때문에 발생하는 인지적 오류로 인하여 유능한 경영자도 나쁜 결정을 내리곤 한다.

인지적 오류(cognitive errors)란 우리 인간이 휴리스틱을 통해 저지를 수 있는 의사결정의 오류를 말한다. 인지적 오류의 대표적 유형을 요약하면 다음과 같다.

- 확인 오류(confirmation error): 의사결정자가 두 변수간 관계에 대해 사전에 강력한 믿음을 가지고 있을 경우, 그 믿음이 틀릴 수도 있다는 증거가 제시됨에도 불구하고 그 믿음에 따라 의사결정을 내림에 따라 발생하는 오류
- 대표성의 오류(representative bias): 작은 표본 또는 에피소드에 따라 일반화함에 따른 오류
- 통제의 환상(illusion of control) 오류: 사건을 통제할 수 있는 의사결정자의 능력을 과대평가 하는데서 오는 오류
- 몰입상승(escalating commitment) 오류: 한 프로젝트에 상당한 자원을 투입한 후, 그 프로젝트가 실패할 것이라는 정보에도 불구하고 그 프로젝트에 더 많은 시간과 자원을 투입하는데에 따르는 오류

집단 의사결정

오늘날 정부, 기업, 산업 그리고 교육분야를 막론하고 조직규모의 확대와 업무의 전문화로 인하여 개인이 보유하는 것 이상의 다양한 지식과 정보를 요구함에 따라 집단 의사결정을 하여야 할 다양한 문제들이 있다. 이러한 문제는 매우 복잡하여 사회적, 경

제적, 정치적, 기술적 그리고 심리적 문제가 상호 연결되어 나타나는 경우가 대부분이다. 또한 의사결정 결과는 특정 개인에게 국한되기보다는 다수에게 영향을 미치는 것이 보통이다.

따라서 필연적으로 회의나 위원회 같은 집단적 의견을 수렴하는 집단 의사결정 과정이 필요하게 된다. 이러한 상황적인 요인 외에도 집단 의사결정이 갖는 여러 가지 장점들 때문에 집단 의사결정이 많이 이용된다.

1 집단 의사결정의 특징

집단 의사결정(group decision making)은 개인 의사결정과 구별되는 다음과 같은 특징이 있다. 우선 집단 의사결정 과정은 개인보다 많은 정보를 갖는다는 것이다. 집단 의사결정에서는

- 개인들이 가지고 있는 정보를 공유함으로써 의사결정에 다양한 정보를 투입할 수 있다.
- 상호작용이 발생하는데 이는 의사결정 과정에서 일어나는 구성원 상호 간에 언어적 · 비언어적 커뮤니케이션이나 접촉을 말한다.

이러한 상호작용은 대인관계 행동을 통하여 둘 이상의 사람들이 어떤 방법으로든지 서로 영향을 미치고 있을 때 나타나는 현상이다.

이러한 특징들로 인하여 집단 의사결정은 개인 의사결정에 비해 다음과 같은 장점을 갖는다.

- 개인 의사결정에 비해 보다 더 많은 정보를 이용하므로 정확한 결과를 얻을 수 있는 경우가 많다.
- 의사결정의 창의성 측면에서 집단 의사결정이 일반적으로 보다 우수하다. 집단 의사결정의 경우 집단의 구성원 간 상호작용으로 인하여 동조 압력과 집단사고 (groupthink)의 경향이 일어남에도 불구하고 의사결정 기법에 따라 보다 새롭고 창의적인 아이디어(대안) 제안을 자극하는 데 성공적인 경우를 볼 수 있다. 집단 사고는 집단 의사결정자들이 의사결정에 기반이 되는 가정에 대한 아무런 의심없

이 어떤 행동을 결정할 때 발생한다.
- 의사결정의 수용 정도 측면에서 장점을 갖는다. 의사결정에 의해 영향을 받게 될 인간들이나 그 결정을 실행하는 데 있어서 주역을 담당할 사람들이 의사결정 과정에 참여하게 되면 그 결정이 수용될 가능성이 높아지게 된다.

② 집단 의사결정의 문제점

회의나 위원회 같은 전통적인 집단 의사결정 기법이 갖는 문제점은 여러 가지의 집단 특성변수에 의해서 달라질 수 있다. 여기에서는 일반적으로 지적되고 있는 문제점을 정리해 보기로 한다.

- 최적해가 아니고 적당한 수준에서 만족스런 타협이 나타날 가능성이 높다.
- 일반적으로 집단의 규모가 일정한 수준 이상으로 증가하면 갈등이 심화되거나 집단 구성원 상호 간의 분열 등이 일어날 가능성이 높아 의사결정의 속도가 지연된다.
- 회의진행방법이 구조화되어 있지 못할 경우에 리더의 역할이 증대되고 리더가 회의를 잘못 이끌어갈 때 엉뚱한 아이디어가 나와 효율적인 토의가 이루어지지 않는다.
- 소수의 아이디어를 무시하는 경향이 일어난다. 구성원이 동등한 지위로 구성되지 못한 경우 소수의 의견이 무시되어 창조적인 아이디어의 제시를 제약하는 경우가 있다.
- 자기 포기현상이 일어날 수 있다. 집단 내에 개성이 강하거나 지위가 높은 인간이 회의를 지배하게 되는 경우 여타의 인간들은 자신의 의견을 포기하고 추종하거나 조언자로 변질해 버릴 가능성이 있다.

▌ 대안적 의사결정 기법

구성원 상호간 대면을 하면서 토의에 의해 의사결정을 내리게 되는 회의나 위원회는 집단 의사결정의 대표적인 예라고 할 수 있다. 그러나 이러한 전통적인 집단 의사결정 기법들은 집단사고나 경직성, 비효율성, 소수 지배와 같은 단점을 가진다.

이와 같은 문제점들을 해결하고 집단 의사결정의 장점을 살려 효율성을 높이기 위한 대안적 기법이 개발되었다. 이들 중에서도 브레인스토밍 기법, 명목집단 기법, 각종 전문가 그룹의 자유토론법, 델파이 기법 등은 일상적인 문제보다는 창의적 아이디어 창출을 위해 개발되었기 때문에 창의적 의사결정 기법이라고 한다. 이는 〈그림 9-6〉에서 보는 바와 같다.

1 브레인스토밍 기법

브레인스토밍(brainstorming)은 다음과 같은 절차에 의해 운영된다. 먼저 모든 구성원들이 잘 볼 수 있도록 칠판에 문제를 명확히 제시한다. 그리고 리더가 브레인스토밍 기법의 규칙에 관해 설명한 후 구성원들은 손을 들고 한 가지씩 아이디어를 제시한다. 도출된 모든 아이디어를 칠판에 적고 필요에 따라 읽어 주거나 설명한다. 마지막으로 종합하여 도출된 아이디어를 정리한다.

이와 같이 브레인스토밍 기법은 일정한 주제에 관하여 자유로운 분위기 속에서 회의형식을 채택하고 10명 내·외 경영자들의 '두뇌 짜기' 후 자유발언을 통한 보다 많은 아이디어와 착상의 제시를 요구하여 창의적인 발상을 찾아내려는 방법이다. 이러한 과정에서 타인의 아이디어를 평가·비판할 수 없으며 어떠한 아이디어도 거리낌없이 발표할 수 있어야 한다. 한편 타인이 제시한 아이디어를 개선하거나 결합하는 것을 허용한다. 이 기법은 개인의 창조적 사고를 저해하는 구성원 상호 간의 동조현상을 극복하기 위한 방법이다.

브레인스토밍 기법은 예를 들면, 화장품 이름이나 새로운 자동차 모델의 이름을 작

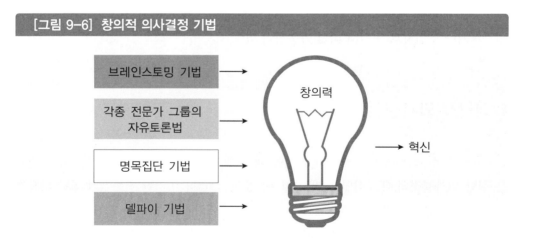

[그림 9-6] 창의적 의사결정 기법

브레인스토밍 기법 →

각종 전문가 그룹의
자유토론법 →

명목집단 기법 →

델파이 기법 →

창의력

→ 혁신

명하고자 할 때 유용하게 사용될 수 있다.

② 명목집단 기법

명목집단 기법(nominal group technique)은 브레인스토밍 기법에 토의 및 투표기법의 요소를 조합하여 만들어진 것이다. 명목집단 기법은 아이디어 창출 시 구성원의 창의성을 높이기 위해 구성원간 상호작용을 제한하는 특징이 있다. 즉 아이디어 창출단계에서 구성원 간 커뮤니케이션이 구두가 아닌 글로 이루어진다.

따라서 명목집단은 실질적인 의미에서 한자리에 모이지만 상호 토론을 금지하기 때문에 상호 간 말에 의한 토론이나 커뮤니케이션이 이루어지는 집단은 아니라는 의미를 가지고 있다. 이런 형태의 아이디어 도출은 구성원 상호 간의 영향을 최소화하고 사회 심리학적 관계를 그대로 유지하게 한다.

명목집단 기법은 많은 구성원이 참여하지만 집단 내에서 구성원 각자의 자발적인 노력에 의해 의사결정이 이루어지는 기법이다. 따라서 이 기법은 집단의 장점을 살리면서 개인이 혼자 작업해 나가는 의사결정 기법이라는 특징이 있다.

③ 델파이 기법

델파이 기법(Delphi technique)은 의사결정 과정 중에 일체의 대화없이, 즉 집단토론을 거치지 않고 반복적인 피드백(feedback)과 통계적 처리에 의하여 아이디어를 하나로 수렴하는 기법이다. 우선 해결하고자 하는 문제에 대한 아이디어나 견해를 유도할 수 있는 설문지를 작성하여 상호 접촉이 없는 전문가들에게 보낸 후 그들로부터 독립적인 견해나 아이디어를 우편으로 수집하고 이 제시된 아이디어들을 통계적으로 분석·요약해 응답자들에게 피드백(2차 설문지)을 제공한다. 이때 타인의 의견을 참고하기 때문에 보다 나은 아이디어의 제시가 가능하다.

그 다음 모아진 아이디어에 대한 전반적 합의가 이루어질 때까지 서로의 논평을 계속하도록 하는 것이다. 이 기법은 일련의 반복된 브레인스토밍 기법이라고도 할 수 있으며, 브레인스토밍 기법의 단점인 구성원 상호 간의 심리적 개입을 제거하고 의사결정 패널집단의 아이디어를 수렴하도록 고안된 것이다. 그러나 이 기법은 시간과 비용이 많이 소요되고 참여자의 행위에 대한 통제가 어렵다는 단점도 갖는다.

▋ 확실성·위험·불확실성하의 의사결정

기업성과에 미치는 영향이 장기적이든 단기적이든 기업에서 무엇을 결정할 때에는 거의 항상 미지의 상황을 포함하고 있다. 의사결정은 사전에 완전한 정보를 가지고 하는 경우도 있는데 이러한 경우에는 대안이 무엇이고 각 대안과 관련된 조건은 무엇인지 확실성의 상태(state of certainty)가 존재하게 된다. 즉 알고 있는 각 대안에 대해 어떤 결과가 나타날 것인지 사전에 정확하게 알 수 있기 때문에 목적과 조건에 맞는 유일하고도 확정적인 대안을 선택할 수 있게 된다.

예컨대 점보제트기(jumbo jet)를 구매한다면 미국의 보잉(Boeing)사 또는 프랑스의 애어버스(Airbus)사로부터 가격 등 모든 정보를 입수 가능하기 때문에 나쁜 결정을 내릴 가능성은 낮아진다.

그러나 대부분의 의사결정은 불완전한 정보를 바탕으로 이루어진다. 특히 미래의 상황에 관한 정보는 완전할 수 없다. 따라서 거의 모든 의사결정에는 어느 정도의 불확실성이 내포되어 있다. 이것은 잘못된 의사결정이 이루어질 위험(risk)의 정도를 나타낸다. 일반적으로 불확실성의 정도는 확률로 평가되고 있다. 각 대안에 따른 결과와 각 결과가 나타날 가능성을 확률로 나타낼 수 있는 경우는 위험(risk)하의 의사결정이라고 한다.

예를 들어 재무분석가들이 금리가 떨어지는 시기에는 특정 증권이 상승할 가능성이 80%라고 예측하거나, 텔레비전 일기예보 아나운서가 과거 이러한 기상조건하에서는 50%정도 비가 내리므로 금일 비가 올 확률은 50%라고 예측하는 것 등이 불확실성을 평가하는 것이다.

대부분의 의사결정은 일정한 수준의 위험성과 불확실성을 내포하고 있다. 문제나 대안의 성격이 애매하거나 대안의 가능한 결과를 정확하게 예측할 수도 없고 확률로 나타낼 수도 없는 경우 불확실성하의 의사결정이라 한다. 많은 의사결정은 주관적 확률, 즉 개인적 신념이나 육감에 의해 이루어진다.

▋ 구조화된 의사결정과 비구조화된 의사결정

사이몬(H. A. Simon)은 의사결정 대상의 성격에 따라 구조화된 의사결정과 비구조화된 의사결정으로 구분한다.

구조화된 의사결정(structured decision making)은 이미 설정된 대안을 기준으로 일상적이며 반복적으로 이루어지는 의사결정이다. 이는 정형적 의사결정(programmed decision making)이라고도 한다. 예를 들면, 서류작성 담당자가 워드 프로세서로 작업한 서류를 백업 디스켓에 저장하는 결정을 하는 것이나 햄버거 가게 지배인이 햄버거 재고가 일정한 수준 이하로 내려가면 주문결정을 하는 것은 구조화된 의사결정이라고 할 수 있다.

구조화된 문제에 관한 의사결정을 위해서는 표준절차 및 방침이 마련되어 내규나 규정으로 문서화된다.

반면에 비구조화된 의사결정(unstructured decision making)은 전에 경험한 바가 없어 사전에 알려진 해결안이 없는 경우에 이루어지는 의사결정이다. 이는 비정형적 의사결정(non-programmed decision making)이라고도 한다. 예를 들면, 희귀병의 치료법을 개발하고자 하는 한 과학자가 있다면 지금까지 알려지지 않은 창의적인 방법에 의존하지 않으면 안 된다. 또한 신제품 개발, 신시장 개척, 해외진출 등의 결정은 이에 해당된다.

비구조화된 의사결정의 경우 경영자의 창의력, 직관, 판단력, 경험 등에 의존하게 된다.

구조화된 의사결정과 비구조화된 의사결정은 다음과 같은 차이가 있다.

첫째는 어떤 유형의 과업들이 포함되어 있는가이다. 구조화된 의사결정은 일반적이고 일상적인 과업으로 이루어진 반면 비정형적 의사결정은 독특하고 새로운 과업으로 이루어진다.

둘째는 조직정책에 얼마나 의존하고 있는가이다. 구조화된 의사결정을 할 때 의사결정자는 조직정책이나 규정에 의존할 수 있다. 그러나 비구조화된 의사결정은 해결책을 창조해야 하며 과거의 해결안은 어떤 지침이 되지 못한다.

마지막으로는 누가 의사결정을 하는가이다. 비구조화된 의사결정은 전형적으로 최고경영층에 의하여 이루어지고 있으며, 구조화된 의사결정은 일반적으로 하위계층 담당자가 수행한다.

4. 의사결정에 미치는 환경변수의 영향

의사결정은 진공에서 이루어지는 것이 아니기 때문에 여러 가지 환경적 요인들이 과정에 또는 의사결정자에 영향을 미치고 있다.

▍확실성의 정도

무엇을 해야 할지, 행동의 결과는 무엇인지에 관해 완전한 지식을 어느 정도 갖느냐에 따라 의사결정은 확실성, 위험, 불확실성의 조건에서 이루어진다. 이들에 관해서는 전절에서 이미 설명한 바와 같다.

확실성의 조건에서 경영자는 의사결정에 필요한 완전한 정보를 가지므로 가장 좋은 결과를 가져오는 대안을 선택하면 된다. 이러한 경우에는 〈그림 9-7〉에서 보는 바와 같이 애매모호함과 실패의 두려움은 존재하지 않는다.

위험의 상황에서 경영자는 무엇이 문제이고 대안은 무엇인지는 알고 있지만 대안의 결과는 확실히 알지 못한다. 따라서 각 대안에 애매모호함과 위험이 따른다.

불확실성의 상황에서 경영자는 모든 가능한 대안을 규명할 수 없고 많은 변수가 있어 대안의 정확한 결과를 결정할 수도 없다. 따라서 이러한 경우에 애매모호함과 실패의 가능성이 가장 높게 된다.

[그림 9-7] 의사결정에서 모호함과 실패가능성

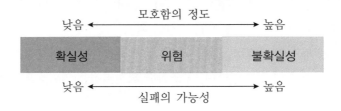

▍불완전한 자원

경영자는 완전한 의사결정을 위하여 정보, 시간, 인원, 장비 등 자원을 필요로 한다. 그러나 이러한 자원이 항상 갖추어지는 것은 아니다. 이러한 제한된 자원을 가지고 경영자는 만족해(satisficing solution)를 추구하게 된다.

▌내적 환경

경영자의 의사결정은 상사, 부하, 조직시스템으로부터 수용이나 지지를 받느냐에 따라 영향을 받는다. 상사는 경영자의 결정이 성공할 것이라는 상호 신뢰가 필요하다. 실패에 따른 책임을 두려워하지 않도록 해야 한다.

경영자의 결정이 종업원들로 하여금 언제, 누구와 함께, 어떻게 일을 해야 하는 등 직접적으로 영향을 미치는 경우에는 그들의 지지, 의사반영, 이해가 절대적으로 필요하다.

모든 조직에는 의사결정 시 고려해야 할 정책, 절차, 프로그램, 규칙 등이 있기 때문에 필요하면 이러한 조직시스템을 수정한 후 의사결정에 임해야 한다.

▌외적 환경

경영자는 의사결정시 고객, 경쟁자, 정부기관, 사회에 미치는 영향을 고려해야 한다. 이러한 외적 환경이 경영자의 의사결정에 막대한 영향을 미치기 때문에 이들에 순응하는 길을 찾아야 한다.

예를 들면, 새로운 제품을 도입한다든지, 제품과 서비스의 품질을 향상시킨다든지 등에 관한 결정은 고객의 기대에 부응하기 위한 것이다.

토·론·문제 EXERCISE

01 의사결정의 어려움은 어떻게 해결할 수 있는가?

02 개인 의사결정과 집단 의사결정의 차이는 무엇인가?

03 대학생들이 접하는 '불확실성하의 의사결정'으로 어떤 것들이 있는가?

04 합리적 의사결정 모델과 제한된 합리성 모델을 비교·설명하라.

05 최적해와 만족해를 비교·설명하라.

06 브레인스토밍 기법의 장·단점을 설명하라.

07 의사결정의 과정을 설명하라.

08 환경이 의사결정에 미치는 영향에 관해 설명하라.

09 인공지능이 개인 의사결정에 미치는 영향을 설명하라.

제10장

계 획 화

우리는 제1장에서 경영의 기본 기능은 계획화(planning), 조직화(organizing), 지휘(leading), 통제(controlling)라고 공부하였다. 이 중에서 계획화가 가장 중요한데 그것은 기업에서 앞으로 나아갈 방향과 각 활동이 수행되어야 할 방법을 제시하고 자원을 조직화하고 기업을 구조화하고 모든 활동을 통제하는 틀을 제공하기 때문이다.

경영의 각 기능은 서로 연관되어 있으며 다른 모든 기능의 수행에 영향을 미친다. 이와 같이 다양한 기능이 서로 연관되어 있기 때문에 경영은 과정(process) 또는 일련의 활동의 흐름으로 간주하게 된다.

경영관리 활동은 계획화로부터 시작한다. 계획화를 통해서 경영자들은 기업의 목적이 달성될 수 있도록 모든 활동을 조정할 수 있다. 따라서 기업의 성공은 기업에서 수행되는 다양한 과업들을 논리적으로 규합할 수 있는 계획을 수립할 능력을 보유하고 있느냐에 크게 의존한다고 말할 수 있다.

오늘날 모든 조직은 불확실한 환경에서 운영한다. 조직이 성공하기 위해서는 이러한 변화와 불확실성에 잘 순응해야 한다. 계획화는 바로 환경의 변화에 순응하는 데 도움을 주는 도구이다. 만일 기업이 계획을 수립하지 않는다면 환경의 변화에 수세적 반응에 의존할 뿐 계획된 조치는 취할 수 없게 된다. 장기적 목표를 달성하기 위해서는 기업의 현행의 압력에 단순히 반응하기보다 계획을 꼭 수립해야 한다.

일단 계획이 수립되면 기업의 목적을 달성할 수많은 활동을 수행하도록 사람과 다른 자원을 조정해야 한다. 계획화가 기업의 목적을 설정하고 이를 달성할 틀을 제공하는 기능인 반면 조직화란 이러한 계획을 효과적으로 수행하도록 자원을 확보하고 배분하며 과업을 구조화하는 기능을 말한다.

본장에서는 계획화의 필요성과 혜택, 계획화의 유형과 그의 수립과정 등에 관하여 공부할 것이다.

1. 계획화의 의의와 필요성

▎기업활동의 계획화

계획화(planning) 또는 계획수립은 기업이 수행하는 수많은 비즈니스 활동들을 효율적으로 관리하고 수행하기 위하여 기업의 미래를 예측하고 기업이 앞으로 나아가야 할 방향과 기업의 목적(goals)을 설정하며 그를 달성하기 위하여 언제, 어디서, 어떤 일을 어떤 순서와 방법으로 할 것인가를 결정하는 과정이라고 정의할 수 있다. 이와 같이 계획화는 경영활동의 시발점으로서 조직 구성원들의 활동 방향을 제시하기 위한 기업의 목적설정(goal setting)과 이를 달성하기 위한 수단(means), 즉 순서와 방법을 미리 정하는 것을 의미한다. 사실 기업이 달성하고자 하는 목표는 기업마다 다르고 상황의 변화에 따라 이 또한 변화할 수 있다. 계획수립의 결과 관리자들은 자원을 어떻게 배분할 것이며 각 활동을 개인과 작업그룹에 어떻게 할당할 것인가를 결정하는 등 과학적인 경영관리를 하게 된다.

계획화의 결과 기업 목표에 가장 부합되도록 선택된 행동대안을 계획(plan)이라고 한다. 계획이란 미래 지향적이고 목표 지향적인 것이며 목적달성을 위해 미래에 수행할 행동과 그의 방법을 위한 청사진으로서 기업이 그의 목적을 실현하는 데 필요한 비즈니스 활동들이 무엇이며, 언제, 어디서, 누구에 의해서, 어떻게 행해져야 하는가를 규정하게 된다. 따라서 계획수립은 경영활동의 전제요 시발점이 된다. 즉 계획수립은 목표를 달성할 수 있도록 조직화·충원·지휘 및 통제의 출발점이자 가장 근본적이 활동이다.

우리는 일상생활에서 매일 계획을 수립한다. 친구를 만나러 갈 때에도 계획을 세우고 장을 보러 갈 때에도 계획을 세운다. 기업도 연말이 되면 다음 해에 무엇을 어떻게 해야 할지 계획수립에 몰두하게 된다. 그러면 기업은 왜 계획을 수립해야 하는가?

계획수립의 목적은

- 기업과 근로자들이 나아갈 기업의 목표와 방향(direction)을 설정한다. 예컨대 수익률 증대, 시장점유율 증대, 경쟁력 제고, 사회적 책임 완수 등 나아갈 방향과 달성할 목적을 알게 되면 이에 맞게 활동하고 서로 협조하고 활동을 조정하여 효율적으로 목적을 달성할 수 있다. 즉 일을 수행할 행동 기준이 된다.

[그림 10-1] 목적, 계획, 통제의 관계

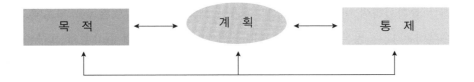

- 불확실성(uncertainty)을 줄일 수 있다. 경영자들로 하여금 앞을 보고, 변화를 예견하고, 변화의 영향을 고려하고, 적절한 대응책을 강구하게 만듦으로써 불확실성을 감소시키도록 한다. 즉 실수, 비용, 노력 등을 미연에 줄일 수 있다.
- 낭비와 여분(redundancy)을 감소시킬 수 있다. 작업활동이 설정된 계획에 맞춰 조정이 되면 여분을 줄일 수 있고 수단과 결과가 분명하면 비효율은 제거할 수 있다.
- 통제에 필요한 목적이나 표준을 설정할 수 있다. 구체적이고 측정 가능한 성과평가의 기준이 설정되어야 통제활동을 수행할 때 계획과 목적이 달성되었는지, 기업이 계획한 대로 옳은 방향으로 나아가고 있는지를 감시할 수 있다. 따라서 계획수립 과정이 성공적이기 위해서는 목적, 계획, 통제의 관계가 〈그림 10-1〉에서처럼 잘 통합되어야 한다.

그러면 계획화는 언제나 가치가 있는가? 계획화와 경영성과 사이의 관계에 대한 많은 연구결과 긍정적인 관계를 밝히고 있다. 계획을 수립하는 기업의 성과가 그렇지 않는 기업보다 언제나 낫다고 할 수는 없지만 일반적으로는 정의 관계라고 할 수 있다.

첫째, 계획을 수립하면 높은 이익같은 긍정적인 재무성과를 초래한다.

둘째, 계획을 제대로 수립하고 이를 실행하면 얼마나 계획을 수립하느냐 보다 높은 성과를 가져온다.

셋째, 계획화-성과의 관계는 계획기간에 따라 영향을 받는다. 성과에 영향을 미치려면 적어도 4년의 계획기간이 필요한 것으로 밝혀졌다.

▌ 계획화의 필요성

계획화는 기업의 목적을 행동으로 옮기도록 만든다. 즉 계획의 실행을 통하여 경영자가 의도하는 목표를 달성할 수 있는 것이다. 계획이 언제나 완벽한 것은 아니지만 계획을 수립하지 않으면 기업은 환경, 기술, 고객요구의 변화에 단순히 반응할 뿐이다. 특히 미래는 불확실하여 미리 예측하기도 어렵기 때문에 모든 경영활동을 최초에 의도한 대로 수행하는 데는 많은 애로가 존재한다. 여기서 계획수립의 필요성이 요구된다. 기업의 목표를 효율적으로 달성하기 위해서는 기업이 나아갈 방향을 제시해 주는 계획을 수립할 필요가 있다. 이와 같이 계획이 수립되면 기업은 미래에 발생할 사건을 미리 어느 정도 예측하고 이에 영향을 미칠 수 있게 된다.

다음과 같은 현대 조직의 네 가지 특성은 계획의 필요성을 강조한다.[1]

1 현재 결정과 미래 결과의 시간간격

어떤 제품의 경우에는 개발하기로 결정한 때부터 시판할 때까지 많은 시간이 흐르게 된다. 예컨대 미국의 보잉(Boeing)사는 초음속 제트기를 개발하는 데 10년이 걸렸다. 계획은 이러한 장기간 동안 자원소비를 통제하고 기업의 목적에 초점을 두도록 만든다.

계획을 수립하면 결정과 결과 사이의 장기간 동안에 발생할 변화를 예상케 함으로써 미래에 대한 불확실성을 감소할 수 있다. 계획이 없거나 장기적 목적에 몰두하지 않으면 단기적 조건에 과민반응하는 경우가 있을 수 있다. 이와 같이 계획수립은 미래에 대한 불확실성과 변화를 예측하고 이에 대처하기 위하여 필요하다.

2 기업의 복잡성 증대

기업과 경제의 규모가 확대되고 복잡할수록 관리자의 임무도 복잡하게 된다. 생산, 마케팅, 재무 등 각 부서에서의 결정은 상호 의존되어 있다. 한 기업이 많은 시장에서 경쟁하게 되면 더 많은 제품을 시장에 내놓아야 한다. 시장에서 경쟁이 심화되면 내부의 복잡성은 증대된다.

예컨대 자동차와 PC의 경우에는 수많은 모델이 생산되고 시간에 따라 새로운 모델이 등장한다. 글로벌 경쟁이 심한 경우에는 다양한 제품과 서비스를 생산해야 한다.

이러한 경쟁사회에서 기업이 활동과 자원을 계획하고 조정하는 것은 복잡성을 취급하는 데 도움을 주게 된다.

---

1 J. M. Ivancevich, P. Lorenzi, S. J. Skinner & P. B. Crosby, *Management*(Irwin, 1994), p. 170.

❸ 글로벌 경쟁의 심화

주로 국내 경쟁만 있었던 지나간 시대에는 기업은 좀더 안정된 환경 속에서 신뢰 있는 장기계획을 수립할 수 있었다. 이러한 상황에서는 기업은 판매액, 이익, 시장점유율을 예측함에 있어 현재의 추세를 미래까지 연장하면 되었다.

그러나 오늘날 기업은 국경없는 무한경쟁 속에서 경영을 해야 한다. 새로운 고객, 새로운 시장, 세계의 새로운 부분이 기업에 기회와 위협을 동시에 부여한다. 동유럽국가와 러시아가 글로벌 경제에 진입했고 중국, 인도, 베트남, 남미, 아프리카가 미래에 시장기회와 경쟁위협을 가중시킬 것이다.

글로벌 경쟁이 심화되면 조치를 취할 시간이 짧게 되어 스피드가 중요한 요소가 된다. 따라서 오늘날 기업은 급변하는 환경변화에 맞추어 계획을 수립해 이에 대처해야 한다.

❹ 다른 경영기능에의 영향

계획은 기업에서 조직화, 경영, 판매, 훈련, 판촉 등과 같은 중요한 활동을 지휘한다. 따라서 이러한 활동을 착수하기 전에 계획이 수립되어야 한다. 계획이 수립되어야 기업의 공통된 목표를 향하여 기업 내의 여러 상이한 활동이 통합되고 조정된다. 한편 계획은 통제 기능을 용이하도록 기초를 마련해 준다. 계획없이는 통제를 제대로 할 수가 없다. 통제를 위해서는 모든 활동의 평가기준이 있어야 하는데 계획이 이러한 기준을 제공해 준다.

2. 계획화의 장·단점

▌계획화의 장점

오늘날 동태적인 시대의 기업은 많은 분야로부터 압력을 받고 있다. 기업 외적으로는 정부규제, 복잡한 기술, 글로벌 경제의 불확실성 등에 직면하고 내적으로는 효율성 추구, 새로운 구조와 배열, 노동력의 다양성, 경영상의 도전 등에 직면하고 있다. 이러한 상황에서 계획수립은 경영성과에 있어 많은 혜택과 우위를 제공한다.

계획화와 성과 사이의 관계는 일반적으로 비례적이라고 한다. 즉 공식적인 계획화는 많은 이익을 내는 데 도움을 준다는 것이다.

1 향상된 조정

기업은 기업의 목적을 달성하기 위하여 각자의 업무를 수행하는 개인, 작업반, 하위시스템 등으로 구성되어 있다. 계획화는 이러한 다양한 기업의 활동을 조정하는 기초를 제공한다. 그들은 특정 과업과 목적을 추구한다. 이들의 달성이 기업의 목적에 의미 있는 공헌이 되기 위해서는 일관성 있게 조정된 계획의 수립이 필요하다. 계획은 기업의 계층별로 수립된다. 최고경영층, 중간관리자, 일선관리자들도 계획을 수립한다. 기업 전체 계획의 수립은 기업의 모든 수준(계층)에서 달성하려고 하는 목적들을 수단-목적(means-ends)의 관계로 고리를 맺게 한다. 즉 높은 계층의 목적을 달성하기 위한 수단은 곧 낮은 계층에서 달성해야 하는 목적이 된다. 이러한 과정을 목표와 수단의 연쇄현상(chain of means and ends)이라고 한다. 이와 같이 계획은 기업 전체와 각 부문을 연결시켜 주는 역할도 수행한다.

2 미래 지향적 사고

계획화는 경영자들로 하여금 앞을 생각하게 하고 기업이 미래에 직면할 위협이나 기회를 고려하게 만든다. 이와 같이 계획은 과거보다 미래에 기업으로 하여금 더욱 효과적이고 효율적으로 업무를 수행할 수 있도록 준비하게 만든다. 특히 제품의 수명주기가 빠른 기업일수록 고객의 요구를 이해하고 이를 반영하는 미래 지향적 사고가 필요하다.

3 참여적 작업환경

계획은 구성원들로 하여금 조직목표를 달성하는 방향으로 행동할 지침을 제공한다. 한편 기업이 계획을 수립하고 이를 성공적으로 실행하기 위해서는 폭넓은 조직 구성원의 참여가 요구된다. 이러한 참여적 작업환경은 계획을 수립할 때 다양한 종업원들의

[그림 10-2] ·계획과정에의 참여

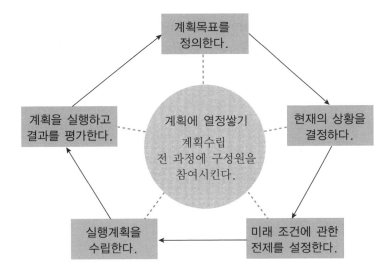

지식과 능력을 이용할 수 있다. 예컨대 품질향상을 위한 종합적 품질경영에 종업원들을 참여시키는 것은 이의 성공에 큰 공헌을 한다.

　　한편 계획수립에 참여한 종업원들은 그렇지 않은 종업원들보다 더욱 열정적으로 이를 달성하고자 하는 노력을 경주하게 된다. 이는 〈그림 10-2〉가 보여 주고 있다.

④ 효과적인 통제시스템

　　기업의 계획은 통제의 기초를 제공한다. 계획에 명시된 활동의 수행이 평가되고 목표달성의 진행 과정이 감시되어야 한다. 계획은 기업이 옳은 방향으로 나아가고 그의 목적을 달성하는 데 도움을 주는 역할을 한다.

계획화의 단점

　　계획화가 이상에서 설명한 여러 가지의 혜택을 제공하지만 한편으로는 그의 대가를 지불해야 한다. 이러한 단점은 경영자로 하여금 계획수립을 단념시킬 수도 있는 것이다.

1 시간의 소요

계획을 수립하는 데는 막대한 시간과 에너지가 요구된다. 경영자들은 현존 자원을 평가하고 작업을 향상시킬 기회를 규명하고 기업의 목적을 설정하는 데 많은 노력을 기울여야 한다.

계획을 수립하는 데는 기업이 생산하는 제품과 그의 가격은 물론 경쟁기업의 전략과 관련된 외부 정보를 입수하고 평가하는 데 많은 시간과 비용이 수반되어야 한다.

특히 세계시장에 참여하는 기업은 다수 국가의 경제, 시장요인, 고객요구 등을 분석해야 하기 때문에 계획은 아주 복잡하고 시간 소비적이다.

2 의사결정의 지연

계획은 경영자들의 의사결정을 지연시킬 단점을 갖는다. 이러한 단점은 기업의 성공이 변화에 어느 정도 빨리 적응하는가에 달려 있는 경우에는 큰 손실을 초래할 수 있다. 계획은 기업이 산업, 시장, 고객요구, 내부 운영의 변화에 빨리 적응하려는 것을 지연시킨다.

21세기의 기업환경에서 적응시간의 속도는 많은 산업에서 성공의 열쇠가 될 것이다. 계획수립 과정에 재빠른 경쟁자는 느린 기업이 놓치는 기회를 쉽게 장악할 수 있다.

3 동태적 환경에서의 한계

오늘날 대부분의 조직들은 동태적 환경에 직면한다. 계획수립의 기본 가정은 환경이 변화하지 않는다는 것이다. 따라서 오늘날 예측할 수 없고 변화가 심한 환경에서 기업경영을 하기 위해서는 방향의 변경을 추구하려는 계획화 신축성이 요구되고 있다.

4 경직성 유발

공식적인 계획화 노력은 특정 기간 내에 특정 목적을 달성하도록 강요할 수 있다. 이 기간 동안 환경이 변하게 되면 계획에 얽매인 경영자는 어려움을 겪게 된다.

3. 계획의 수립 과정

기업의 비즈니스 활동에 대한 계획수립 과정(planning process)은 기본적으로 의사결정 과정이나 전략수립 과정과 비슷하다. 이러한 과정은 다음 절에서 공부할 계획의 형태에 따라 다르지만 일반적으로는 〈그림 10-3〉과 같다.

❶ 현재의 상황 평가

기업의 자원, 시장추이, 경제지표, 경쟁요인 등 기업의 현재 상태를 우선 평가하는 상황분석(situational analysis)이 이루어져야 한다. 기업의 경영활동에 큰 영향을 미칠 고객분석, 경쟁업체들에 대한 분석, 경제상황에 대한 분석, 기술 진보에 대한 예측 등 외부환경을 분석하고 기업 내부의 기술력, 마케팅 능력, 자금동원 능력, 인적자원 등을 경쟁업체와 비교하여 기회(opportunity)를 이용하고 위협(threat)은 피하고자 추구하는 장기적 목적을 설정하고 기업의 강점(strength)과 약점(weakness)은 무엇인지 평가한다. 외부환경과 내부자원의 분석은 SWOT 분석을 통해 기업의 현재 상황을 평가한다.

❷ 목적과 목표의 설정

기업의 현황이 파악되면 기업 전체에 대한 목적(goal)과 목표(objective)를 설정하고 이에 따라 부문별 목표를 설정한다.
모든 조직은 그의 비전(vision)과 사명을 가지고 있다. 기업의 비전, 즉 사명(mission)

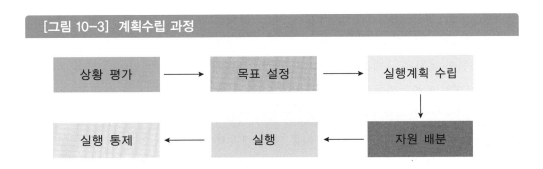

[그림 10-3] 계획수립 과정

상황 평가 → 목표 설정 → 실행계획 수립 → 자원 배분 → 실행 → 실행 통제이란 그 기업이 고객을 위하여 제품이나 서비스를 공급하면서 존재하는 근본 목적과 가치관을 나타내고 조직과 그의 구성원이 나아가야 할 전략적 방향을 설정하는 것을 뜻한다. 다시 말하면, 사명이란 기업의 목적(purpose), 즉 존재 이유를 말한다. 사명의 목적은 기업이 추구하는 가치, 욕망, 목적, 미래상을 구성원들에게 알려줌으로써 그들로 하여금 일관성 있는 방향으로 움직이고 의사결정이 이루어지도록 하려는 것이다. 사명기술서(mission statement)는 종이쪽지에 씌어 있는 단순한 문장이 아니다. 그것은 조직 구성원에게 정보와 영감을 제공하는 살아 숨쉬는 문서이다. 이러한 문서는 현재의 기업이 앞으로 어떤 기업이 되어야 하는가의 최고경영층의 철학과 비전을 나타내고 한편으로 조직 구성원들로 하여금 공동목적을 추구하도록 이끄는 역할을 한다.

사명기술서는 기업마다 서로 상이하지만 기본적으로 그의 주된 제품 또는 서비스, 사업영역 및 범위, 차별적 경쟁우위, 장기적 성공을 보장할 종합적인 전략 등을 포함해야 한다.

예컨대 미국의 유명한 백스터 인터내셔널(Baxter International)사의 사명은 "우리는 세계 각처의 고객에 가장 좋은 제품과 서비스를 제공하고 우리가 하는 모든 일에 있어서 혁신과 우수성과 고품질을 지속적으로 추구하는 선도적 건강-의료회사가 되겠다"이다. 우리나라 삼성그룹의 사명은 "인재와 기술을 바탕으로 최고의 제품과 서비스를 창출하여 인류사회에 공헌한다"이다.

기업의 사명은 기업이 나아갈 기본 방향을 제시하고 의미 있는 장기적 목적으로 더욱 구체적으로 표현되어야 한다.

목적(goal)은 기업의 사명을 달성할 더욱 구체적인 미래의 상태 또는 조건을 말한다. 목적이라는 용어는 목표와 동의어로 사용되기도 하지만 상위개념으로 구분해 사용하고자 한다. 목적은 기업이 달성하고자 하는 질적인 결과(outcomes)를 의미하지만 이는 계량적으로 표현하지도 않고 완료시한도 없는 장기적인 것이다. 예컨대 "202×년 말까지 전국적으로 대도시에 판매대리점을 개설한다"는 목적이다. 이외에 목적의 예를 들면, 수익성, 효율, 생존, 성장, 복지, 자원의 이용, 사회에의 기여, 기술적 리더, 시장의 리더 등이다.

효과적인 목적은 구체적인 행동과 단기적인 목표로 변환할 수 있어야 한다. 이러한 목적이 분명하면 종업원들이 그들의 노력을 어디로 결집해야 하는가를 말해 준다. 목적은 나중에 기업의 성과를 측정할 때 표준으로서 역할을 한다.

목표(objective)는 계획된 활동의 최종 양적 결과치이다. 이는 언제까지 무엇이 완수되어야 하는가를 나타내는 단기적 성격 때문에 가능하면 명확하고, 구체적이고 계량적으로 표현되어야 한다. 기업의 목표를 완료한다는 것은 그 기업의 사명을 달성하는 결과로 나타난다. 목표는 수익성, 생산성, 경쟁력 확보, 기술개발 등으로 설정될 수 있는데 목표의 한 예를 들면, "주당 연간 수익증가율이 10%"이다. 한편 목표는 경영자들의 의사결정을 이끌고 작업활동 결과를 측정할 때 사용하는 기준이 된다.

이와 같이 목적은 사명으로부터, 그리고 목표는 목적으로부터 파생된다. 목표설정시 고려해야 할 사항은 〈그림 10-4〉가 보여 주고 있다.

[그림 10-4] 목표설정 시 고려사항

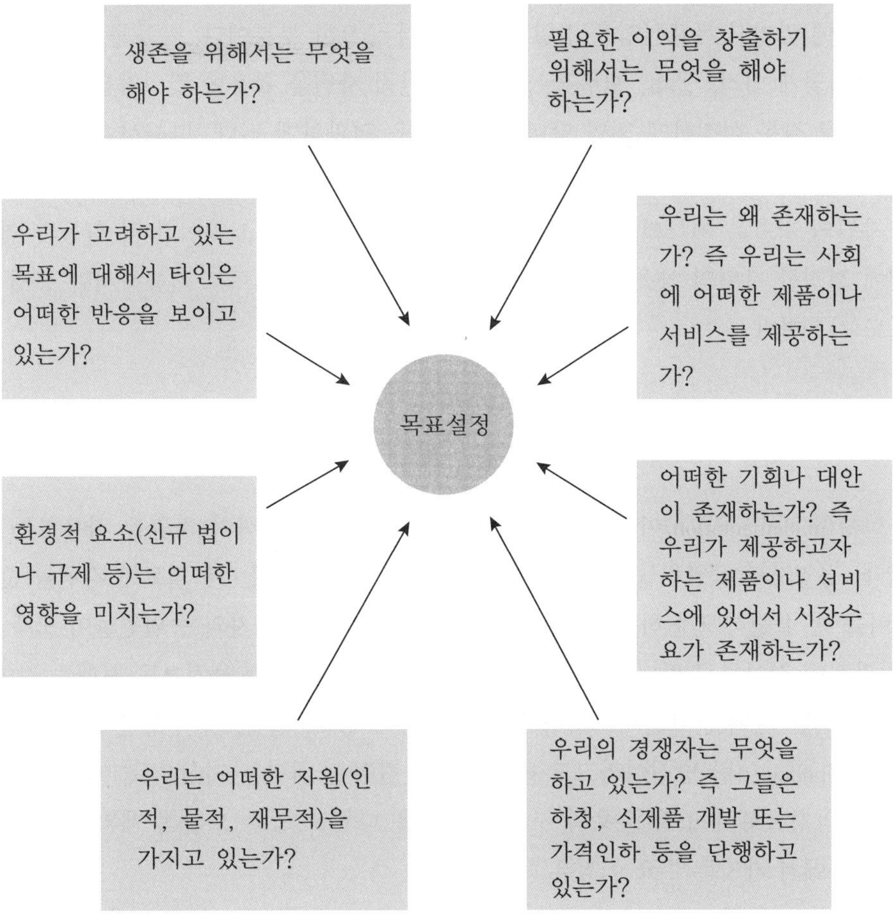

- 생존을 위해서는 무엇을 해야 하는가?
- 필요한 이익을 창출하기 위해서는 무엇을 해야 하는가?
- 우리가 고려하고 있는 목표에 대해서 타인은 어떠한 반응을 보이고 있는가?
- 우리는 왜 존재하는가? 즉 우리는 사회에 어떠한 제품이나 서비스를 제공하는가?
- 환경적 요소(신규 법이나 규제 등)는 어떠한 영향을 미치는가?
- 어떠한 기회나 대안이 존재하는가? 즉 우리가 제공하고자 하는 제품이나 서비스에 있어서 시장수요가 존재하는가?
- 우리는 어떠한 자원(인적, 물적, 재무적)을 가지고 있는가?
- 우리의 경쟁자는 무엇을 하고 있는가? 즉 그들은 하청, 신제품 개발 또는 가격인하 등을 단행하고 있는가?

(목표설정)

❸ 실행계획의 수립

목표를 달성하는 데 도움이 되는 각 대안을 평가하고 이러한 수단을 통하여 목표를 달성할 자원은 무엇인지, 이러한 과정에서 발생할 장애요인은 무엇인지 규명한 후 실행계획(action plan)을 수립한다. 실행계획은 기업의 목표달성을 위하여 무엇이, 언제, 어떻게, 누구에 의해 행해져야 하는가 하는 대안을 결정하는 단계이다.

❹ 자원의 배분

조직에 있어서 목표설정은 경영관리에 있어 중요한 부분이다. 목표를 설정함으로써 조직은 어떻게 인적, 물적, 재무적, 그리고 시간적 자원을 활용할 것인가를 결정하게 된다. 목표를 잘못 설정하게 되면 낭비나 비효율을 결과하게 된다. 따라서 경영자는 목표가 조직에 미치는 잠재적 영향을 고려하여 신중하게 설정하여야 한다.

자원의 지출은 예산의 사용에 의하여 통제된다. 예산(budget)이란 각 활동과 연관된 사전에 결정한 자원의 양을 말한다. 예산은 계획수립 기법으로도 기능하지만 통제 기법으로도 기능한다.

❺ 실행

실행(implementation)이란 계획을 행동으로 실천하기 위하여 자원을 사용하는 것을 말한다. 경영자와 종업원들은 계획을 이해하고, 이를 실행하는 데 필요한 자원을 준비하고, 이를 잘 실행하고자 하는 동기를 가져야 한다. 만일 경영자와 종업원들이 모두 계획수립 과정에 참여하고 있다면 실행 과정은 더욱 효과적이고 효율적으로 진행될 것이다.

경영자는 계획을 효과적으로 실행하기 위하여 정책, 절차, 규칙 등을 정한다.

정책(policy)이란 방침이라고도 하는데 의사결정을 내리는 지침으로 따라야 할 일련의 행동 과정으로서 조직 운용의 구체적 측면을 다루고 있는 보완적 계획이다. 정책이 조직 운용에서 가지는 주요 이점은 다음과 같다.

- 시간절약: 정책은 발생가능한 미래상황을 다루기 위하여 설계된다.
- 실수 방지: 일반적으로 정책은 잠재적 문제의 장ㆍ단기적 파급효과를 심도 있게 취급함으로써 있을 수 있는 실수를 방지하고자 한다.

절차(procedure)는 특정한 상황을 다루기 위한 구체적 계획이다. 절차는 과업을 수행하기 위하여 취하여야 하는 구체적 관계를 의미한다. 병원에서는 수술에 대한 절차가 있으며, 관공서에서는 민원을 해결하는 절차가 있다.

실제로 조직에 있어서 많은 업무가 절차에 의해서 통제되고 있다. 예를 들어 주문서 발부라든가 신규 종업원 오리엔테이션 등과 같은 활동에 대한 절차가 있다. 절차는 조직의 모든 계층과 모든 분야에서 발견된다.

절차는 여러 가지 측면에서 정책과 유사하다. 다만 절차는 특정 상황을 다루는 데 필요한 행동을 보다 구체적으로 기술한 것이다. 절차는 조직 목표, 전략, 정책 등과 같이 동떨어진 것처럼 보이므로 때때로 중요성이 간과되고 있다.

규칙(rule)은 특정 상황에서 하여야 할 행동과 하지 말아야 할 행동을 구체적으로 기술한 것이다. 비행기 여행자들은 '흡연금지 표시등이 나오면 담배를 피워서는 안 된다' 그리고 '모든 휴대 가방은 의자 밑에 두어야 한다'는 두 가지 규칙에 대해서 익숙해 있다. 규칙은 협상 가능한 것이 아니며 경영자에게 자유재량권이 없다.

규칙은 간단하고 명료하게 기술되지만 경영자가 반드시 수행하여야 하는 강제성을 가지므로 신중하게 제정되어야 한다. 과도하거나 불필요한 규칙은 조직의 융통성을 저해하고 경쟁력을 떨어뜨린다. 또한 종업원들은 책임을 회피하기 위하여 규칙에 얽매이기 쉽다.

6 실행의 통제

기업은 의도하는 목표가 달성될 수 있도록 모든 작업활동을 관리해야 한다. 통제란 실제 결과가 이미 수립한 계획과 일치하도록 모든 경영활동을 관리하는 것을 말한다.

경영자들은 실제 성과를 보고하고 이 성과를 표준과 대비할 수 있는 정보를 제공해야 한다. 이러한 정보는 생산활동이나 판매활동처럼 특정하고 구체적인 결과를 가져오는 활동의 경우에는 쉽게 입수할 수 있다.

실제 결과가 이미 수립한 계획과 일치하지 않을 경우에는 시정조치가 강구되어야 한다.

4. 계획의 유형

모든 효과적인 계획은 고객이나 품질 및 경쟁력 등에 초점을 맞추지만 계획활동은 활동의 범위, 계획기간, 상세한 정도 등에 따라 여러 가지 유형으로 구분할 수 있다.

▌ 장기·중기·단기계획

계획은 그의 적용기간에 따라 단기계획, 중기계획, 장기계획으로 구분할 수 있다. 보통 1년 이하의 계획을 단기계획이라 하고 1년 이상 2년 이하의 계획을 중기계획이라 하며 2년 이상의 계획을 장기계획이라 한다. 그런데 기간이란 절대적인 개념이 아니므로 계획 자체의 성격에 의해서 구분하는 것이 바람직스럽다.

단기계획은 특정 부서나 개인이 달성해야 할 일상업무와 관련된 운영적 목적을 포함한다. 중기계획은 중간관리층이 달성해야 할 전술적 목적을 포함한다. 한편 장기계획은 최고경영층이 수립하는 조직 전체의 전략적 목적과 방향을 결정하는 계획이다.

단기에 있어서는 기업이 생산시설을 확장 또는 축소할 수 없고 생산능력의 효율성과 생산시설의 가동률을 변경할 수 있는 것이다. 중기에 있어서는 기업이 생산시설을 확장 또는 축소할 수 있으며 장기에 있어서는 경쟁자가 나타나거나 사업을 확장 내지 포기할 수 있는 것이다.

▌ 전략적·전술적·운영적 계획

계획은 그의 조직계층에 따라 전략적 계획, 전술적 계획, 운영적(업무적) 계획으로 구분할 수 있다. 이는 〈그림 10-5〉에서 보는 바와 같다.

계획화 과정은 조직의 기본적인 목적(purpose), 즉 존재이유를 의미하는 공식적인 사명(mission)의 기술로부터 시작한다. 이러한 사명은 전략적 목적과 계획의 기본이 된다. 전략적 계획(strategic plan)이란 전체 기업의 차원에서 장기적으로 경쟁력을 강화하고 전반적인 경영성과를 증진하는 등의 기업 목적설정과 그의 달성을 위하여 자원의 조달

[그림 10-5] 목적과 계획의 수준

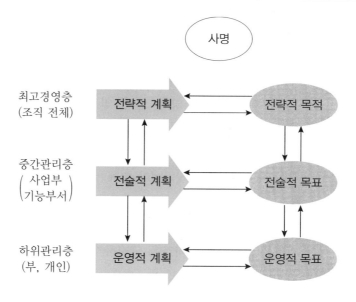

과 배분, 그리고 그 수행방안을 최고경영층이 수립하는 포괄적이고 일반적인 계획이다. 최고경영층은 조직의 효율성과 효과성을 달성하기 위하여 전략적 목적과 계획을 수립할 책임을 갖는다. 전략적 계획은 기업의 사명에 따라 기업이 미래로 나아갈 방향을 설정한다.

예컨대 전략적 계획에는 특정 제품분야에서 세계를 지배하려는 사명을 명시할 수 있고 새로운 시장을 침투하여 그들 시장에서 어떻게 경쟁할 것인가 하는 전략적 목표를 수립할 수 있다.

전략적 계획은 정치적·경제적·사회적·기술적 요인과 같은 간접적인 경영환경뿐만 아니라 경쟁자·고객·제품·시장 등의 직접적인 경영환경요인의 분석을 통하여 변화하는 외부환경에 어떻게 대응할 것인가, 자원을 어떻게 배분할 것인가, 전략적 목적을 달성하기 위한 전사적 노력을 통합하기 위하여 어떤 조치가 필요한 것인가 등에 관한 문제를 취급한다.

전략적 계획을 수립하는 목적은 기업이 현재 있는 곳에서 가고자 하는 곳으로 움직이게 하여 기업이 속한 산업에서 지속적인 경쟁우위를 확보하려는 것이다. 전략적 계획은 제11장에서 공부할 경영전략의 기초가 된다.

전술적 계획(tactical plan)은 전략적 계획과 운영적 계획의 중간형태의 계획으로서 중간관리층이 수립하는 좀더 좁고 구체적인 중기계획이다. 이는 장기적 효과보다는 중기적 효율을 취급한다. 전술적 계획은 전략적 계획을 실행하고 전술적 목적을 달성하기 위한 수단이다.

전술적 계획은 전략적 계획에서 제시된 경영 목표를 효율적으로 달성하기 위하여 특정 사업부 또는 기능단위가 그의 전술적 목적을 달성하기 위하여 취하는 중요한 절차를 요약한다. 부문별 전술적 계획은 생산, 영업, 인사, 연구개발, 총무부서와 같은 주요 기능분야에서 필요로 하며 이때 각 부문별 목표를 설정함에 있어 구체적이고 상세한 조정작업이 필수적이다.

전략적 계획이 외부환경의 변화를 분석하여야 함에 비하여 전술적 계획은 주로 내부환경에 영향을 받는다.

운영적 계획(operational plan)은 전술적 계획의 이행과 운영적 목표의 달성을 지원하는 수단이다. 이러한 계획은 1년 이하의 기간을 고려하지만 1주일 단위의 운영계획을 수립하는 경우도 많다.

운영적 계획은 부서의 하위관리자들이 수립하는 구체적인 계획인데 주로 제품이나 서비스의 생산활동에 관련된 생산계획, 여러 가지 운영에 필요한 자금을 조달하는 재무계획, 과업을 수행하는 데 필요한 시설이나 작업배치에 관련된 시설계획, 제품이나 서비스의 판매 및 유통과 관련된 마케팅계획, 작업자의 채용이나 배치를 취급하는 인적자원계획 등을 포함한다.

운영적 계획에 영향을 미치는 경영환경은 정책·예산·절차·규칙 등의 내부 규제라고 할 수 있다.

운영적 계획은 대상으로 하는 업무의 성격에 따라 상설계획과 임시계획으로 구분할 수 있다.

임시계획(single-use plan)은 사용기간이 확실히 정해져 있을 뿐만 아니라 보다 구체적인 목표의 달성을 위한 계획이지만 미래에 반복해서 발생하지 않는 계획이다. 예를 들면, 새로운 제품의 개발계획을 수립하기 위하여 프로젝트 팀이 구성될 수 있는데 이러한 임시계획은 제품이 완전히 개발되면 더 이상 존재이유가 소멸된다.

임시계획에는 프로그램(실행계획), 프로젝트, 예산 등 세 가지 유형이 포함된다.

프로그램(program)은 비반복적인 하나의 중요한 목표에 관련된 복잡한 활동들을 조정하기 위한 포괄적인 계획이다. 프로그램은 기업에서 몇 개의 부서가 참여하고 여러 개의 프로젝트로 구성되어 있는데 보통 1년 이상이 소요된다. 예컨대 10억 원을 들여 장충체육관을 수리하는 프로그램을 진행한다면 이는 수많은 활동으로 구성되어 있고 이러한 활동은 일정한 기간 내에 완료하도록 조정된다.

　이와 같이 프로그램을 완수하는 데는 수많은 활동이 요구되는데 이들이 완료되면 프로그램도 끝이 난다. 미국 NASA의 아폴로 프로그램은 인간이 달에 착륙하면서 영원히 끝이 난 것이다.

　프로젝트(project)는 중요한 비반복적인 목적을 달성하기 위하여 여러 개의 프로젝트로 분리할 필요가 없는 제한된 규모의 활동들을 조정하는 임시계획이다. 프로젝트는 프로그램과 유사하지만 하나의 목표를 갖는 모호하지 않는 계획이라는 점에서, 반복되

[그림 10-6] 계획의 계층

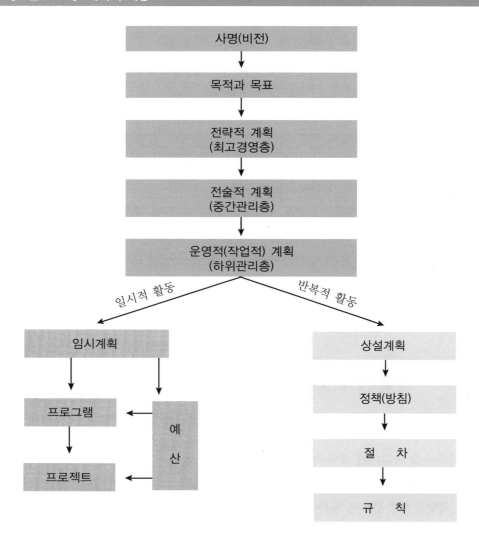

지 않는다는 점에서, 단기간 내에 완료된다는 점에서 프로그램과 구별된다. 예컨대 어느 회사의 종업원용 주차장 건설은 반복되지 않고 단기간 내에 완성되는 프로젝트이다.

예산(budget)이란 기업의 활동, 프로그램, 프로젝트에 배분되는 재무적 자원의 이용명세서이다. 이는 여러 가지 용도에 자원을 할당하는 강력한 도구이다. 예산은 성과를 감시할 특정한 정보를 제공함으로써 활동들을 조정하게 된다. 예산은 조직의 활동을 통제하고 결과를 추적하며 자원을 효율적으로 배분하도록 하는 기본적 수단이 된다.

상설계획(standing-use plan)은 꾸준히 반복되는 목표를 달성하기 위해 상설적으로 사용되는 계획이다. 경영자는 이러한 상설계획을 수립함으로써 특정 상황이 발생할 때마다 새로이 계획을 수립하는 번거로움을 피할 수 있다. 이러한 계획은 반복되는 상황을 꾸준히 다룰 수 있게 해 준다.

예컨대 은행에서 대출을 해줄 때 기본 절차, 판정기준, 필요한 서류제출 등을 미리 정해놓고 고객의 대출요청 여부를 결정하게 된다. 이와 같이 계속해서 반복되는 활동에 대해서는 표준화된 의사결정 기준을 미리 정한다.

상설계획은 종업원들의 유연성을 제한하고 고객의 요구에 쉽게 대응할 수 없는 단점도 가진다. 종업원 행위에 대한 엄격한 제약은 오히려 경영성과에 부정적 영향을 미칠 수 있다. 따라서 경영자들은 상설계획을 수립하고 집행하기 전에 이들을 여하히 효율적으로 사용할 것인가를 심사숙고해야 한다.

상설계획은 정책, 절차, 규칙의 형태를 취한다. 이들에 대해서는 이미 앞절에서 설명한 바와 같다.

이상에서 설명한 여러 가지 계획의 계층별 구조는 〈그림 10-6〉에서 보는 바와 같다.

5. 계획수립의 접근법

계획수립 과정이란 경영자가 어떻게 계획을 수립하는가를 설명하는 것인데 그러한 계획을 수립하는 책임을 누가 갖는가를 기술하는 접근법에는 중앙집권적 하향식 계획수립법, 지방분권적 상향식 계획수립법, 팀 계획수립법, 비상계획 등이 있다.

▍중앙집권적 하향식 계획수립법

중앙집권적 하향식 계획수립법(centralized top-down planning)은 중앙집권적 소규모 기업에서 널리 사용되는 방법이다. 전략적 계획이 맨 먼저 최고경영층에 의하여 작성이 되면 전략적 목표를 달성하기 위하여 전술적 계획이 수립되고 다시 이에 따라 운영적 계획이 수립되는 것처럼 계층적 권한이 지배적인 하향식 접근법은 전통적 기법이라고 할 수 있다. 사실 이러한 방법은 1970년대에 널리 이용되었다.

이 접근법은 전략적 계획수립의 책임이 몇 사람의 최고경영자에 귀속하기 때문에 중앙집권적이라고 하고 이를 근거로 차례로 중간관리층과 하위관리층이 전술적 계획과 운영적 계획을 수립하기 때문에 하향식 방법이라고 한다.

▍지방분권적 상향식 계획수립법

최근의 계획수립은 지방분권적 상향식 접근법(decentralized bottom-up planning)을 이용한다. 이는 계획수립의 권한을 사업본부장이나 부장에게 위임하는 방법이다. 그들은 기업의 전략적 목적을 염두에 두고 계획을 수립한다. 이러한 방법을 사용하는 기업은 중앙집권적 방법에서 보유하는 계획부와 똑같은 일을 하는 계획업무 담당직원을 각 사업부 또는 부에 두고 있다. 이러한 직원은 계획을 수립한다기보다는 이를 조정하는 역할을 수행한다.

지방분권적이라는 말은 독립적인 계획수립을 위한 권한이 기업의 하부부서로 이양됨을 뜻한다. 상향식이란 하층에서의 계획결정이 상층에서 모두 총괄이 되어 포괄적인 계획을 수립하는 데 이용되는 것을 강조하는 용어이다. 하층에서의 결정은 최고경영층에 의하여 거부될 수도 있지만 보통 검토하고 수정하게 된다.

이러한 방법은 많은 관리자들로 하여금 계획에 참여하게 한다. 그러나 이러한 방법은 기업의 최고경영층이 책임을 공유하고자 하는 철학을 가지고 있으며 조직구조상 사업부나 부가 독립적 기능을 수행할 수 있을 때 효과적인 것이다.

▌팀 계획수립법

팀 계획수립법(team planning)이란 일선관리자와 계획전문가로 구성되는 프로젝트 팀이 일시적으로 계획을 수립할 권한을 위임받는 참여적 방법이다.

팀 방법은 하향식 방법과 상향식 방법의 절충이 아니라 두 방법의 장점을 통합하는 방법이다. 주요한 하향식 요소는 기업의 전략적 목표를 지원하는 지침과 함께 많은 정보가 하향한다는 것이다. 한편 주요한 상향식 요소는 비록 그들의 계획결정이 높은 계층의 팀과 조정을 해야 함에도 불구하고 계획결정에 상당한 자유를 갖는 부하들이 적극적으로 참여한다는 것이다.

▌비상계획

계획이란 미래에 발생할 활동을 현재에 수립하는 것이다. 따라서 경영환경이 불확실하면 할수록 원래의 가정, 추측, 의도가 잘못될 가능성은 높게 된다. 기대하지 못한 문제나 사건이 발생하기 때문에 아무리 조심해서 준비한 미래의 시나리오(scenarios)도 부적절하게 되는 경우가 있다. 이런 때에는 계획을 변경해야 한다. 계획을 수립하는 과정에서 계획이 실행될 환경을 예측한다고 해도 모든 일이 기대한 대로 진행하지 않을 것을 예상해야 한다. 현행계획(원안)이 부적절한 것이 되는 상황이 발생하면 이를 버리고 곧바로 사용할 수 있는 대안을 수립해야 한다.

비상계획(contingency plan)이란 현행계획이 쓸모가 없는 상황변화가 전개되면 실행할 수 있는 대안으로서의 목표와 활동을 결정하는 것을 뜻한다. 비상계획은 여러 가지 상이한 계획전제(planning premises)하에서 수립되고 이러한 전제가 현실화되면 원안을 대신해서 대안이 실행된다.

비상계획은 미래에 사건이 발생하리라 예상하거나 예상하지 못할 경우에 대비하여 대안을 수립하는 것을 뜻한다. 어떤 고려사항은 지금에는 황당하게 생각될지라도 이것이 바로 요점이다. 다만 미래에 발생하리라 기대할 수 있는 사건을 전제로 계획을 수립하게 된다면 이는 계획으로서의 희망이 끝난 것과 다름이 없다고 하겠다.

6. 목표관리

전략적 · 전술적 · 운영적 목표가 결정되면 경영자들은 그들의 상황에 가장 적절한 계획수립 접근법을 선정하게 된다. 계획수립, 실행 과정, 통제 과정을 동시에 효율적으로 관리하기 위하여 널리 이용되는 방법이 목표관리이다.

전통적 목표설정

목표의 전통적 역할은 기업의 최고경영자가 부과하는 통제와 감독을 안내하는 것이다. 최고경영자가 기업의 목표를 설정하고 하위관리자들에게 이를 일방적으로 지시하여 달성하도록 하였다. 이러한 전통적 방법은 최고경영자가 누구보다도 많은 정보를 알고 기업의 큰 그림(big picture)을 볼 수 있기 때문에 무엇이 최선인가를 가장 잘 알고 있음을 전제로 한다.

이와 같이 최고경영자들이 기본 목표를 결정하여 기업의 각 부문에 차례로 전달하면 하위관리자들과 작업자들은 이를 완성하도록 노력을 해야 했다. 즉 이러한 목표는 각 작업자의 작업행위를 지휘하고 제약하는 역할을 하였다.

조직목표의 계층화는 목적-수단의 고리(ends-means chain)를 형성한다. 높은 부문에서 목표(ends)를 수립하면 그의 달성을 위한 수단(means)은 낮은 부문의 목표가 된다. 이러한 관계는 기업의 아래 부문으로 내려가면서 계속된다.

이러한 전통적 · 중앙집권적 목표설정 방법은 하위관리자들과 작업자들의 자발적 참여를 배제함으로써 협조를 얻지 못하고 생산성은 저하하는 결과를 초래하였다. 이에 목표설정 시 이들의 참여를 통해 자주성과 창의성을 반영하려는 새로운 기법이 탄생하였다.

목표관리의 의의

목표관리(management by objectives: MBO)의 개념은 드러커(Peter Drucker)와 맥그레거

(Douglas McGregor)에 의하여 제창되었다. 드러커는 1954년 그의 저서 *The Practice of Management*에서 계획수립의 한 방법으로 MBO를 제창하였다.[2] 한편 맥그레거는 경영관리의 업적평가를 위한 한 방법으로 MBO를 발전시켰다.[3]

목표관리는 측정가능한 특정 성과목표를 상급자(상사)와 하급자(부하)가 함께 합의하여 설정하고, 이러한 목표를 달성할 방법 및 통제를 하급자가 스스로 결정토록 하지만 책임부문을 명시하고, 이의 진척상황을 정기적으로 점검하고 성취된 결과를 평가한 후 보상은 이러한 진도에 따라 배분하는 경영시스템을 말한다.

이와 같이 MBO는 목표를 작업자 통제의 수단으로 사용하지 않고 작업자들을 자발적으로 목표설정에 참여시켜 그들의 자주성, 성취욕구 및 동기유발을 꾀하고 근로의욕을 향상시키고자 한다.

목표관리의 목적은 부하들에게 목표설정, 계획 과정, 통제 과정에 참여시켜 그들의 목소리를 반영하도록 하여 조직성과를 향상시키려는 것이다. 또한 이렇게 함으로써 일정기간 동안 그들이 개인으로서 또는 작업그룹으로서 달성해야 할 일이 무엇인가를 분명히 인식시킴과 동시에 그들의 활동을 기업의 목표달성과 직접적으로 연관시키는 것이다.

[그림 10-7] MBO의 혜택

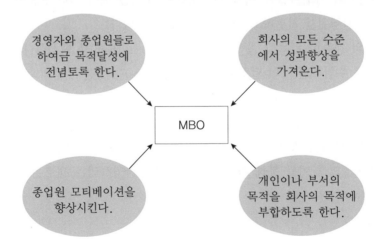

2 2 Peter Drucker, *The Practice of Management*(Harper, 1954).

3 Douglas McGregor, "An Easy Look at Performance Appraisal," *Harvard Business Review*, 35(3)(1957) pp. 87~94.

Intel, Dupont, Black & Decker 등 회사의 경영자들은 MBO를 사용한 후 이는 효과적인 경영도구임을 인정하고 있다. 또한 그들은 MBO를 사용할 때 더욱 목표달성 지향적이었음을 주장한다. 실제로 MBO 프로그램을 사용하는 기업에서 작업자들의 성과와 생산성이 향상되었음을 보여 주고 있다.

MBO가 잘못 사용되면 문제를 일으키지만 〈그림 10-7〉에서 보는 바와 같은 여러 가지 혜택도 주기 때문에 아주 효과적인 성과측정시스템으로 인정하고 있다.

▌목표관리의 과정

목표관리를 진행하는 과정은 대체로 다음과 같다.

1 목표설정

최고경영층이 기업의 존재이유는 무엇이고 달성하려는 것이 무엇인지를 나타내는 사명에 따라서 주요한 전략적 목표를 분명히 결정한 후 부하들과 함께 다음 단계의 목표를 설정하는 것으로 과정은 시작한다. 이러한 과정은 기업의 아래 부문까지 계속 하향한다. 이때 필요한 자원은 확보되어 있음을 전제로 함은 말할 필요가 없다. 각 부문에서 상사는 부하들과 함께 윗 부문의 목표와 일관성 있는 목표를 설정하고 업무를 수행할 일정과 업무수행 후 결과를 비교 평가할 표준도 함께 설정한다.

2 실행계획의 수립

상사와 부하는 개인이나 작업그룹의 목표를 어떻게 기간 내에 수행할 것인가를 나타내는 실행계획을 수립하고 이를 명문화한다.

3 과정검토

실행계획이 제대로 진행하고 있는지 확인하기 위하여 정기적인 진척상황을 점검한다. 이러한 검토는 상사와 부하 사이에 비공식적으로 진행한다. 이러한 점검은 시정조치가 필요한가를 알려준다. MBO의 목적은 수립된 목표를 제대로 달성하는 것이므로

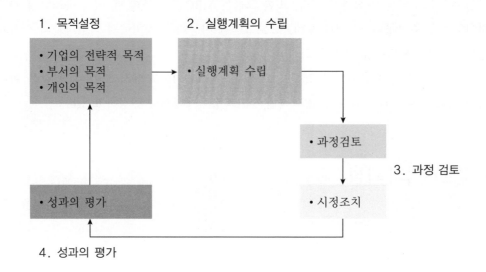

[그림 10-8] 목표관리의 과정

1. 목적설정　　　　　2. 실행계획의 수립

- 기업의 전략적 목적
- 부서의 목적
- 개인의 목적

- 실행계획 수립

- 과정검토

3. 과정 검토

- 성과의 평가

- 시정조치

4. 성과의 평가

필요하면 언제든지 실행계획을 수정할 수 있다.

④ 성과의 평가

구성원 개인, 작업그룹, 부서의 연간 목표가 달성되었는지 면밀히 토론하고 평가한다. 목표달성의 성패는 임금인상의 기준이 된다. MBO 사이클이 완료되면 다음 기간의 MBO를 추진하기 위하여 다시 목표를 설정하게 된다. 목표관리 과정은 〈그림 10-8〉이 요약하고 있다.

▎목표관리의 효과 및 한계

MBO는 조직의 전략적 변화를 계획하고, 실행하고, 평가하고, 통제하는 데 효과적인 방법이 될 수 있다. MBO는 조직 목표를 더욱 효과적으로 달성할 수 있도록 개인들의 노력이 조정되고 상호 간의 협력을 증대시킬 수 있다.

MBO는 기업의 모든 부문에서 성과를 증진시킨다. 이러한 과정은 각 관리자의 목표와 위·아래 관리자의 목표를 서로 묶게 해 줌으로써 MBO는 기업에서 팀워크를 조장하고, 커뮤니케이션을 증진하고, 참여를 권장하며, 작업자들로 하여금 책임감을 공유하게 하여 동기부여하는 조정시스템으로서 기능하게 된다. MBO는 직무만족을 가져오고 개인의 성장을 증진시킨다.

물론 MBO가 효과적이려면 참여하는 모든 사람들이 특히 최고경영층이 적극적으로 헌신해야 한다. 이 프로그램은 하위 조직 구성원들의 참여가 필요하기 때문에 최고경영자는 모든 조직 구성원들의 협조와 참여를 유도하고 지원해야 한다. 또한 MBO가 효과적이기 위해서는 많은 시간이 필요하다. 보통은 3년에서 5년의 시간이 필요하다. 따라서 단기적인 효과를 기대하는 회사들한테 이 기법은 적절하지 않을 수도 있다.

MBO는 목표설정 자체에 문제가 있다. 목표는 너무 높게 또는 너무 낮게 설정될 수 있으며 신축성을 결여할 수 있다. 목표는 종업원 사기와 같은 계량화할 수 없는 분야에서는 설정하기가 쉽지 않다. MBO는 역사적으로 볼 때 환경의 변화가 완만한 경우에 효과적이었다. 따라서 이의 변화가 빠른 기업에서의 MBO는 효과적인 결과를 가져오지 못한다. 환경의 변화에 따라 새로운 목표가 자주 변경되면 작업자들이 이에 따라갈 수가 없기 때문이다.

그럼에도 불구하고 최근 들어 MBO는 조직변화를 위해 가장 광범위하게 사용되는 기법 중의 하나이다.

토·론·문·제 EXERCISE

01 계획수립의 의의, 필요성, 장·단점을 설명하라.

02 계획의 수립과정을 열거하라.

03 계획의 유형을 설명하라.

04 임시계획과 상설계획의 차이점을 설명하라.

05 계획수립의 접근법을 설명하라.

06 비상계획을 정의하라.

07 목표관리에 대하여 설명하라.

제11장

경영전략

오늘날 성공하는 기업들은 효과적인 전략계획을 수립하여 실행하고 있다. 특히 21세기 디지털 시대에 급변하는 글로벌 환경에서 장기적이고 지속적인 경쟁우위를 확보하는 데는 효과적인 전략수립이 절대적으로 요구된다는 사실을 누구나 인정하고 있다.

전략수립이란 오늘날 기업성공에 꼭 필요한 요소이지만 사실 1970년대 초까지만 해도 장기계획은 과거에 해 왔던 대로 수립하는 정도이었다. 그러나 에너지 위기, 산업의 규제완화, 기술향상, 치열한 글로벌 경쟁 등 게임의 룰이 바뀜에 따라 기업은 환경을 분석하고 기업의 강점과 약점을 평가하고 경쟁우위를 제공할 기회를 규명하는 데 체계적 방법을 사용하지 않으면 안 되었다. 이렇게 하여 전략적 사고의 가치를 인식하게 되었다.

본장에서는 경영전략의 개념, 중요성과 이의 수립 과정 및 여러 가지 형태의 기업전략에 관해서 공부할 것이다.

1. 전략의 개념

모든 기업은 급격하게 변화하는 환경에서 살아남기 위해 여러 형태의 계획을 수립한다. 특히 기업은 장기적 목표를 설정하고 이를 효과적으로 달성할 계획을 수립해야 하는데 만일 이러한 장기적, 전략적 계획이 없다면 그 조직은 지도와 나침반은 물론 방향타도 없는 배에 있는 선원들과 같다고 비유할 수 있다.

따라서 경영자들은 조직과 경쟁환경의 큰 그림을 장기적 관점에서 보는 전략적 사고(strategic thinking)가 필요하다. 그런데 오늘날과 같이 경쟁환경이 급변하는 시대에는 고객이나 경쟁자의 출현이 전략적 사고의 주요 변수가 되고 있다.

오늘날 모든 기업은 명시적이건 암묵적이건 전략을 수립한다. 조직의 전략(strategy)이란 바로 배의 지도, 나침반, 방향타와 같이 조직의 구성원들에게 조직이 어디로 어떻게 가야 할 것인가를 말해 주고 이 조직을 조종하는 메커니즘이라고 할 수 있다. 그러나 선장의 전략이 없으면 암초를 만나 난파할 수도 있는 것이다. 기업의 최고경영층이 기업의 나아갈 방향을 잘못 정하면 기업은 망할 수 있는 것이다. 다시 말하면, 전략이란 특정 기업이 기업의 목표를 달성하기 위한 경로 또는 수단을 말한다. 이와 같이 전략이란 한 조직이 나아가야 할 장기적인 방향을 제시하고 그 조직의 사명과 목표를 지속적 경쟁우위(sustainable competitive advantage)를 유지하면서 달성하고자 가치 있고, 희소해야 하고, 모방할 수 없고, 대체할 수 없는 기업 내부의 인력, 자금, 기술 및 시설 등 자원을 효율적으로 활용토록 하는 종합적인 행동방안이라고 정의할 수 있다. 여기서 경쟁우위란 독특한 기술이나 자원을 통해 경쟁기업보다 소비자에게 더 나은 가치를 제공하여 더 많이 판매하여 얻는 우월적 지위를 말한다. 이는 〈그림 11-1〉에서 보는 바와 같다. 이와 같이 전략이란 조직의 장기적 성과를 결정할 의사결정이요 행동방안이다.

전략을 수립할 때는 다음과 같은 간단한 질문에 답을 할 수 있어야 한다.

- 우리는 어디로 가고 있는가?: 목적(ends)
- 우리는 거기에 어떻게 도달할 것인가?: 수단(means)
- 행동을 위한 청사진은 무엇인가?: 실행계획(action plans)
- 우리가 정상궤도를 가고 있음을 어떻게 아는가?: 통제(control)

[그림 11-1] 지속적 경쟁우위의 조건

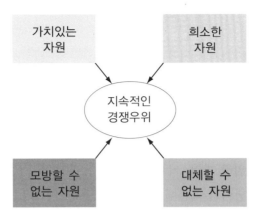

전략을 수립하면 기업은 한정된 자원을 합리적으로 배분하게 되고 경쟁자에 비교한 상대적 강점을 이용한 사업영역에 전념하고, 반면 약점은 완화하게 하며 환경을 이용하고 경쟁자의 가능한 조치에 맞설 수 있게 된다. 이와 같이 전략을 제대로 수립하면 기업은 다음과 같은 능력을 갖게 된다.

- 기업이 나아갈 분명한 방향을 설정한다.
- 경쟁자와 비교한 강점과 약점의 내용을 알게 된다.
- 기업이 보유하는 주요 기능과 핵심역량(core competencies)을 이용하는 프로젝트에 희소한 자원을 배분한다.
- 급격하게 변하는 정치적·사회적 환경의 요소를 규명한다.
- 경쟁자의 어떤 행동을 지켜보아야 할 것인가를 인식한다.

원래 전략이란 군사용어로서 희랍어의 Strategos에서 어원을 찾을 수 있다. 사업은 어떤 점에 있어서는 전쟁과 같다고 할 수 있다. 그래서 전략이란 개념이 기업경영에 도입되어 경영전략(management strategy)이라든가 전략경영(strategic management)이라는 용어가 널리 사용되고 있다.

최근 전략 수립도 디지털 기반으로 탈바꿈해 가고 있다. 기업이 생존 발전하려면 디지털 기반의 경영전략 혁신 방안을 잘 구상해야 하는 시대가 되었다.

2. 경영전략

▌경영전략의 개념

경영전략은 기업의 사명과 목표를 달성하고 환경과의 관계를 관리하고 경쟁우위를 확보하기 위하여 전략을 수립하고 실행하는 과정(process)이라고 정의한다. 경영전략은 기업의 번영과 생존을 위해 기업, 자원, 관리, 계획 등 모든 경영시스템을 통합하고 조정하는 기업 차원의 개념이기 때문에 앞장에서 공부한 비즈니스 활동의 장기계획 또는 전략계획(strategic planning)보다 넓은 의미이다. 전략경영은 단순한 경영계획은 물론 실행과 통제(관리)를 포함할 뿐만 아니라 경영계획보다 폭넓게 환경분석을 실시하는 것이다. 환경은 꾸준히 변하는 것이므로 전략경영이 중요하고 복잡한 것이다.

전략경영을 통해서 경영자는 기업이 하고자 하는 일을 어떻게 할것인가, 어떻게 성공적으로 경쟁할 것인가, 어떻게 고객을 유인하고 만족시킬 것인가 등을 위한 로드맵이나 게임플랜을 수립할 수 있다. 전략경영을 통해서 기업의 경영목표를 달성하기 위해 어떤 비즈니스를 영위하여야 하며 어떻게 해야 경쟁우위를 확보할 수 있는지 행동방안을 강구할 수 있다.

전략경영은 일련의 절차를 거치는 과정이다. 전략경영은 지속적이고 반복적인 작업이다. 전략수립 과정은 결코 중단하거나 일회성으로 끝나는 작업이 아니다. 또한 이러한 과정은 첫 단계로부터 시작하여 마지막 단계까지 진행하고 다시 첫 단계로부터 시작하게 된다.

경영전략은 마케팅, 생산, 재무와 같은 주요 기능부서로부터 자원과 전문기술을 지원받아 수립된다. 이러한 교차기능 접근법(cross-functional approach)은 어떤 한 부서가 경영전략수립에서 주도적 역할을 할 수 없도록 하고 동시에 모두 참여토록 하기 위함이다.

환경은 언제나 변하므로 이에 따라 기업은 사명과 목적을 달성할 전략을 계속해서 수정해야 한다. 예를 들면, 새로운 법령이 제정된다든지 노동시장에 변화가 있다든지 경쟁자가 새로운 주도권을 행사하게 되면 최고경영층은 여기에 주의를 기울여야 한다.

▍경영전략의 중요성

　　대부분의 조직은 오늘날 장기적 성장과 성공에 있어서 전략경영의 중요성을 인식하고 있다. 최고경영층은 그들 조직의 사명을 보다 정확하게 정의함으로써 조직이 나아가야 할 방향을 뚜렷하게 제시할 수 있게 되었고 조직의 목적을 달성할 계획과 활동을 더욱 효과적으로 집중할 수 있게 되었음을 인정한다.

　　전략경영이 경영자들에 중요한 또 다른 이유는 기업경영에 영향을 미치는 불확실한 환경의 급속한 변화에 준비하고 대처할 능력을 부여한다는 것이다. 각 기업은 주어진 환경과 상황에 맞게 동태적으로 유리한 경쟁조건을 갖추어야 한다.

　　전략경영은 조직성과에 차이를 가져온다. 조직성과에 기여하는 요인들을 연구한 결과 전략계획과 성과 사이에는 비례적 관계가 있음이 밝혀졌다. 즉 전략경영을 사용하는 조직은 그렇지 않은 기업보다 월등히 높은 수준의 성과를 나타내고 있다.

　　전략경영은 조직의 성격 때문에 중요하다. 모든 조직은 다양한 사업부, 부, 과, 기능, 작업활동(예: 마케팅활동, 생산활동, 재무활동 등)으로 구성되어 있다. 그런데 이런 부문에 종사하는 근로자들의 업무를 조정하고 조직의 목적달성에 전념토록 하는 역할은 전략경영이 한다.

　　전략경영이 언제나 장점만을 갖는 것은 아니다. 전략경영의 가장 큰 결점은 기업의 제품과 고객들과의 접촉이 없는 전략수립가들이 관료주의(bureaucracy)로 흐를 위험을 내포하고 있다는 것이다. 「비즈니스 위크」(Business Week)의 조사에 의하면 기업들이 효과적인 경영전략시스템을 개발하기 위하여 외부의 전문가와 정교한 모델 및 계획프로그램 등에 막대한 투자를 하는 것으로 나타났다.[1]

　　이러한 외부 전문가들은 기업 내의 운영관리자들의 주도권과 힘을 도외시하고 기업의 실제적 필요성과는 동떨어진 추상적 개념에 입각하여 결정할 가능성이 있는 것이다.

　　경영전략수립에는 막대한 시간, 돈, 인력의 투자가 소요되는데 이의 결과는 수 년이 걸린다. 경영전략 과정이 원만하게 기능을 수행할 때까지는 조직은 중요한 결정에 조심스럽게 그리고 불확실하게 접근하게 된다. 따라서 기회를 상실할 가능성도 있다.

　　전략경영의 또 다른 결점은 합리적이고 위험부담이 없는 대안에 국한함으로써 좀 불확실하고 분석하기 힘들지만 좋은 성과를 초래할 기회를 놓치고 말게 된다는 것이다.

---

1 The New Breed of Strategic Planner, *Business Week*(September 17, 1984), pp. 62~68.

3. 경영전략의 수립

경영전략은 기업의 사명과 목표를 달성하고 경쟁우위를 확보하기 위하여 전략을 수립하고 실행하는 과정이다. 경영전략은 경영계획보다 상위개념이기 때문에 경영전략의 수립과정은 경영계획 수립 과정과 비슷한 점이 있지만 폭넓은 과정을 거친다.

그런데 전략을 수립하기 위하여 사용하는 과정은 기업마다 서로 다르다. 본서에서 전략수립의 과정은 〈그림 11-2〉에서 보는 바와 같이 전략분석, 전략수립, 전략실행, 전략통제로 구성되어 있다.

전략분석단계는 그 기업의 현재 위치는 무엇인가? 라는 질문에 답을 하기 위한 단계이다. 따라서 이 단계에서는 기업이 직면한 현재의 내적, 외적 상황이나 위치가 분석된다. 이 전략적 분석단계에서 입수한 정보를 이용하여 전략을 수립하게 된다.

전략수립단계에서는 그 기업이 어디로 가고자 원하는가? 라는 질문에 대한 답을 한다. 전략수립단계의 내용은 기업의 사명과 목적 그리고 그 기업이 나아가야 할 전반적인 방향을 설정하는 것이다. 이 단계에서는 기업의 현재 위치와 미래 위치 사이의 간격에 다리를 놓기 위하여 기업전략과 사업전략을 수립하게 된다.

전략실행단계에서는 기업이 가고자 하는 곳에 어떻게 도달할 수 있는가?라는 질문

[그림 11-2] 전략수립의 절차

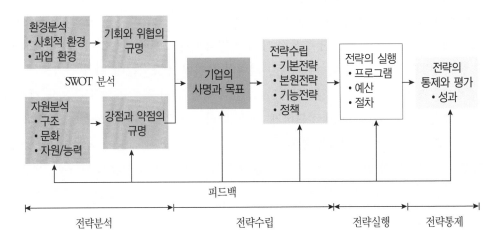

에 답을 한다. 따라서 이 단계에서는 전략을 효과적으로 실행하기 위해서 필요한 것은 모두 하게 된다. 이를 위해 이 단계에서 기능전략이 수립된다. 기업의 시스템도 전략의 실행을 위해서는 필요하다면 수정되어야 한다.

경영전략의 마지막 단계는 전략통제인데 이 단계에서는 기업이 목표지점에 도착하였음을 어떻게 알 수 있는가? 라는 질문에 답을 하게 된다. 따라서 이 단계에서는 경영전략을 효과적으로 실행하여 목적을 제대로 달성하기 위하여 모든 일이 잘 진행되어 왔는가를 검토하게 된다. 만일 원하는 결과와 실제 결과 사이에 괴리가 있게 되면 필요한 조정을 가하여 장기적 목적이 달성될 수 있도록 해야 한다.

전략수립의 절차를 더욱 자세히 단계별로 설명하면 다음과 같다.

1 단계 1: 외부환경의 분석

전략적 분석은 내적 기업분석과 외적 환경분석으로 구분한다.

우리는 제6장에서 외부환경(external environment)은 관리자가 행동하는데 영향을 미치는 주요한 제약조건이라고 하였다. 전략수립하는 과정에서 산업 동향이나 핵심 트렌드 등 환경정사(環境精査: environmental scanning)가 중요한 이유는 환경이 기업의 목적을 달성하는 데 영향을 미치고 관리자의 의사결정에 영향을 미치기 때문이다. 따라서 성공적인 전략은 환경변화의 내용을 정확하고 철저하게 평가하여 이를 바탕으로 수립되어야 한다.

외부환경의 변화에는 고객, 경쟁자, 기술혁신의 변화가 포함된다.

오늘날 교육과 소득수준의 향상, 통신 및 교통수단의 발달 등으로 인하여 소비자들의 욕구는 다양화되고 개성화되고 있다. 모든 사업영역에서 유사제품이나 대체제품 등 경쟁제품이 출현하여 경쟁을 가속화시키고 있다. 끊임없는 기술혁신의 결과 새로운 제품의 출시가 가능하고 기존 제품의 재설계에 의한 성능 강화가 이루어지고 있다.

산업 환경, 경쟁기업 분석, 거시적 변화 트렌드(예: 디지털 기술), 글로벌 환경 등 외부환경을 분석하는 목적은 기업에 기회(opportunities: O)를 주는 요인은 무엇이고 위협(threats: T)을 주는 요인은 무엇인가를 밝히기 위함이다. 기회(예: 호경기, 신기술개발 등)와 위협(예: 경쟁자 출현, 정부 규제 등)은 개별 기업의 힘으로는 통제할 수 없는 성격을 갖는다. 이와 같이 기회와 위협이 밝혀지면 전략수립 시 기회는 적극 활용하고 위협은 피하든지 또는 그것의 영향을 감소시키는 조치를 강구해야 한다.

〈그림 11-3〉에서 보는 바와 같이 환경분석에서 고려해야 할 요인들은 많다. 기회는

[그림 11-3] SWOT 분석

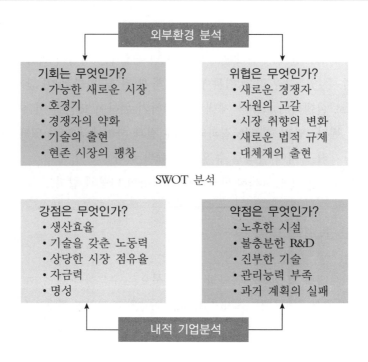

SWOT 분석

기업이 경쟁적 위치를 이용하거나 향상시킬 수 있는 환경적 추세를 말하는데 가능한 새로운 시장, 호경기, 경쟁자의 약화, 무역장벽의 완화, 새로운 기술의 출현과 같은 분야에서 찾을 수 있다. 한편 위협은 기업이 누릴 장기적 번영을 해치는 조건을 말하는데 새로운 경쟁자의 출현, 자원의 고갈, 고객 취향의 변화, 세법의 개정, 새로운 정부규제, 이자율의 인상 등의 분야에서 찾을 수 있다.

② 단계 2: 내적 자원과 능력의 분석

기업의 내부환경은 기업구조, 기업문화, 내부자원(기업의 역량과 능력) 등으로 나눌 수 있는데 전략적 분석은 기업의 내적 운영상태를 철저하게 평가하는 것을 포함한다. 내적 기업분석의 목적은 기업에 강점(strengths: S)이나 약점(weakness: W)이 될 수 있는 자산, 자원, 기술, 공정, 능력 등을 규명하고자 하는 것이다.

강점은 잠재적 경쟁우위 또는 차별적 능력(distinctive competencies)을 나타낼 기업의 운영적 측면을 말하고 약점이란 개선의 여지가 있는 분야를 말한다. 이러한 강점과 약점은 경쟁자와 비교하여 평가한다. 기업의 운영적 측면이란 마케팅, 재무, 연구·개발, 생산·운영, 관리능력 등을 의미한다. 이러한 분야가 기업의 경쟁우위를 얼마나 잘 지원하는지 평가해야 한다.

기업의 강점은 자원과 제조기술을 얼마나 확보하고 있느냐로 결정된다. 따라서 타 기업에 비해 자원과 기술력이 부족하면 약점이라고 평가된다. 자원(resource)은 생산의 투입물을 말한다. 자원은 부동산, 생산시설, 원자재 같은 유형자산과 회사의 명성, 문화, 기술, 특허, 경험 같은 무형자산으로 구분된다. 그런데 기업이 산업에서 경쟁우위를 구가할 능력을 결정하는 것은 인적자원이다.

〈그림 11-4〉가 보여 주는 바와 같이 자원이 값지고, 희소하고, 모방할 수 없고, 조직될 때 이는 기업의 핵심역량으로 인정된다.

기업의 내부환경의 분석은 차별적 능력과 핵심역량(core competencies, core capabilities)의 평가로부터 시작한다. 차별적 능력이란 고유한 자원, 기술, 기능 등 우수한 특성 등을 보유하여 경쟁자보다 더 우수한 핵심제품을 생산할 수 있음을 의미한다. 핵심역량이란 경쟁기업보다 경쟁우위를 가질 수 있는 기업의 차별적 능력을 말한다. 탁월한 핵심역량을 갖게 되면 경쟁우위가 가능하기 때문에 성장하는 기업이 되기 위해서는 이를 개발하고 보호해야 한다.

차별적 능력은 여러 가지 형태를 취할 수 있다. 이러한 능력은 가장 저렴한 비용/가

[그림 11-4] 자원과 핵심역량

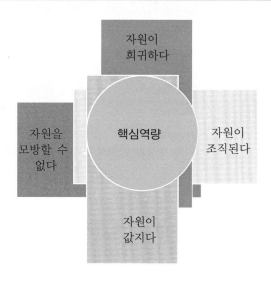

격, 최고급의 품질, 가장 빠른 납품, 가장 빠른 유연성, 잘 훈련된 노동력, 위치가 좋고 생산량을 쉽게 변경할 수 있는 시설 등으로 경쟁자와 차별화할 수 있는 것이다.

차별적 능력은 예컨대 제품이 싸고 좋다는 등 유형이지만 이러한 차별적 능력을 만들어 내는 핵심역량은 무형이고 투입물을 산출물로 효율적으로 변형시켜 경쟁자들을 물리칠 수 있는 기술, 지식, 경험 등을 말한다. 차별적 능력은 우수한 핵심역량이 없으면 오랫동안 지속할 수 없다. Dell 컴퓨터는 값싼 PC를 생산할 수 있도록 자재관리에 핵심역량을 가지고 있고 혼다(Honda)의 경우 엔진 제조기술에 핵심역량을 보유하고 있다.

외부환경과 내적자원의 분석이 끝나면 여러 가지 형태의 전략을 수립하는 데 필요한 정보를 얻게 된다. 〈그림 11-5〉에서 보는 바와 같이 SWOT분석 또는 상황분석(situational analysis)이란 강점, 약점, 기회, 위협 등을 비교하는 것을 말한다. 전략은 SWOT분석에 입각하여 수립된다. 전략은 외부 기회와 내부 강점 간의 전략적 적합성(fitness)을 찾아내고 동시에 외부의 위협에 대처하고 내부의 약점을 보완하는 방향으로 수립된다.

〈그림 11-5〉는 기업전략, 사업전략, 기능전략의 수립 시에 어떻게 SWOT분석이 이용되는지 기술하고 있다.

[그림 11-5] SWOT분석과 전략수립

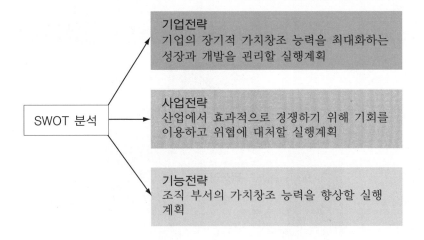

③ 단계 3: 기업의 사명과 목적설정

전략적 분석이 끝나고 기업의 현재 위치가 평가되면 구체적 전략의 수립단계로 진입한다. 이 단계에서는 사명과 목적설정, 전략 대안의 규명, 전략 대안의 평가와 최적 전략의 선정 등이 이루어진다. 사명(mission)은 기업의 존재 목적을 밝히고 기업이 나아갈 방향을 결정한다. 다음에는 기업의 장단기 목표를 설정한다. 기업에 따라서는 비전도 설정하는데 비전(vision)이란 사명을 원활히 수행하였을 경우 기업이 추구하고자 하는 미래상을 그리는 것이다.

④ 단계 4: 전략의 수립

전략수립 과정의 다음 단계는 전략 대안을 수립하는 것이다. 이러한 대안은 조직이 직면한 강점, 약점, 기회, 위협 그리고 그의 사명과 전략적 목표 등에 입각하여 수립되어야 한다. 외부 환경과 내부 자원 간의 적합성을 달성하도록 전략을 수립해야 한다. 전략 대안은 조직의 장기적 성과를 최적화하는 데 초점을 맞추어야 한다.

전략 대안은 기본 전략(grand strategy), 본원전략(generic strategy), 글로벌 전략(global strategy)의 세 가지 방식으로 작성된다. 기본 전략은 조직의 전략적 목적을 달성하기 위한 포괄적이고 일반적인 접근법이다. 기업에 적용되는 기본 전략은 성장전략, 안정전략, 축소전략으로 나눈다.

본원전략은 사업단위가 시장에서 경쟁하는 방식을 반영하는데 원가우위(저가)전략, 차별화전략, 집중화전략으로 구분할 수 있다. 기본 전략과 본원전략에 대해서는 다음 절에서 자세히 설명할 것이다.

오늘날 기업들은 여러 가지 이유로 국제시장에서 경쟁하려고 한다. 대부분의 기업은 저임금 또는 원자재의 접근을 활용하여 생산능률을 향상시키기 위하여 국제시장에 진입하지만 어떤 기업은 새로운 시장기회를 추구하기 위하여 진입하기도 한다.

⑤ 단계 5: 전략의 실행

아무리 좋은 전략이 수립되더라도 이를 효과적으로 실행하지 않으면 아무런 가치가 없게 된다. 사실 전략수립은 쉽지만 전략의 집행은 어렵다는 것이 전략 전문가들의 주장이다. 기업이 전략을 실행하여 좋은 결과를 얻고자 한다면 전략과 방침을 실행에 옮길 실행계획(action plan)이 필요하다. 효과적으로 전략을 실행하기 위해서는 조직의 모든 부분이 전략과 조화를 이루어야 하고 모든 개인, 작업자 그룹, 부, 사업부의 노력이 전략적 목적을 달성토록 조정되어야 한다.

전략실행 단계에서 기업이 가고자 하는 곳에 도달하기 위해서는 첫째, 기능전략이 수립되어야 하고 둘째, 프로그램, 예산, 절차 등 매일매일 자원배분의 결정에 필요한 운영계획을 수립하고 셋째, 기업의 문화, 구조, 리더십의 변화가 필요하다.

기능전략(functional strategy)은 기업전략과 사업전략을 부서나 작업자 그룹 또는 개인이 실행할 때 적용할 행동계획을 제공한다

프로그램(program)은 전략을 행동 지향적으로 만들기 위하여 사용되는 활동과 단계의 설명서이다. 예를 들면, 어떤 기업이 성장을 위한 전략으로 다른 기업을 인수한다고 하면 구조조정을 위한 프로그램, 광고를 위한 프로그램, 새로운 관리자를 위한 교육프로그램을 작성해야 한다.

프로그램이 작성되면 이를 수행하는 데 필요한 예산을 편성해야 한다. 예산은 프로그램을 실제행동으로 옮기는 데 필요한 금융자원을 수입과 지출 항목으로 구분하여 작성된다.

절차(procedure)란 프로그램과 예산이 통과되면 여러 가지 프로그램을 완료하기 위하여 수행하는 모든 활동의 순서와 기법을 말한다. 이러한 절차는 전략은 물론 기술에 있어 변화가 있으면 이를 반영하기 위하여 갱신되어야 한다.

기업의 전략이 모든 구성원, 작업자 그룹, 부서, 사업부 등의 적극적인 계획과 행동으로 지원받을 수 있도록 관행화되어야 한다. 이를 위해서는 기업의 전략과 기업의 구조, 문화, 리더십 사이에 적합(fit)이 있어야 한다. 전략의 변화는 조직구조의 변화를 수반한다.

⑥ 단계 6: 전략적 통제

전략수립 과정의 마지막 단계는 전략적 통제이다. 전략통제(strategic control)란 전략의 실행 과정을 감시하여 성과측정의 결과, 품질과 효율성, 경쟁우위를 조장하도록 하는 과정을 말한다. 전략통제 과정은 전략이 계획대로 실행되고 있는가?와 전략은 의도된 결과를 달성하는가?에 대한 답을 제공한다. 효과적인 통제시스템은 문제를 규명하고 변화가 필요함을 신호해 준다.

글로벌시장에 깊이 관여하는 기업의 통제시스템은 매우 복잡하다. 영업단위가 지리

적으로 분산되어 있으면 시간, 언어, 문화의 차이는 통제 과정을 매우 복잡하게 만든다. 따라서 이러한 기업은 매우 정교한 통제시스템을 유지해야 한다.

기업들마다 다른 목적을 설정하고 다른 전략을 추구하듯 기업의 특수한 전략 필요성에 맞는 통제시스템을 구축해야 한다. 전략의 형태에 따라 통제시스템의 강조점도 다르다. 성장전략을 추구하는 기업의 통제시스템은 수요예측, 판매액 성장률, 시장점유율의 증가, 상표인식도 등과 같은 변수를 감시한다. 한편 축소전략을 추구하는 기업의 통제시스템은 공급비용, 생산성, 종업원당 판매액, 판매액/자산, 마진 등 능률과 채산성 같은 변수를 감시한다.

4. 전략의 수준

만일 어떤 조직이 이동전화 서비스만 취급하는 SK텔레콤처럼 하나의 제품이나 서비스만을 제공한다면 그 조직은 하나의 기업전략만 수립하면 된다. 그러나 대부분의 조

[그림 11-6] 전략의 수준

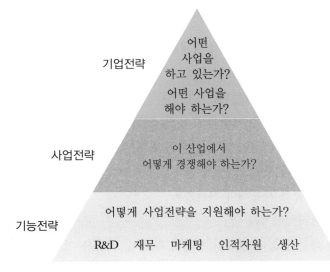

직은 다양한 제품라인을 생산함으로써 여러 가지 비즈니스에 종사하고 있다. 예를 들면, 삼성그룹은 전자, 중공업, 건설, 금융 등 많은 비즈니스에서 다양한 제품과 서비스를 제공한다. 이러한 경우에는 그룹 전체로서의 기업전략 외에 각 비즈니스를 위한 독립된 비즈니스 전략을 수립하게 된다. 더욱이 이러한 다종사업(multi-business)회사는 생산(운영), 재무, 마케팅 등 다양한 기능부서를 보유하기 때문에 각 부서별 기능전략도 수립해야 한다.

이와 같이 조직은 계층구조에 따라 여러 가지 형태의 전략을 수립하게 되는데 기업전략, 비즈니스 전략, 기능전략 등을 구분할 필요가 있다. 〈그림 11-6〉은 전략의 수준을 나타내고 있다.

▎기업전략

한 조직이 대기업처럼 두 개 이상의 사업을 영위하면 기업전략(corporate strategy)을 수립한다. 기업전략은 최고경영층이 수립하는데 이는 전체로서의 한 기업이 지속적 경쟁우위를 확보하기 위하여 그 조직이 나아가야 할 방향과 다양한 사업영역은 물론 경쟁시장을 결정하기 위하여 수립된다. 이와 같이 기업전략 수립의 목표는 사업 포트폴리오와 사업 우선순위의 결정에 초점을 둔다.

기업전략은 다음과 같은 전략적 질문에 대한 대답을 제공함으로써 사업의 범위(영역)를 결정한다.

- 어떤 산업(또는 사업)과 시장에서 경쟁할 것인가?
- 다각화와 수직적 통합은 필요한가?
- 기업 인수/합병은 해야 하는가?
- 각 사업 간에 자원배분은 어떻게 해야 할 것인가?
- 어떤 사업을 새로 시작해야 하고 어떤 사업에서 손을 떼야 하는가?
- 어떤 고객을 상대로 해야 하는가?
- 어떤 새로운 기술을 사용해야 하는가?
- 해외진출을 고려해야 하는가?
- 추구하고자 하는 활동에 필요한 자원의 확보 및 배분은 어떻게 할 것인가?

등을 심사숙고해야 한다.

기업전략을 수립하는 목적은 전 기업의 방향설정과 자원배분의 지침을 제공하기 위함이다. 전형적인 기업전략은 기업합병, 새로운 사업개발, 사업포기 등 사업 포트폴리오(portfolio) 변경을 위해 자원을 배분하는 것을 내용으로 하지만 최근에는 국제적 조인트 벤처(joint venture)와 전략적 제휴(strategic alliance)와 같은 글로벌 운영을 위한 중요한 역할도 포함한다. 기업전략의 성과기준은 기업의 생존·성장이나 총이윤 등이 된다.

▌비즈니스 전략

예를 들면, 삼성 같은 큰 기업집단은 보험, 전자, 건설, 중공업 등 서로 상이한 사명을 가지고 운영되는 전략적 사업단위(strategic business unit)를 보유하고 있다. 따라서 각 사업단위는 그의 고유한 사명과 경쟁자를 가지고 있으므로 기업전략의 가이드라인(guideline) 속에서 독립적으로 전략을 수립해야 하는데 이것이 비즈니스 전략이다

비즈니스 전략(business strategy)은 하나의 사업단위, 하나의 제품 또는 하나의 제품라인을 위한 전략이다. 비즈니스 전략은 특정 시장에서의 경쟁우위를 차지하기 위한 방법을 취급하므로 경쟁전략(competitive strategy)이라고도 한다. 이는 한 산업 내에서 경쟁환경과 시장 상황을 면밀하게 분석하여 경쟁우위를 확보하도록 수립하는 전략이다. 경쟁전략의 기본적 목표는 경쟁우위의 확보이다. 비즈니스 전략은 특정 사업이 특정 산업에서 그의 목표를 달성하기 위한 구체적인 경쟁전략 수립에 초점을 둔다.

그 경쟁우위란 우수한 기술과 자원을 활용하여 값싸고 품질 좋은 제품을 생산하거나 고객에 독특한 서비스를 제공하거나 우수한 유통망을 보유하여 경쟁자보다 더욱 강한 경쟁력으로 더 많이 판매하여 높은 이익을 실현하도록 하는 힘을 말한다.

비즈니스 전략은 보통 다음과 같은 질문을 취급한다.

• 각 사업이 그의 산업과 시장에서 어떻게 경쟁우위를 지속적으로 확보해서 수익을 올릴 것인가?
• 어떤 제품/서비스를 제공하여야 하는가?
• 어떤 고객을 상대할 것인가?
• 시장 목적을 달성하기 위하여 제조, 마케팅, 재무 등 여러 기능을 어떻게 관리할 것인가?

• 사업 내에서 자원은 어떻게 배분되어야 하는가?

전형적인 비즈니스 전략은 경쟁우위의 원천이 되는 자원이나 능력의 개발, 제품/서비스 믹스, 시설입지, 새로운 기술의 도입 등에 관한 결정을 포함한다. 비즈니스 전략의 성과 기준은 시장점유율, 이윤 등으로 기업전략의 경우보다 더욱 구체적인 척도가 사용된다.

▌ 기능전략

기능전략은 기업전략과 비즈니스 전략의 실행을 효과적으로 지원하기 위하여 주요 기능부서에서 수립하는 행동계획이다. 기업의 주요 기능부서는 마케팅, 생산, 재무, 인적자원, 구매, R&D이다. 이러한 기능부서의 관리자들은 기업의 전략적 목적을 달성하기 위하여 비즈니스 전략에 부합하는 전략을 수립해야 한다. 즉 비즈니스 전략이 무엇이냐에 따라 기능전략도 달리 수립된다. 기능전략은 기업의 자원을 효과적으로 관리하여 효율성, 품질, 고객서비스 등을 통해 수익성 향상에 도움을 줄 수 있다. 기능전략의 성과기준은 생산성이나 비용절감 등을 들 수 있다.

예를 들어 기업이 차별화 전략을 추구하고 한편 빠른 성장이 기대되는 신제품을 도입한다고 하자. 그러면 인적자원부에서는 새로운 직위에 맞는 중간관리자, 하위관리자, 일반 근로자를 채용하고 훈련시킬 전략을 수립해야 한다. 한편 재무부에서는 새로운 시설의 건축에 필요한 자금을 확보할 전략을 수립하고 R&D부에서는 그 신제품 개발에 필요한 설계를 준비하는 전략을 수립해야 한다.

그러나 성숙한 제품에 대해 저가전략을 구사하는 회사의 경우 인적자원부에서는 안정적 작업자관리를 위한 전략을 수립하고 생산부에서는 비용절감을 위한 대량생산시스템 전략을 수립하고 재무부에서는 순현금흐름과 정의 현금잔고에 초점을 맞추는 재무전략을 수립해야 한다.

5. 기업전략 수립의 접근법

우리는 앞절에서 기업전략은 어떤 사업(들)을 수행할 것인가에 대한 대답을 주기 위해서 수립한다고 하였다. 그런데 이러한 질문에 대답을 하기 위해 사용하는 접근법으로서 기본 전략의 틀과 사업 포트폴리오 매트릭스(matrix)가 사용된다.

▍기본 전략

모든 기업은 기본 전략(grand strategy, master strategy)을 갖는다. 기본 전략은 조직의 목표를 달성하기 위해 전체 조직 차원에서 수립하는 행동계획이다. 기본 전략은 모든 다른 전략이나 계획이 이로부터 유발되는 전략을 말한다. 이는 조직의 원동력이다. 기본 전략은 항상 기업전략이거나 비즈니스 전략이 되지만 경우에 따라서는 기능전략이 될 수도 있다.

기업들이 성공적이고 이익을 많이 내더라도 그들이 나아가는 방향은 서로 다른 경우가 많다. 아침식사용 시리얼을 생산하는 켈로그(Kellogg)는 현상유지를 선호하는가 하

[그림 11-7] 기본 전략

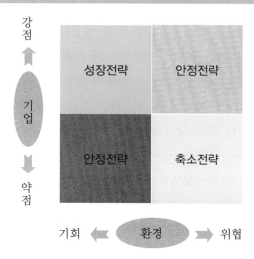

면, 소매업을 주로 하는 월마트(Wal-Mart)는 새로운 사업을 확장하고 심지어는 외국의 소매업자와 제휴를 통해 글로벌 기회를 추구하는 전략을 구사하고 있다.

이와 같이 기업이 축소전략, 현상유지전략, 성장전략을 구사함으로써 나아가는 방향이 서로 다른 것은 서로 다른 기본 전략을 선택하기 때문이다. 〈그림 11-7〉은 다음 절에서 설명할 SWOT 분석과 결부한 기본 전략의 형태를 보여 주고 있다.

1 성장전략

성장전략(growth strategy)은 기업의 규모를 증대시키고 현재의 영업범위를 확대하는 공격적 전략(aggressive strategy)을 의미한다. 이러한 성장전략은 어떤 산업에 있어서는 장기적 생존을 위해서 필요한 전략이다. 기업이 성장전략을 추구하기 위해서는 기업이 보유하는 자원분석을 통한 강점을 더욱 효과적으로 이용할 수 있는 환경적 기회가 도래해야 한다.

기업이 성장전략을 추구하면 판매수익과 시장점유율이 확대되고 종업원의 수가 증가하게 된다. 성장을 추구하기 위해 기업이 사용하는 수단은 공격적인 직접 확장(내부개발), 새로운 제품이나 서비스의 개발을 통한 다각화, 합병과 인수(mergers and acquisition: M&A), 조인트 벤처(joint venture), 글로벌 시장에의 침투 등이다.

기업이 현존 사업으로부터 얻은 자본과 능력, 자원을 이용하여 새로이 진출하고자 하는 사업의 생산시설, 유통채널 등을 확장하고 작업자와 판매원을 증대시키는 전략이 직접확장전략 또는 내부개발전략(internal development)이다.

기업은 관련이 있는 사업이건 관련이 없는 사업이건 현재 기업의 영업범위 내에서 수행할 수 있는 새로운 사업을 창출함으로써 직접 성장할 수 있다.

기업은 유통경로나 제품의 생산에 투입되는 투입물의 공급원에 대한 전방 또는 후방 수직적 결합(vertical integration)을 통한 사업의 직접확장을 꾀할 수 있다.

기업이 성장전략으로 추구하는 가장 공격적인 전략은 기술혁신을 통한 신제품 개발로 신규 사업에 진출하거나 기존 사업과 관련이 있는 또는 관련이 없는 기업을 합병하거나 인수함으로써 다각화를 꾀하는 것이다.

기업이 내부개발이나 인수·합병을 통해 새로운 사업에 진출하는 것이 여의치 않은 경우에 고려할 수 있는 대안이 전략적 제휴이다. 전략적 제휴(strategic alliance)란 둘 이상의 기업이 상호이익을 도모하기 위하여 동반자 관계를 맺는 것을 말한다.

② 안정전략

안정전략(stability strategy)은 큰 변화를 추구하지 않고 현상유지를 꾀하는 전략이다. 즉 기업이 동일한 제품이나 서비스를 공급하고 시장점유율을 유지함으로써 다른 사업을 확장하는 데 따르는 위험부담을 기피하려는 전략이다.

기업이 안정전략을 추구하는 경우는 〈그림 10-8〉에서 보는 바와 같이 기업이 강점을 가지고 있으나 환경의 위협요소가 예상되는 때라든지 결정적 약점을 가지고 있지만 환경의 기회요소가 예상되는 때이다.

안정전략은 기업이 현존 사업에 만족하고 환경의 변화가 예상되지 않는 경우에 선호된다.

③ 축소전략

축소전략(retrenchment strategy)은 방어전략(defensive strategy)이라고도 하는데 경제여건이 불리하게 진행되거나 환경의 불확실성이 지속되는 경우에는 비용감축을 통해 능률을 확보하고 성과를 높이기 위하여 경영의 규모나 다양성을 축소하게 된다.

축소전략은 여러 가지 형태를 취한다. 우회전략(turnaround)은 비용절감을 위한 다운사이징(downsizing)과 효율증진과 성과개선을 위한 구조조정(restructuring)을 포함한다. 구조조정이란 기업의 규모나 사업구조, 운용내용을 변경하는 것을 말한다. 영업양도전략(divestiture)은 핵심능력(core competence)에 전념하고 비용을 절감하고 경영능률을 증진하기 위하여 사업의 일부분을 매각하는 전략이다. 한편 청산전략(liquidation)은 사업의 전부를 매각하거나 파산선고를 통해 사업에서 완전히 손을 떼는 경우에 사용된다.

▌ 사업 포트폴리오 매트릭스

오늘날 기업은 다양한 제품과 서비스를 공급하는 것이 일반적이다. 또한 기업은 다양한 영업행위를 하는 전략적 사업단위로 구성되어 있어 기업의 목표를 달성하기 위한 사업단위의 구조와 이의 평가·분석이 필요하다.

일단 조직이 모든 전략적 사업단위를 규명하고 분류하면 조직의 제한된 자원을 이들 사업단위 사이에 배분하는 방법을 강구해야 한다. 이는 개인이 주식, 채권, 부동산 등으로 투자 포트폴리오를 구성하는 것과 같다. 포트폴리오 전략(portfolio strategy)의 목적은 조직의 목적을 가장 효과적으로 달성하기 위한 제품라인과 사업단위의 믹스(mix)를 규명하는 것이다.

기업전략을 수립하는 데 이용되는 한 방법이 사업 포트폴리오 매트릭스(business portfolio matrix)를 이용하는 것인데 이는 보스톤 컨설팅 그룹(Boston Consulting Group: BCG)이 고안한 방법이라고 해서 BCG 매트릭스라고 한다. 이 기법은 특정 사업단위의 매출액(시장점유율), 그 사업이 속한 시장성장률, 그리고 그 사업의 추진에 따른 현금 유입 또는 유출이라는 세 가지 측면에서 사업기회를 분석한다. 기업은 BCG 매트릭스를 사용하여 모든 사업단위들을 분류하고 어떤 사업에 집중투자를 해야 할 것인가 하는 투자의 우선순위를 결정하게 된다.

〈그림 11-8〉은 X축에 상대적 시장점유율을, Y축에 시장성장률을 나타내어 각 사업단위의 경쟁적 지위를 알아 볼 수 있게 하는 BCG 매트릭스이다. 조직의 모든 사업단위들은 그의 시장점유율과 성장률에 따라 매트릭스의 한 칸(cell)에 해당하게 된다. 상대적 시장점유율이란 같은 시장에서 가장 성공적인 경쟁자의 매출액에 비교한 한 사업단위의 매출액의 비율로 측정하는데 이는 사업단위가 전체 시장에서 점하는 경쟁적 지위를 나

[그림 11-8] BCG 매트릭스

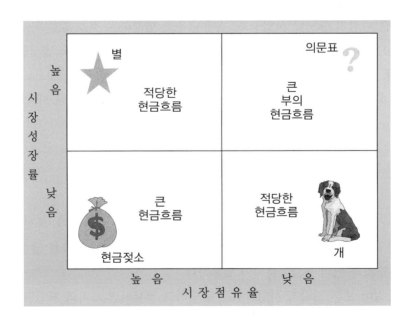

타낸다. 상대적 점유율은 1을 기준으로 하여 고·저로 구분한다. 한편 시장성장률이란 한 사업단위가 속한 시장의 연간 성장률을 말하는데 10%를 기준으로 고·저로 분류한다. 성장률이 10% 이상인 시장은 성장기회가 매력적인 시장이며 반대로 10% 이하인 시장은 성장기회가 쇠퇴하는 시장이다.

1 별

별(stars)이란 성장속도가 빠른 시장에서 시장 리더로서 높은 점유율을 차지하는 사업을 말한다. 팽창하는 시장에서 깊숙이 침투해 있으므로 상당한 이익을 올리고 있어 현금유입이 기대되지만 급속한 성장기회를 활용하고 시장점유율을 유지하기 위해서는 생산시설의 확충에 막대한 자원의 투자가 요구되어 현금유출이 불가피하다.

이러한 사업은 제품수명주기로 볼 때 성장기에 해당하므로 성장전략을 추구하는 것이 바람직스럽다. 그런데 장기적으로 시장의 성장가능성이 약화되면 별은 젖소가 된다.

2 젖소

현금젖소(cash cows)란 시장의 성장률이 낮지만 시장 리더로서 높은 점유율을 차지하여 높은 이익과 현금유입을 초래하는 사업을 말한다. 시장의 성장가능성이 낮기 때문에 시장지위를 유지하기 위한 성장과 팽창을 위해 새로운 투자재원이 필요치 않다. 오히려 우유를 생산하는 젖소와 같이 현금수익을 많이 내기 때문에 이러한 사업이 창출하는 현금유입은 부채를 갚는 데 사용하거나, 새로운 기업인수자금으로 사용되거나, 현금을 필요로 하는 별이나, 곧 설명할 의문표에 해당하는 사업을 지원하는 데 사용된다.

제품수명주기로 볼 때 이러한 사업은 성숙기에 해당하므로 현재의 시장지위를 유지하고 강화하는 전략을 구사해야 한다. 만약 시장지위가 낮아져 점유율이 축소되면 젖소는 결국 개로 전락하고 만다.

3 개

개(dogs)란 성장률이 낮은 시장에서 점유율 또한 낮은 사업을 말한다. 이러한 사업은 현금을 창출하지만 이익을 올리지도 못하고 현금을 유출하기도 하므로 바람직하지 않은 사업이다. 이러한 사업은 제품수명주기로 볼 때 쇠퇴기에 해당하므로 사업철수를 위한 영업양도전략을 추구함이 요구된다.

④ 의문표

의문표(question marks)는 시장점유율은 낮지만 성장속도가 매우 빠른 시장에서 영업을 하는 사업을 말한다. 이러한 사업은 별로 이익을 올리지도 못하고 부(負)의 현금흐름만 초래하지만 팽창하는 시장에서 다른 경쟁자에 비해 점유율을 증대시키기 의해서는 새로운 제품개발에 막대한 투자를 요구한다. 시장이 급속히 신장하므로 이익을 높일 수 있는 투자기회는 매력적이라고 할 수 있지만 심한 경쟁에서 이겨야 하므로 투자가 꼭 시장점유율의 확대를 결과하지 않을 불확실성과 위험을 내포한다.

따라서 장래에 경쟁우위를 가질 수 있다고 판단되는 아주 전망이 좋은 의문표는 공격적인 성장전략과 과감한 투자를 통해 육성시키고 그렇지 않은 의문표는 축소시켜야 한다. 제품수명주기로 볼 때 의문표는 도입기에 해당한다고 할 수 있다.

BCG 매트릭스는 기업에서 여러 가지 사업단위를 보유할 때 자금 획득과 사용 면에서 균형된 사업 포트폴리오를 유지할 수 있도록 각 사업단위들에 알맞은 전략이 사용되어야 함을 강조한다. 우리는 앞에서 이 기법을 공부하면서 가장 바람직스런 기업전략은 현금젖소가 창출하는 여유자금을 가지고 성장잠재력과 이익발생의 가능성이 높은 별과 의문표를 집중 지원하는 것임을 알았다. 이렇게 하여 의문표를 미래의 별로 만드는 것이다.

사업단위들은 BCG 매트릭스에서 그의 위치를 변경할 수 있다. 시간이 흐르면 의문표는 별이 되고 별은 젖소가 되며 젖소는 다시 개가 될 수 있다. 각 사업단위는 시장의 성장률이 변함에 따라 그의 위치가 변한다. 시장성장률의 변화는 산업의 기술과 경쟁력에 따라 영향을 받는다.

〈그림 11-9〉는 사업단위들이 위치변경을 할 때 성공적 순환을 하는 경우와 실패의 순환을 하는 경우를 나타낸다.

BCG 매트릭스는 현금흐름의 관점에서 건전한 사업 포트폴리오 구성에 알맞은 전략적 지침을 제공하기 때문에 많은 산업의 관리자들은 이 기법을 활용하고 있음에도 불구하고 몇 가지 점에서 비판을 받고 있다.

- BCG 매트릭스는 수익성의 지표로서 다만 상대적 시장점유율과 시장성장률만을 고려한다는 것이다. 또한 고·저의 이분법적 분류를 사용함으로써 사업단위의 유

[그림 11-9] 사업단위의 순환

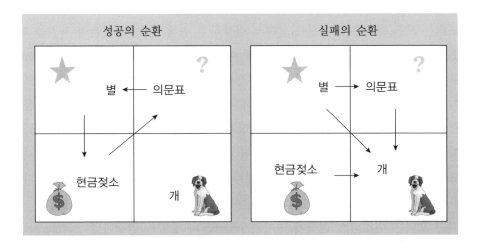

형을 너무 단순화한다는 것이다.
- 수익성의 지표로서 다른 요인들을 무시하고 있다는 것이다. 예를 들면, 수요증가율이 높더라도 공급증가율이 더욱 높으면 이익의 보장이 어려운 것이다.
- 각 사업단위의 투자재원이 주로 기업 내에서 조달된다는 전제를 하고 있다는 것이다.

6. 비즈니스 전략 수립의 접근법

포터(Michael Porter)는 앞절에서 설명한 포트폴리오 접근법은 기업전략 수립가들을 보증되지 않는 다각화의 방향으로 오도한다고 비판한다. 그는 BCG 매트릭스에서 강조하는 것과 같은 매출액, 시장, 현금창출이 아니라 특정 사업이나 산업이 성공하는 데는 현행 또는 잠재적인 경쟁적 환경이 영향을 미친다는 점을 강조한다.

▎ 산업 경쟁세력

포터는 모든 조직은 주어진 시장에서 경쟁하기 위해 경제적, 기술적 자원을 보유하고 있는데 비즈니스 전략을 수립할 때 이러한 자원은 물론 산업경쟁(industrial competition)에 영향을 미치는 다섯 개의 경쟁적 세력도 고려해야 한다는 점을 강조한다. 이러한 다섯 개의 세력은 한 기업이 부과하는 가격, 비용구조, 자본투자요구액 등에 직접적으로 영향을 행사하기 때문에 산업의 장기적 수익성을 결정하는 것이다.

따라서 이러한 세력이 강하면 강할수록 기업이 가격을 올리거나 이익을 내기 어려우므로 이는 기업에 위협이 되고 반면 약할수록 기회가 된다. 따라서 기업은 이 다섯 세력을 이용하여 산업환경을 분석함으로써 전략결정의 기초로 삼을 수 있게 된다.

최근 포터는 비즈니스 전략에 미치는 Internet의 영향을 연구하였다. Internet 기술은 산업에 긍정적 또는 부정적 영향을 미치는 것으로 나타났다. 〈그림 11-10〉은 산업경쟁에 영향을 미치는 다섯 개의 전략적 요소를 나타내고 있다.

[그림 11-10] 산업경쟁에 영향을 미치는 요소

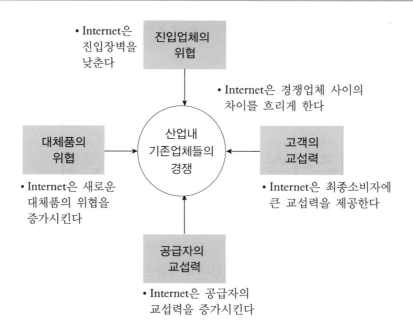

1 산업 내 경쟁업체들의 경쟁

조직이 어떤 산업에서 동일한 고객을 상대로 경쟁하고 경쟁업체의 희생하에 시장점유율을 확대하는 직접적인 경쟁은 경쟁 강도와 산업 전체의 수익성을 결정한다.

기업은 경쟁업체에 비해 경쟁우위를 확보하기 위하여 가격인하, 새로운 제품 출하, 광고캠페인, 고객 서비스 등을 실시한다. 직접적인 경쟁자가 많거나 산업성장률이 낮거나 제품이나 서비스를 차별화할 수 없는 경우에 경쟁 강도는 치열하고 가격 경쟁이 빈번하면 수익성이 악화된다.

디지털 기술은 산업 내 경쟁 양상을 바꿀 수 있다. 가격 경쟁의 강도가 심한 산업에서 제품이나 서비스에 혁신을 가져오면 가격 경쟁에서 원가 우위와 차별화 우위로 경쟁업체로 부터의 위협을 극복할 수 있다.

2 시장진입의 장벽

성장성과 수익성이 좋아 새로운 업체가 시장에 진입하면 기존 업체와 경쟁하게 된다. 새롭게 시장에 진입하지 못하게 막는 요인들이 존재하면 기존 업체에 대한 위협은 심각하지 않다. 새롭게 시장에 진입하고자 할 때 진입장벽을 공고화하는 요소는 다음과 같이 여섯 가지이다.

- **규모의 경제**(economies of scale): 규모가 크지 않으면 단위당 비용이 증가하여 경쟁할 수 없다.
- **제품차별화**(product differentiation): 브랜드의 인지도와 충성도, 고유한 상표가 없으면 광고, 고객 서비스, 제품차별화에 어려움이 있다.
- **자본소요액**(capital requirements): 막대한 자본이 소요되는 사업은 진입하기 어렵다.
- **규모와 관계없는 비용의 불리**: 고유한 원자재와 기술을 갖는 기업에 비하여 그렇지 않은 진입자는 규모의 경제를 갖더라도 비용상의 불리를 감수해야 한다.
- **유통채널에의 접근**: 유통채널을 확보하기 위해서는 가격할인, 판매촉진 등의 노력이 필요하다.
- **정부정책**: 허가를 요구하거나 원자재에의 접근을 제한하는 경우 진입이 어렵다.

디지털 기술을 활용하면 신제품 제조에 드는 비용과 시간을 절감할 수 있고 기존 제품의 성능을 개량하여 고객 욕구를 충족할 수 있어 잠재적인 진입 기업에 대한 진입 장벽을 공고히 해 줄 수 있다.

③ 고객과의 교섭력(bargaining power)

새로운 기업이 시장에 진입하여 소비자들에게 제품을 생산하여 공급하게 되면 소비자들은 그 회사의 제품을 구매할 수도 있고 다른 회사의 제품을 구매할 수도 있어 소비자들의 구매 선택권은 확대된다. 그런데 높은 품질, 높은 서비스, 저렴한 가격을 요구하는 소비자들의 교섭력이 증가할수록 기업의 제품에 대한 지속적인 구매력이 감소하거나 가격이 낮아지므로 산업의 수익률은 저하된다.

Internet을 통하여 고객은 제품, 서비스, 경쟁제품에 대한 정보를 쉽게 얻을 수 있으므로 고객의 교섭력은 점차 증가한다. 한편 디지털 기술로 고객 데이터 분석을 통해 개인 맞춤형 제품을 공급하면 다른 제품으로의 교체비용을 높여 고객과의 협상력을 높여준다.

④ 공급자와의 교섭력

기업이 제품이나 서비스를 생산하기 위해서는 공급자로부터 자원(사람, 원자재, 정보, 금융자본)을 지원받아야 한다. 공급자들은 납품 단가를 인상할 수도 있고 질 나쁜 제품이나 서비스를 공급할 수도 있다. 공급자의 교섭력이 강하면 기업의 이윤은 감소한다. 특히 공급자의 가격인상을 고객에 전가시킬 수 없는 기업의 경우에는 더욱 그렇다.

디지털 기술을 사용하면 거래 조건이 좋은 공급자를 확보하게 하며 공급자의 제품을 효과적으로 대체할 수 있어 공급자와의 협상력을 높여준다.

⑤ 대체품의 압력

기술향상과 경제효율이 확보되면 기업은 기존 제품에 대한 대체품을 내놓을 수 있다. 한 산업에서 대체품이 많아지면 기업은 교섭력을 상실하여 값을 올릴 수 없게 된다. 따라서 이러한 산업에 속한 기업은 어려움을 극복하기 위하여 품질을 향상하거나 공격적인 판매 캠페인을 실시해야 한다.

Internet은 고객 욕구를 충족시키는 새로운 대체제의 출현을 가능케 하여 큰 위협을 유발한다. 예를 들면, Internet을 통한 저가의 비행기표 구매는 기존 여행사에 위협이 되고 있다. 하지만 디지털 기술을 이용하여 제품과 서비스의 성능을 높이고 가격 경쟁력을 강화하면 대체제의 위협을 완화할 수 있다.

이상에서 공부한 바와 같이 디지털 기술을 활용하는 기존 기업은 다섯 가지 경쟁세력 사이의 힘을 유리하게 조절할 수 있다. 그러나 디지털 혁신으로 디지털 스타트업이 주요 경쟁자로 부상하면서 산업의 경쟁구도를 뿌리채 뒤흔들고 있는 상황이다. 따라서 이제 진입장벽의 구축은 무의미해지고 있다.

경쟁전략의 유형

산업경쟁에 영향을 미치는 요인분석이 끝나면 경쟁으로부터 기업을 보호할 전략을 수립해야 한다. 한 기업의 개별 사업단위들이 해당 사업에서 지속적인 경쟁우위를 확보할 수 있도록 하는 전략이 포터가 말하는 본원적 경쟁전략(generic competitive strategy)이다. 이러한 전략에는 〈그림 11-11〉에서 보는 바와 같이 원가우위(저가) 전략, 차별화 전략, 집중화 전략의 세 가지가 있다. 이러한 전략은 개별 사업단위가 어떤 시장을 상대로 어떤 경쟁우위를 확보하는 데 목표를 두느냐 하는 기준에서 분류된다.

그런데 포터의 본원적 경쟁전략은 40여 년 전 기업 환경에 알맞은 전략이었지만 4차 산업혁명에 따라 최근 진행되는 디지털 혁신에 의한 새로운 경쟁 형태에 비추어 볼 때

[그림 11-11] 본원적 경쟁전략

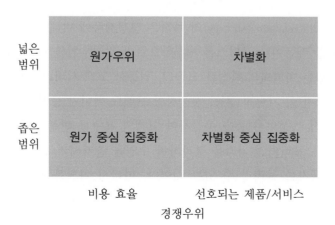

집중화 전략 대신 디지털 혁신 전략으로 교체되어야 한다는 견해도 있다.[2]

포터는 경쟁우위(의 원천)와 경쟁(시장)범위라는 차원에서 본원적 전략을 정의한다. 경쟁우위는 고객에게 아주 저렴한 값의 제품을 판매하거나 값은 높지만 차별적인 제품을 판매함으로써 확보할 수 있다. 경쟁범위란 기업이 목표로 하고 있는 시장의 넓이를 말한다. 어떤 기업은 매우 폭넓은 시장을 겨냥하지만 어떤 기업은 상대적으로 좁은 시장의 일부분을 겨냥한다.

1 원가우위(저가) 전략

원가우위 전략(cost leadership strategy)을 추구하는 기업은 저가로 경쟁하려 한다. 이를 위해 기업은 생산이나 마케팅 등 모든 분야에서 극도의 효율성을 강조함으로써 산업에서 원가우위를 확보하고자 한다. 기업은 시설 이용률을 최대화하고, 규모의 경제를 실현하고, 기술 향상을 애용하고, 판매 및 광고비용을 최소화하고, 고객이 원하는 수준의 가치를 만족시키는 제품이나 서비스를 생산하기 위하여 경험 많은 작업자들을 채용함으로써 비용관리를 엄격히 함으로써 원가를 최소화할 수 있다.

기업은 경쟁자보다 저렴한 값으로 품질 좋은 제품이나 서비스를 판매하여 시장점유율을 높이고 판매량을 증가시킴으로써 단위당 이익마진은 낮더라도 평균 이상의 이윤을 기대할 수 있다. 예를 들면, 대형 마트는 여기에 해당된다.

원가우위 기업은 일반 고객을 상대로 하기 때문에 시장 전체를 대상으로 한다.

2 차별화 전략

차별화 전략(differentiation strategy)의 목적은 경쟁제품에 비해 아주 독특하다는 인식을 고객에 심어 줄 제품이나 서비스를 제공함으로써 경쟁우위를 확보하려는 것이다. 기업이 제공할 수 있는 차별화의 특성은 고품질, 월등한 고객 서비스, 시장에의 제품 출하 속도, 혁신적인 디자인, 기술적 성능, 선풍적인 브랜드 이미지 등이다.

이러한 차별적 특성의 제품을 공급하여 고객의 욕구를 만족시키는 기업은 산업의 평균가격보다 높은 프리미엄 가격을 부과하여 수입을 증가시켜 평균 이상의 이익을 올릴 수 있으며 경쟁자를 물리칠 수 있는 것이다. 따라서 차별화 전략을 프리미엄 전략

---

2 이성열과 양주성, 플랫폼 비즈니스의 미래, 리더스 북, 2021, p. 106.

(premium strategy)이라고 하는 이유가 바로 여기에 있다.

차별화 전략을 구사하는 기업은 고객의 일부 그룹을 대상으로 하지만 고객의 충성도가 매우 높아 단위당 이익 마진이 높더라도 경쟁우위를 유지할 수 있다. 예를 들면, 로렉스(Rolex) 시계와 벤츠(Mercedes-Benz)는 여기에 해당한다.

전통적으로 차별화는 높은 원가를 지불하여야 가능하였다. 이것은 여러 시장을 목표로 서로 다른 모델을 소량으로 생산하여야 했으므로 제조원가가 높았기 때문이다. 또 차별화 기업은 많은 시장 부분을 목표로 하기 때문에 높은 마케팅 비용을 지불하여야 했기 때문이다. 따라서 표준화 제품을 대량으로 생산하는 원가우위 기업에 비하여 가격 경쟁력이 떨어질 수밖에 없다.

그러나 최근 디지털 기술을 활용한 가치 혁신(value innovation)으로 차별화 등을 통해 소비자 가치 향상과 비용 절감의 양립을 추구할 수 있다. 즉 원가 우위와 차별화 우위를 동시에 달성할 수 있게 되었다.

❸ 집중화 전략

집중화 전략(focus strategy)이란 특정 지역이나 시장의 한 부분에 있는 제한된 고객들에게 독특하거나 저렴한 제품이나 서비스를 제공하는 것을 말한다. 따라서 집중화 기업은 틈새시장을 목표로 하기 때문에 넓은 시장을 목표로 하는 업체와의 경쟁은 피하게 된다. 시장의 세분화는 지리적으로, 고객의 형태별로, 직업별로, 연령별로, 또는 제품라인의 분야별로 이루어진다.

❹ 디지털 혁신 전략

디지털 혁신으로 고객의 다수 확보가 지수적으로 네트워크 효과를 유발하며 고객 개인 단위의 사업 다각화가 디지털상에서 자유롭게 일어나는 상황이 최근 일반적으로 벌어지기 때문에 제한된 고객에 집중하는 집중화 전략은 일반화할 수가 없다는 것이다.

급변하는 기술적 환경과 디지털 기술의 발전으로 미루어 볼 때 디지털 혁신 전략이 경재우위를 만들어내는 강력한 경쟁전략으로 부상하고 있다.

디지털 혁신으로 제품, 서비스, 비즈니스 모델의 경쟁 구조를 바꾸고 가치를 창출하는 현실에서 전통 기업이 어떤 산업의 선도 기업이 되기 위해서는 디지털 혁신을 통해서 이 산업의 혁신을 이끌어야 하고 차별화도 비용우위도 달성해야 한다.

토·론·문·제 *EXERCISE*

01 전략과 경영전략의 개념을 설명하라.

02 경영전략의 수립은 왜 기업의 성공에 절대적으로 필요한가?

03 경영전략의 혜택은 무엇인가?

04 경영전략을 수립할 때 환경분석을 실시하는 이유는 무엇인가?

05 경영전략 수립의 절차를 간단히 설명하라.

06 기본 전략, 본원전략, 글로벌 전략을 비교 · 설명하라.

07 전략의 수준을 설명하라.

08 기업전략, 비즈니스 전략, 기능전략을 비교 · 설명하라.

09 기업전략 수립의 접근법을 설명하라.

10 BCG 매트릭스를 설명하라.

11 비즈니스 전략 수립의 접근법을 설명하라.

12 포터가 말하는 산업경쟁에 영향을 미치는 전략적 요소는 무엇인가?

13 경쟁전략의 유형을 설명하라.

13 40여 년 전 포터가 주장한 경쟁전략은 최근 부상하는 디지털 혁신으로 영향을 받는가?

제12장

조 직 화

경영자의 두 번째 기능이 기업확동의 조직화이다. 조직화는 조직편성이라고도 한다. 모든 기업은 새로운 전략을 추구하기 위해서, 변화하는 시장조건에 부응하기 위하여, 또는 고객들의 기대에 성공적으로 부응하기 위하여 꾸준히 조직하고 재조직해야 하는 문제에 직면한다.

우리가 제10장에서 공부한 계획화는 조직화의 시작이다. 조직화는 계획화의 결과 얻는 계획(plans)을 현실로 변형시킨다. 계획 및 목표는 조직이 어디로 나아가고 무엇을 할 것인가를 정의하고 조직화는 그것을 어떻게 할 것인가를 정의한다. 조직화 과정의 최종 결과가 공식조직(formal organization)이다. 공식조직은 그냥 발생하는 것이 아니라 경영자가 경영의 조직화 기능을 통하여 만들게 된다.

본장에서는 조직화의 개념, 조직화 과정, 분화의 형태, 권한, 위양, 감독범위, 집권화 및 분권화, 조직구조의 형태 등에 관해서 공부할 것이다.

1. 조직화의 의의 및 혜택

조직화의 의의

조직(organization)이란 제 1 장에서 공부한 바와 같이 두 사람 이상이 공통목표를 달성하기 위하여 구성한 단체를 말한다. 조직은 계획에 의하여 설정된 조직 목표를 달성하기 위하여 구성원에 직무를 할당하고 일정한 책임과 권한을 부여하는데 이렇게 조직을 구성해 가는 과정을 조직화라고 한다.

즉 기업활동의 조직화(organizing)란 계획화 과정에서 설정한 조직 목표를 구성원들이 효과적인 최상의 방법으로 실현할 수 있도록 각자의 직무와 상호 간의 관계를 규정하고 조직구조의 틀을 형성하는 과정을 말한다. 조직 목표를 효과적으로 실현하기 위하여는 인적자원, 물적자원, 그리고 자금 등 경영자원이 필요한데 이러한 자원을 조정하고 배분하여 계획을 실행하여 목표를 달성하게 된다.

이와 같이 조직화는 조직이 실현해야 할 모든 업무와 활동을 우선 규명하고, 누가 무엇을 하고, 누가 누구에게 보고하고, 그 업무수행에 필요한 권한, 직위 및 책임을 부여하고, 이것들을 조정하고 통합하는 과정이라고 정의할 수 있다.

조직구조(organizational structure)는 계획을 달성하기 위한 도구이다. 즉 계획을 위해 수행해야 할 직무나 과업을 할당하고 그룹화하고 조정하는 공식적 틀이다. 종업원들이 직무나 과업을 효과적·효율적으로 수행할 수 있도록 조직구조를 설계(design)해야 한다. 따라서 조직화 과정을 거쳐 짜여지는 조직의 형태인 조직구조가 형성되어 체계를 갖춘 결과가 조직이다. 조직구조는 인체의 구조로서 각 기관들에 비유할 수 있다. 각 기관들이 각자의 기능을 수행하면서 서로 연결되어 상호작용을 해야 건강을 유지하듯 조직도 구조가 제대로 형성되어야만 제대로 운영된다. 조직구조에 대해서는 다음 절에서 자세히 공부할 것이다.

조직화의 목적과 혜택

경영자는 기업의 목적과 계획을 효과적으로 달성하기 위하여 인원·방법·자재·

자금 등을 배분하고 조정하는 등 조직을 합리적으로 편성하고 운영하는 능력과 관리기술을 가져야 한다. 그러면 근대 경영의 조직편성 목적은 무엇인가?

- 권한계통의 확립: 그룹 내에서 질서를 유지하고 각 구성원의 책임체제를 확립한다.
- 작업의 효율성과 품질의 향상: 노동의 분업과 향상된 조정을 통해 각 구성원 간의 협력관계를 확립한다.
- 커뮤니케이션의 증진: 조직 구성원간 커뮤니케이션의 채널을 넓힌다.

경영자는 효과적인 조직편성을 통하여 보다 높은 조직 효율성을 얻게 된다.

- **작업환경의 명확화**: 각 구성원은 무엇을 해야 할지 분명하게 된다. 각 구성원과 부서의 과업과 책임이 명확해진다. 또한 각 구성원의 활동을 조직 목표에 연관시킴으로써 직무수행 성과를 증대시킨다.
- **조정환경의 조성**: 업무 사이의 관계 및 구성원 사이의 관계를 분명히 함으로써 업무의 흐름을 명확히 하고 직무의 중복과 과업에 대한 갈등을 제거해 준다.
- **방향일원화원칙의 확립**: 각 과업과 관련된 모든 계획을 조정할 권한을 한 사람에게 부여하는 방향일원화원칙(principle of unity of direction)이 수립된다.
- **명령계통의 확립**: 기업에서 말단 직원으로부터 최고경영층에 이르는 보고관계를 나타내는 명령계통(chain of command)이 수립된다. 이와 같이 커뮤니케이션과 의사결정을 위한 경로를 수립한다.

2. 조직화 과정

조직화가 잘 진행되어 조직화의 효과가 계속적으로 유지되며 효과적인 경영성과를 실현하기 위해서는 〈그림 12-1〉과 같은 조직화 과정을 거친다.

[그림 12-1] 조직화 과정

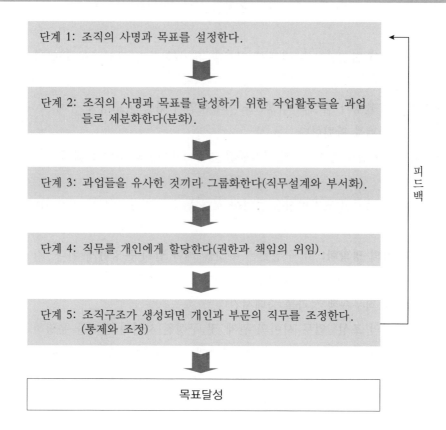

단계 1: 조직의 사명과 목표를 설정한다.

단계 2: 조직의 사명과 목표를 달성하기 위한 작업활동들을 과업들로 세분화한다(분화).

단계 3: 과업들을 유사한 것끼리 그룹화한다(직무설계와 부서화).

단계 4: 직무를 개인에게 할당한다(권한과 책임의 위임).

단계 5: 조직구조가 생성되면 개인과 부문의 직무를 조정한다. (통제와 조정)

피드백

목표달성

이러한 조직화 과정을 통하여 조직구조가 생성된다.

단계 1은 조직의 사명(mission)을 설정하는 단계로서 기업은 나아갈 미래상(비전)을 가지고 있는데 이를 추구하기 위한 거시적인 임무설정이 사명이라고 할 수 있다. 사명에는 기업이 추구해야 할 제품(what), 목표로 삼아야 할 고객 혹은 시장(whom), 그리고 제품을 만들어 내는 과정(how)을 제시하게 된다. 이런 사명에 맞추어 기업은 목적, 목표, 계획을 도출하게 된다.

〈그림 12-2〉는 Table Saw를 생산·판매하는 회사의 경우 조직화 과정을 예시하고 있다.

단계 2는 조직의 목표와 계획을 달성하기 위해서 수행되어야 하는 전체 작업활동 (work activities)들을 구체적으로 규명하는 단계라고 할 수 있다. 기업은 제품이나 서비스를 고객에 제공하는 데에 필요한 모든 작업활동을 과업(task)들로 세분화한다.

[그림 12-2] 조직화 과정의 예

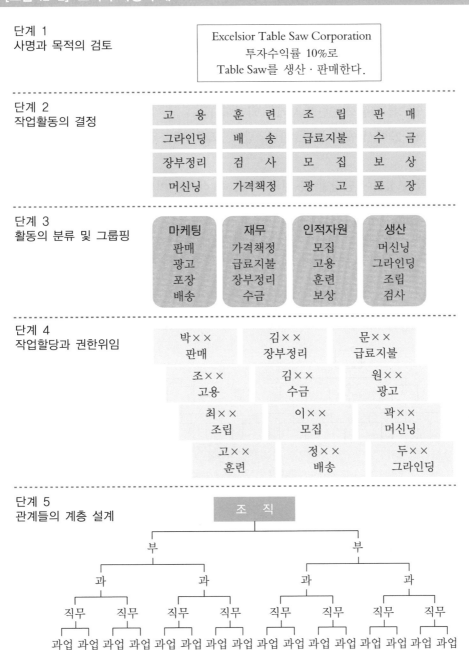

단계 1
사명과 목적의 검토

Excelsior Table Saw Corporation
투자수익률 10%로
Table Saw를 생산 · 판매한다.

단계 2
작업활동의 결정

고 용	훈 련	조 립	판 매
그라인딩	배 송	급료지불	수 금
장부정리	검 사	모 집	보 상
머신닝	가격책정	광 고	포 장

단계 3
활동의 분류 및 그룹핑

마케팅	재무	인적자원	생산
판매	가격책정	모집	머신닝
광고	급료지불	고용	그라인딩
포장	장부정리	훈련	조립
배송	수금	보상	검사

단계 4
작업할당과 권한위임

박×× 판매   김×× 장부정리   문×× 급료지불
조×× 고용   김×× 수금   원×× 광고
최×× 조립   이×× 모집   곽×× 머신닝
고×× 훈련   정×× 배송   두×× 그라인딩

단계 5
관계들의 계층 설계

조 직
부 — 부
과 — 과 — 과 — 과
직무 직무 직무 직무 직무 직무 직무 직무
과업 과업 과업 과업 과업 과업 과업 과업 과업 과업 과업 과업 과업 과업 과업 과업

출처: G. S. Allen, W. R. Plunkett & R. F. Attner, *Management*, 10th ed.(South-Western, 2013), p. 191.

이와 같이 조직이 수행해야 할 전체의 작업활동(일)을 과업(최소단위 활동)으로 세분화하는 과정을 과업의 분화(differentiation)라고 한다.

분화는 〈그림 12-3〉에서 보는 바와 같이 조직을 더욱 분산시키는 힘을 갖는다.

단계 3은 기능적으로 동일하거나 유사한 과업들을 어떤 기준에 따라 각 구성원에게 할당할 직무(업무: job)로 묶은 후에 다시 유사하거나 상호 연관된 직무들을 한 곳에서 수행할 수 있도록 그룹화(집단화)시키는 과정이다.[1]

〈그림 12-2〉에서 예를 들면, 판매, 광고, 포장, 배송은 마케팅 관련 직무로 그룹화한 것이다.

이때 각 구성원이 담당할 몇 개의 과업, 즉 직무를 어떻게 구성할 것인가를 고려하게 되는데 이를 직무설계(job design)라고 한다. 직무설계란 각 구성원이 담당해야 할 직무의 내용(예: 자율성 복잡성), 직무의 기능(예: 책임과 권한, 작업방법), 직무 간의 관계(예: 팀 워크) 등을 규정하는 것을 말한다. 조직화의 핵심은 직무의 규정과 직무 상호 관계의

[그림 12-3] 분화와 통합

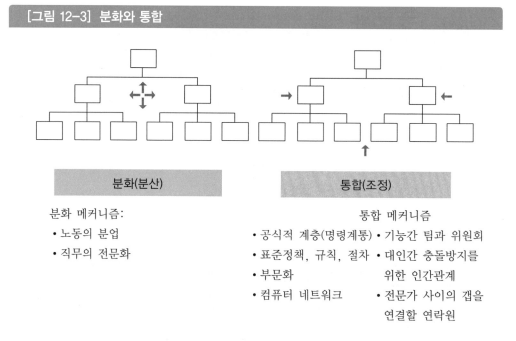

분화 메커니즘:
• 노동의 분업
• 직무의 전문화

통합 메커니즘
• 공식적 계층(명령계통) • 기능간 팀과 위원회
• 표준정책, 규칙, 절차 • 대인간 충돌방지를
• 부문화　　　　　　　　　위한 인간관계
• 컴퓨터 네트워크　　　 • 전문가 사이의 갭을
　　　　　　　　　　　　　 연결할 연락원

출처: R. Kreitner, *Management*, 9th. ed.(Houghton Mifflin, Co., 2004), p. 323.

---

1 업무 또는 직무란 한 작업자가 효과적으로 수행하기 위해 두 개 이상의 과업들을 결합하는 것을 말하는데 개인이 담당할 수 있는 일정 분량의 과업들을 단위로 하여 결정한다. 예를 들어 비서가 하는 일을 직무라 하면 전화받기, 서류작성, 일정관리, 서류정리 등은 각각 과업이라고 할 수 있다.

편성이라고 할 수 있다.

직무를 설계할 출발점은 노동의 분업(division of labor)을 통한 작업 전문화(work specialization)의 원하는 수준을 결정하는 것이다. 노동의 분업이란 조직의 전체 과업을 명확하게 규명하고 세분화된 과업 중에서 각 구성원이 수행할 수 있는 제한된 범위의 유사하거나 상호 관련된 과업들을 골라 직무들로 묶는 활동을 말한다. 한편 작업 전문화란 한 작업자 또는 그룹이 세분화된 한 과업의 특정 부분만을 수행토록 하는 것을 말한다. 이러한 분화와 전문화를 통하여 조직 구성원들의 전문성과 숙련도를 높이고 궁극적으로 조직의 효율성을 높인다.

각 구성원들이 수행할 직무를 설계한 다음에는 업무의 목표를 효율적으로 달성하기 위하여 업무의 기능적 유사성(functional similiarity)에 따라 유사하거나 연관된 직무들이 한 곳에서 이루어지도록 직무들을 그룹화하는 것을 부문화, 즉 부서화(department-alization) 또는 부서편성이라고 한다. 부서화는 업무의 계층에 의한 분화, 즉 수직적 분화(vertical differentiation)와 업무의 종류에 의한 분화, 즉 수평적 분화(horizontal differentiation)로 구분할 수 있다.

단계 4는 업무를 개인에게 할당하고 이를 수행할 권한과 책임을 위임하는 과정으로서 개개 조직단위(부서)에 할당된 업무들을 정해진 기간 내에 효과적으로 진행하기 위하여 업무를 단위화하여 개인에게 할당하는 것이다.

이 과정에서 우수한 자질을 갖춘 구성원들을 적재적소에 배치하는 인적자원관리(human resource management)가 이루어진다.

단계 5에서는 부서화(부서편성)의 결과로 과·부·팀과 같은 부서가 형성되고 직위의 상·하 관계가 규정되어 조직구조(organizational structure)가 생성된다. 조직표(organizational chart)는 이러한 조직구조를 눈으로 볼 수 있게 만든 것이다. 전체 작업활동은 과업으로 세분화하고 직무가 설계되면 직무에 따라 조직구조가 결정되고 직책이나 직위가 결정된다. 이러한 기능적 측면에서의 조직화가 이루어지면 다음에는 사람의 배치와 자원의 배분이 뒤따르고 사람과 부문의 업무조정같은 인적 측면의 조직화가 이루어진다.

〈그림 12-2〉의 밑그림은 지금까지의 과정을 거쳐 얻은 조직표의 한 예이다. 조직구조가 생성되면 부서들 간의 업무진행에 있어 필요한 통제와 업무간 조율이 요구되거나 비상사태 혹은 부서간 갈등이 발생하는 경우 내부적인 조정기구를 필요로 한다. 기업 내에서 행해지는 조정 절차에는 규칙, 프로그램, 계획, 위계화, 그리고 위임 등이 있다.

조직은 그의 구조를 분업화와 부문화에 따라 분화하기 때문에 부서간 작업활동들은 상호 조정되어야 한다. 모든 전문화된 과업이 완전히 독립적으로 수행될 수는 없다. 여러 부서들은 큰 조직의 한 부분이기 때문에 부서 사이에 커뮤니케이션과 협조가 필요하다. 만일 그렇지 못하면 개인이나 부서는 자기의 목표에만 집착하여 조직 전체의 목표를 저해할 가능성이 있기 때문이다.

통합(integration)과 그와 관련된 조정(coordination)이란 조직의 목표를 효과적으로 달성하기 위하여 조직의 여러 부서간 활동을 연계시키는 절차를 말한다. 이러한 조정과 커뮤니케이션은 부서 사이뿐만 아니라 개인간, 집단간, 기능간 흐르는 정보, 자원, 과업을 통제하고 통합하기 위하여 필요하다. 통합은 〈그림 12-3〉에서 보는 바와 같이 조직을 결합하고 조정하는 힘을 갖는다.

3. 조직구조

▌조직구조의 의의

조직화는 조직의 구조를 생성하는 과정이라고 할 수 있다. 경영자는 종업원들이 효율적, 효과적으로 그들의 일을 할 수 있도록 조직구조를 설계해야 한다. 인체에는 뼈대가 있어 기본적인 골격을 형성해 주듯 조직에도 골격을 형성해주는 뼈대가 있는데 이뼈대를 조직구조라 한다.

조직구조(organizational structure)란 조직의 기구표가 보여 주듯 기업 내에 존재하는 기본적인 보고관계를 의미한다. 이와 같이 기업의 구조는 지휘계통을 설정하고 그의 책임과 권한의 위계질서를 설정한다.

원래 조직구조라고 하면 부, 과, 계와 같은 계층을 의미한다. 똑같은 과업을 수행하는 사람들을 그룹화하는데 만일 생산업무만 담당하는 사람끼리, 그리고 재무업부만 담당하는 사람끼리 그룹화하면 이는 기능별 부서가 되는 것이다.

또한 담당하는 시장이나 지역별로 그룹화할 수 있고 취급하는 제품별로 기업구조를 조직할 수 있다. 이와 같이 조직구조는 기능별 구조에서 사업부별 구조로 변화하고 있다.

챈들러(Chandler)는 1960년에 *Strategy and Structure*라는 책을 통해서 기업의 전략은 그 기업의 조직구조에 영향을 미친다고 주장하였다. 예컨데 새로운 제품개발을 통해서 성장전략을 추구하는 기업은 제품별 사업부제 조직구조가 알맞고 지리적 시장개발을 추구하는 기업은 지역별 구조가 알맞다는 것이다.

따라서 기업의 전략이 변화하면 이에 따라 알맞은 조직구조로 바꾸도록 해야 한다. 전략과 조직구조가 연계된 기업은 우수한 경영성과를 올리고 전략의 변화에 부응하는 조직구조의 개발에 실패한 기업은 결국 경영성과가 퇴보하는 결과를 초래하는 것이다.

모든 상황의 요구를 만족시키는 최선의 구조란 있을 수 없다. 조직구조는 환경이나 상황변화에 따라 부응해야 한다.

조직설계(organization design)란 경영자가 조직구조를 개발 또는 변경할 때

- 작업 전문화
- 부서화
- 명령계통
- 감독범위
- 집권화와 분권화
- 공식화(formalization)

등 여섯 개의 요소에 대한 결정을 해 가는 과정이라고 할 수 있다.

▌ 조직구조의 결정요인

경영자가 선택하는 조직구조 또는 조직화 방법의 유형에 영향을 미치는 결정요인은

- 환경
- 전략
- 기술
- 인적자원
- 조직규모

등이다. 〈그림 12-4〉는 조직구조의 결정요인과 조직구조의 형태와의 관계를 나타내고 있다.

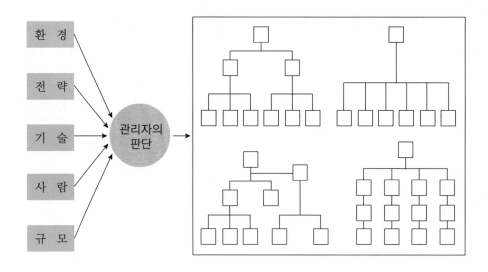

[그림 12-4] 조직구조의 결정요인과 형태

환경
전략
기술
사람
규모

관리자의
판단

1 환 경

외부환경이 안정적이고 자원획득이 용이하고 불확실성이 낮은 경우에는 자원획득을 위해 구성원과 기능 사이에 조정과 커뮤니케이션의 필요성이 낮아 조직구조에 안정성과 공식성이 요구된다. 안정된 환경에서는 똑같은 과업을 계속 수행하므로 전문화가 요구되고 다양한 기술을 습득할 필요가 없다.

관리자들은 분명히 정의된 권한의 계층 속에서 넓은 감독범위를 갖고 집권적으로 의사결정하고 표준화된 절차와 규칙을 사용하려고 한다.

안정된 환경에 대응하는 조직구조는 공식적, 수직적 통제를 강조하는 기계적 구조(mechanistic structure)이다.

이에 반하여 급속히 변화하는 환경에서는 자원을 획득하는 문제가 불확실하므로 의사결정과 커뮤니케이션을 신속히 하기 위하여 조직구조에 유연성이 요구된다. 변화하는 환경에 대응하는 조직구조는 수평적이고 분권화된 유기적 구조(organic structure)이다. 환경의 변화에 신속히 대응하기 위하여 낮은 계층의 종업원들이 문제해결을 위한 많은 책임과 권한을 갖는다.

기계적 구조와 유기적 구조를 비교하면 〈그림 12-5〉와 같다.

[그림 12-5] 기계적 구조와 유기적 구조

기계적 구조		유기적 구조
집 권 화	권한의 위임	분 권 화
명 확	분 업	불 명 확
좁 다	감독의 범위	넓 다
다 수	규칙 및 절차	소 수
정형적 · 비개인적	조 정	비정형적 · 개인적

② 전　략

일단 기업의 전략이 수립되면 이에 맞는 조직구조가 설계되어야 한다. 예를 들어 시장에 고유한 혁신적인 제품을 개발하고자 하는 차별화전략은 유연한 수평적 구조 (flexible horizontal structure)에서 성공적이다. 경영자들은 기능이나 부서의 돈독한 협조를 통해 새롭고 혁신적인 제품을 환경의 변화에 맞춰 신속히 개발할 수 있기 때문에 유연성은 차별화전략을 촉진한다.

반면 모든 기능에서 비용을 낮추고 효율성을 추구하려는 저가전략은 경영자에게 비용지출과 여러 부서의 결정에 많은 통제력을 주는 공식적 구조(formal structure)에 알맞는 전략이다. 수직적 기능별 구조는 자원을 효율적으로 사용하기 위하여 과업의 전문화와 엄격한 명령계통을 요구한다.

③ 기　술

기술(technology)이란 제품과 서비스의 설계, 생산, 유통에 사용되는 기능, 지식, 도구, 기계, 컴퓨터, 장비 등을 일컫는다. 기업이 사용하는 기술이 복잡할수록 경영자의 계층과 수가 늘어날 뿐만 아니라 경영자와 작업자들이 기술에 제어를 가할 수 없기 때문에 예상치 못한 상황에 부응할 능력을 높이기 위하여 유연한 구조의 필요성이 증대된다.

반면 기술이 복잡하지 않는 경우에는 과업이 단순하여 업무를 반복적으로 처리하고 제품생산 과정이 이미 결정된 대로 따르기 때문에 공식적 구조가 알맞은 구조라 할 수 있다.

④ 인적자원

조직의 구조선택은 기업이 고용하는 인적자원의 성격에 의해서도 영향을 받는다. 일반적으로 작업자들이 고도의 기능을 보유하고 있으며 작업을 수행하기 위하여 작업자들이 그룹을 이루면 조직은 유연하고 분권화된 구조를 선호한다.

고급기술자라든지 전문적인 작업자들은 자유와 자율성을 요구하고 감독을 받기 싫어한다. 또한 작업자들이 팀을 이루어 작업할 때에도 자율성을 요구하기 때문에 유연한 구조가 알맞다고 할 수 있다.

⑤ 조직규모

조직의 전체적인 규모와 하위단위의 규모가 조직구조에 영향을 미친다. 여기서 규모는 조직의 범위(scope)나 크기(magnitude)인데 보통 종업원의 수로 측정된다.

업무량이 증가하여 조직의 규모가 클수록 직무의 전문화가 필요하고 다양한 업무의 효과적 처리를 위한 절차, 규칙, 규율 등이 표준화된다. 또한 권한의 위양에 의한 분권화가 촉진되어 그들의 활동을 조정할 다양한 공식기구가 필요하게 된다.

▌ 공식조직과 비공식조직

공식조직(formal organization)이란 기업 목표를 합리적으로 달성하기 위하여 인위적·의식적으로 형성한 유기체로서 기업의 규정이나 직제에 의하여 공식화된 조직을 의미한다.

비공식조직(informal organization)은 조직 내에서 일부 구성원들의 개인적 욕구와 집단적 욕구를 충족시키기 위하여 자연발생적으로 형성된 자생적 조직을 뜻한다. 〈그림 12-6〉에서 볼 수 있는 것처럼 낚시회·산악회·축구회 등과 같이 구성원들의 취미와 기호에 의해 조직을 형성할 수도 있고 향우회·동문회와 같이 회원의 친목을 도모하기 위하여 조직을 형성할 수도 있다.

비공식조직은 유동적이고 조직의 목표나 구성원들의 관계가 공식적으로 잘 나타나지 않는 특성을 갖는다.

공식조직은 효율성의 논리나 비용절감의 논리에 바탕을 두고 있지만 비공식조직은

[그림 12-6] 공식조직과 비공식조직

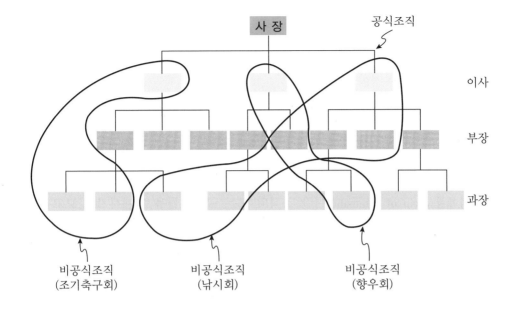

사 장

공식조직

이사

부장

과장

비공식조직
(조기축구회)

비공식조직
(낚시회)

비공식조직
(향우회)

친목이나 감정의 논리에 따라 움직이는 조직이다.

4. 수직적 구조

계　층

　수직적 분화는 조직구조의 깊이, 즉 조직의 계층 수를 의미하는데 계층 수가 많으면 많을수록 수직적 분화의 정도가 높다는 것을 의미한다. 여기서 계층(hierachy)이란 수준(level) 사이의 관계를 나타내는 피라미드(pyramid)를 말한다. 즉 계층이란 상사와 부하의 역할이 상·하의 계층에 따라 차례로 배열되는 역할체제를 말한다.

　대규모 기업에서는 조직의 계층 수가 8~12개 정도로서 많은 편이고 중소기업의 경우 계층 수가 대기업에 비해 적은데 보통 사장-상무-부장-과장-대리-사원 등이다. 그러나 계층 수가 많을수록 환경변화에 적절하게 대응하기 위한 의사결정의 속도가 지연되는 단점이 있다.

각 계층은 그 역할에 따라 세 가지 계층으로 구분할 수 있으며 이들은 최고경영층, 중간관리층, 그리고 하위관리층이다. 계층이 높아질수록 일상적 업무에서 전체적 업무로의 비중이 높아지는 경향을 보인다.

▌명령계통

명령계통(chain of command)이란 조직의 모든 구성원들을 연계시키고 보고관계를 나타내는 권한의 일관된 연쇄관계를 말한다. 명령계통은 명령일원화의 원칙과 계층연결의 원칙을 포함한다.

명령일원화의 원칙(principle of unity of command)이란 한 사람의 부하는 항상 같은 계통에 소속된 한 사람의 직속 상사로부터만 명령과 지시를 받고 보고를 해야 한다는 원칙이다. 이러한 원칙의 목적은 조직질서를 유지하기 위해 명령계통의 단일화를 통하여 명령과 보고의 연속성과 명확성를 유지하고자 하는 것이다.

만일 한 부하가 여러 명의 상사로부터 명령을 받는다면 명령의 중복은 물론 권한·책임·보고의무라는 원칙이 존립할 수 없게 되고 조직 내 갈등문제가 발생할 수 있다.

그러나 매트릭스 조직구조에서는 명령일원화의 원칙이 지켜지지 않는다. 즉 매트릭스 조직의 부하는 기능별 상사와 프로젝트 책임자의 두 상사에게 책임을 지게 된다.

계층연결의 원칙(scalar principle)이란 상부 계층으로부터 하부 계층까지 서로 다른 업무에 따라 권한과 책임이 단절 없이 연결되어야 한다는 원칙이다. 이 원칙의 목적은 명령의 일원화와 책임소재의 명확화를 확보하기 위한 것이다.

▌권한, 책임 및 보고의무

명령계통은 조직의 권한구조를 나타낸다. 모든 경영자들은 그가 속한 수준에 따라 정도의 차이는 있지만 권한을 갖는다.

권한(authority)이란 경영자가 의사결정을 하고 명령을 내리고 자원을 배분할 공식적이고 합법적인 권리를 말한다. 권한은 직무수행 권리의 근거이다.

권한은 다음과 같은 특징을 갖는다.[2]

- 권한은 조직의 직책(position)에 부여된다. 경영자들은 그들이 맡고 있는 직책에 의해 권한을 갖는 것이다. 따라서 동일한 직책에 있는 다른 사람도 동일한 권한을 갖는다
- 권한은 부하에 의해서 수용된다. 권한은 조직계통을 통하여 위로부터 아래로 행사되지만 경영자들은 명령을 하달할 합법적 권리를 가진다고 인정하기 때문에 부하들은 이에 따른다. 권한의 수용이론(acceptance theory of authority)에 의하면 부하들이 경영자의 명령을 수용할 때만 경영자들이 권한을 갖게 된다. 따라서 부하들이 상사의 권한을 거부하고 불복종하게 되면 경영자의 권한행사는 불가능하게 된다.
- 권한은 수직적 계층을 따라 아래로 행사한다. 조직의 상층에 있는 직책은 하층에 있는 직책보다 더욱 많은 권한을 부여받는다.

책임(responsibility)은 권한이라는 동전의 뒷면과 같다. 책임이란 작업자가 할당받은 과업이나 활동을 수행해야 할 의무이다. 작업자에게 할당된 직무에는 반드시 직무수행의 권한이 부여되어야 하고 권한행사의 결과에 대해서는 책임이 수반되어야 한다. 일반적으로 경영자들은 책임에 비례하여 권한을 위임받는다.

보고의무(accountability)는 권한과 책임이 안정된 균형상태를 유지하기 위한 메커니즘이다. 즉 보고의무는 조직의 구성원들이 위양된 권한을 행사하여 성실하게 직무를 수행한 후 작업결과의 정당성을 상사에게 보고해야 하는 의무이다.

조직이 안정되기 위해서는 권한·책임·보고의무가 균형을 이루어야 한다. 이를 권한·책임·보고의무의 3면 등가의 원칙이라고 한다.

▎ 권한의 위양

권한위양의 원칙(principle of delegation of authority)이란 조직의 규모가 너무 확대되거나 또는 보다 중요한 일에 전념하기 위하여 상사가 부하에게 직무의 일부를 위임하는 경우에는 그 직무수행에 필요한 권한과 책임도 함께 부여해야 한다는 원칙이다.

---

2 R.L. Daft, *The New Era of Management*, International Edition(South-West Thompson, 2006), p. 352.

[그림 12-7] 권한의 위양

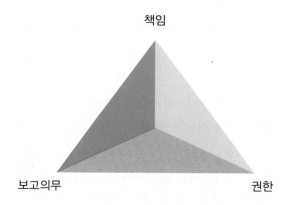

이때 부하는 상사의 지시나 명령을 받지 않고 자신의 자유재량에 따라 직무를 수행할 수 있고 창의력을 발휘할 수 있으며 어떤 문제가 발생할 때 신속한 의사결정을 통해 문제를 해결할 수 있다. 한편 상사는 지나치게 집중된 일상적이고 반복적인 직무를 부하에게 분산시키고 중요한 예외적인 업무에 전념할 수 있게 된다.

이와 같이 부하는 상사로부터 직무수행의 권한과 책임을 위양받는 대신 직무수행의 결과를 상사에게 보고할 의무를 갖는다(〈그림 12-7〉 참조). 이때 작업결과에 대한 최종 책임은 상사가 져야 한다.

부서화가 성공하기 위해서는 조직의 상위로부터 하위에 이르기까지 명령의 연쇄원칙(scalar command principle)이 잘 지켜져야 한다.

▌감독의 범위

통제의 폭, 즉 감독의 범위(span of control, span of management)란 조직의 효율적인 관리를 위해서 한 명의 경영자가 직접 지휘·감독·통제하는 부하의 수 또는 부문의 수를 말한다.

일단 작업이 세분화·차별화가 되면 다시 세분화된 과업을 유사한 부문에 그룹화하는 부문화가 이루어지는데 이때 누가 누구에게 보고할 것인지의 명령계통이 수립된다. 일반적으로 조직표는 명령계통에 따른 보고라인을 규정한다. 감독의 범위는 조직계통의 수를 결정하는 요인이 된다.

[그림 12-8] 조직구조

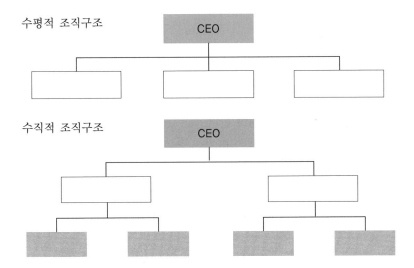

수평적 조직구조 CEO

수직적 조직구조 CEO

감독의 범위가 너무 넓으면 〈그림 12-8〉에서 보는 바와 같이 최고경영층과 하위관리층 사이에 조직 계층의 수가 적은 수평적 구조(flat organization)를 갖게 된다. 이런 경우에는 경영자의 직무가 너무 확대되어 커뮤니케이션, 감독, 조정이 곤란해져 경영능률이 저하하기 쉽다.

반면 직접 보고하는 부하의 수가 너무 적으면 여러 개의 계층을 갖는 수직적 구조(tall organization)를 갖게 된다. 이런 경우에는 감독이나 지휘는 용이하게 할 수 있으나 조직은 관료화되고 부하의 창의력과 자주성의 발휘가 방해를 받으며 명령계통이 길기 때문에 의사결정의 속도가 느려 급속하게 변화하는 환경에서는 불리하게 된다.

감독의 범위는 경영자와 부하들의 능력, 직무내용, 커뮤니케이션의 난이도 등에 따라 결정된다. 전통적인 조직이론에서는 경영자 1명당 7명의 부하가 적정수준이라고 주장하지만 오늘날 많은 조직에서는 급변하는 환경에 즉각적으로 대응할 수 있도록 수평적 구조로 바뀌면서 감독하는 부하의 수도 30~40명으로 증가하는 추세에 있다.

▌집권화와 분권화

집권화(centralization)와 분권화(decentralization)란 조직의 하위 계층수준에 대한 의사결정 권한의 위양정도로서 상대적인 개념이다. 권한·책임·의무의 대부분을 조직 전체에 걸쳐 체계적으로 하위 수준에 위양하면 분권화라 하고 그 대부분이 최고경영층에 집중되어 있으면 집권화라고 한다.

완전한 집권화가 없듯이 완전한 분권화도 불가능하다. 분권화의 정도는 그것이 조직 목표의 효율적 달성에 기여하는 정도에 따라 평가할 수 있기 때문에 기업의 전략과 환경의 영향, 의사결정의 성격, 조직의 규모와 성장률, 조직의 특성, 하위관리자의 능력 등의 요인을 동시에 고려하여 결정해야 한다.

그러나 오늘날 조직의 분권화가 일반적인 추세이다. 분권화를 하면 최고경영층의 부담을 완화하고 종업원들의 기술과 능력을 이용할 수 있으며 외부환경의 변화에 신속히 대응할 수 있기 때문이다.

분권화는 권한위양과 같은 의미이지만 개념상 약간의 차이가 있다. 권한위양은 단순히 의사결정 권한을 부하에게 넘겨주는 재량권(empowerment)을 의미하지만 분권화란 어떤 권한을 부하에게 위임할 것인가를 결정하고 그 권한을 행사할 부하가 따라야 할 규칙과 정책을 수립하여 성과를 규제할 통제수단을 마련하는 등 일련의 과정을 의미한다.

의사결정의 집권화 또는 분권화는 중·하위관리층의 감독의 범위에 영향을 미치고 계층수준의 수에도 영향을 미친다. 집권화 조직에서는 감독의 범위가 좁고 계층의 수가 많게 된다. 이에 따라 최고경영층이 권한이양을 하지 않고 자신에 보고하는 사람들을 밀접하게 감독하려 한다.

집권화 조직에서는 수직적 구조를 갖게 되지만 분권화 조직에서는 수평적 구조를 갖게 된다.

5. 수평적 구조

▎수평적 부서화

앞절에서 고찰한 수직적 구조는 관리자와 종업원들이 각 계층수준에서 어떻게 서로 관련되어 있는가를 설명한다. 그런데 수직적 구조와 수평적 구조를 구분하는 것은 요소들이 양쪽에 작용하기 때문에 어느 정도 인위적이라고 할 수 있다.

수평적 구조는 수행하여야 할 업무를 비교적 유사한 활동단위부서로 그룹화하는데 있어서 수평적으로 형성되는 조직구조를 말한다. 수평적 구조는 구성원간 커뮤니케이션과 협력을 강조하기 때문에 공식적, 수직적 계층구조보다 더욱 효과적이라고 할 수 있다. 조직은 일반적으로 기능(function), 제품(product), 고객(customer) 그리고 지역(geographic)을 근거로 하여 수평적 부문화를 행한다.

1 기능별 부서화

기능별 부서화(departmentalization by function)란 조직 목표를 달성하기 위해 과업의 기본적 기능을 근거로 하여 조직을 단위화하는 것이다. 여기서 기능(function)이란 직무를 수행함에 있어 비슷한 재능을 보유하거나 비슷한 종류의 지식, 도구, 기법을 사용하면서 함께 일하는 작업자들의 그룹을 말한다. 〈그림 12-9〉는 세 가지 기본 기능에 의한 분화를 제시하고 있다. 〈그림 12-10〉은 사장과 세 기능간 보고관계를 나타내는 기능별 구조를 나타낸다.

[그림 12-9] 기본 기능별 분화

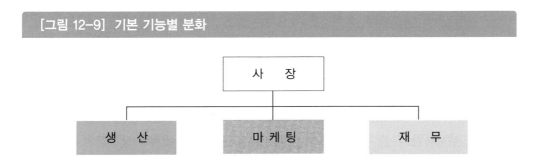

기능별 부서화에 의한 조직구조의 장점은 기능별 전문화(functional specialization)에 의해 동일한 또는 유사한 기능을 종류별로 그룹화함으로써 전문지식 또는 기술을 충분히 활용할 수 있다는 것이다. 또한 기능별 조직구조는 관리자가 동일한 직무를 수행하는 종업원들의 성과를 감시하고 평가하기가 용이하다는 장점을 갖는다.

반면 조직의 복잡성이 증가함에 따라 조직 구성원 간에 커뮤니케이션이 어렵게 되고 관리자의 구성원 활동조정이 어렵게 된다는 단점을 갖는다. 따라서 기능별 조직구조는 단일제품이나 서비스를 생산·판매하는 소규모 기업에서 선호된다.

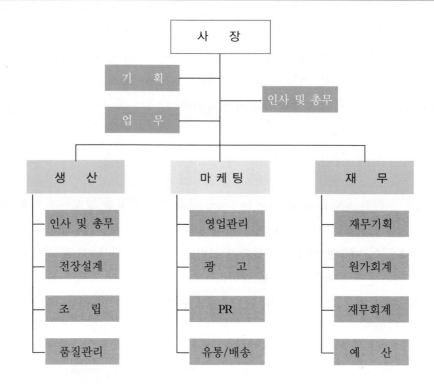

[그림 12-10] 기본 기능과 하위 기능에 의한 분화

| 사 장 |

기 획
업 무
인사 및 총무

생 산
- 인사 및 총무
- 전장설계
- 조 립
- 품질관리

마 케 팅
- 영업관리
- 광 고
- PR
- 유통/배송

재 무
- 재무기획
- 원가회계
- 재무회계
- 예 산

2 사업별 부서화

사업별 부서화(divisional departmentalization)는 기업의 경영활동을 제품별·고객별·지역별로 부서화한 후 각 사업부의 책임자(예컨대 사업본부장)에게 해당부문의 모든 책임과 권한을 위양함으로써 독립적인 운영이 이루어지도록 하는 형태를 말한다. 이는 권한위양의 원칙과 독립채산제도를 기초로 한 분권적 조직이다.

제품계열이 확장되고 고객이 증가하고 경영활동이 지역적으로 확장됨에 따라 조직의 규모가 커지면 기능별 조직구조는 효과적인 구조가 될 수 없다. 이러한 경우에는 제품, 고객, 지역적 위치와 같은 산출물을 집단화하며 각 산출물은 생산, 재무, 판매, 회계, 연구개발과 같은 기능으로 구성된 독립된 조직단위를 갖는 사업부제 구조가 효과적이라고 할 수 있다.

〈그림 12-11〉은 사업별 부서화의 예를 보여 주고 있다. 사업별 부서화를 형성하는 방법에는 지역별, 고객별, 제품별 등이 있다.

[그림 12-11] 사업부제 조직

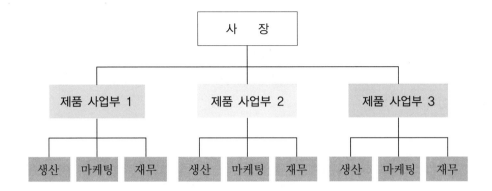

지역별 부서화

지역별 부서화(departmentalization by area)는 지역별로 업무를 단위화하여 하나의 경영자에 귀속시키는 것을 의미한다. 지역별 분화의 대표적 조직으로서 정부 조직을 들 수 있다. 우리나라의 경우 중앙정부 외에 도시는 시, 구, 동 그리고 지방은 도, 군, 면 등 지역적으로 나누어 관리하고 있다. 〈그림 12-12〉는 기능과 지역에 의해서 분화된 조직을 예시하고 있다.

지역별로 부문화된 경우에는 기본적 조직 기능 ― 생산, 마케팅 및 재무 ― 의 수행 권한은 궁극적으로 본사에 있다. 그러나 이들 기능이 지역별 상황에 맞추어 지역조직에 위양되어 있다.

[그림 12-12] 기본 기능과 지역에 의한 부문화

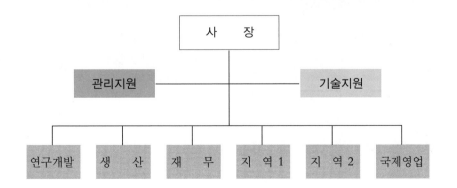

❹ 고객별 부서화

고객별 부서화(departmentalization by customer)는 특정 시장 세그먼트(market segment)의 욕구를 충족시키기 위한 활동을 기초로 업무를 집단화하는 것이다. 이 조직구조는 다양한 고객요구와 구매력에 맞추어 서비스를 함으로써 고객에게 최상의 서비스를 제공할 수 있다는 이점을 갖는다. 〈그림 12-13〉은 기능과 고객에 의해 부서화된 조직을 예시하고 있다.

[그림 12-13] 기본 기능과 고객에 의한 분화

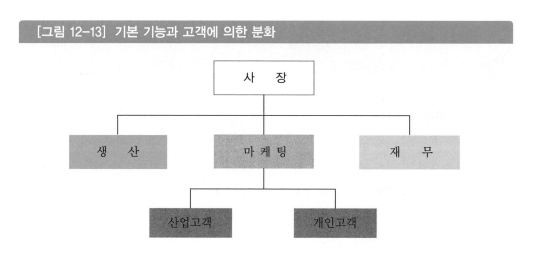

[그림 12-14] 제품별 부문화

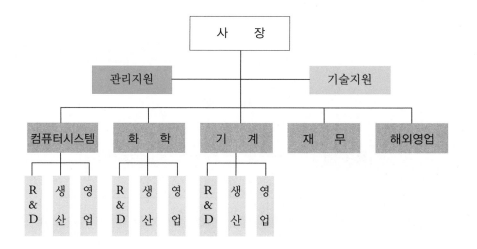

◁ 제품별 부서화

조직에서 생산 또는 판매하는 특정 제품이나 생산라인에 근거하여 부문화를 할 경우에는 제품 또는 제품라인에 따라 활동들을 집단화한다. 〈그림 12-14〉는 제품별 부서화 (departmentalization by product)를 예시하고 있다.

제품별 부서화는 다양한 제품에 관한 전문적 지식과 기능을 활용할 수 있고 제품 특성에 맞는 경영을 행할 수 있으며 제품의 수익을 평가할 수 있다는 장점이 있다. 그러나 기능이 중복될 수 있으며 조정이 어렵다는 단점이 있다.

프로젝트 조직

프로젝트 조직(project organization)은 기술개발, 신제품개발, 신시장개척, 경영혁신 사업 등 특별한 프로젝트를 수행하기 위하여 관련 부서로부터 특별한 기술, 능력, 경험을 갖춘 전문가들이 파견되어 구성되는 임시조직이다. 그런데 그 프로젝트가 끝나면 다른 프로젝트로 이동하든지 또는 원래 소속되었던 부서로 복귀하게 된다. 이는 태스크 포스(task force) 조직, 또는 프로젝트 팀 조직이라고도 한다.

프로젝트는 여러 기능부문의 전문가를 필요로 하므로 고정적인 기능조직으로서는 신속한 완료를 기대할 수 없다. 오늘날의 경영은 기업환경이 동태적으로 변동하고 기술

[그림 12-15] 프로젝트 조직

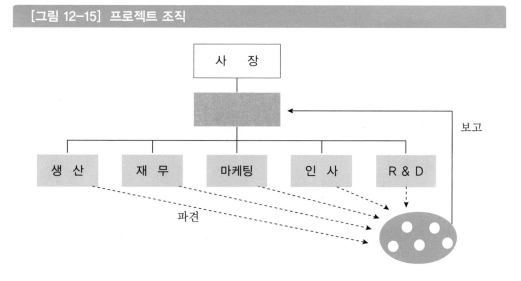

혁신이 급격하게 진행됨에 따라 프로젝트를 중심으로 행하여진다.

프로젝트 조직은 수직적 명령계통, 기능적 분화, 감독의 범위에 구애받지 않기 때문에 〈그림 12-15〉에서 보는 바와 같이 상당한 유연성을 갖는다.

▌매트릭스 조직

매트릭스 조직(matrix organization)은 기능별 조직과 프로젝트 조직이 결합된 형태이다. 기능별 조직의 효율성(전문성)과 사업부제 조직과 프로젝트 조직의 유연성을 동시에 추구하려는 목적으로 조직 구성원이 기능부서에 속하면서 동시에 프로젝트 팀에도 소속되는 조직이다.

매트릭스 조직에서 각 구성원들은 자기가 속한 기능부서의 상사에게 보고함과 동시에 자기의 프로젝트 관리자에게도 보고하고 명령을 받게 된다. 따라서 전통적인 조직 운영의 원리인 명령일원화의 원칙을 파기하게 된다.

[그림 12-16] 매트릭스 조직

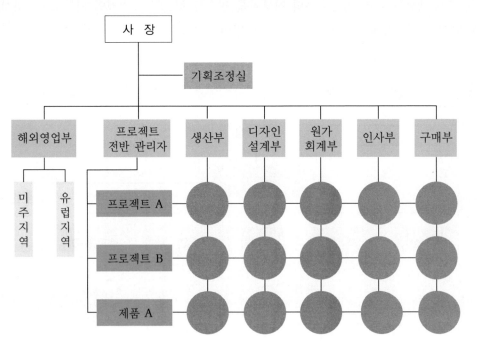

이 조직은 일시적·잠정적으로 구성되는 프로젝트 조직과는 달리 프로젝트 및 제품이 비교적 오랜 기간 동안 존속한다는 의미에서 영구적 조직형태라 할 수 있다.

매트릭스 조직은 시장이나 고객욕구의 급격한 변화에 신속하게 대응하고 조직의 기능적 효율성과 구성원의 만족 및 성과를 동시에 제고할 수 있을 뿐만 아니라 서로 충돌하는 부서 및 프로젝트의 목적을 조화시킴으로써 조직의 유연성을 높일 수 있는 장점을 갖는다. 반면 매트릭스 조직은 이중 지휘체계에 따라 역할갈등, 역할모호성, 권한갈등으로 혼선이 야기될 수 있는 단점을 갖는다.

〈그림 12-16〉은 매트릭스 조직의 예를 보여 주고 있다.

6. 통 합

조정의 필요성

우리는 앞에서 공부한 바와 같이 직무의 전문화와 노동의 분업으로 직무를 과업으로 세분화하고 부문화를 통해서 이러한 직무들을 부서로 그룹화하게 된다. 그런 다음에는 조직의 목적을 달성하는 방향으로 각 부서의 활동을 체계적으로 연계시킬 필요가 발생한다.

조정(coordination)이란 기업의 목표를 효율적으로 달성하기 위하여 기업의 여러 하위부문들의 목표와 활동들을 통합하는 과정을 뜻한다.

기업의 과업들이 세분화·전문화되고 관련 과업들을 하나의 단위부서에 일임하는 분화의 정도가 높고, 작업집단·개인·기능 사이에 상호 관련성이 높고, 경영환경요인의 변화가 심할수록 다른 부서 사이의 통합과 조정의 필요성은 더욱 크게 된다.

일반적으로 개인이나 부서는 능률증진을 통해 자신들의 목표달성에만 관심을 가지기 때문에 조직 전체의 목표달성을 우선시키기 위해서는 조정이 필요하다. 예를 들면, 기능별 조직에서 생산, 재무, 마케팅 부서는 상호 의존성이 강하다. 생산 및 재무 부서는 제조원가의 절감을 위해 적정재고를 희망하지만 마케팅 부서의 입장에서는 매출극대화를 위해 최대한의 재고확보를 추구하려 한다. 이와 같이 조직의 하위부문 간에는 상충과 마찰이 존재할 수 있는데 이는 조직 전체의 목표에 맞추어 조정되어야 한다.

▌조정의 방법

조정을 효과적으로 하기 위해 사용하는 메커니즘으로는 어떤 방법들이 있는가? 〈그림 12-2〉에서 보는 바와 같이 여러 가지 방법이 사용되지만 여기서는 중요한 것만 간단히 설명하고자 한다.

1 관리계층

경영계층의 상·하 간의 활동을 상호 연결시키기 위하여 이미 앞에서 설명한 여러 가지 원칙들을 사용하게 된다. 이는 수직적 조정화라고 한다. 수직적 조정화는 목표·권한·책임은 계층구조를 갖는다는 가정에 근거하고 있다.

계통을 통하여 상·하 간의 커뮤니케이션이 이루어지고 권한의 위임과 책임관계의 명확화로 계층 간의 조정을 원활히 할 수 있다.

2 규칙과 프로그램

규칙과 프로그램은 각 단위 또는 부서활동이나 과제수행방식에 있어서 공식적인 절차나 규칙을 두는 것이다. 즉 업무처리를 매뉴얼화하여 거의 자동적으로 업무들이 처리되도록 한다. 이것은 가장 표준화된(standard) 조정방식으로서 반복적이고 안정된 상황에 적합하나 업무가 유동적이고 환경이 급변하는 경우에는 비효율적일 수 있다.

3 계획수립과 목표설정

계획과 목표를 설정하여 관련 부서들이 이를 지향하도록 함으로써 조직활동을 조정할 수 있다.

계획은 여러 활동이 동일장소에서 이루어지거나 과제들 간에 순차적 상호 의존성이 있는 경우에 대표적으로 사용하는 조정방식이다. 계획의 가장 큰 특징은 과제수행과 관련하여 무엇을 어떻게 실행할 것인가 외에 '언제'라는 시간적 변수가 고려된다는 점이다. 계획은 과제가 시작하기 전에 미리 세워지며 예측되는 변화에 대해서는 사전에 수정행동을 세워두기도 한다. 계획에 의한 조정은 표준화된 절차나 규정에 의한 경우보다는 조직의 기술이나 과업환경이 다소 동적인 상황에 적용될 수 있다.

④ 수평적 연결망의 확대

조직활동의 복잡성과 불확실성이 매우 큰 경우 좀더 획기적으로 정보처리능력을 증대시키는 조정방법이 필요하게 된다. 조직에서 정보처리능력을 증대시키는 조정방법은 구성원들 사이의 수평적 연결망을 확대시키는 것이다.

수직적 위계구조에서는 정보가 주로 수직적으로만 흐르는 경향이 있기 때문에 전체 조직 차원에서 정보흐름의 순발력이 떨어지고 조직 상부에서의 의사처리 부담이 과다해지는 문제가 나타난다. 이러한 문제를 완화하고 조직 전체의 정보흐름을 신속하게 하기 위해 관련 업무자들 사이에 직접 정보교환이나 상호 조정이 이루어질 수 있도록 수평적 연결망을 확대시키는 것이다.

즉 부서화가 낳는 단점을 보완할 수 있는 연결고리를 제도적으로 만들어 놓는 것을 말하며 조직에서 수평적 연결을 확대시키는 데는 다음과 같은 방법들이 있다. 최근 IT(information technology)의 발달은 e-mail과 인트라넷(Intranet)을 통하여 전사적 경영차원에서 연결망이 확대되고 있는 추세를 보이고 있다.

1. 직접접촉
수평적 창구를 다양하게 개방하여 관련 부서 구성원들 사이의 대면접촉을 통하여 직접적인 상호작용을 확대시키는 것이다. 이를 상호 조정(mutual adjustment)이라고 한다.

2. 연 락 관
직접접촉에서와 같이 수평적 창구를 완전히 개방하는 대신 그러한 연결을 전문으로 담당하는 전담역을 두는 것이다. 즉 기본적인 위계구조는 유지하면서 부서별로 연락관(liaison)을 두어 부서들 사이의 연락이나 조정을 돕는 것이다.

7. 현대 조직의 추세

　최근 20여 년간 많은 조직들은 더욱 경쟁적·효율적으로 운영하기 위해 새로운 구조를 개발해 왔다. 팀제와 가상조직이 바로 그 대표적인 새로운 구조라고 볼 수 있다.

▍팀　제

　팀제(team structure)란 작업활동을 조직화하는 하나의 수단으로서 부서간 장벽을 허물고 의사결정을 팀 자체적으로 결정하는 권한을 가지고 업무를 팀 내에서 완성되도록 하는 책임을 전적으로 팀이 지는 체계이다. 즉 팀제란 상호 보완적인 기술 혹은 지식을 가진 둘 이상의 조직원이 서로 신뢰하고 협조하며 헌신함으로써 공동의 목적을 달성하기 위하여 자율권을 가지는 조직단위라고 말할 수 있다.

　팀제는 신속성, 유연성, 창의성을 추구하고자 하는 조직단위이므로 고객중심, 빠른 변화, 다양화하는 최근의 기업환경에 부응하고 있다고 할 수 있다. 효율적으로 팀이 유지되기 위해서는 팀 구성원들이 상호 보완적 기능과 능력을 갖추는 것이 필요하고, 공동의 참여적 목표를 설정하고 팀 구성원들이 이를 모두 긍정적으로 수용하고 있어야 하며, 업무에 따른 결과에 대한 책임감을 공유하는 것이 중요하다. 이러한 팀이 효율적으로 운용되기 위해서는 팀 구성원들이 전문가뿐만 아니라 제너럴리스트(generalist)가 되는 것을 필요로 한다.

　팀제가 가져다 주는 긍정적인 면으로는 권한의 위임에 따라 기업의 의사결정 기간이 단축되었으며, 상황대처 능력이 강화되었고, 팀 평가보상이 도입됨에 따라 팀 리더들의 경영자적 의식과 감각이 높아졌으며, 팀 구성원들 사이에는 경제적 마인드가 확립되는 장점들을 보이고 있다.

　최근 한국적 상황에서는 이런 팀제를 도입함으로써 관료제에서 고질화된 문제로 지속되어 왔던 인사적체의 문제를 직책과 직위의 분리를 통해 해소할 수 있게 되었으며 이를 통해 기업은 실무자를 많이 확보할 수 있는 이득을 누리고 있다. 최근 기업 내에는 경영자나 상사의 지시 없이 팀 구성원들이 팀을 스스로 운영하는 경우가 증가하고 있다.

　즉 팀제의 취지와 부합하게 팀 구성원들이 스스로 목표를 설정하는 데 참여하고,

팀 구성원들의 의사를 반영하여 역할을 설정하고, 또한 결과에 대해서도 자율적으로 피드백을 구하는 자율관리팀(self-managed team)으로 발전해 가는 추세를 보이고 있다.

팀제는 자율관리팀 외에도 교차기능팀(cross-functional team)이 있다. 이는 조직의 여러 기능부서로부터 요원이 파견되어 구성된다. 신제품 개발과 같은 프로젝트를 수행하기 위하여 조직된다.

▍네트워크 조직

네트워크 조직(network organization)은 전통적 조직 내부에서 수행하던 여러 기능을 계약을 통해 외부의 독립적이고 단일기능을 수행하는 기업으로 아웃소싱(outsourcing)한 결과로 나타나는 조직이라고 할 수 있다. 〈그림 12-17〉에서 보는 바와 같이 네트워크 조직은 하나의 관계를 망으로 나타낸 것이다.

이러한 네트워크로 연결된 기업들은 차별적 능력(distinctive competence)을 가진 부문만 담당하고 다른 차별적 능력을 가진 기업들과 Internet과 e-mail 등 정보기술을 이용하여 서로 연결되고 정보를 교환하여 고객의 수요에 신속히 대응한다.

예컨대 과거에는 한 기업이 제품의 개발·디자인·생산·홍보·판매활동을 모두 수행하였지만 네트워크 기업에서는 이러한 활동을 서로 다른 전문업체가 담당한다.

[그림 12-17] 네트워크 조직

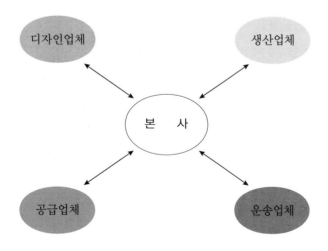

전통적인 조직구조로는 급변하는 경쟁환경을 극복하기 어렵기 때문에 네트워크 조직은 조직을 슬림화(slim)시켜 환경변화에 유연하게 대처할 수 있는 무경계(boundaryless) 조직구조라고 할 수 있다.

네트워크 조직에서 본사는 예컨대 디자인, 핵심기술, 판매 등 핵심영역만을 담당하고 전문성과 경쟁력이 없다고 생각하는 그 밖의 부문은 외주업체에 일임함으로써 비용을 절감할 수 있다. 그러나 외주업체의 파업 등에 의해서 영향을 받게 되는 약점도 있다.

네트워크 조직의 예를 들면, 미국의 나이키(Nike)사이다. 이 회사는 운동화와 의류의 디자인, 핵심기술, 판매 등을 담당하고 다른 부문은 전세계 외주업체에 맡기고 있다.

▌가상조직

한 회사가 큰 프로젝트를 완성하기 위하여 막대한 자원이 필요한데 이러한 자원을 구매할 자금과 시간이 없을 때 가능한 답은 가상조직(virtual organization)을 구성하는 것이다. 가상조직은 네트워크 조직의 극단적인 형태이다.

가상조직이란 각자 고유한 차별적 능력(예컨대 전문적 기술이나 저비용)을 보유하고 있는 여러 독립적인 기업들이 정보기술에 의해 서로 연계되어 하나의 조직처럼 동일한 목표를 갖고 제품이나 서비스의 제공을 위해 기술, 비용, 시장 등을 공유하는 임시적인 네트워크를 말한다. 가상조직은 물리적으로 존재하지 않는다. 즉 전통적인 핵심은 보유하고 있으나 전통적인 경계와 구조는 없는 것이다.

전통적인 조직에서는 모든 자원을 조직 내에 보유하지만 가상조직에서는 차별적 능력을 가진 부문만 담당하고 다른 부문은 모두 조직 외에 네트워크를 형성하여 아웃소싱(outsourcing)하게 된다.

가상조직에서 본사는 예컨대 디자인, 핵심기술, 판매 등 핵심영역을 담당하고 전문성과 경쟁력이 없다고 생각하는 그 밖의 부문은 아웃소싱함으로써 비용을 절감할 수 있다. 한편 가상조직은 급변하는 환경변화에 유연하게 대처할 수 있는 장점을 갖는다.

가상조직의 예를 들면, 사장과 전화받는 몇 사람의 직원으로 구성된 대리운전회사이다. 자가용 운전자들과 네트워크를 유지시킨 채 이들의 요청이 들어오면 대리운전자와 연결시켜 주고 수수료만 받으면 된다. 가상조직은 특정 기회를 추구하기 위하여 모이는 제휴자(외주업체)들의 네트워크이다. 일단 기회가 실현되면 제휴자들은 해산하고 다른 기회를 위하여 새로운 제휴자들로 네트워크를 형성한다. 따라서 〈그림 12-18〉에

[그림 12-18] 가상조직

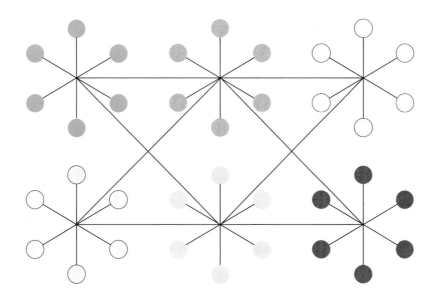

서 보는 바와 같이 가상조직은 유동적이고 유연하고 항상 변하는 특성을 갖는다.

정보통신기술은 가상조직에서 제휴자들을 연결시키는 핵심적인 역할을 수행한다. e-mail, 회상회의, 그룹웨어(groupware), 전자문서교환같은 온라인 서비스나 Internet으로 제휴자들 사이에 커뮤니케이션, 정보교환, 공동작업 등을 수행할 수 있다.

오늘날 급속하게 변화하는 경영환경에서 가상조직과 같이 신축적이고 적응력이 뛰어난 조직형태의 확산이 전망된다.

토·론·문·제 *EXERCISE*

01 조직화의 의의, 목적, 혜택을 설명하라.

02 조직화 과정을 설명하라.

03 분화와 통합의 목적은 어떻게 다른가?

04 조직구조란 무엇이며 이의 결정요인은 무엇인가?

05 공식조직과 비공식조직의 차이점을 설명하라.

06 집권화와 분권화의 차이점을 설명하라.

07 프로젝트 조직과 매트릭스 조직을 설명하라.

08 조정의 필요성을 설명하라.

09 현대 조직의 추세를 설명하라.

10 다음 용어를 설명하라.

① 명령계통　　　　　② 명령일원화의 원칙
③ 권한　　　　　　　④ 계층연결의 원칙
⑤ 책임　　　　　　　⑥ 보고의무
⑦ 권한위양의 원칙　　⑧ 감독의 범위

보 론

인적자원관리

조직에서 수행하는 경영활동의 중심에는 이들을 운영할 사람들이 있다. 오늘날 아무리 IT 산업이 발달하더라도 기술이 사람을 완전히 대체할 수는 없다.

인적자원은 조직에 노동, 정보, 경험, 능력, 창의력, 지식, 추진력 등을 제공하기 때문에 조직 가동에 없어서는 안될 자원이다. 그러므로 인적자원관리자는 자격있고 유능한 인적자원을 선발, 교육, 개발하는 중요한 임무를 수행하게 된다.

과거와 달리 오늘날에는 인적자본이 가장 중요한 생산요소가 되었다. 현대 기업에서 여러 가지 경영활동을 상호 유기적으로 원활하게 작동하도록 하는 역할을 사람이 한다. 경영은 사람을 다루는 일이라는 명제가 있을 만큼 사람관리는 조직의 성공을 좌우하므로 기업경영의 핵심과제가 되고 있다.

본 보론에서는 인적자원관리의 개념, 중요성, 과정 등을 살펴본 후 인적자원의 확보 · 교육 · 개발 · 평가 · 보상 · 유지에 관한 내용을 공부할 것이다.

1. 인적관리

▌인적자원관리의 의의

경영의 모든 활동들의 중심에는 이들을 운영할 사람이 있다. 그러므로 이들 사람들을 어떻게 관리하느냐는 경영의 핵심일 수밖에 없으며 이들 인간들을 개인으로서가 아니라 조직으로서 어떻게 다루어져야 하는지에 대한 부문도 기업이 조직으로 구성되어 있는 만큼 경영의 과제임에 틀림없다. 또한 산업화 이래 경영조직이 경영자와 종업원의 노사 양축으로 구성되어 온 만큼 둘 사이의 관계를 어떻게 만들어 갈지는 경영의 계속된 숙제임에 틀림없다.

현대 기업에 있어서 경영전략, 경영조직, 경영관리가 매우 중요한 기업활동이지만 결국 이러한 기업활동을 상호 유기적으로 원활하게 작동하게끔 하는 주체는 사람이다. 경영은 사람을 다루는 일이라는 명제가 있을 만큼 사람관리는 기업경영의 핵심과제가 되고 있다.

우리 사회의 교육제도가 우수한 학생들을 선발하여 교육하고 평가하여 더욱 우수한 인재를 양성하듯이 기업도 새로운 신입사원을 뽑아 조직에서 필요로 하는 인재를 만

[보론 그림 1] 인적자원관리 시스템의 구성요소

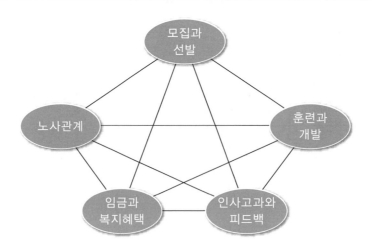

들고자 여러 가지 효과적인 제도들을 체계적으로 갖추어 운용하고 있다. 이를 인적자원관리(human resource management)라고 하는데 일반적으로 기업의 목표달성을 위해 유능한 인적자원을 확보하고 평가하며 개발·보상·유지하는 활동들이 유기적으로 통합되어 있는 관리체계를 말한다.

이러한 활동들은 〈보론 그림 1〉에서 보는 바와 같은 다섯 개의 주요 요소를 갖는 조직의 인적자원관리 시스템을 구성한다

인적자원관리의 목적은 사람을 통해 조직의 성과를 향상시키려는 것이다. 즉 아주 능력있고 열정적인 사람이 옳은 자리에서 그들이 성공에 필요한 지원을 받아 일할 수 있도록 만드는 것이다.

▌ 인적자원관리의 전략적 중요성

인적자원이 조직의 기능을 효과적으로 수행하는 데 아주 중요시되기 때문에 인적자원관리도 최근에 그의 중요성이 더욱 강조되고 있다. 이와 같은 중요성은 법적 복잡성이 증가하고, 인적자원이 생산성을 향상시키는 귀중한 자산이라고 인식하고, 인적자원관리를 잘못하면 손실이 발생한다는 사실을 인정하는 데서 연유한다.

오늘날 경영자들은 인적자원관리가 조직의 목적달성에 그리고 성과에 막대한 영향을 미친다는 사실을 잘 알고 있다. 인적자원관리를 잘못하면 채용과 해고를 반복하게 되고 이는 실업수당을 지불하고, 교육·훈련과 사기저하에 따른 비용이 발생하게 된다. 이렇게 되면 유능한 종업원을 모집하고, 유지하고, 모티베이트하는 데 어려움을 겪게 된다.

전략적 인적자원관리(strategic human resource management)란 경영자들이 〈보론 그림 1〉에서 보는 바와 같은 인적자원관리 시스템의 구성요소를 서로간, 조직의 다른 요소와, 그리고 조직의 전략 및 목적과 일치하도록 설계하는 과정을 말한다. 즉 인적자원관리의 목적과 정책이 기업의 장기적, 전략적 목적과 연결될 때 기업의 성과는 향상되고 경쟁우위는 확보된다. 예를 들면, 기업의 전략에 따라 모집, 고용, 보상 등 인적자원관리의 정책이 수립된다. 전략적 인적자원관리의 목표는 조직의 효율성, 품질, 혁신, 고객관계의 증진을 통해 경쟁우위를 확보하려는 것이다. 오늘날 조직에서 인적자원은 경쟁우위의 중요한 원천이다.

인적자원관리의 전략적 중요성을 점차 인식함에 따라 기업은 유능한 노동력을 확보

하고, 유지하고, 모티베이트하는 데 투자를 아끼지 않는다. 인적자본(human capital)이란 전체 종업원들의 정보, 창의력, 지식, 경험, 기능, 능력 등의 종합적인 경제적 가치를 말한다. 따라서 조직의 성공 여부는 이러한 인적자본을 어떻게 관리하느냐에 달려 있다. 조직의 전략을 잘 실행하기 위해서는 인적자원관리 과정을 통해 이러한 인적자본을 효과적으로 운용해야 한다.

인적자본을 효과적으로 관리하려는 인적자원관리의 전략이 조직의 전략과 조화를 이루면 생산성 증가와 수익증대 같은 성과증진에 막대한 영향을 미친다.

2. 인적자원관리의 과정

▎인적자원관리의 과정과 구성요소

인적자원관리의 과정은 조직유지를 위해 필요한 인력을 적시에 적재적소의 원칙에 따라 확보·개발·유지하는 계속적인 일련의 단계라고 할 수 있다.

[보론 그림 2] 인적자원관리의 과정

인적자원관리 과정의 중요한 구성요소는 〈보론 그림 2〉에서 보는 바와 같이 8개의 활동인데 이들은 조직에서 필요한 인력을 충원하고 높은 성과를 유지하는 데 필요하다.

- **유능한 인력의 확보**: 인적자원계획, 모집, 선별
- **유능한 인력의 개발**: 오리엔테이션, 훈련
- **유능한 인력의 유지**: 인사고과, 보상제도, 경력개발

이러한 각 활동에 대한 설명은 다음 절에서 계속할 것이다.

인적자원관리의 각 과정은 외부환경(external environment)에 의해 영향을 받는다.

- **경제적 환경의 변화**: 경제가 호황이냐 또는 불황이냐에 따라 인적자원의 수급이 영향을 받는다. 노조가 결성된 기업의 경우 노사협약에 따라 채용, 해고, 훈련, 처벌 등이 영향을 받는다.
- **과학기술의 발전**: 새로운 기술과 장비의 도입으로 인력구조에 변화를 초래한다.
- **사회적 가치관의 변화**: 경제수준의 향상으로 주 5일제 근무로 바뀌고, 여가를 추구하고 힘든 일을 기피하는 경향으로 인력수급에 영향을 받는다.
- **인력구조의 변화**: 출생률 저하, 고령인구의 증가. 퇴직연령의 저하로 인력수급에 영향을 받는다.

3. 인적자원의 확보관리

확보관리는 인적자원관리에서 제일 먼저 수행되는 기능으로서 조직의 목표를 달성하는 데 필요하고 적합한 자질과 능력을 갖춘 사람을 획득하는 과정이다. 확보관리는 구체적으로 현재 기업에서 보유하고 있는 인적자원의 적정성을 어떻게 판단할 것인가, 앞으로의 인력수요예측을 어떻게 행할 것인가, 우수인력이 우리 기업에 지원하도록 하기 위해 어떻게 할 것인가, 타당성과 신뢰성 있는 선발프로그램을 어떻게 마련할 것인가 하는 문제 등이 포함된다.

확보관리는 다음과 같은 활동을 포함한다.

- 인적자원 계획
- 인적자원 수요와 공급의 예측
- 직무분석
- 모집
- 선발
- 배치

▌인적자원 계획

인적자원 계획(human resource planning)이란 경영자가 현재와 미래에 조직이 필요로 하는 인적자원의 충원요구를 분석하고 조직의 목표와 전략을 달성하도록 이러한 요구를 어떻게 만족시킬 것인가를 계획하는 과정을 말한다. 〈보론 그림 3〉은 인적자원 계획의 구성요소와 단계를 보여주고 있다.

과정은 환경분석은 물론 조직의 목표와 전략을 검토한 후 이에 맞게 인적자원 목표와 전략을 수립하게 된다. 예를 들면, 기업이 저가전략을 바탕으로 안정전략을 추구하는 경우에는 신규채용이 활발하지 않겠지만 차별화전략을 바탕으로 성장전략을 추구하는 경우에는 많은 인력을 추가로 채용해야 하는 전략을 수립해야 할 것이다.

조직은 수립된 전략을 기초로 하여 인적자원에 관한 현재와 미래의 수요를 분석·예측하고 한편 현재 조직 내에 있는 인적자원의 조사는 물론 외부의 노동시장에서 공급받을 수 있는 자격있는 인력의 수를 예측해야 한다. 전자는 인적자원의 수요예측(demand forecast)이라 하고 후자는 공급예측(supply forecast)이라 한다.

필요한 인적자원의 수요와 현재 조직이 보유하는 인적자원의 차이를 해결할 대안을 강구해야 한다. 수요>공급인 경우에는 노동시장에서 모집·선별의 과정을 거쳐 충원해야 하고 반대로 수요<공급인 경우에는 해고나 퇴직을 통할 수 있다.

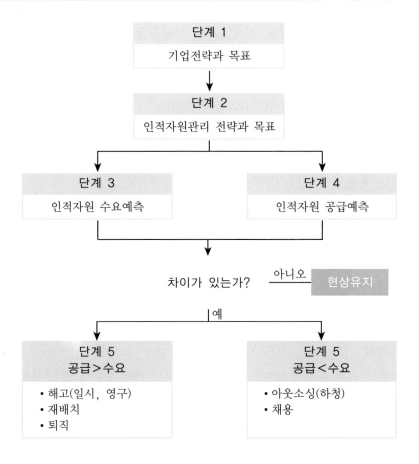

직무분석

경영자가 필요한 인적자원을 모집·선발의 과정으로 들어가기 전에 해야 할 일은 조직 내에 어떤 직무가 있고 각 직무를 수행하는 데 필요한 요건은 무엇인지 사전분석이 선행되어야 한다.

직무분석(job analysis)이란 조직의 각 직무를 효율적으로 수행하기 위하여 직무내용을 분석하고 필요요건은 무엇인지 조사하는 과정을 말한다.

직무분석의 결과 직무기술서와 직무명세서를 얻는다. 직무기술서(job description)란 직무의 의무와 책임, 직무의 내용(과업들), 직무의 요건, 직무의 작업조건과 작업방법,

직무수행에 필요한 도구, 자재, 장비 등을 일정한 양식에 기술한 문서를 말한다.

직무명세서(job specification)란 직무기술서의 내용 중 직무의 요건을 분리시켜 직무수행에 요구되는 기능, 능력, 경험, 지식, 교육, 신체적 능력 등을 일정한 양식에 기술한 문서를 말한다.

직무기술서는 직무중심의 직무요건을 강조하는 데 반하여 직무명세서는 각 직무를 수행하는 데 필요한 사람중심의 인적요건을 강조한다.

직무분석 결과 얻는 정보는 인적자원 활동에 사용된다. 예를 들면, 직무내용과 직무요건을 알게 되면 적절한 모집·선발방법, 직무관련 인사고과 시스템, 공평한 보상제도를 시행하는 데 도움이 된다.

직무정보 수집방법에는 면접(interview), 질문지(questionnaires), 관찰(observation) 등이 포함된다.

▌ 인적자원 수요와 공급의 예측

조직 내에서 이루어지는 모든 직무에 대한 이해가 이루어지면 가용한 인적자원의 예측이 가능하고 한편 조직의 목표와 전략을 수행하는 데에 필요한 소요 인적자원의 추정이 가능하다.

미래 인적자원 소요는 조직의 목표와 전략에 따라 결정된다. 조직의 제품이나 서비스에 대한 수요가 증가하면 인적자원에 대한 수요도 증가한다. 이때 직무와 인적요건에 따라 종업원의 형태와 수가 결정된다.

인적자원의 활용가능성을 예측하는 과정에서 현재의 종업원 중심으로 한 내부원천과 외부 노동시장으로부터 채용할 수 있는 외부원천에 대한 평가가 이루어져야 한다.

인적자원의 조직 내 현재 활용가능성(capability)과 미래의 소요(needs)를 평가하면 인적자원의 과부족이 발생할 분야를 찾아낼 수 있다. 이때 부족한 인력을 조직 내에서 충원할 수 있는지 알기 위하여 인적자원 재고목록(inventory)을 작성한다. 이러한 목록은 조직의 모든 종업원들이 자신의 이름, 교육, 훈련, 경험, 전직, 언어능력, 특별기술 등 정보를 기록하여 작성한다.

모집과 선발

　인적자원 수급계획의 결과 모집직종 및 직종별 부족한 인원이 결정되면 직무분석의 결과 얻은 직무명세서를 만족시킬 능력과 기술을 갖춘 사람을 찾아 모집활동을 시작해야 한다. 모집(recruiting)이란 자격있고 능력있는 사람으로 하여금 채우려고 하는 직무에 신청하도록 유인하는 과정을 말한다.

　응모자를 모집하기 위해서는 모집요건을 제시해야 하는데 이에는 직종, 보수, 연령, 학력, 경력, 근무지, 노동조건 등이 포함된다.

　전형적인 모집과정에서는 광고 → 응모자와의 사전접촉 → 유능한 응모자들의 풀(pool)을 구성하기 위한 시초의 선발이라는 3단계를 거친다.

　모집방법은 사내모집과 사외모집으로 구별할 수 있다.

◐ 사내모집

　사내모집(internal recruiting)이란 조직 내에서 자격을 갖춘 종업원 가운데서 승진이나 전환배치를 통해 빈자리를 메꾸는 방법이다. 사내모집방법은 종업원들의 사기를 진작시키고 아주 유능한 종업원들의 이직을 막는 효과가 있을 뿐만 아니라 사외모집에 비하여 비용을 절감하는 효과를 가져온다. 그러나 빈자리를 메꾸면 다른 빈자리를 계속해서 메꾸어야 하는 파문효과(ripple effect)가 발생하는 단점도 갖는다.

◐ 사외모집

　사외모집(external recruiting)이란 빈 자리를 메꾸기 위하여 조직 외의 사람들로 하여금 응모하도록 하는 외부 모집방법이다.

　사외 모집방법으로는 신문·잡지·라디오·TV·Internet 등을 통한 광고에 의한 모집, 모집원(recruiter)에 의한 모집, 직업소개소와 학교의 추천을 통한 모집 등이 가장 많이 이용되는 방법이다.

　이 방법은 사내모집보다 비용이 많이 든다든지 채용자가 실제로 유능한 사람인지 불확실하다는 단점도 있지만 효과도 매우 큰 것이다. 수많은 응모자에 접근할 수 있고 조직이 필요로 하는 기술, 지식, 능력을 갖춘 응모자들을 유인할 수 있다.

　조직이 추진한 모집활동에 의해 응모자들이 결정되면 선별과정으로 진입한다. 선발(selection)이란 응모자 풀로부터 채워야 할 직무에 자질과 능력을 갖춘 후보자의 채용여부를 결정하는 과정이다. 선발의 목적은 여러 가지 선발도구를 사용하여 부적격자를 제

		선발결정	
		수락	거부
추후의 직무성과	성공적	옳은 결정	틀린 결정 (탈락)
	실패적	틀린 결정 (선발)	옳은 결정

거하려는 것이다. 왜냐 하면, 모든 지원자들은 지식, 능력, 숙련, 신체 및 심리적 특성에서 차이가 있기 때문이다. 선발이 이루어지면 새로운 종업원을 적재적소에 배치 (placement)하도록 해야 한다.

선발과정은 고용하면 어떤 지원자가 주어진 직무를 잘 수행할 것인가를 예측할 수 있어야 한다. 따라서 선발결정은 〈보론 그림 4〉에서 보는 바와 같이 네 가지 결과를 초래한다. 여기서 두 결과는 옳고 두 결과는 틀린 것이다. 문제는 채용했더라면 일을 잘 했을 사람을 탈락시킨 경우와 일을 잘 못했을 사람을 합격시킨 경우에 각종 손실이 발

[보론 그림 5] 선발도구

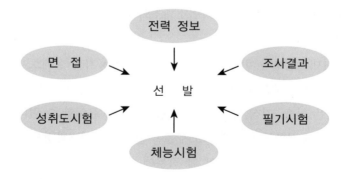

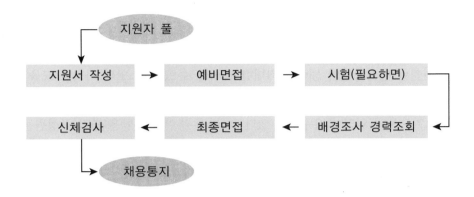

생한다는 것이다.

따라서 경영자는 틀린 결정의 확률을 줄이고 옳은 결정의 확률을 높이도록 해야 한다. 조직은 선발결정을 하는 데 있어서 다양한 선발도구(selection devices)를 활용한다. 그런데 조직은 특정 선발도구를 활용하기 전에 이에 대한 타당도(validity)와 신뢰도(reliability)를 검증해야 한다.

특정 직무의 응모자들 중에서 상대적으로 자격을 갖추고 그 직무에 성과를 낼 수 있는지 잠재력을 평가하기 위하여 여러 가지 선발도구를 사용하게 된다. 이는 〈보론 그림 5〉에서 보는 바와 같이 전력, 조사결과, 면접, 필기시험, 신체능력시험, 성취도시험 등을 포함한다.

지원자는 일반적으로 〈보론 그림 6〉에서 보는 바와 같은 절차를 거쳐 최종적으로 채용 여부를 통지받게 된다.

- **초기 선발기법**(initial screening): 모집에 의해 확보된 초기의 지원자 풀 중 추후의 선발과정에서 고려될 수 있는 최소한의 자격요건을 가진 지원자(직무나 조직에 가장 잘 적합한 지원자)를 식별하기 위해 지원서, 이력서, 추천서, 예비면접 등의 평가기법이 활용된다.
- **실질적 선발기법**: 지원자를 합격 예비자로 축소하기 위해 배경조사, 경력조회, 성격검사, 능력검사, 최종면접 등 기법을 사용한다.
- **재량적 선발기법**: 이미 조직이 충분한 자격요건이 있다고 여겨지는 예비 합격자에게 신체검사나 약물검사를 실시한다.

인적자원의 개발관리

개발관리란 인적자원의 능력을 최대한 발휘할 수 있도록 일의 기회와 교육훈련의 기회를 부여하는 과정이다. 오늘날 급격한 기업환경과 기술변화는 종업원들에게 새로운 능력과 기술을 끊임없이 요구하고 있다. 따라서 훈련과 개발은 조직 구성원들로 하여금 직무를 효과적으로 수행하는 데 필요한 지식이나 기술을 습득하도록 하고, 새로운 책임을 지도록 하고, 변화하는 환경에 순응토록 도와준다. 즉 훈련과 개발은 조직에서 직무의 성과향상을 위해 추가적으로 지식과 기술을 습득하는 기회이기도 하다.

경영자들은 훈련 및 개발 프로그램을 작성하기 전에 필요성 평가(needs assesment)를 수행한다. 이는 어떤 종업원이 훈련이나 개발이 필요하며, 어떤 형태의 기술과 지식을 습득할 필요가 있는지, 어떤 부서가 해당되는지 등을 결정한다. 〈보론 그림 7〉은 필요성 평가의 내용을 보여주고 있다.

[보론 그림 7] 필요성 평가

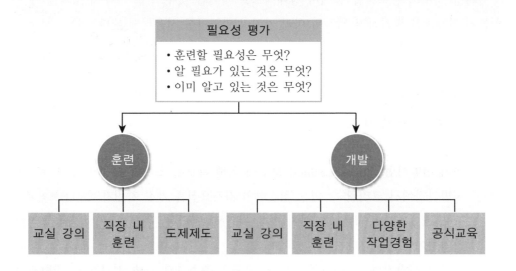

교육훈련

훈련(training)이란 조직에서 낮은 수준에 속한 종업원들에게 현재의 직무를 어떻게 수행할 것인가를 가르치고 지식과 기술을 습득하여 효과적으로 직무를 수행토록 도와주는 과정을 말한다.

훈련을 위해서는 다음과 같은 과정을 거친다.

- **필요성 평가**: 훈련이 필요한 사람, 직무, 부서를 직무분석과 성과측정에 따라 결정한다.
- **훈련 프로그램의 설계**: 훈련의 목표와 내용을 설정한다.
- **훈련방법의 결정**: 강의실에서의 강의, 공개 세미나, Internet의 웹에 기초한 원격학습방법(e-learning), 직장 내 훈련, 직장 외 훈련 등
- **훈련 프로그램의 평가**: 종업원 반응, 시험, 판매액 증가, 불량률 저하

기업은 여러 장소에서 종업원들을 훈련시킬 수 있다. 그러나 기업 내에서 훈련시킬 때는 다음과 같은 기법을 사용한다.

- **직장 내 훈련**(on the job training: OJT): 직무현장에서 감독자나 경험있는 동료가 직무에 관련된 것을 직접 훈련시키는 방법이다.
- **기계를 기초로 한 훈련**: 훈련받는 종업원이 컴퓨터, 시뮬레이터(simulator), 다른 기계와 1:1 상호작용하는 방법이다.
- **사원 양성소 훈련**(vestibule training): 실험실에서 실제로 장비와 도구를 주고 작업환경을 모의실험하는 방법이다.
- **직무순환**(job rotation): 훈련받는 종업원이 한 직무에서 다른 직무로 계속 이동하면서 다양한 분야의 지식과 경험을 쌓게 하는 방법이다.
- **Internet을 기초로 한 훈련**: 컴퓨터로 Internet이나 회사의 인트라넷(intranet)을 이용하여 훈련을 전달하는 방법이다.

▌개 발

개발(development)이란 관리자와 전문직 종업원에게 현재는 물론 미래의 직무수행에 필요한 폭넓은 기술을 가르치는 것을 말한다. 인적자원 개발은 조직은 물론 종업원의 목표를 달성하기 위한 전략적 수단이다. 인적자원 개발을 국제경쟁이 심화될수록, 기술변화가 신속할수록, 그리고 정보화 사회로 진행할수록 그 중요성이 점점 증대하고 있다.

◀ 개발의 필요성
- 기술의 급속한 변화는 숙련의 진부화를 가속시킨다.
- 작업을 큰 영역으로 재설계하는 것은 종업원들로 하여금 기술적 융통성, 인간관계, 책임의식 및 적극성 등을 요구한다.
- 인수·합병으로 두 문화의 종업원들을 통합시켜야 한다.
- 종업원들은 더 자주 직장을 바꾸고 있다.
- 사업의 세계화로 경영자는 언어와 문화적 차이를 이해해야 한다.

◀ 개발의 특성
- 개발은 학습과정이다.
- 개발은 조직에 의해 계획된다.
- 개발은 개인이 조직에 참여한 이후에 발생한다.
- 개발은 조직목표의 달성을 의도한다.

◀ 개발과정의 성공조건
- 최고경영층이 개발에 관심을 가지고 지속적으로 몰입해야 한다.
- 개발은 사업전략이나 조직목표와 연관이 있어야 한다.
- 개발을 위한 체계적이고 포괄적인 시스템이 존재해야 한다.
- 개발에 필요한 시간과 자금이 투자되어야 한다.

5. 경력개발 제도

최근 조직 구성원들의 개인 목표와 조직 목표를 균형적으로 달성하기 위해 인적자원관리의 주요과제 중에서도 특히 개발지향적 인사고과 · 교육훈련 · 승진 · 직무순환 등에 초점을 두어 체계적으로 제도화한 인적자원관리 프로그램에 많은 관심이 쏟아지고 있는데 이러한 프로그램을 경력개발 제도라고 한다. 경력개발 제도는 개인과 조직의 성공적인 경력개발을 촉진하여 개인의 경력 성공뿐만 아니라 조직의 성과향상을 가져오도록 한다고 알려져 있다.

▌운영과정

개인과 조직의 경력개발 과정은 크게 경력계획 단계와 경력개발 단계, 평가 및 피드백 단계로 나누어 볼 수 있다.

❮ 경력계획 단계
경력계획 단계에서는 종업원이 자신의 경력목표와 그 목표에 도달하기 위한 경력경로를 확인하고 조직은 이러한 종업원의 경력개발 확인을 통해 개인 목표와 조직 목표가 일치될 수 있도록 필요한 정보를 제공해 준다.

❮ 경력개발 단계
종업원이 자신의 경력계획을 현실화할 수 있도록 실천에 옮기며 조직은 이러한 개인의 경력개발 활동이 조직의 목표달성에도 기여할 수 있도록 지원을 한다. 경력개발을 하는 개인들은 무엇보다도 자신들의 경력개발 활동을 통해 조직에도 유익한 성과향상이 나타나도록 해야 한다는 점을 유념해야 한다.

❮ 평가 및 피드백 단계
종업원과 조직 모두가 당초 설정한 경력계획이 경력개발 활동에 의해 얼마나 달성되었는가에 대해 점검하고 이를 평가한다. 이를 통해 개인과 조직은 경력계획 단계 및 경력개발 단계에서의 문제점을 발견하고 이를 해결하기 위한 활동을 하거나 경력계획을 수정·변경하기도 한다.

이러한 경력개발 제도가 보다 효과적으로 운영되도록 촉진하기 위해 기업은 경력정보의 제공, 경력상담 및 경력교육, 경력 사다리의 구축 등의 프로그램을 지원하기도 한다.

6. 인적자원의 평가관리

모집/선발과 훈련/개발은 종업원들로 하여금 직무수행을 효과적으로 하기 위해 필요한 지식과 기술을 갖추도록 하는 과정이다. 이에 대해 인사고과 또는 근무평가(performance appraisal)란 종업원이 이러한 지식과 기술을 잘 활용하여 직무를 제대로 수행하였으며 조직목표에 기여하였는지 평가하는 것을 말한다. 경영자는 평가정보를 부하에게 전달하여 반성하고 미래에 계획을 세울 수 있도록 도와주는데 이를 성과 피드백(performance feedback)이라고 한다.

인사고과는 인적자원관리를 효과적으로 수행하는 데에 기여한다. 즉 인사고과는 인적자원결정에 아주 귀중한 정보를 제공한다. 인사고과는 두 가지 목적을 갖는다.

- **관리적 목적**: 임금, 보너스, 승진, 전환배치에 필요한 정보를 제공한다.
- **개발의 목적**: 어떤 분야에 누가 훈련과 개발의 필요성이 있는지 결정하는 데에 도움을 준다. 성과 피드백으로 종업원들은 강점과 약점을 알게 되어 성과향상의 길을 찾게 된다.

이와 같이 인사평가의 결과는 인적자원 의사결정에 필요한 자료가 되므로 인사평가는 종업원의 능력이나 성과를 정확히 반영하도록 해야 한다.

▌평가의 측정대상

평가수단에 대한 논의로서 우선 무엇을 측정할 것인가를 결정해야 한다.

- **개인 특성**(trait): 관리자는 직무성과와 관련한 부하의 개인특성으로서 지식, 숙련, 능력 및 기타 특성을 고려한다. 이러한 관리자의 주관적 평가는 애매하기 때문에 편의(bias)에 흐를 가능성이 있다.
- **직무행위**: 직무수행상 부하의 바람직한 행위나 비생산적인 행위를 측정한다. 행위측정치는 종업원 개발목적으로 유용하다.
- **직무결과**: 판매액, 생산력, 이익, 사고율과 같이 직무의 결과를 객관적으로 측정할 수 있다.

▌평가의 측정방법

직무평가는 평가주체가 누구인가에 따라 상사고과, 동료고과, 부하고과, 자기고과, 고객고과 등이 있으며 최근에는 평가의 객관성과 공정성을 확보하기 위하여 위의 다양한 평가주체들이 참여하는 다면평가(360-degree appraisal) 방법이 애용되고 있다.

한편 평가기법은 성과기준이 무엇이냐에 따라 〈보론 그림 8〉에서 보는 바와 같이 상대평가 방법과 절대평가 방법으로 구분할 수 있다.

[보론 그림 8] 직무평가 방법의 유형

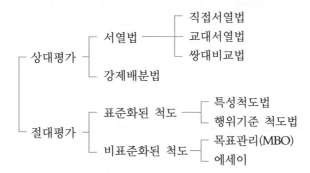

상대평가는 성과에 있어서 종업원 간의 상대적 위치를 정하는 방법임에 반하여 절대평가 방법은 종업원들을 서로 비교하지 않고 직접 하나씩 평가하는 방법이다.

7. 인적자원의 보상관리

보상관리(compensation management)란 확보되고 개발된 인적자원이 조직성과에 공헌한 만큼 금전적·비금전적 대가를 제공하는 활동을 말한다. 보상은 지원자를 유인하고 조직 구성원을 유지하고 그들의 성과를 극대화하는 데 직접적 영향을 미치는 전략적 분야이다. 여기서 보상은 노동력이나 노력의 대가로 종업원들에게 주어지는 임금과 복지후생(benefit)을 의미한다.

보상은 사용자에게는 생산비의 상당한 부분을 차지함과 동시에 종업원의 행위와 태도에 영향력을 미친다. 반면 종업원에게는 경제적 소득의 원천이다.

따라서 종업원이 만족하고, 성공적으로 임무를 수행하고, 조직에 남아있는 동기를 극대화하도록 경제적 보상을 사용하는 것이다.

보상은 사용자, 종업원, 정부, 노동조합 등 이해관계자들의 관심사항이므로 최고경영자가 전반적인 임금수준, 임금인상, 복지후생의 비율과 종류 등 결정에 직접 관여하는 경우가 많다.

보상의 목적은 다음과 같이 정리할 수 있다.

- 외부 노동시장으로부터 유능한 노동력을 유인할 수 있다.
- 종업원들은 동기유발되고 근로의욕이 고양된다.
- 종업원의 다른 조직으로의 이탈을 방지할 수 있다.

조직이 보상시스템을 설계하기 위하여 선택할 수 있는 전략적 변수로는 임금형태, 임금수준, 임금구조, 임금체계, 임금관리가 있는데 이들에 대한 의사결정을 통하여 직무만족, 성과, 신규 및 기존 종업원 유지 등과 같은 인적자원 결과에 긍정적 영향을 미치려고 한다. 이는 〈보론 그림 9〉에서 보는 바와 같다.

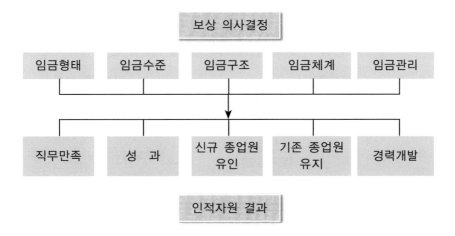

- **임금형태**: 종업원들은 〈보론 그림 10〉에서 보는 바와 같이 경제적 보상 외에도 비경제적 보상을 받는다.
- **임금수준**: 기업이 임금수준(pay level)을 결정할 때는 임금수준뿐만 아니라 경력개발 같은 비경제적 요인과 다른 임금형태(보너스, 주식옵션, 복지후생)도 고려해야 한다.
- **임금구조**: 임금수준이 결정된 후 조직 내 모든 상이한 직무에 대한 임금구조(pay structure)를 구성할 수 있다. 임금구조란 직무들을 기술수준이나 다른 요인에 따라 상대적 중요성을 고려하여 범주로 모으는 것을 말한다. 각 범주에 대해 임금의 범위를 설정하고 범주 내에 있는 개인의 임금은 이 범위 내에서 성과, 연공, 기술수준을 감안하여 결정된다.
- **임금체계**: 임금체계(pay system)란 임금을 결정하는 기준을 말한다. 이는 기본급, 수당, 상여금으로 구분할 수 있다. 기본급과 수당은 기준임금(기본급＋정상적 근무수당)과 기준외 임금(기타 수당)으로 구분할 수 있는데 기준임금은 상여금과 퇴직금의 산정기준이 된다.
- **임금형태**: 임금의 형태로는 시간급(고정급), 성과급, 특수 임금제도(기업의 이윤이 추가적으로 발생한 경우의 이윤분배제도) 등이 있다. 최근에는 회사의 공로직원에게 싼 값으로 회사주식을 매입할 권리를 주는 스톡옵션(stock option) 제도가 있다.
- **복리후생**: 복리후생(benefit)이란 종업원의 복지향상을 위하여 지급되는 임금 이

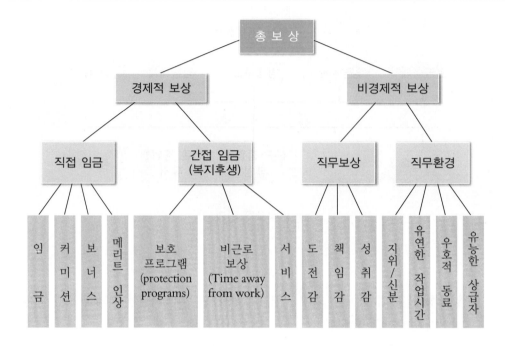

외의 간접적인 모든 급부를 말한다. 여기에는 보험(건강, 연금, 산재, 고용), 생활지원, 경제지원, 특별 수당 등이 포함된다.

8. 인적자원의 유지관리

우리는 지금까지 유능한 인적자원을 기업으로 유인하고 훈련개발하는 과정을 설명하였다. 이와 같이 직무수행에 필요한 능력, 지식, 기술 등을 갖춘 인적자원이 계속 기업에 남아 기업성과와 생산성향상에 기여하기를 바랄텐데 이를 위한 관리활동이 유지관리(maintenance management)이다.

유지관리를 위해 사용되는 활동으로는 인간관계 관리와 노사관계 관리 등이 있다.

▌인간관계 관리

　기업에서 인간관계(human relation)란 종업원 간의 관계를 말한다. 여기서 종업원 간의 관계는 단순히 사람과 사람의 상호관계를 의미하는 것이 아니고 인간존중과 상호이해의 기반을 갖는 하나의 인격체로서의 관계라고 할 수 있다. 조직에서 인간과 인간의 관계가 원만하면 만족감을 느끼고 사기가 충천하여 성과와 생산성에 긍정적 영향을 미친다. 따라서 조직에서는 인간관계의 중요성을 인식하고 구성원들이 상호이해와 신뢰를 바탕으로 일체감을 형성하고 기업의 유지·발전에 기여하도록 여러 가지 관리활동을 전개하고 있다.

- **제안제도**(suggestion system): 기업의 종업원으로 하여금 기업의 운영이나 직무수행의 개선에 도움이 되는 아이디어를 제안하도록 분위기를 조성하고 채택된 안에 대해서는 적절한 보상을 하는 제도이다. 이는 종업원의 참여의식을 고취시키고, 창의력을 개발하고, 종업원의 경영에의 참가를 촉진시키고, 사기와 인간관계개선에 긍정적 효과를 가져온다.
- **고충처리 제도**(grievances): 기업에서 근무조건이나 대우에 관한 개인적인 불평불만의 원인을 제거해 주는 제도이다. 이는 관료적 시각이 아닌 중립적·제3자적 입장에서 고충민원을 조사·해결한다는 특징을 갖는다. 이 제도는 협동이나 생산성에 불평불만을 제거하려는 목적을 갖는다.
- **사기조사**(morale survey): 사기란 조직에서 개인이 나타내는 조직에 대한 충성도나 만족도를 말한다. 기업의 건강상태가 어느 정도인지 파악하기 위해 조사를 하는데 이를 사기조사라고 한다. 보통 면접법과 질문지법을 통하여 경영방침, 인사관행, 상사의 태도, 종업원 상호관계, 작업환경, 근무조건 등에 관한 태도를 조사한다.
- 기타 **인사상담 제도**(personnel counseling), 사내보 발행, 종업원 지주제도, 의사소통 방법 등이 있다.

▌노사관계 관리

　노사관계(labor relations, labor-management relations)란 근로자들을 대표하는 노동조합

이 임금, 노동시간, 복지후생, 기타 작업환경의 중요한 사항을 포함한 근로조건에 관해 사용자측과 협상하는 공식적인 과정을 말한다. 노동조합이 없는 기업에서는 노사협의회를 통하여 능률증진 또는 생산성향상이나 근로자의 복지증진에 관한 근로자의 의견, 고충, 욕구를 경영층에 전달하여 반영시키도록 한다. 따라서 노사관계란 종업원과 사용자 또는 노동조합과 사용자의 관계라고 할 수 있다. 노동조합(labor union)은 힘이 약한 종업원들이 막강한 자본력을 바탕으로 한 사용자측과 맞서 자기들의 권익을 보호하기 위하여 결성한 단체이다. 다시 말하면, 사용자와 노동자 간에 노동력 매매관계에 있어서 노동자의 거래력과 교섭력을 강화하기 위해 결성된 것이 노동조합이다.

과거의 노사관계는 종속적이고 적대관계이었지만 오늘날의 노사관계는 동반자적 관계로 발전해 가고 있으며 노사협조가 원활하게 지속되면 기업의 생산성은 향상되고 경쟁력은 강화될 뿐만 아니라 국가의 안정과 발전에 기여하고 근로자들의 생활향상과 지위향상도 기할 수 있음을 노사 양측이 인식하고 있다.

그럼에도 불구하고 어떤 기업에서는 종종 노사관계가 악화되어 근로자들은 파업(strike)에 돌입하고 사용자측에서는 직장폐쇄(lockout)라는 극단적인 수단을 들고 노동조합을 위협하기도 한다. 이러한 경우에는 정부가 개입하여 문제를 해결하려 노력하기도 한다. 이러한 관점에서 볼 때 우리나라의 노사관계란 노사정, 즉 노동조합, 사용자, 정부라는 삼자 간 상호관계라고 할 수 있다.

◀ 노동조합의 기능

노동조합은 조합원들의 권익보호를 위하여 다음과 같은 기능을 수행한다.

- **경제적 기능**: 노동력을 제공하는 임금근로자들이 임금인상이나 근로조건의 개선 또는 유지를 위하여 단체교섭 또는 노동쟁의를 하는 기능이다.
- **정치적 기능**: 노동조합이 국가나 사회단체를 대상으로 근로자들의 권익을 위해 노동관계법의 제정 및 개정과 다른 제도개선을 요구하는 정치적 기능을 수행한다.
- **공제적 기능**: 질병, 재해, 사망, 실업 등 불의의 사태에 대비하여 조합원 상호간 부조활동으로 공제조합, 공동구매조합, 탁아소시설 운영 등 기능을 수행한다.

◀ 단체교섭

우리나라 헌법에서는 근로자의 인간다운 생활을 보장하기 위하여 단결권, 단체교섭권, 단체행동권 등 노동 3권을 보장하고 있다. 단체교섭권이란 노동조합이 사용자와 근로조건(임금, 근로시간, 복지, 해고 기타 대우 등)의 유지·개선에 관하여 교섭할 수 있는 권리와 사용자가 이에 응할 의무를 말한다.

노동조합과 사용자 간 교섭이 성공하면 단체협약(collective bargaining)이 체결되어 이를 문서화하지만 만일 단체교섭이 결렬되면 노동쟁의가 발생하게 된다.

01 인적자원관리의 의의와 인적자원의 중요성을 설명하라.

02 인적자원관리의 전략적 중요성을 설명하라.

03 인적자원관리의 과정을 설명하라.

04 인적자원의 확보란 무엇인가?

05 인적자원계획의 과정을 설명하라.

06 직무분석의 내용을 설명하라.

07 신규 인적자원은 어떻게 모집하고 선발하는가?

08 인적자원의 선발과정과 기법을 설명하라.

09 인적자원의 훈련과 개발은 어떻게 하는가?

10 경력개발제도를 설명하라.

11 인적자원의 평가는 어떻게 하는가?

12 인적자원에 대한 보상은 어떻게 하는가?

13 인적자원의 유지는 어떻게 하는가?

14 기업에서 인간관계는 왜 중요한가?

15 기업에서 노사관계 관리는 왜 중요한가?

조직변화와 경영혁신

조직의 변화는 불가피한 현상이다. 조직은 개방시스템으로서 외부환경과 꾸준히 상호작용을 하고 있다. 외부환경의 변화는 우리가 제6장에서 공부한 바와 같이 경제적, 기술적, 정치적·법적, 사회적·문화적, 생태학적 측면에서 끊임없이 진행하고 있다. 이러한 환경의 변화와 불확실성으로 말미암아 조직의 변화도 이에 따라 진행되어야 한다.

사실 미래의 환경이 확실하여 예측 가능하든지 또는 변화하지 않는다면 조직변화는 불필요하고 조직경영도 훨씬 쉬워질 것이다.

그러나 환경의 불확실성과 변화는 너무도 당연한 것이기 때문에 경영자들에게 변화는 큰 도전이며 해결해야 할 과제이기도 하다. 변화무쌍한 환경에서 기업은 조직구조, 제품, 제조공정, 업무절차, 고객 서비스 등 다양한 분야에서 혁신이 이루어져야 한다. 사실 혁신적인 제품·전략·방식으로 공격하는 회사만이 장기적으로 살아남는다. 이런 의미에서 경영혁신은 이제 기업경영의 필수가 되었다. 특히 4차 산업혁명이 활기차게 진행하면서 첨단기술이 산업 각 분야에 침투하면서 혁신에 동참하지 않으면 몰락의 길을 피할 수 없는 상황이 전개되고 있다.

그러나 모든 회사들이 이렇게 적극적으로 혁신을 추진하거나 또 경영혁신에 성공하는 것은 아니다. 오히려 그런 회사들은 예외에 속한다. 왜냐 하면, 슘페터(Schumpeter)의 말대로 혁신이란 현재 있는 것을 창조적으로 파괴하는 것이므로 그것에는 늘 저항이 따르기 때문이다.

실제로 대부분의 기업에는 혁신으로 인한 변화를 그리 달가워하지 않는 사람들이 꽤 있다. 그러나 모든 것이 급격히 변하고 있는 이 시대에 현실에 안주하고 오늘의 성공에 만족하는 회사는 반드시 쇠퇴하기 마련이다.

본장에서는 조직변화의 의의와 요인, 조직변화 과정, 변화에 대한 저항, 조직변화의 영역, 경영혁신의 개념과 대상, 주요 경영혁신 기법에 대하여 공부할 것이다.

1. 조직변화의 의의와 요인

▍조직변화의 의의

현대 산업사회에서 조직은 개방시스템으로서 내·외적 환경의 부단한 변화에 직면하고 있다. 이러한 환경의 변화에 잘 부응하여 변화하면 생존하고 성장하지만 그렇지 못하면 환경에의 적응력을 잃게 되고 환경변화에 따른 성장기회를 상실하여 쇠퇴의 길로 접어들게 된다. 4차 산업혁명이 전개되면서 기업은 특히 기술적 환경변화에 적응하도록 강요받고 있다.

조직변화(organizational change)란 새로운 아이디어나 행동을 채택함으로써 조직을 구성하고 있는 사람(people), 구조(structure), 기술(technology) 등의 변경 발생을 의미한다. 이러한 조직변화는 조직의 문화, 전략, 통제시스템, 그룹과 팀, 인적자원관리 시스템, 커뮤니케이션, 모티베이션, 리더십 등 조직기능의 모든 면에 영향을 미친다. 조직변화는 경영자들이 수행하는 경영기능(계획화, 조직화, 지휘, 통제)과 역할에도 영향을 미친다. 특히 조직변화는 변화가 이루어지는 영역 외에까지 영향을 미친다는 사실에 주목할 필요가 있다. 예를 들면, 생산공장에 자동화·지능화 시스템을 도입하게 되면 이 시스템을 운영할 종업원의 훈련이 필요하고, 새로운 종업원 채용기준에 변화가 오며, 보상제도의 조정이 필요하고, 감독자의 관리의 폭에 변화가 오게 된다. 이와 같이 조직의 변

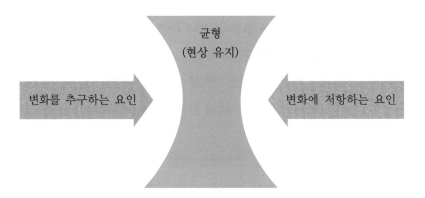

[그림 13-1] 균형에 영향을 미치는 요인

균형
(현상 유지)

변화를 추구하는 요인   변화에 저항하는 요인

화는 관련 부문에 동시적으로 발생하게 된다.

현실적으로 조직변화가 민첩하게 계획적으로 수행되는 경우는 찾기 쉽지 않다. 환경이 변화하고 전략의 변화가 있은 후 별수 없을 때 변화를 시도하는 경우가 많기 때문이다. 다시 말하면, 경영자는 변화하는 환경을 제때 예측하지 못하고 적절히 대응하지 못하는 문제에 직면하는 경우가 많다.

모든 조직에는 〈그림 13-1〉에서 보는 바와 같이 균형을 깨고 변화를 가져오게 하는 요인(driving forces)과 이에 맞서서 안정을 추구하기 위하여 변화에 저항하려는 요인(restraining forces to change)이 병존한다. 따라서 경영자는 어떠한 요인이 변화를 강요하며 이들 요인이 어떤 영역에 어떤 영향을 미칠 것인지 예측하여 효과적인 변화관리를 할 수 있도록 해야 하고 한편으로는 조직 구성원들의 저항관리에도 신경을 써야 한다.

사실 조직을 어떻게 변화시킬 것인가를 결정하는 것은 복잡한 일이다. 왜냐 하면, 변화란 현상유지를 깨고 종업원들로 하여금 작업관계와 절차를 변경하려는 시도에 저항토록 하는 위험을 수반하기 때문이다.

▌조직변화의 요인

조직변화를 강요하는 요인은 조직의 외부요인과 내부요인으로 구분할 수 있다.

1 외부요인

우리는 제6장에서 기업의 일반환경으로는 경제적 요인, 기술적 요인, 정치적 · 법적 요인, 사회적 · 문화적 요인, 국제적 요인을 들 수 있다고 공부하였다. 이러한 일반환경의 변화 외에 과업환경이 조직변화를 야기한다.

기업들간 경쟁의 심화, 가격상승, 이자율상승, 물가상승과 환율변동, 우리나라와 칠레 · 싱가폴 · 미국 · 인도 · EU 등과의 FTA 체결에 따른 국내 · 외 기업환경 변화, 비정규직 등 노동시장변화에 따른 노동력의 구성변화, 천연자원의 고갈, 기술혁신의 가속화와 신기술의 개발, 정보기술의 발전, 기업활동에 대한 정부의 규제와 법의 제정 그리고 법원의 판결, 소비자 운동, 고객들의 다양한 욕구변화, 유류파동, IMF 외환위기, 세계적 금융위기, 유로존의 재정위기와 정국불안, 영국의 EU로부터의 탈퇴 및 미국 트럼프 전 대통령의 당선으로 인한 보호무역 주의의 강화 등으로 인한 세계 금융시장의 요동, 미국의 양적완화 정책 및 금리정책의 변화 등 그 예는 수없이 많다.

이러한 외부요인들은 조직으로 하여금 조직 목표, 조직구조, 전략, 조직관리/운영 방법의 수정을 강요한다고 할 수 있다.

☑ 내부요인

조직활동을 수행하는 데 영향을 미치는 내부환경의 예를 들면, 조직목표의 변화, 새로운 전략계획, 노동력의 변화, 작업기술과 설비의 변화, 구성원의 태도 및 행동변화 등이다. 이러한 내부요인은 내부에서의 활동과 의사결정, 외부 변화의 영향으로부터 유발한다.

만일 최고경영층이 기업의 성장전략을 채택한다면 새로운 부서가 설립되고 새로운 기술이 도입될 수 있다. 한편 이에 알맞은 종업원을 신규로 채용할 계획을 수립할 수 있다.

또 다른 예를 들면, 직무불만족같은 종업원의 태도는 결근, 사퇴, 심지어는 노동분쟁을 유발할 수 있기 때문에 기업은 정책과 관행에 변화를 추구할 수 있다.

2. 변화 과정의 관점

조직변화는 복잡한 현상이다. 단순히 계획된 변화를 실행에 옮길 수 없다. 조직변화도 논리적이고 체계적으로 접근해야 한다. 경영자들은 변화 과정(change process)의 단계를 이해할 필요가 있다.

본절에서는 변화 과정의 두 관점을 소개하고 변화 과정의 단계에 대해서는 다음 절에서 공부할 것이다.

▌레윈의 관점

레윈(Kurt Lewin)은 조직변화의 과정을 "고요한 바다"(calm water)로 비유한다. 이러한 비유는 조직을 고요한 바다를 항해하는 대형 선박으로 여긴다. 이 배의 선장과 선원은 과거에 경험하였기 때문에 어디로 가고 있는지 정확하게 알고 있다. 이 경우 변화란 이따금 만나는 태풍에 해당한다고 보는 것이다.

이러한 관점은 은행, 전기·가스·수도와 같은 공익사업, 정유, 출판 등에서 보는 비교적 변화가 적었던 환경에 적합한 비유이다.

레윈에 의하면 성공적 변화는 계획적 변화(planned change)로서 다음과 같이 세 단계를 거친다고 한다.

여기서 계획적 변화란 변화 담당자의 특정한 노력의 결과로 이루어지는 변화로서 해결해야 할 문제와 이용해야 할 기회가 있는 경우이다. 반면 비계획적 변화는 변화 담당자의 도움없이 자연발생적으로 이루어지는 변화인데 예를 들면, 노사분규로 공장을 바로 폐쇄하는 경우이다.

1 해빙단계

변화의 힘과 변화에 저항하는 힘의 균형상태라 할 수 있는 현상유지(status quo)를 해빙하는(unfreezing) 단계로서 구성원들이 바라는 성과의 부진으로 인한 태도와 행동의 변화의 필요성을 인식하고 기존의 조직 특성이나 고정관념에서 벗어나기 위한 준비를 해야 한다. 변화 과정을 책임질 변화 담당자(change agent)는 조직을 체계적으로 진단하면서 자료를 수집하고 분석하여 문제의 근원을 찾아낸다.

즉 변화의 추진세력(driving force)은 강화하고 변화에 저항하는 견제세력(restraining force)은 약화시키도록 해야 한다.

2 변화단계

다음은 실제로 변화하는(changing) 단계이다. 이는 숙련된 변화 담당자가 동일화(identification)와 내면화(internalization)의 과정을 통해서 변화시키고자 의도하는 방향으로 조직구조, 기술, 그리고 구성원의 가치·태도·행동양식을 형성시키는 것이다. 이러한 과정에서 변화 담당자는 경영자들과 근로자들을 훈련시킬 특별 계획을 실행하게 된다. 이러한 과정에서 경영자들은 새로운 조직변화가 구성원들에게 유리하다는 확신을 심어주어야 한다.

③ 재동결단계

새롭게 형성된 가치관과 행동양상이 계속 반복되고 정착이 될 수 있도록 변화를 지원하고 재동결(refreezing) 또는 강화하는(reinforcing) 단계이다. 이러한 재동결 노력이 없으면 새로운 행동은 사라지고 옛날의 상태로 되돌아갈 위험성이 크게 된다. 따라서 경영자는 집단 구성원과의 상호 관계나 보상제도 등 새로운 환경조건을 조성하는 데 필요한 지원을 적극 뒷받침해야 한다.

레윈의 3단계 변화 과정은 변화를 조직의 균형상태의 파괴라고 생각한다. 이러한 견해는 20세기 대부분의 조직이 직면한 비교적 안정적 환경에서는 알맞지만 오늘날과 같이 역동적이고 변화무쌍한 환경에서는 진부한 견해라고 볼 수 있겠다.

〈그림 13-2〉는 이상에서 설명한 계획적 변화의 과정을 요약하고 있다.

[그림 13-2] 계획적 변화의 과정

변화의 필요성을 인식하다

단계1
해빙단계

해야 할 일
- 영향을 받는 사람들과 좋은 관계를 유지한다.
- 현재의 상황은 비효과적이라는 사실을 인식시킨다.
- 변화에 대한 저항을 최소화한다.

↓

변화를 실행한다

단계2
변화단계

해야 할 일
- 새롭고 더욱 효과적인 행동방식을 명시한다.
- 과업, 사람, 문화, 기술, 구조에서 적절한 변화를 선택한다.
- 이러한 변화를 실제 행동으로 옮긴다.

↓

변화를 안정화시킨다

단계3
재동결단계

해야 할 일
- 새로운 행위를 받아들이고 계속 진행한다.
- 필요한 자원의 지원을 제공한다.
- 성과-보상의 관계를 더욱 강화한다.

▌민츠버그의 관점

조직을 "물보라치는 여울"(white-water rapids)에서 급류를 따라 내려가는 조그만 래프트(raft)로 비유하는 관점이다. 전에 손발을 맞추어 본적도 없는 여섯 명이 강도 생소하고 최종 목적지도 모른채 밤에 떠내려가는 래프트로 비유한다. 이는 불확실하고 동태적인 환경에 의해 끊임없이 방해를 받는 경영자 직무를 관찰한 민츠버그(Mintzberg)의 관점과 일치한다.

물보라치는 여울의 비유는 제6장에서 공부한 불확실하고 동태적인 환경과 일치한다. 이는 정보, 아이디어, 지식이 점차 지배하는 세계와도 일치한다.

오늘날 컴퓨터 소프트웨어, 텔레콤, 제약 등 첨단산업에서 혼란에 가까운 동태적인 환경을 경험하지만 비첨단산업에서도 변화가 끊임없이 나타나는 상황에 직면하고 있다. 안정적이고 예측가능한 환경의 시대는 이미 지나간 지 오래 되었다.

▌계획된 변화의 추진과정

기업에서 효율성과 효과성을 증진하기 위하여 경영자들은 변화를 효과적으로 관리하는 기술을 개발할 필요가 있다. 현재의 상태에서 미래의 바람직한 상태로의 진전을 위해 변화를 성공적으로 실행할 변화의 모델이 제시되었다. 〈그림 13-3〉은 변화 과정의 단계를 요약하고 있다.

[그림 13-3] 조직변화 과정의 단계

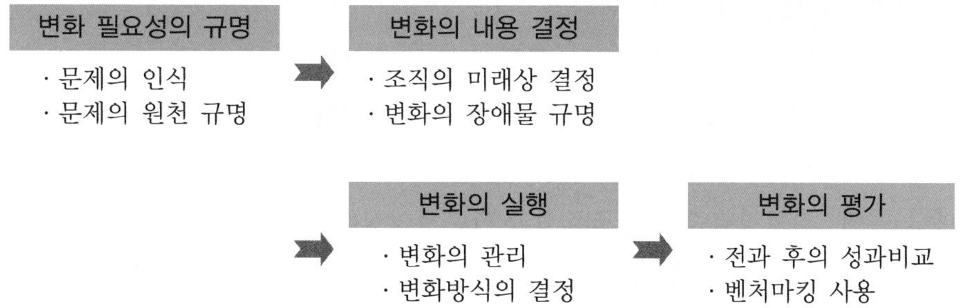

변화 필요성의 규명
· 문제의 인식
· 문제의 원천 규명

➡ **변화의 내용 결정**
· 조직의 미래상 결정
· 변화의 장애물 규명

➡ **변화의 실행**
· 변화의 관리
· 변화방식의 결정

➡ **변화의 평가**
· 전과 후의 성과비교
· 벤처마킹 사용

1 변화 필요성의 규명

조직의 성과가 부진할 때 변화의 필요성을 인식하는 것은 별로 어려움이 없다. 그러나 이러한 부진이 장기적, 점진적으로 진행되는 경우에는 인식하기가 쉽지 않다.

성과의 부진은 시장점유율 저하, 이익 감소, 비용 증가, 종업원들의 목표달성 실패 등으로 측정할 수 있다.

한편 변화의 필요성이 기업 내·외의 환경변화에서 오는지도 밝혀야 한다.

2 변화할 내용의 결정

문제가 무엇이고 어디서 나오는지를 규명하면 기업의 미래상을 생각해 봐야 한다. 다시 말하면, 어떤 제품과 서비스를 만들 것인가?, 프로세스는 어떻게 혁신해야 하는가? 사업전략은 어떻게 짜야 하는가?, 조직구조는 어떻게 구성해야 할 것인가? 등을 결정해야 한다.

이 단계에서 변화에 저항하는 힘이 어디서 나오는지를 규명해야 한다. 미래의 이상적인 상태로 나아가지 못하게 하는 요인들은 조직의 모든 수준에서 발견할 수 있다.

조직의 구성원들이 변화의 필요성과 그의 성격을 커뮤니케이션을 통해 공유한다든지 변화계획에 참여하게 되면 어떤 저항은 극복할 수 있다.

3 변화의 실행

아무리 새롭고 창의적인 아이디어도 완전히 실천에 옮기기 전에는 도움이 될 수 없다. 효과적으로 변화를 실행에 옮기기 위해서는 종업원들이 저항하는 이유와 그들의 협조를 얻어내는 기법을 사용해야 한다.

변화를 실행하는 접근법으로는 하향식과 상향식이 있다. 하향식 변화(top-down change)는 최고경영층이 변화의 필요성을 인식하고 무엇을 할 것인가를 결정하고 조직하부로 변화를 실행하는 방식이다.

예를 들면, 최고경영층이 구조조정과 다운사이징하기로 결정하고 사업부와 부서의 관리자들에게 이를 달성토록 하는 것이다. 이러한 방식은 문제가 발생하는 대로 변화를 빨리 진행하기 때문에 성격상 혁명적 변화(revolutionary change)라고 할 수 있다.

상향식 변화(bottom-up change)는 최고경영층이 중간관리자들과 하위관리자들과 함께 변화의 필요성을 논의하고 모든 수준의 관리자들이 상세한 변화 계획을 수립하게 된다. 따라서 성격상 점진적이고 진화적 변화(evolutionary change)라고 할 수 있다. 이 방식에서는 구성원들이 진행과정에 참여하기 때문에 저항이 최소화되는 장점이 따른다.

④ 변화의 평가

마지막 단계는 변화노력이 조직성과를 향상시키는 데 얼마나 성공적인지 평가하는 것이다. 전과 후의 성과비교는 시장점유율, 이익, 비용 등을 통할 수 있다. 한편 경영자들은 자기 회사의 특정 분야의 성과를 다른 우수기업의 것과 비교하는 벤치마킹(benchmarking)을 통해 성공의 여부를 평가하기도 한다.

3. 조직변화의 영역

경영자가 조직을 변화시킬 때 고려할 수 있는 영역은 〈그림 13-4〉에서 보는 바와

[그림 13-4] 조직변화의 영역과 내용

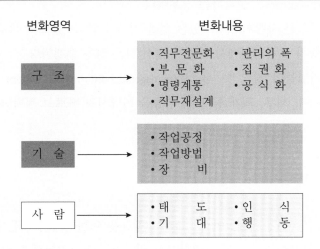

같이 조직구조, 기술, 사람이다.

1 구조의 변화

경영자의 조직화 책임은 조직의 구조설계, 권한의 배분, 조직의 공식화같은 활동을 포함한다. 조직구조가 형성되더라도 조건이나 전략이 변경되면 구조적 변화의 필요성이 발생한다.

구조적 변화의 내용은 작업 전문화, 부문화, 권한관계, 조정 메커니즘, 직무설계, 명령계통, 관리의 폭, 집권화와 분권화, 공식화 등이다.

경영자는 이러한 구성요인의 하나 또는 둘 이상을 변화시킬 수 있다. 예를 들면, 부서의 책임을 결합시키고자 한다면 조직의 수준을 제거하여 수평적 조직으로 만들고 관리의 폭을 넓힐 수 있다.

2 기술의 변화

경영자는 투입물을 산출물로 변환시키는 기술을 변경할 수 있다. 테일러의 과학적 관리법에서는 시간연구와 동작연구에 의해 생산효율을 향상시키고자 기술적 변화를 실천하였다.

그러나 오늘날의 기술적 변화는 새로운 장비·도구의 사용방법, 작업방법, 생산공정, 자동화, 지능화, 전산화 등의 영역을 포함한다. 예를 들면, 식품점에서 제품의 가격을 읽도록 스캐너(scanner)를 설치하는 경우이다.

자동화·지능화는 사람이 할 수 있는 일을 기계가 할 수 있도록 해준다. 예를 들면, 로봇(robot)은 자동차 조립라인에서 작업자 대신 힘든 일을 수행한다.

최근 많은 기업들이 경영정보시스템(management information system: MIS)을 구축하여 생산, 재고, 판매, 재무, 회계 등 모든 기능을 연계시켜 빠르고 정확한 의사결정을 할 수 있게 되었다.

3 사람의 변화

사람의 변화란 태도, 기대, 인식, 그리고 행동을 변화시키는 것을 말한다. 그런데 이는 쉬운 일이 아니다. 지속적인 품질향상을 위해서는 근로자들에 대한 교육과 훈련이 필요하고 이를 지원할 성과평가 및 보상시스템이 있어야 한다.

　　사람을 변화시키고 사람간 작업관계의 성격과 질을 변화시킬 기법이나 프로그램으로 조직개발이라는 기법을 사용한다.

　　조직개발(organizational development)이란 환경에의 적응능력을 통해 조직의 건강과 유효성을 증진하고, 내적 관계를 증진하고, 문제해결 능력을 향상시키기 위해 행동과학적 지식과 기법을 사용하는 계획적이고 체계적인 변화 과정을 뜻한다. 조직개발은 조직의 인간적, 사회적 측면에 초점을 두고 조직의 적응능력과 갱신(renewal)능력을 강화하기 위하여 사람의 태도와 사람간 관계를 변화시키려고 한다.

4.　조직변화의 저항관리

　　환경의 변화에 적응하고 조직의 유효성을 증진하기 위하여 새로운 정책·목표·운영방법 등에 대한 조직의 변화는 조직 구성원 모두에게 안정된 직무와 지위 및 환경을 위협하는 요소로 여겨지므로 그의 실행과정에서 그들로부터 저항을 받는 것이 일반적이다.

　　따라서 변화를 효과적으로 진행하기 위해서는 먼저 변화에 대한 저항의 이유를 이해하고 이를 적절히 극복할 방안을 강구할 필요가 있다.

▌저항이유

- 사람이 변화에 대해 저항(resistance)하는 가장 대표적인 이유는 변화의 원인과 결과에 대한 불확실성 때문이다. 변화가 실행되면 자신의 업무와 생활이 어떻게 영향을 받을 것인가, 자신의 능력으로 새로운 절차와 기술이 요구하는 바를 수행할 수 있을 것인가, 일자리는 안정적일까 등 두려움과 걱정 때문에 저항하게 된다.
- 자기이익(self-interest)이 침해될 것을 두려워 해 저항하게 된다. 지금까지 유지해온 권력, 직위, 안정, 명망, 봉급, 우정, 복지혜택 등 자기이익의 상실을 두려워

할 수 있다.
- 새로운 기술과 작업방법의 도입으로 지금까지 안정되었던 작업방법에 변화를 가져오게 되어 많은 교육훈련이나 노력을 요구하게 되어 불편을 느끼는 구성원은 저항을 나타낸다.
- 경영자와 구성원이 상황에 대해 서로 다르게 평가할 때 저항이 나타날 수 있다. 즉 변화가 조직의 목적 또는 이익과 양립할 수 있는가에 대한 인식 차이로부터 저항이 있을 수 있다. 예를 들면, 새로운 변화가 제품의 품질이나 생산성을 오히려 떨어뜨릴 것이라고 생각하게 되면 저항하게 된다.

|표 13-1| 저항의 극복방안

극복방법	사용되는 일반적인 상황	장 점	단 점
1. 교육+의사소통	변화 대상자가 부정확한 정보와 분석결과를 갖고 오해하고 있을 때	변화 대상자가 이해하고 오해를 해소하면 실행에 협조적이다.	변화 대상자가 많으면 시간이 많이 걸린다.
2. 참 여	변화 담당자가 변화를 설계하는 데 필요한 모든 정보를 갖고 있지 못하고 변화 대상자가 저항할 상당한 힘을 가지고 있을 때	참여한 변화에 대해서는 변화의 필요성을 이해하고 책임을 진다.	참여자가 부적절한 변화를 설계한다면 헛되이 많은 시간을 소모할 수 있다.
3. 촉진+지원	변화 담당자가 변화를 설계하는 데 필요한 모든 정보를 갖고 있지 못하고 변화 대상자가 저항할 상당한 힘을 가지고 있을 때	상담과 치료, 새로운 기능훈련, 단기유급 휴가 같은 지원으로 저항이 감소한다.	많은 시간과 비용이 소요되며 실패할 수도 있다.
4. 협 상	노조와 같은 상당한 힘을 가진 몇몇 구성원 혹은 집단이 변화를 거부할 때	때때로 주요한 저항을 피할 수 있는 상대적으로 쉬운 방법이다.	일부 구성원이 승낙 교섭을 경계한다면 많은 비용이 소요될 수도 있다.
5. 조작+매수	다른 방법은 사용하기 어렵거나 많은 비용이 소요될 때	저항문제에 대해서 상대적으로 빠르고 비용이 적게 드는 방법이다.	구성원들이 조작되고 있고 지도자가 매수되고 있다고 느낀다면 나중에 문제를 초래할 수 있다.
6. 명시적+묵시적 강압	변화 속도가 중요하고 변화 담당자가 상당한 힘을 가지고 있을 때	빠르고 어떤 저항도 극복할 수 있다.	변화 담당자를 변화 대상자들이 거부할 경우 위험부담이 있다.

출처: John P. Kotler and Leonard A. Schlesinger, "Choosing Strategies for Change," *Harvard Business Review*, vol. 57(March-April 1979), pp. 109~112.

▌극복방안

조직에서 변화를 추진할 때는 지지요인과 반대요인이 공존하게 된다. 따라서 경영자는 변화를 촉진하는 요인들을 강화하고 저항하는 요인들은 제거시키거나 감소시키는 노력을 해야 한다.

경영자들이 변화의 저항관리를 위해 사용할 수 있는 방법으로는 교육과 커뮤니케이션, 참여, 촉진과 지원, 협상, 조작과 매수, 명시적·묵시적 강압 등이 있다. 이는 〈표 13-1〉에서 요약하고 있다.

5. 경영혁신의 개념

▌경영혁신의 정의

그동안 여러 분야에서 경영혁신을 연구해 왔기 때문인지 이 말에 대한 통일된 정의는 아직 없다. 그래서 여기서는 먼저 몇몇 학자들의 정의를 열거한 다음 그것들을 바탕으로 우리 나름대로의 정의를 제시하기로 한다.

- 경영혁신은 기업가 특유의 도구로서 기업가가 환경변화를 사업이나 서비스를 위한 변화로 이용하기 위한 수단이다(Drucker, 1985).
- 경영혁신이란 조직 내의 독창적인 아이디어와 창의성의 성공적인 수행, 즉 이들을 제품이나 서비스의 창출에 응용하는 것이다(Amabile, 1988).
- 경영혁신은 개인이나 집단, 또는 그보다 범위가 넓은 사회에 꽤 도움을 주는 아이디어, 과정(process), 제품, 또는 절차(procedure) 가운데 새로운 것을 도입하고 적용하는 것이다(West and Farr).

이러한 여러 정의들을 참고하여 우리는 경영혁신이란 개념을 다음과 같이 정의하기로 한다.

"경영혁신(management innovation)이란 기업이 목표달성을 위해 지금까지 해 오던 사업과 업무를 시대의 변화에 맞춰 새로운 아이디어와 방식으로 과감하게 변경시킴으로써 기업의 지속적인 번창을 꾀하려는 기업 구성원들의 의도적인 노력이다."

기업이 신상품이나 서비스를 고객에 제공하지 못하면 경쟁자에게 뒤떨어지기 때문에 혁신노력을 계속하지 않으면 안된다.

▌경영혁신의 대상

경영혁신은 회사 전체 차원에서 변화를 일으키는 것이다. 따라서 경영혁신의 대상은 회사 내의 어떤 특정 부서가 아니라 〈그림 13-5〉에서 보는 바와 같이 기업경영의 3대 요소인 제품/서비스(product/service), 관리 프로세스(managerial process) 및 조직구조(organizational structure), 그리고 조직의 구성원(people)이 모두 대상이다.

이 세 가지 요소 가운데 어느 하나만 약해도 기업의 경쟁력은 떨어지기 마련이다. 따라서 이 세 요인이 모두 바람직한 방향으로 바뀔 때 기업은 혁신의 목적을 달성할 수 있다. 현실적으로 특히 다음과 같은 회사나 사업부는 과감히 혁신을 할 필요가 있다.

• 지나치게 빚이 많거나 하는 등의 이유로 만성적인 유동성(liquidity) 부족에 시달리는 회사/사업부

[그림 13-5] 경영혁신의 대상

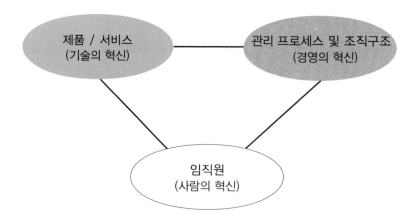

- 지속적으로 적자를 내는 회사/사업부
- 제품이나 서비스에 문제가 있어 고객의 욕구를 충족시키지 못하는 회사/사업부
- 우수 인력이 빠져 나가고 조직이 관료화되고 안일한 분위기가 퍼지는 등 조직이 건강하지 않은 모습을 보이는 회사/사업부
- 경비가 지나치게 지출되고 내부에서나 또는 외부와의 관계에 있어 부정행위를 저지르고 있는 회사/사업부

▌경영혁신이 필요한 상황

기업이 특히 참신한 혁신기법을 도입해서라도 변신해야 하는 상황은 대체로 다음과 같다.

1 목표를 달성하고 있지 못한 경우

만약 시장점유율 1위를 목표로 하는 회사가 계속 2·3위에 머무른다면 무언가 획기적인 조치가 필요할지도 모른다.

2 새로운 전략이나 목표를 추구하는 경우

예를 들어 시장점유율 1위를 목표로 하던 회사가 그것을 달성하면 이익을 더 많이 내는 쪽으로 방향을 바꿀 수 있다.

이렇게 목표가 성장에서 수익성으로 바뀌면 참신한 이익 지향적인 경영기법을 도입해야 할지도 모른다.

3 기업환경이 급변하는 경우

시장에서 독점적인 지위를 누리다가 경쟁자들이 진입하여 독점이 깨진다든가, 기술이 아주 빨리 발달한다든가, 소비자들의 취향이 급속히 달라진다든가 하는 등의 이유로 기업환경이 급변할 때에는 기존의 경영방식으로 대처하기 어려울 수 있다. 이럴 때 대대적으로 경영혁신을 하는 것은 위기극복을 위한 한 방안이 될 수 있다.

특히 4차 산업혁명이 진행하면서 디지털 기술이 더욱 진보하면서 전통적 기업이 디지털화하지 않으면 경쟁에서 탈락할 위험이 대단히 높기 때문에 제조업이든 서비스업이든 기존 기업들은 경영혁신을 꾀할 수밖에 없는 현실이 되고 있다.

6. 경영혁신의 유형

기업이 개발하고자 하는 창조적 아이디어는 여러 가지 기준에 따라 분류할 수 있다.

▍급진적 혁신과 점진적 혁신

급진적 혁신(radical innovation)은 지금까지 유지하여 왔던 제품, 서비스, 프로세스, 기술 등을 버리고 완전히 새로운 제품, 서비스, 프로세스, 기술 등을 개발하는 것을 말한다. 이는 파괴적 혁신이라고도 한다. 새로운 고객의 기대에 부응하면서 기술을 발전시켜 나가는 혁신을 말한다. 파괴적 환경 변화는 산업의 핵심 성공요인(key success forces: KSF)에 커다란 변화를 초래할 가능성이 높다. 예를 들면, 배터리 전기차는 휘발유 차를 대체하고 있다.

점진적 혁신(incremental innovation)은 기존 제품이나 서비스의 성능을 개선하는 새로운 제품이나 공정을 말한다. 이는 존속적 혁신이라고도 한다. 기존 시장에서 주류 고객을 대상으로 한 혁신이다. 존속적 환경 변화는 핵심 성공요인에 근본적인 변화를 초래할 가능성이 낮다. 예를 들면, 우리가 사용하는 휴대폰은 기능의 개선을 통해서 계속하여 새로운 스마트폰 제품이 출하되고 있다.

급진적 혁신을 꾀하는 기업은 산업에서 완전히 새로운 경쟁상태로 바뀌지만 점진적 혁신을 꾀하는 기업은 경쟁상태가 조금 바뀔 뿐이다.

기술혁신과 경영혁신

기술혁신(technical innovation)은 제품이나 서비스의 외관과 성능 또는 이들이 제조되는 프로세스에 변화를 추구하는 것을 말한다. 과거에 진행된 혁신은 주로 기술혁신이었다.

경영혁신(management innovation)은 제품이나 서비스가 개발·제조·유통되는 경영과정에 변화를 추구하는 것을 말한다. 이는 제품의 외관이나 성능에 영향을 미치지는 않는다. 뒤에서 설명할 기업 공정변화 또는 리엔지니어링은 한 예이다.

제품혁신과 프로세스 혁신

기술혁신의 두 가지 형태는 제품혁신과 프로세스 혁신이다. 제품혁신(product innovation)은 기존 제품이나 서비스의 외관 또는 성과에 변화를 가져온다든지 완전히 혁신적인 제품이나 서비스를 창출하는 것을 말한다.

프로세스 혁신(process innovation)은 제품이나 서비스의 제조방식과 유통방식에 변화를 추구하는 것을 말한다. 생산과정에 로봇을 사용하는 것은 이 예에 해당한다. 오늘날 일본의 굴뚝산업이 세계에서 제일 으뜸이라고 평가하는 이유는 바로 프로세스 혁신에서 성공하였기 때문이다. 근래 독일의 아디다스와 지멘스는 프로세스 혁신을 통해서 스마트 팩토리를 구축하였다.

전통적인 제조업에서 가치 창출을 위해서 수많은 활동들이 수행되는데 예를 들면, 제품 디자인, 공급사슬 관리, 마케팅, 제조, 물류, 판매, 회계, 재무관리 같은 경영활동을 프로세스(process)라 한다.

디지털 기술을 적용하여 가치사슬에서 부가가치 창출에 기여하지 못하는 프로세스나, 제품이나 서비스를 만드는 과정에서 불필요한 활동은 제거하여 시간과 자원을 줄임으로써 효율적으로 프로세스를 재설계할 수 있는데 이를 프로세스 혁신(process innovation)이라고 한다. 프로세스 혁신을 통해 이익, 비용, 서비스, 품질, 속도, 고객 만족도 등에서 극적인 성과를 달성할 수 있다.

경영혁신의 자극변수

기업에서 혁신이 성공하기 위해서는 창의적인 종업원들이 혁신적인 공정을 거쳐 원하는 혁신적인 제품이나 작업방법을 창출해야 한다. 이러한 혁신적 환경을 조장하고 자극하는 변수로서는 〈그림 13-6〉에서 보는 바와 같이

- 조직구조적 변수
- 문화적 변수
- 인적자원 변수

[그림 13-6] 조직의 혁신변수

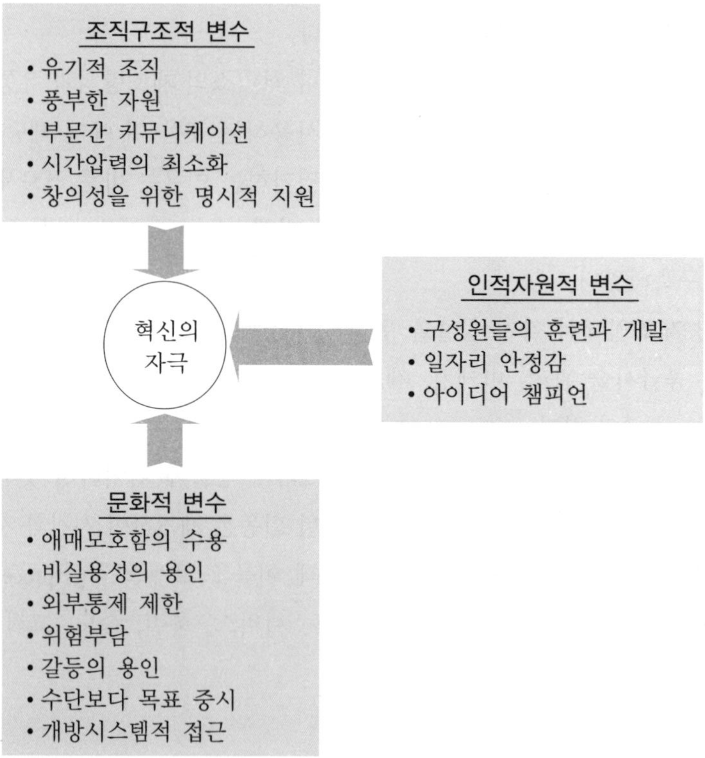

출처: Stephen P. Robbins and Mary Coulter, *Management*, 9th ed. (Prentice Hall, 2007), p. 404.

등이다.

1 조직구조적 변수

혁신에 미치는 구조적 변수(structural variable)의 영향은 다음과 같이 다섯 가지이다.

- 공식화, 중앙집권화, 작업전문화의 수준이 낮은 유기적 구조(organic structure)는 혁신에 필요한 유연성, 적응력, 협동적 교류를 용이하게 한다.
- 풍부한 자원을 갖게 되면 혁신을 외부로부터 구매하거나 직접 혁신을 실행할 수 있다.
- 교차기능팀(cross-functional team), 태스크 포스 같은 조직형태는 부문간 커뮤니케이션을 가능케 하여 혁신에 대한 장애요인을 극복하기가 용이하다.
- 창의적 활동을 수행하는 데 따르는 시간 압력은 오히려 비창의적으로 만들기 때문에 혁신적 조직에서는 시간 압력을 줄이고자 한다.
- 창의력을 발휘토록 조직이 종업원들의 용기를 북돋고, 커뮤니케이션과 경청을 하게 되면 창의적인 성과는 향상된다.

2 문화적 변수

혁신적인 조직은 서로 유사한 문화를 갖는 경향이 있다. 즉 실험을 장려하고 성공과 실패 모두를 보상한다. 혁신적인 조직은 다음과 같은 특징을 갖는다.

- **애매모호함의 수용**: 객관성과 명확성의 강조는 창의력을 제약한다.
- **비실용성의 용인**: 비실용적인 의견도 혁신적인 해법이 될 수 있다.
- **외부통제 제한**: 규칙, 규제, 정책, 기타 외부통제를 최소화한다.
- **위험부담**: 실패의 위험을 두려워하지 않고 실험을 계속하도록 권장한다.
- **갈등의 용인**: 종업원 사이에 의견의 다양성이 존중된다.
- **수단보다 목표중시**: 명확한 목표를 달성하는 데는 다양한 대안들을 고려할 수 있다.
- **개방시스템적 접근**: 환경의 변화를 면밀히 감시하고 즉시 대응한다.

③ 인적자원적 변수

혁신적 조직은 첫째, 구성원들의 훈련과 개발을 통하여 새로운 지식을 습득하도록 하고 둘째, 실수를 저지르면 실직할지도 모른다는 두려움을 씻도록 일자리 안정감을 부여하고 셋째, 구성원들로 하여금 아이디어 챔피언이 되도록 권장한다.

아이디어 챔피언(idea champion)은 새로운 아이디어를 적극적으로 지지하고 저항을 물리치면서 혁신이 실행될 수 있도록 조직 내에서 주도적 역할을 수행하는 사람을 말한다.

이러한 챔피언들의 공통적인 특성은 자신감, 정력, 지구력, 모험정신 등이다.

8. 주요 경영혁신 기법

경영학은 참으로 빨리 발전하고 변하는 분야다. 그것은 연구의 대상이 기업이고 그 기업을 둘러싼 경영환경이 쓰나미처럼 급변하기 때문이다. 그래서 경영학에서는 하루가 멀다 하고 새로운 개념·기법·접근방법 등이 쏟아져 나온다. 경영혁신 분야도 물론 예외가 아니다. 리엔지니어링, 벤치마킹, 아웃소싱, 다운사이징 등 최근 몇 년 동안 우리 귀에 익숙해진 혁신기법만 해도 한두 가지가 아니다.

여기서는 그 가운데서 대표적인 것만을 몇 개 골라 각각의 내용을 간략히 소개하기로 한다.

▌종합적 품질경영

급변하고 있는 기업환경 속에서 기업이 장기적으로 살아남으려면 반드시 고객의 욕구를 만족시킬 수 있어야 한다. 종합적 품질경영(total quality management: TQM)은 지속적이고 점진적인 품질혁신을 통해 고객들의 욕구를 충족시킴으로써 기업의 생존과 번영을 확보하려는 활동이다.

이것은 최고경영자에서부터 말단종업원에 이르기까지 기업의 모든 구성원이 참여하여 제품의 품질뿐만 아니라 서비스, 고객관리, 납품 등 경영의 모든 부문의 수준의 향상을 꾀하는 것이다.

TQM은 그 성격상 단순히 선진제도나 기법을 도입하는 것이 아니라 임직원 모두가 의식개혁을 통해 품질에 대한 생각을 바꾸고 고객 지향적인 기업문화를 창조하고자 하는 회사 전체 차원에서의 기업활동이 되어야 한다.

▌시간경쟁

1980년대와 1990년대에 걸쳐 시간을 전략의 초점으로 하여 성공을 거두고 있는 기업의 예가 늘어나고 그에 따라 경쟁의 무기로서의 시간의 중요성이 크게 부각된 바 있다.

시간경쟁(time-based competition: TBC)이라는 개념은 특히 보스턴 컨설팅 그룹(Boston Consulting Group)의 조지 스톡(George Stalk, Jr.)의 저서가 나오면서 매우 유명해졌다.[1]

이 책의 내용은 간단히 말해 "시장이 빨리 변할수록 경쟁사와의 시간경쟁이 더욱 중요해지므로 기업은 사업상의 모든 면에서 시간을 줄이려고 피나는 노력을 해야 한다는 것"이다. 즉 기업은 신제품 개발기간, 주문을 받고 나서 매출대금을 받기까지의 시간, 기타 생산·판매·유통 등에 소요되는 시간을 과감하게 줄임으로써 경쟁우위를 창출할 수 있다는 것이 이 개념을 주창한 사람들의 기본 아이디어이다.

그런데 이 개념은 나중에 제품개발부터 시장장악까지의 시간을 최소화하려는 이른바 스피드 경영과 연결된다고 볼 수 있다.

스피드 경영(speed management)이란 시간과 시점을 중시하는 현대 고객의 특성을 고려하여 현재와 미래의 고객이 원하는 상품과 서비스를 가장 빨리 그리고 고객이 바라는 가장 적당한 시점에 제공하려고 하는 경영활동이다. 스피드 경영이 중시하는 개념은 먼저(기회선점)·빨리(시간단축)·제때(적당한 시점)·자주(유연성)의 네 가지며 각각의 핵심 내용은 다음과 같다.

- **기회선점**: 경쟁자보다 신제품을 먼저 내놓는다.
- **시간단축**: 신제품 개발기간 및 주문 후 납기를 최대한 줄인다.

---

1 George Stalk, Jr. and Thomas M. Hout, *Competing Against Time*(N.Y.: The Free Press, 1990).

- **적당한 시점**: 필요한 시점에 적절한 제품을 공급한다.
- **유연성**: 다품종 소량생산으로 고객들의 욕구를 최대한 만족시킨다.

▌ 벤치마킹

벤치마킹(benchmarking)이란 제품이나 업무수행 과정 등 경영의 어느 특정 부문에서 최고의 성과를 올리고 있는 회사를 선정하고 그 부문에서의 우리 회사와 그 회사의 차이를 면밀히 비교·검토한 다음 (그 부문에서) 개선을 통해 그 회사만큼의 성과를 올리려는 지속적인 노력이다.

벤치마킹은 일본 회사들과의 경쟁에 시달리던 미국의 제록스(Xerox)사가 1970년대 말에 개발한 기법이며 이것은 제록스가 그 후 경쟁력을 회복하는 데 큰 도움을 준 것으로 알려져 있다. 기업경영에서 관측되고 측정될 수 있는 모든 것도 벤치마킹의 대상이 될 수 있다.

즉 기업은 특정 제품의 품질, 고객 서비스수준, 생산공정, 인사·교육 등 각종 지원기능(support function)의 수준 등을 모두 벤치마킹의 대상으로 삼을 수 있다.

다른 많은 혁신기법과 마찬가지로 벤치마킹도 최고경영자가 적극적으로 밀어주고 참여해야 성공 확률이 높아진다. 또한 이것은 기본적으로 남에게서 배우는 과정이므로 회사 임직원들이 겸허하게 배우려는 자세를 갖추는 것이 무엇보다도 중요하다고 하겠다.

▌ 리엔지니어링

리엔지니어링(reengineering)은 기업의 비용, 품질, 서비스 및 스피드와 같은 성과를 획기적으로 올리기 위해 업무 프로세스(business processes)를 근본적으로 새롭게 재설계하는 것이며 특히 현대의 정보통신기술을 적극적으로 활용한다. 즉 이는 혁신적인 도구와 과감한 업무 프로세스의 재설계를 통해 기업의 경영성과를 급격히 올리려는 프로세스 혁신 활동이다.

리엔지니어링은 현존하는 프로세스의 개선을 추구하는 것이 아니고 이를 버리고 완전히 새로운 프로세스로 설계함으로써 획기적인 개선을 추구하려는 것이다.

따라서 리엔지니어링은 과거의 통념과 타성에서 벗어나는 것을 강조하며 정보통신

|표 13-2| 경영개선과 리엔지니어링의 차이점

구분 내용	경영개선	리엔지니어링
1. 변화의 정도	부가적	근본적
2. 출발점	현재의 관리과정	과감한 재설계
3. 변화의 횟수	한 번 그리고 지속적	한 번
4. 걸리는 시간	짧다	길다
5. 참여	아래에서 위로	위에서 아래로
6. 범위	기능 내의 좁은 범위	기능과 기능간의 넓은 범위
7. 위험도	보통	높다
8. 기본도구	통계	정보통신기술
9. 무엇이 바뀌는가?	문화	문화 및 구조
10. 동기	경쟁에서 뒤지지 않기 위해 점차적인 개선을 추구	차별화된 경쟁우위를 추구
11. 고객의 정의	업무과정사슬의 바로 다음 사람	업무과정의 최종결과를 접하는 사람
12. 프로젝트팀	업무과정에 관여하고 있는 사람들	업무과정에 관여하고 있는 사람들과 외부 컨설턴트
13. 개선목표	매년 10~20%	9~12개월 안에 50%
14. 조직 내 영향	조직의 역할을 강화한다	조직의 역할을 바꾼다

기술을 이용하여 단순한 업무자동화가 아닌 업무흐름의 근본적인 혁신을 꾀한다.

리엔지니어링은 전통적으로 일을 전문작업자에게 할당하는 과업 중심의 사고를 프로세스 중심으로 변화시켜야 한다는 것이다. 과거 기능 중심으로 설계되었던 조직구조를 전체 업무가 흘러가는 프로세스 중심으로 조직구조를 근본적으로 재설계하려는 것이다.

종전에 기업들이 해오던 이른바 경영개선과 리엔지니어링을 비교해 보면 우리는 이것의 본질을 더 잘 이해할 수 있을 것이다. 〈표 13-2〉는 경영개선과 리엔지니어링의 차이점을 보여 주고 있다.

▌다운사이징

다운사이징(downsizing)은 흔히 "의도적인 기구축소와 인력의 감축"의 뜻으로 쓰이는데 넓은 의미로는 조직의 효율, 생산성, 경쟁력을 높이기 위해 비용구조나 업무흐름을 개선하는 일련의 조치들을 가리킨다. 즉 이것은 기구축소·감원 등의 말을 모두 아우르는 개념이라 하겠다. 이것은 기업이 의도적으로 실시하는 것이므로 조직이 쇠퇴하

| 표 13-3 | 다운사이징의 유형

	인원감축을 통한	업무재편성을 통한
초 점	인력규모	직무, 계층, 조직단위
줄이는 것	사람	업무
실행기간	단기	중기
효 과	단기	중기
방 법	해고, 명예퇴직	부서통합, 직무재설계, 계층제거, 조직단위합병

면서 규모가 작아지는 것과는 다르다.

다운사이징은 보통 인력의 감축을 수반하지만 어떤 특정 부문에서는 신제품이 추가되거나 새로운 수익원이 창출되거나 하면서 인원이 늘어날 수도 있다. 또 이것은 기업이 위기에서 벗어나기 위한 방어적인 수단으로뿐만 아니라 큰 문제가 없는 조직이 성과를 더욱 높이기 위해 전향적이고 공격적인 수단으로 쓸 수 있다.

다운사이징은 그것의 의도와는 상관없이 결국 업무의 흐름에 영향을 미치게 된다. 예를 들어 다운사이징의 결과 인원이 줄어들면 적은 수의 사람들이 이전과 같은 양의 일을 해야 하므로 업무의 수행 과정이 바뀌게 마련이다.

그 밖에 다운사이징은 조직구조 개편·기능부서의 제거, 부서의 통합, 업무의 재편성 등을 수반할 수 있는데 이럴 때도 업무의 내용이나 흐름이 달라지는 것은 말할 것도 없다.

다운사이징은 크게 인원감축을 통한 것과 업무 재편성(work redesign)을 통한 것으로 나눌 수 있는데, 그 내용은 〈표 13-3〉에 있는 바와 같다.

지식경영

21세기는 20세기와는 달리 지식 및 정보가 경영의 핵심자원으로 떠오를 것으로 생각되며 따라서 지식의 활용이 기업의 생존 여부에 큰 영향을 미칠 것이다.

이것은 기업환경의 변화 속도가 더 빨라짐에 따라 새로운 지식을 생산하고 그것을 활용·공유하는 것이 기업발전의 중요한 요소가 되고 있기 때문이다.

지식경영(knowledge management)이란 이러한 시대를 맞아 개인 및 조직이 지닌 지적자산을 체계적으로 발굴하여 이것을 조직 내부의 공통적인 지식으로 공유하고 또 이를 기업의 모든 경영활동에 적극적·효과적으로 활용하여 기업의 경쟁력을 높이려는 경영활동을 말한다.

지식경영과 관련하여 우리가 알아두어야 할 주요 요점은 아래와 같다.

- 부가가치의 새로운 원천이 되는 지식을 창출하고 조직화하는 것이 기업의 핵심기능으로 떠오르고 있다.
- 앞으로는 기술의 우위와 함께 조직 내의 지식을 활용하는 능력이 기업 경쟁력의 매우 중요한 원천이 될 것이다.
- 조직 내의 지식이 더 잘 공유될 수 있도록 조직구조를 분권화해야 한다.
- 지식경영을 하는 기업에서는 그것이 접하는 모든 집단들(보기: 고객, 협력회사, 경쟁자, 은행, 외부전문가, 언론 등)이 무언가 우리에게 가르쳐 줄 것이 있다는 겸허한 마음을 갖고 그들과의 접촉을 적극적인 학습의 기회로 삼아야 한다.

지식은 기업의 구성원들이 주체적으로 창출하도록 기업은 이를 지원해야 한다.

▌ Internet 마케팅과 디지털 마케팅

Internet 마케팅이란 Internet을 매개로 하여 기업이나 개인이 양방향 커뮤니케이션을 바탕으로 마케팅활동을 하는 것을 말한다. 정보통신기술의 발달로 Internet은 WWW의 출현으로 음성, 화면, 동영상에 이르기까지 다양한 멀티미디어 정보를 교환할 수 있는 커뮤니케이션 수단이 되었고 마케팅의 새로운 영역으로 자리잡고 있다.

한편 Internet은 케이블 TV, 전화선, 무선통신, 인공위성 등 다양한 방법을 사용하여 싼 가격으로 시공을 초월하여 실시간으로 소비자들의 구미에 맞는 무제한적 정보를 빠르고 정확하게 전달하고 그들로부터 즉각적인 피드백을 얻을 수 있게 되었다.

Internet 마케팅은 전통적인 마케팅과 많은 점에서 차이를 보이고 있다. 예를 들면, 불특정 다수가 아닌 1:1 마케팅이 가능하고 거래 공간인 시장 또는 쇼핑센터 같은 물리적 장소를 사용하지 않으므로 비용절감의 효과도 거둘 수 있다.

디지털 마케팅은 Internet 마케팅보다 넓은 개념이다. 판매하는 디지털 기기들을 이용하여 온라인 광고로 소비자들에게 제품과 서비스를 알리고 판매하는 활동을 수행하는 것을 말한다.

온라인 기반 디지털 마케팅의 방법으로는 디지털 카달로그, 브로슈어, e-mail, RSS 피드(Really-Simple-Syndication feed), 블로그(blog), 팟캐스트(podcast), 영상 스트리밍(video streaming), 즉석 메시지(instant message), 소셜 네트워크 서비스(social network service)가 있다.

디지털 마케팅에서는 기존 마케팅 활동에서 장애요인이었던 시간과 공간의 장벽이 무너지고 기업과 고객이 상호 연결되어 소비자의 가치를 창출하는 통합형 네트워크 마케팅이 가능하다.

최근 빅 데이터(big data)가 폭발적으로 쏟아지면서 고객의 거래 데이터, SNS상의 고객 목소리, 고객의 속성 데이터 등을 활용하여 마케팅 전략을 수립하는 데이터 기반 마케팅도 활발히 활용되고 있다.

▌ 6시그마

6시그마(six sigma)라는 용어는 1980년대 미국의 반도체 회사인 Motorola회사가 높은 수준의 품질을 달성하기 위하여 처음 사용한 후 지금까지 수많은 기업들이 성공적으로 사용하여 오고 있다.

6시그마는 통계적 의미와 프로그램이라는 두 의미를 갖는다. 통계적 의미로 6시그마는 프로세스, 제품, 서비스에 있어 99.9997%의 높은 프로세스 능력을 보인다는 것이다.

시그마(σ)란 프로세스의 표준편차를 의미한다. 즉 프로세스의 정규분포에서 평균 주위로 흩어진 특정 품질특성의 산포의 정도를 측정한다.

6σ계획이란 정규분포를 하는 프로세스에서 생산되는 품질특성치의 프로세스 평균(프로세스 중심)이 목표치에 위치하고 있다는 가정하에 품질분포의 프로세스 평균 μ로부터 $\pm 6\sigma$의 거리에 규격한계 S_L과 S_U가 있게 함으로써 양쪽으로 각각 0.001ppm이 발생하여 결국 10억 개의 부품 중 오직 2개(2 parts per billion: 2ppb)의 불량품만을 허용하겠다는 것을 의미한다. 이는 〈그림 13-7〉이 보여 주고 있다.

개념적으로 6시그마는 불량품의 발생을 줄이고, 비용과 시간을 줄이며, 고객만족을 증진시키고자 하는 프로그램(program)이라고 할 수 있다. 6시그마 방법론을 사용하면 고객에 가치를 제공할 능력을 향상시킨다. 즉 프로세스 흐름을 촉진하여 사이클 타임을 단축시키고 생산성을 향상시키고 제품이나 서비스의 신뢰성(reliability)을 제고시킨다. 이러한 변화들로 고객에게는 가치를 증진하고 기업에는 재무성과를 호전시킨다.

[그림 13-7] 6시그마의 불량률

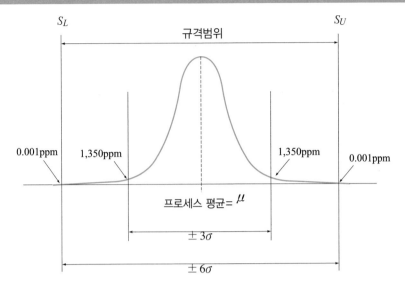

6시그마 프로그램은 원래 품질향상을 위한 기법으로 출발하였지만 지금은 설계, 생산, 고객 서비스, 재고관리, 배송 등에 폭넓게 적용되어 저비용, 시간 절약, 고객만족을 유도하고 수익성을 증진하여 궁극적으로 기업의 경쟁력을 강화하는 수단으로 사용되고 있다. 이와 같이 6시그마는 경영의 모든 부문에서 결점예방을 위한 전략으로 발전되어 왔다.

01   조직변화의 의의와 요인을 설명하라.

02   조직변화 과정에 대한 상이한 관점을 설명하라.

03   조직변화에 따르는 저항의 이유와 극복방안을 설명하라.

04   경영혁신의 개념을 설명하라.

05   경영혁신의 유형을 설명하라.

06   경영혁신을 자극하는 변수는 무엇인가?

07   최근 우리나라에서 성공적으로 경영혁신을 한 회사의 예를 들고 그
      회사의 경영혁신 성공요인을 논의하라.

08   우리나라 기업들이 경영혁신을 해야 한다고 생각되는 분야를 쓰고
      혁신의 필요성을 논의하라(지배구조, 신입사원 채용, 직원교육, 경영
      승계, 마케팅 능력 등).

09   요즘 우리나라의 많은 기업들이 외부조달(outsourcing)을 활발히 행
      하고 있는데 그 까닭은 무엇이고 어떤 부작용이 있을 수 있는가를 논
      의하라.

10   다음 경영혁신 기법에 대하여 간단히 설명하라.

      ① TQM   ② TBC
      ③ 벤치마킹   ④ 리엔지니어링
      ⑤ 다운사이징   ⑥ 지식경영
      ⑦ Internet 마케팅과 디지털 마케팅   ⑧ 6시그마

제14장

지　휘

　기업이 목표를 세워 세부적인 추진계획을 완성하고 이를 수행하기 위하여 업무를 조직화하면 조직 구성원들이 이를 효과적으로 수행할 수 있는 조직 분위기를 형성해야 한다.

　지휘활동(directing)이란 기업의 목표를 달성하기 위하여 또는 조직의 전략을 효과적으로 수행하기 위하여 조직 구성원을 모티베이트 시키고 실제의 성과를 달성하도록 지시하고 영향력을 행사하는 활동을 말한다. 아무리 계획을 짜임새 있게 수립하고 효과적으로 업무를 조직화하였더라도 실제 조직 구성원이 움직이지 않는다면 조직은 소기의 성과를 달성할 수 없는 것이다. 이 점이 바로 경영 과정상 리더의 지휘활동이 중요시되는 이유이다. 명장 밑에 약졸 없고 현명한 경영자는 그의 기업을 세계적 일류기업으로 만들고 훌륭한 지도자가 국운이 융성하도록 만든 예는 수없이 많다.

　조직의 성과는 경영자들이 발휘하는 지휘기능의 질과 밀접한 관련성을 갖는다. 조직의 각 구성원이 조직목표 달성을 위해 신명나게 일할 의욕을 북돋는 역활을 경영자는 해야 한다. 이외에 경영자는 리더십을 갖추고 조직 전체의 의사소통이 원활하게 이루어지도록 노력해야 한다.

　본장에서는 지휘기능을 원활하게 발휘하기 위하여 경영자들이 꼭 알고 있어야 할 모티베이션에 관련된 이론들, 리더십 이론들, 그리고 이들을 매개할 커뮤니케이션 과정을 공부하고자 한다.

1. 모티베이션의 개념

▌모티베이션의 의의와 결정변수

사람의 능력에는 분명 한계가 있다. 그러나 신명나게 일할 수 있는 사기진작을 위한 자극이 있게 되면 최대한 능력을 발휘할 수 있다. 경영자는 조직 구성원으로 하여금 각자의 맡은 일을 잘 수행하도록 자극을 줌으로써 목적달성에 기여하도록 해야 한다.

작업장에서 종업원 개인의 성과는 맡은 일을 열심히 하고자 하는 모티베이션, 직무를 수행할 수 있는 능력, 직무 수행에 필요한 자원이 충분한가와 같은 작업환경 등 세 가지이다. 그런데 종업원의 능력 문제와 자원의 문제는 곧 고칠 수 있는 문제이지만 모티베이션의 문제는 복잡한 현상이기 때문에 정확한 성격을 규명하기가 쉽지 않다. 따라서 경영자의 중요한 임무 중 하나는 종업원들로 하여금 맡은 일을 열심히 해서 성과를 내야겠다는 강한 의욕을 갖도록 동기를 유발하는 것이다. 모티베이션(motivation)이란 구성원들에게 적극적으로 일을 하고자 하는 의욕을 북돋는 것으로 목적달성을 위하여 특정 방향으로 자발적인 노력과 행동을 일으키고, 유도하고, 지속시키는 일련의 동기유발 또는 동기부여라고도 한다. 이러한 힘은 사람의 내면적인 힘일 수도 있고 사람을 둘러싸고 있는 환경 조성같은 외면적인 힘일 수도 있다. 따라서 모티베이션의 문제를 해결하고자 할 때에는 한쪽으로 치우침이 없이 두 힘을 폭넓게 고려해야 한다.

작업장에서 모티베이션을 결정하는 중요한 변수들은 〈표 14-1〉에서 보는 바와 같이

- 개인의 특성
- 직무의 특성
- 작업환경의 특성

등이다.

개인의 특성은 모티베이션을 일으키는 내적 미는(push) 힘의 원천이다. 동기(motive)란 어떤 행동을 불러 일으키고 그 행동의 방향을 유도하며 또한 지속시키려는 내적 힘이라고 정의할 수 있다. 동기가 유발되면 업무성과가 향상된다. 사람은 부족하거나 원하는 무엇인가를 성취하기 위하여 활동을 한다. 사람은 욕구와 욕망, 충동, 기대, 열망,

|표 14-1| 모티베이션의 영향변수

내적 미는 힘	외적 끄는 힘	
개인의 특성(예)	직무의 특성(예)	작업환경의 특성(예)
• 욕 구 　· 안정 　· 자존 　· 성취 　· 권력 • 태 도 　· 자신에 대한 　· 직무에 대한 　· 감독자에 대한 　· 조직에 대한 • 목 적 　· 과업완성 　· 성과수준 　· 진급	• 피드백 　· 양 　· 시기 • 작업량 • 과 업 　· 다양성 　· 범위 • 재량권 　· 직무의 수행방법	• 직접적, 사회적 환경 　· 감독자 　· 작업그룹 　· 부하 • 조직의 조치 　· 보상 　· 훈련 　· 높은 성과의 압력

출처: Michael A. Hitt, J. Stewart Black and Lyman W. Porter, *Management*, 9th ed. (Prentice Hall, 2005), p. 413.

소원 등을 바탕으로 목표달성을 위한 행동에 힘을 부여한다.

직무의 특성과 작업환경의 특성은 외적 끄는(pull) 힘의 원천이다. 직무의 특성은 작업장에서 무엇을 하는가에 초점을 둔다. 여기에는 작업자가 과업을 수행하면서 받는 직접적인 피드백, 작업부하, 직무의 양과 범위, 직무수행의 재량권이 포함된다.

작업환경의 특성은 작업자에게 무엇이 발생하는가를 의미하는데 여기에는 사회환경과 여러 가지 형태의 조직의 조치가 포함된다.

중요성

개인의 성과는 일반적으로

- 직무수행 능력(ability)
- 직무수행 모티베이션
- 직무수행에 필요한 자원을 공급하는 작업환경

등이 결정한다.

작업자의 능력이 부족하면 훈련을 시킨다든지, 또는 능력 있는 작업자로 교체하면 된다. 자원이 문제라면 시정하면 된다. 그러나 모티베이션이 문제라면 경영자가 해결해야 한다. 개인의 행동은 복잡한 현상이기 때문에 문제의 성격을 파악하고 해결하기가 쉽지 않다. 따라서 모티베이션은 성과의 결정요인으로 아주 중요시된다.

하버드대학교의 윌리엄 제임스(William James)는 1800년대 말 모티베이션에 대한 연구에서 종업원은 보통 일을 할 때 자기 능력의 20~30%만 발휘하지만 강력한 모티베이트가 되었을 경우에는 80~90%의 능력을 발휘한다는 사실을 발견하였다. 모티베이션은 개인의 노력의 크기 또는 강도를 결정하는 중요한 변수이다. 이와 같이 높게 모티베이트된 종업원은 상당한 성과의 향상을 가져오고 결근, 퇴직, 태업, 분규 등에 있어서는 상당한 감소를 가져오는 것이다.

종업원들을 모티베이트 시키는 일은 경영자들이 해야 한다. 따라서 경영자들은 종업원들이 일을 열심히 할 수 있도록 이끌고 그들에게 일할 의욕을 제공하고 그들의 활동을 원하는 방향으로 유도할 수 있는 능력을 갖추어야 한다.

▌유발 과정

모티베이션 과정은 충족되지 않은 욕구 또는 결핍으로부터 시작한다. 동기유발의 원동력은 욕구라는 것이다. 사람은 예컨대 의·식·주, 달성, 금전 획득과 같은 기본적인 욕구를 갖고 있다. 욕구는 이를 만족시키고자 하는 목표 지향적 행동을 일으키는 자극, 즉 욕구는 동기를 야기한다. 이러한 욕구는 물질적, 심리적 결핍(deficiency)으로부터 발생한다. 충족되지 않은 욕구는 개인의 추진력을 자극시키는 압력으로 작용하는데 욕구를 충족시키고 압력을 경감하기 위하여 여러 가지 방법을 고려한다. 그 중에서 쉽고 결과가 좋은 방법을 선택하여 행동으로 옮긴다.

다음에는 욕구만족의 평가가 이루어진다. 예측된 목적이 달성되면 불균형의 내적 심리상태가 균형을 회복한다. 즉 가졌던 긴장상태가 완화되고 만족감을 느끼면서 선택하였던 행동을 지속한다. 그러나 예측했던대로 목적이 달성되지 않으면 다른 선택을 강구하게 된다.

이러한 모티베이션의 과정은 〈그림 14-1〉에서 보는 바와 같다.

[그림 14-1] 모티베이션 과정

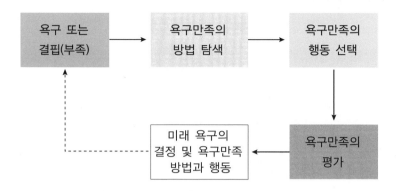

출처: Ricky W. Griffin., *Management*. 8th ed.(Houghton Mifflin Co., 2005), p. 513.

2. 모티베이션 이론

기본적 모티베이션 이론

일반적으로 모티베이션 이론(motivation theory)은 어떻게 하여 인간들을 원하는 대로 움직일 수 있을까를 연구하는 이론으로서 이는

- 내용이론
- 과정이론
- 강화이론

으로 나눌 수 있다.

내용이론(content theory)은 인간으로 하여금 모티베이트 시키는 동기부여 요인이 무엇인가(what)에 초점을 맞추고 있는 데 반해 과정 이론(process theory)은 인간이 모티베이트되어 가는 과정(process)에 초점을 맞추고 있다.

강화이론(reinforcement theory)은 개인의 행동을 그의 결과로 설명하는 이론이다. 만

족스러운 결과를 가져오는 행동은 반복할 필요가 있고 만족스럽지 못한 결과를 가져오는 행동은 반복할 필요가 없는 것이다.

▎내용이론

사람들은 욕구(needs)를 충족시키기 위하여 동기를 유발한다. 욕구가 충족되지 않으면 긴장상태가 발생하고 이러한 긴장상태는 행동이나 태도에 영향을 미쳐 목표 지향적인 충동을 유발한다. 이와 같은 충동은 행동으로 이어지며 이러한 행동을 통하여 목표가 이루어지면 욕구가 충족되어 긴장상태가 해소된다. 〈그림 14-2〉에서 보듯이 사람은 그의 욕구가 만족되는 방향으로 행동을 취하게 된다.

사람들의 동기를 이해하기 위해서는 먼저 사람들이 가지고 있는 욕구와 이러한 욕구를 어떻게 충족시키는가에 대한 이해가 필요하다. 내용이론은 '무엇이' 행동에 대한 동기를 유발하고, 방향을 설정 및 유지케 하고, 행동을 그치게 하는가에 관심을 둔 이론이다. 즉 행동의 원동력이 되는 욕구에 초점을 두고 어떤 욕구를 만족시켜주어야 하는지에 관심을 둔다. 내용이론은 전통적 이론이라 할 수 있다.

과학적 관리법에서는 작업자를 모티베이트 시킬 수 있는 요인이 경제적 보상이라고 여기고 성과급 등을 그의 수단으로 생각했으며 인간관계론에서는 작업조건, 작업자에 대한 관심 등이 모티베이트 요인이라고 생각하였다.

이와 같이 욕구를 중심으로 모티베이션 요인을 연구하는 대표적인 내용이론에는

• 욕구단계이론

[그림 14-2] 내용이론의 모티베이션 모델

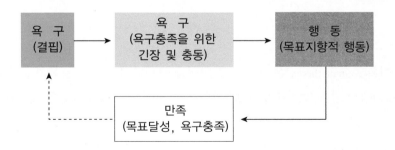

- ERG이론
- 성취동기이론
- 동기-위생요인이론

등이 있다.

1 욕구단계이론

인간 욕구나 모티베이션에 대해서 가장 잘 알려진 이론은 1950년대 매슬로(A. H. Maslow)가 제안한 욕구단계이론(needs hierarchy theory)이다.[1] 이 이론에 의하면 사람은 다섯 가지의 욕구가 있으며 이 욕구들은 계층을 이루기 때문에 사람을 모티베이트 시킬 수 있는 욕구는 하위계층의 욕구로부터 단계적으로 나타난다.

매슬로가 제시하고 있는 다섯 가지의 욕구를 구체적으로 살펴보면 다음과 같다.

- **생리적 욕구**(physiological needs): 생명을 유지하기 위해 육체적이고 본능적인 활동을 하는 데에 필요한 최하위 단계의 욕구이다. 여기에는 의·식·주, 굶주림, 갈증, 성, 수면, 활동성, 감각적 만족 등 신체기관의 모든 생리적 욕구가 포함된다.
- **안전 및 안정 욕구**(safety and security needs): 신체적, 심리적으로 불안의 원인이 되는 위협으로부터 안전 및 안정을 얻으려고 하는 욕구이다.
- **사회적 욕구**(social needs): 소속감, 정서적 애정, 우정 등 다른 사람과의 관계욕구이다.
- **자존 및 존경 욕구**(ego and esteem needs): 자신을 존중하며 자존심을 지니며 타인으로부터 존경받기 바라는 욕구이다. 이 욕구에는 신뢰, 독립, 자유, 위신, 주위의 인정, 평판, 관심 그리고 존중에 대한 욕망이 포함되어 있다.
- **자아실현 욕구**(self-actualization needs): 욕구단계 중에서 최고 수준의 욕구로서 자기완성에 대한 갈망을 뜻하며 인간이 자신의 잠재력을 발휘하고 실현하고자 하는 경향을 말한다. 이 욕구는 완전히 충족시킬 수 없다는 특징을 갖는다.

욕구단계이론에 의하면 사람의 행동을 유발하는 요인이 욕구불만족이며 한 시점에

---

1 A. H. Maslow, "A theory of human motivation," *Psychological Bulletin*, 50(1943), pp. 370~396.

[그림 14-3] 매슬로의 욕구단계

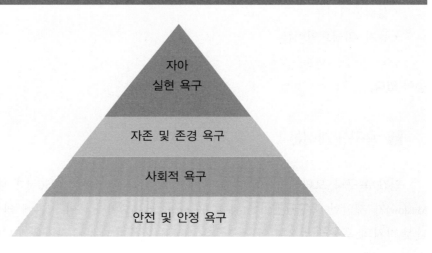

자아
실현 욕구

자존 및 존경 욕구

사회적 욕구

안전 및 안정 욕구

생리적 욕구

출처: A. H. Maslow, "A theory of human motivation," *Psychological Bulletin*(1943), pp. 370~396를 기초로 함.

서 한 욕구가 충족되지 않으면 다른 욕구는 발생하지 않는다. 일단 한 욕구가 충족되고 나면 그 욕구는 더 이상 행동을 유발하는 힘을 잃게 되며 그 다음 계층의 욕구가 지배적인 욕구로 나타난다. 결국 사람의 욕구충족은 〈그림 14-3〉에서 보듯이 하위 계층의 욕구에서 상위 계층의 욕구로 올라간다는 것이다.

　욕구단계이론의 중요 원리는 사람은 자신이 현재 만족하지 못하고 있는 최저 수준의 욕구를 충족시키는 데 주요 관심과 노력의 초점을 맞춘다는 것이다. 또한 사람에 따라서 동기화 되는 욕구단계가 다르며, 시간의 흐름에 따라 개인의 욕구상태는 달라질 수 있다는 것이다.

　또한 장기간에 걸친 욕구불만족은 좌절·갈등·스트레스(stress) 등을 유발하기 때문에 경영자들은 조직 구성원들의 욕구에 대한 모티베이션이 어느 단계에서 이루어지고 있는가를 우선 판단하고 이에 따라 어떤 보상과 기회를 제공하는 것이 가장 바람직한가를 평가할 필요가 있다는 것이다.

② ERG이론

　매슬로의 욕구단계이론은 각 단계의 욕구를 보다 명확하게 정의하고 구체적인 개

넘을 강조한 반면, 알더퍼(C.P. Alderfer)는 1969년 매슬로의 욕구단계이론을 보다 단순화하여 포괄적이고 추상적인 세 수준의 욕구단계를 제시하는 ERG이론을 개발하였다. ERG이론은 매슬로가 주장하는 욕구의 만족-진행(satisfaction-progression) 과정뿐만 아니라 좌절-퇴행(frustration-regression) 과정도 일어난다고 주장하였다. 전자는 하위계층의 욕구가 만족되면 상위계층의 욕구충족으로 진행되어 가는 과정을 말하고 후자는 상위계층의 욕구가 만족되지 않을 경우에는 좌절을 느껴 하위계층의 욕구가 커져가는 과정을 말한다.

따라서 사람의 욕구는 한 시점에 둘 이상의 욕구가 동시에 발생할 수 있다고 주장한다는 점에서 매슬로의 이론과 차이점을 보이고 있다. 이 이론에 의하면 사람은 존재, 관계 그리고 성장에 관한 세 단계의 욕구를 갖는다.[2] 알더퍼의 ERG이론에서 제시하고 있는 세 가지 수준의 욕구는 다음과 같다.

- **존재욕구**(E: existence needs): 인간이 존재하기 위하여 필요한 모든 다양한 형태의 물질적·생리적 욕구들이 포함된다. 존재욕구는 매슬로가 언급한 생리적 욕구와 물리적 안전욕구가 포함된다. 조직에서의 봉급, 복지후생 및 육체적 작업조건 등이 이 범주에 속한다.
- **관계욕구**(R: relatedness needs): 모든 사회 지향적인 욕구를 통합한 것이다. 이 욕구는 매슬로 이론에서 다른 사람과 관련된 안전욕구, 사회적 욕구와 존경욕구가 포함된다. 조직에서는 하위 종업원, 동료, 감독자, 친구 등과 같이 타인과의 관계와 관련되는 욕구를 포함한다.
- **성장욕구**(G: growth needs): 자신의 잠재력 개발과 관련된 욕구이다. 이는 매슬로의 자아실현욕구 및 자기존중욕구에 해당된다. 조직에서는 새로운 능력개발을 필요로 하는 일을 조직 구성원이 담당하게 함으로써 성장욕구의 충족이 가능하다.

③ 성취동기이론

매슬로가 그의 이론을 개발하고 있었던 거의 같은 시기에 머레이(H. Murray)는 표출욕구이론(manifest need theory)으로 알려진 모델을 제시했다.[3] 머레이는 인간의 욕구가

---

2 C. P. Alderfer, *Existence, Relatedness and Growth: Human Needs in Organizational Settings*(New York: Free Press, 1972).

3 H. A. Murray, *Exploration in Personality*(New York: Oxford University Press, 1938).

학습(learning)을 통해 형성되며, 일단 형성된 욕구는 잠재해 있다가 주위 환경이나 상황이 적합하게 되면 표면으로 표출된다고 주장하였다.

이러한 견해는 인간이 선천적 욕구, 즉 특정의 욕구군을 가지고 태어난다고 믿는 매슬로나 알더퍼의 이론과는 기본적으로 다르다. 또한 매슬로와 달리 머레이는 어떤 시간에 어떤 욕구라도 작동한다고 주장하기 때문에 그의 욕구이론에는 욕구단계가 없다. 매슬로는 한 시점에 한 욕구가 지배적으로 나타난다고 주장한 반면, 머레이는 동시에 많은 욕구가 활성화될 수 있다고 하였다.

머레이의 연구에 뒤이어 몇몇 실증 연구자들이 조직경영과 관련되는 소수의 중요한 욕구에 대하여 연구를 수행했다. 맥클리랜드(David McClelland)는 조직행위에서 특히 중요한 성취욕구, 친화욕구 그리고 권력욕구를 집중적으로 연구하였다.

- **성취욕구**(need for achievement): 탁월한 기준과 경쟁하려는 욕구(behavior toward competition with a standard of excellence)로 정의할 수 있다. 성취욕구가 높은 사람은 다음과 같은 특징을 가지고 있다. 첫째, 성취감을 주는 수준의 합리적인 도전을 선택한다. 둘째, 목표를 달성하기 위하여 추구하고 있는 상황에 대하여 즉각적인 피드백을 원한다. 셋째, 목표가 달성되었을 때 금전적 수입과 관계 없이 내재적인 보상을 원한다. 마지막으로 과업이 성공적으로 완료될 때까지 그 과업에 몰두하는 경향이 있다.
- **친화욕구**(need for affiliation): 타인과 친교관계를 맺고 타인과 다정하고 따뜻한 관계를 갖고 싶어하는 욕구를 의미한다. 친화욕구는 여러 가지 면에서 알더퍼의 관계욕구와 유사하다.
- **권력욕구**(need for power): 다른 사람을 통제하고 싶어하고 그들의 행위에 영향을 미치고 다른 사람들을 위하여 책임을 지고 싶어하는 욕구를 의미한다. 권력욕구가 높은 사람은 개인중심적 권력(personalized power)과 사회중심적 권력(socialized power)에 의해서 이 욕구를 충족시키려 한다.

결론적으로 맥클리랜드의 성취동기이론(achievement motive theory)은 첫째, 기업가정신(entrepreneurship)을 정립하였고 둘째, 인간 개개인의 차이를 사람들로 하여금 인정하도록 하였으며 셋째, 동기이론을 거시경제 분야로 확대하는 데 기여하였다.

④ 동기 – 위생이론

동기-위생이론(motivation – hygiene theory)은 허즈버그(F. Herzberg)에 의해 개발된 이론으로 2요인이론(two-factor theory)이라고 불리기도 한다.[4] 허즈버그에 의하면 인간에게는 성장하고자 하는 욕구와 고통을 회피하고자 하는 욕구 등 두 종류가 있다.

- **위생요인**(hygiene factor): 고통을 피하려고 하는 욕구이며 일 그 자체보다는 직무에 관한 환경요소, 즉 봉급, 작업조건, 지위, 개인 상호 간의 관계, 조직의 방침·관리·감독, 그리고 안정 등과 직접 관련되어 있다. 이는 불만족요인(dissatisfier)이라고도 부른다.
- **동기요인**(motivator factor): 심리적 성장을 추구하는 요인이다. 동기요인은 직무내용, 즉 성취, 인정 그리고 직무 그 자체와 관련되어 있다. 또한 이 요인들은 조직 구성원들에게 만족을 주기 때문에 만족요인(satisfier)이라고도 한다.

허즈버그의 이론은 첫째, 경영을 염두에 두고 개발된 조직 구성원의 모티베이션에 관한 이론이란 것이다. 따라서 보다 경영학적인 이론이라 할 수 있고 경영자가 쉽게 응용할 수 있는 이론이다.

둘째, 허즈버그의 이론에 의하면 위생요인(급여, 작업조건 등)은 조직 구성원을 동기화하는 잠재력이 낮으며 위생욕구가 충족되었을 때 조직의 유일한 이익은 단지 불만족

[그림 14-4] 내용이론들의 비교

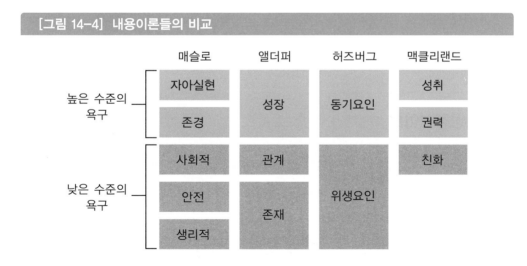

---

4 F. Herzberg, B. Mausner & B. Snyderman, *The Motivation to Work*(New York: Wiley, 1959).

상태를 피할 수 있다는 것이다. 따라서 조직은 조직 구성원들이 불만족하지 않을 정도로 위생요인을 충족시킨 후에는 동기요인의 충족으로 만족을 증대시키는 방향으로 모티베이션이 이루어지도록 해야 한다.

이상에서 설명한 내용이론들을 비교하면 〈그림 14-4〉와 같다.

▌과정이론

과정이론(process theory)은 개인이 어떠한 과정을 통해 모티베이트되는가를 설명하는 이론이다. 앞서 살펴본 내용이론은 개인을 모티베이션 시키는 요인이 무엇인지에 초점을 맞추고 있는 반면 과정이론은 인지적 과정(cognitive process)에 초점을 두고 욕구충족이 무엇에 의하여 어떻게 이루어지고 있으며 개인의 행동이 어떻게 유발되는지 그 과정을 설명하고 있다. 이는 현대적 이론이라 할 수 있다.

과정이론은 개인의 행동을 보다 풍부하게 설명하고 예측 가능하게 한다는 점에서 실제 조직에서도 광범위하게 활용되고 있는 중요한 이론이다. 대표적인 과정이론으로는

- 공정성이론
- 목표설정이론
- 기대이론

등이 있다.

1 공정성이론

아담스(J. S. Adams)가 개발한 공정성이론(equity theory)은 개인의 욕구에 초점을 두기보다는 '사회적 교환(social exchange)' 관계에서 얻어진 결과에 의한 정서적(affective) 및 행동반응(behavioral response)에 관심을 갖는다.[5] 공정성이론에 의하면 개인이 동일한 조건에서 자신의 투입(노력, 공헌)에 대한 산출(결과, 보상, 임금)의 비율을 다른 사람들의 투

---

5 J. S. Adams, "Toward an Understanding of Inequity," *Journal of Abnormal and Social Psychology*, 67 (1963), pp. 422~426.

[그림 14-5] 공정성이론과 사회적 비교

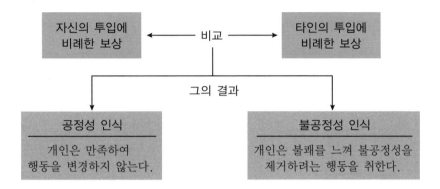

입에 대한 산출의 비율과 상대적으로 비교하여 이 두 비율이 같다고 인식할 때 공정성 (equity)이 존재한다고 하고 두 비율이 동등하다고 생각하지 않을 때에는 불공정성 (inequity)이 존재하게 된다는 것이다.

예컨대 임금의 경우 자신의 '임금-노력 비율'과 타인의 '임금-노력 비율'을 비교했을 때 자신이 느끼는 공정성 등에 의해 개인의 행동반응은 영향을 받는다.

즉 공정하다고 인식할 때는 개인의 행동에 아무런 변화가 발생하지 않지만 불공정성을 느끼게 되면 개인의 긴장과 갈등이 초래되기 때문에 공정성을 수정 또는 회복하려는 방향으로 행동을 취하게 된다. 이는 〈그림 14-5〉에서 보는 바와 같다.

공정성의 결여는 사기와 생산성에 상당한 영향을 미치기 때문에 경영자는 작업자들에게 공정한 보상을 제공하도록 노력해야 할 것이며 공정성의 평가는 특정 개인을 기준으로 하지 말고 조직 내·외의 동일한 또는 유사한 직무를 수행하고 있는 다른 사람들과 비교하여 실시해야 한다.

② 목표설정이론

목표설정이론(goal-setting theory)은 개인의 행동유발 과정을 설명하는 데 있어서 목표의 성과에 미치는 영향에 초점을 맞추고 있는 이론이다. 목표달성을 위한 의지가 모티베이션의 중요한 요인이라는 것이다. 즉 목표설정이론에서는 개인의 행동을 유발하는 목표의 다양한 속성과 행동유발 과정을 설명하고 있다. '젊은이여, 야망을 가져라'라는 격언은 인생에 있어서 높은 목표를 설정하여 달성하도록 노력하라는 뜻으로 해석할 수 있다.

이와 같이 우리는 일상 생활에서 이상, 야망, 포부, 열망 등과 같이 목표의 뜻이 스며들어 있는 말들은 사람을 동기화 시키기 위하여 사용되고 있다. 이런 점에서 볼 때 목표설정이론은 동기이론 중에서 가장 오래되고 친숙한 이론이다.

목표설정이론은 명확하고 도전적이고 달성하기 어려운 목표가 부하들에 의하여 받아들여진다면 달성하기 쉬운 목표보다 더 높은 성과를 가져온다는 이론이다. 예를 들면, "이번 학기 평점 3.5 이상을 받고 싶다"라는 명확한 목표를 설정하는 경우에는 목표가 없다든지 또는 "최선을 다 한다"라는 일반화된 목표를 설정하는 경우보다 훨씬 큰 성과를 결과한다는 것이다.

목표설정이론의 기본적인 구성요소는 다음과 같이 네 개이다.

- **목표 구체성**(goal specificity): 구체적 목표는 일반적 목표보다 성과 증진이 크다.
- **목표 난이도**(goal difficulty): 평점 3.9 획득이라는 어려운 목표는 2.0 획득이라는 쉬운 목표보다 높은 성과를 초래한다.
- **목표 수용도**(goal acceptance): 목표설정 과정에 참여하면 달성하기 어려운 목표라 할지라도 수용할 가능성이 더욱 높아진다.
- **성과 피드백**(performance feedback): 목표달성의 진척상황을 나타내는 정보이다.

③ 기대이론

기대이론(expectancy theory)은 개인이 다양한 행동대안 가운데 자신의 효용을 극대화하는 행동대안을 선택하는 과정을 설명한 이론이다. 기대이론은 지금까지 소개한 동기이론 가운데서 가장 논리적이고 널리 알려진 이론이다. 기대이론은 사람들이 어떻게 느끼고 행동하는가 뿐만 아니라, 왜 그들이 특정한 방식으로 행동하는가를 설명하고 있다. 이와 같이 기대이론은 모티베이션을 단순한 욕구가 아닌 행위의 과정으로 인식하고 있는 것이다.

더욱이 기대이론은 욕구이론, 목표설정이론, 공정성이론 등 다양한 동기이론을 통합할 수 있는 이론적 틀을 제공하는 중요한 이론이다.

기대이론은 브룸(V. H. Vroom)에 의해 정립되었으며,[6] 여러 대안들 중에서 하나를

---

6 V. H. Vroom, *Work and Motivation*(New York: Wiley, John & Sons, 1964).

[그림 14-6] 대안평가 과정의 수준

선택해야 할 때 사람들은 가장 매력적인 대안을 선택한다고 주장한다. 그리고 선택된 대안의 매력도가 클수록 그 대안을 추구하려는 동기력이 커진다. 브룸은 〈그림 14-6〉에서 보는 바와 같이 세 가지 변수들을 통해 대안평가 과정을 설명하고 있다. 무엇을 하고자 하는 노력의 모티베이션은 다음과 같은 세 가지 인식에 의해 결정된다.

- 노력을 하면 성과가 꼭 따른다는 인식
- 성과에는 보상(reward)이 수반된다는 인식
- 보상(결과)은 개인에 가치가 있다는 인식

간단히 말하면 개인은 여러 행동대안 중에서 하나를 선택할 때 가장 큰 가치를 부여하고 또 취득할 확률이 가장 높은 결과(보상)를 가져다 줄 대안을 선택하게 된다.

- **유의성**(valence): 유의성이란 개인에게 있어서 결과의 중요성 또는 가치의 정도를 말하는 것이다. 보상 또는 결과는 성과에 대한 반대급부로서 외재적 보상(extrinsic reward)인 승진, 보너스, 휴가와 내재적 보상(intrinsic reward)인 성취감, 만족감 등이 포함된다. 유의성은 보상에 대한 개인의 선호를 반영하는 것으로 −1에서 +1까지의 범위를 갖는다.
- **기대감**(expectancy): 기대감(E → P)이란 행위 또는 노력이 성과를 가져올 것이라는 가능성 또는 확률로 정의할 수 있다. 따라서 기대감은 노력 대 성과의 관계를 설명하는 개념으로, 확신이 전혀 없는 0에서 완벽한 확실성인 1로 나타나게 된다.

- **수단성**(instrumentality): 수단성(P → R)이란 성과가 보상이나 결과에 연결되는 주관적 확률이다. 즉 수단성은 성과와 보상 간의 관계로 0에서 +1까지 다양하게 나타낼 수 있다.

기대이론에서는 개인은 과정에서 동기력(motivation force)의 값이 가장 큰 대안을 선택한다고 설명하고 있다.

브룸의 모델에서 동기력은 유의성, 기대감 그리고 수단성의 곱의 합으로 다음의 계산식에 의해 산출된다.

동기력＝유의성×기대감×수단성

기대이론은 기대감과 수단성뿐만 아니라 개인의 특성 및 보상체계 등에 의해 영향을 받는다는 점과 조직 구성원의 행동의 방향을 설명해 주고 있다. 그러나 이 이론은 너무 복잡하여 변수 측정에 문제가 있다는 점, 이론의 인식 과정을 사람이 그대로 따를 수 있느냐는 점, 3대 구성요소의 관계가 무엇이냐는 점 등의 비판이 따르고 있다.

▌강화이론

앞에서 설명한 내용이론이나 과정이론은 사람들이 특정 행동을 하는 이유(왜)를 규명하려 하였지만 강화이론(reinforcement theory)은 사람의 행동은 그의 결과의 함수라고 주장한다. 목표설정이론은 개인의 목표가 그의 행동을 이끈다고 주장하는 반면 강화이론은 외적 요인에 의하여 행동이 발생한다고 주장한다. 즉 강화이론은 효과의 법칙(law of effect)에 따라 긍정적인 결과를 가져오는 행동은 강화하고 계속 반복할 필요가 있지만 부정적인 결과를 가져오는 행동은 근절해야 한다는 이론이다. 강화란 행동의 결과를 변화시키기 위하여 보상을 제공하여 인간행동 자체에 영향력을 행사하는 과정이다.

그러므로 경영자들은 작업자들의 행위에 영향력을 행사하여 행위를 유지 또는 변경시키도록 보상을 이용한다. 바람직스런 행동은 강화하고 바람직스럽지 못한 행동에 대해서는 질책하기보다는 무시해야 한다. 이때 보상이 성과와 관련 없이 시행되거나 우연히 잘못된 행위에 대해 이루어지게 되면 보상의 실효성이 상실된다.

강화이론은 기대, 목표, 욕구와 같은 요소들은 무시하고 다만 작업자들이 취한 행동의 결과에만 주목한다. 스키너(B. F. Skinner)에 따르면 사람은 행동의 결과에 따라 보상이 이루어질 경우 요구하는 행동을 기꺼이 수행하며 보상은 즉각 이루어질 때 가장 효과적이라고 한다.

강화의 유형은 대체로

- 긍정적 강화
- 부정적 강화
- 소멸
- 처벌

등이다.

긍정적 강화(positive reinforcement)란 즐겁고 바람직한 결과를 가져오는 행동을 계속하도록 칭찬, 금전, 애정, 승급, 상패, 근로시간 단축 등을 제공하는 것을 말한다.

부정적 강화(negative reinforcement)란 긍정적 강화에서처럼 보상을 사용하여 요구되는 행동을 이끌어내려는 것이 아니고 불쾌한 자극을 제거해 줌으로써 행동을 강화시켜 주는 것이다. 예를 들면, 집에서 아이들이 부모님의 잔소리와 꾸중을 듣지 않기 위하여, 즉 부정적 조건을 제거하기 위하여 요구되는 행동을 하게 된다.

소멸(extinction)이란 어떤 행위가 보상을 받지 못하면 결국 그 행위는 중단된다는

[그림 14-7] 강화를 통한 행동의 변화 유형

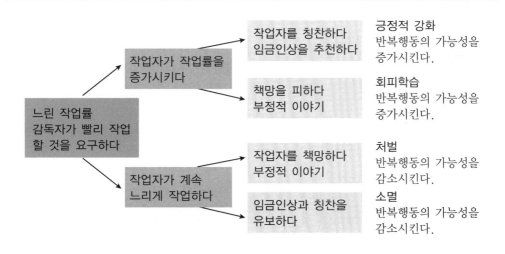

것을 말한다. 뒤에서 설명할 처벌은 질책과 같은 불쾌한 결과를 강요하지만 소멸은 칭찬, 봉급인상과 같은 긍정적인 결과를 철회하는 것이다. 예를 들면, 떼를 쓰는 아이에 요구를 들어주면 계속 떼를 써서 요구사항을 만족시키려 한다. 이때 아무리 떼를 써도 듣는 척도 하지 않으면(아무런 반응도 보이지 않으면) 더 이상 떼를 쓰지 않게 된다.

처벌(punishment)이란 요구되지 않는 행위의 빈도를 줄이기 위하여 싫거나 부정적 결과를 제시하거나 또는 긍정적 결과를 제거하는 것을 말한다. 처벌은 개인이 요구되지 않는 행동을 저지른 후에 적용된다.

〈그림 14-7〉은 이상에서 설명한 강화를 통한 행동의 변화 유형을 나타내고 있다.

3. 모티베이션 전략

우리는 지금까지 모티베이션에 관한 여러 가지 이론을 공부하였다. 이러한 이론을 응용할 여러 가지 기법이나 전략을 사용할 수 있어야 한다. 오늘날 모티베이션 전략으로 경영자들이 많이 이용하는 것으로는

- 임파워먼트
- 참여
- 보상시스템
- 그룹과 팀

등이 있다.

▌ 임파워먼트

기업에서 종업원들로 하여금 효과적이고 효율적으로 작업을 수행하도록 동기유발하는 하나의 기법이 특히 하위 종업원들을 임파워하는 것이다. 임파워먼트(empowerment)

란 종업원들이 수행하는 작업활동에 대해 많은 재량권과 책임을 부여하는 경영 기법을 말한다 이러한 기법은 종업원들로 하여금 잠재력을 발휘하여 작업성과를 높이도록 동기 부여하는 것으로 현대 기업에서는 널리 사용된다

경영자들이 종업원들을 임파워하게 되면 종업원들은 의사결정 시 재량권을 갖고 결과에 책임을 지며 품질을 향상시키고 비용을 절감시키는 노력을 하게 된다. 한편 임파워된 종업원들은 품질표준에 어긋나는 부품 사용을 거부할 수 있으며 작업활동의 스케줄을 결정할 권한을 갖게 된다. 이렇게 임파워먼트된 종업원들은 무력감과 스트레스를 해소하고 오르는 사기로 강한 업무의욕과 확신을 갖게 된다.

▌참여

참여(participatio)란 기업이 목표설정에 종업원들을 포함시키고 그들의 일에 관해 스스로 결정하고 책일을 지도록 하고 문제를 해결하고 기업에서 변화를 추구하고자 할 때 그들을 동참시키는 과정을 말한다. 이와 같이 임파워먼트는 작업 자체의 범위를 넘어 작업환경 등 폭넓은 분야에 종업원들을 참여시키고자 하는 넓은 개념이다

종업원이 의사결정에 참여하고 그를 실행하고 긍정적 결과를 지켜보게 되면 달성코자 하는 욕구를 만족시키고 책입감을 갖게 되고 강한 자부심을 갖게된다.

종업원들과 경쟁자 사이에 협조와 존경을 조장할 수 있는 관계라고 하면 참여는 작업성과와 직무만족에 큰 영향을 미친다고 할 수 있다

참여는 특히 다음과 같은 요인들이 갖추어질 때 더욱 효과적이라고 한다.

- 최고경영층이 계속 관심을 가지고 지켜보아야 한다.
- 중간관리자 및 하위관리자가 지원해야 한다.
- 종업원들이 경영자들을 신뢰해야 한다.
- 종업원들이 훈련되고 관심을 가져야 한다.
- 종업원들이 독립적으로 작업해야 한다. 작업자들이 작업 스케줄을 작성할 수 있어야 한다.
- 종합적 품질경영(TQM)이 실행되는 기업이어야 한다. 종업원들이 기업의 제품 품질문제에 참여할 기회를 갖게되면 그 기업은 성공할 가능성이 높게된다.

▌보상시스템

경영자들은 종업원들로 하여금 모티베이트되도록 보상 권력(reward power)을 행사한다, 다시 말하면, 종업원들은 봉급인상이나 보너스같은 높은 보상을 받기 위하여 작업 성과를 내도록 열심히 일을 하게 된다. 즉 높은 성과를 내는 종업원은 그렇지 않은 종업원보다 높은 보상을 받아야 모티베이트되고 만족감을 느끼게 된다. 예를 들면, 자동차 대리점에서는 자동차의 판매량에 따라서 딜러에 커미션을 지불하기도 한다

봉급은 종업원들로 하여금 능력 이상의 성과를 올리도록 모티메이트하는 데 이용하지만 이직을 하지 않도록 하는 데도 사용한다.

본장에서 설명한 각 이론은 봉급의 중요성을 강조하고 봉급을 성과에 따라야함을 주장한다. 예를 들면, 목표설정이론에서는 봉급과 같은 결과는 목표의 달성과 연계되어야 한다.

▌그룹과 팀

기업에서 경영자는 여러 가지 형태의 그룹과 팀을 구성하여 작업성과를 향상시키고, 고객에의 빠른 반응을 유도하고, 혁신을 자극하고 종업원들을 모티베이트시킨다. 특히 경영자는 그룹이나 팀의 멤버들로 하여금 기업의 목표를 달성하도록 모티베이트하지만 멤버들이 각자 따로따로 일할 때보다 팀으로 함께 일하도록 하면 만족감을 느끼게 한다. 팀 멤버들은 자신의 노력과 재능으로 팀의 목표달성에 기여하게 되면 자신들의 작업 결과에 대해 책임감을 느끼게 된다.

팀 멤버들이 모티베이트되고 만족감을 느끼게 되면 당연히 이직률이 낮게 된다. 특히 자율관리팀(self-managed team)의 멤버들은 팀이 해야 할 일들에 대한 책임과 자율권을 갖기 때문에 동료의식을 느끼게 되고 협동심을 고취하게 된다. 이때 경영자들은 감독관이 아니라 코치로서 지원하면 된다.

4. 리더십

리딩(leading)은 조직 구성원들이 자발적으로 목표를 달성하도록 행동을 유도하고 영향력을 행사하는 과정이다. 다른 사람들을 움직이도록 리드할 수 있는 능력, 즉 리더십(leadership)은 현대 사회에 있어서는 사람들을 일하도록 또는 협조하도록 강제하기가 어려우므로 특히 중요하다. 리더십은 기업의 다양한 구성원들을 한 방향으로 움직이도록 하고, 활성화시키고 상호 연결시켜서 시너지 효과를 낼 수 있도록 하기 때문에 살아 있는 기업에서는 아주 중요하다.

리더십은 조직 구성원의 만족, 모티베이션 및 성과에 영향을 미치며 조직의 목적을 효과적으로 달성하는 데 중요한 역할을 하고 있다. 리더는 집단 및 조직의 성과에 상당한 영향을 미친다. 따라서 리더십을 이해하고 리더십의 유효성(효과성)을 증진시키는 것이 중요하다.

▌ 리더십의 개요

① 리더십의 정의

어떤 면에서 리더십은 사랑이란 용어와 비슷하다. 모든 사람들이 느낄 수는 있지만 정의하기가 어렵기 때문이다. 여러 학자들의 정의를 통해 리더십의 특징을 정리해 보면

- 리더십은 집단 목표달성을 위해 자발적으로 노력하도록 개인들에게 영향력을 행사하는 활동이며
- 리더십은 구체적인 목표를 달성하기 위하여 의사전달 과정을 통해 개인에게 영향력을 행사하는 과정이고
- 리더십은 집단 목표를 달성하기 위하여 집단 구성원의 활동을 지도·조정하는 데 비강제적인 영향력을 행사하는 것이다.

따라서 리더십은 집단 목표를 효율적으로 달성하기 위하여 리더가 개인 또는 집단

의 활동에 의도적으로 영향력을 행사하는 과정으로 정의할 수 있다.[7] 여기서 영향력을 행사한다는 것은 사람을 변화시키고 힘을 북돋아 주고 신명나게 하는 것을 말한다. 이와 같이 리더십은 목표, 구성원(부하), 영향력의 3요소로 설명할 수 있다.

2 리더십의 기능

리더십을 효과적으로 발휘하면 근로자들로 하여금 높은 사기와 열의 그리고 신뢰감을 갖고 일하도록 함으로써 능률적 성과를 거두도록 만든다. 이러한 리더십은 다음과 같은 기능을 수행한다.

- 모든 조직 구성원들의 활동을 고려할 수 있는 완벽한 조직을 설계하는 것은 불가능하기 때문에 조직 구성원들의 바람직한 행위를 형성하고 이를 과업 지향적으로 통합하는 기능을 수행한다.
- 조직으로 하여금 변화하는 환경조건에 신속히 적응하게 함으로써 급변하는 환경 속에서 조직의 안정성을 유지하는 데 도움을 준다.
- 조직이 성장하거나 변화하는 시기에 다양한 조직단위를 내부적으로 통합하는 등의 완충 기능을 수행한다.
- 개인들이 욕구를 충족하고 목표를 획득하는 것을 촉진시킴으로써 노동력의 안정성을 유지시키는 데 중요한 역할을 한다.[8]

▌ 경영자와 리더

우리는 제1장에서 경영자는 기업의 목표가 잘 달성되도록 계획화·조직화하고 구성원들을 지휘·조정·통제하는 사람이라고 공부하였다. 즉 경영자는 계획한 일이 완성되도록 관리하는 일을 한다. 이에 비하여 리더는 미래지향적으로 목표를 정해주고 여러 구성원들 스스로 잘 해나가도록 자극하고 이끌어가는 사람이다.

리더와 경영(관리)자의 기본적인 차이는 〈그림 14-8〉에 요약되어 있다.

---

7 E. D. Hollender, "Leadership and power," in G. Lindzey & E. Aronson, eds., *The Handbook of Social Psychology*, 3rd eds.(New York: Random House, 1981), pp. 485~537.

8 D. Katz & R. Kahn, *The Social Psychology of Organizations*, 2nd ed.(New York: Wiley, 1978).

[그림 14-8] 리더와 경영자의 차이

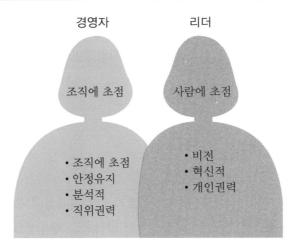

경영자   리더

조직에 초점   사람에 초점

- 조직에 초점
- 안정유지
- 분석적
- 직위권력

- 비전
- 혁신적
- 개인권력

- 경영자는 일을 옳게 하는 데에 관심이 있기 때문에 "우리가 이미 하고 있는 일을 어떻게 하면 더 잘 할 수 있는가?"를 항상 생각한다. 즉 생산성과 효율성에 집중한다. 리더는 옳은 일을 하는 데에 관심이 있기 때문에 "우리는 무엇을 할 것인가?"를 생각한다. 즉 비전, 사명, 목적, 목표에 집중한다.
- 경영자는 안정과 질서를 강조하는 현상유지(status quo)에 만족하지만 리더는 변화와 도전을 추구하여 창의력과 위험감수를 조장한다.
- 경영자는 단기적 이익추구에 집중하지만 리더는 장기적 안목에서 경영성과를 추구한다.
- 경영자는 일을 어떻게 수행할 것인가라는 수단(means)에 관심이 있고 리더는 무엇을 하였는가라는 결과(ends)에 관심이 있다.
- 경영자는 통제와 다른 사람들의 선택을 제한하는 데 관심이 있는 반면 리더는 다른 사람들의 선택과 옵션의 확대에 관심이 있다.
- 경영자는 조직 구성원이 일하는 과정에서 발생하는 문제를 해결하려고 하지만 리더는 그들 스스로 해결책을 찾도록 고무하고 동기부여한다.

리더는 경영자와 차이가 있지만 조직에서는 이들이 서로 보완적이기 때문에 이들 모두가 필요하다. 리더십이 경영보다 우위의 개념도 아니고 대체할 수도 없다. 경영자는 매일매일의 일을 수행하는 데에 필요하며 리더는 종업원들을 격려하고 기업의 장기적 방향으로 끌어가는 데에 필요하다. 하지만 기업에서 경영을 잘 하려면 경영자는 리더의 자질을 갖추도록 해야 한다.

기업에서 문제가 되는 것은 기업이 적절하게 리드되지 않을 뿐만 아니라 관리자는 넘치는데 반하여 리더는 좀 부족하다는 것이다. 기업경영이 잘 되기 위해서는 경영능력을 갖춘 리더가 많아야 한다.

▮ 권력, 권한 및 리더십

개인의 리더십 스타일이 어떻든지 간에 효과적인 리더십의 중요한 구성요소는 리더가 다른 사람들의 행위에 영향을 미치고 어떤 방식으로 행동하도록 하는 권력(power)에서 찾을 수 있다. 이러한 권력을 행사하는 사람은 리더십을 갖게 되고 그룹이나 조직의 목적달성을 위해 그의 구성원들의 행동 변화에 영향력을 미친다.

리더는 그가 차지하는 지위와 개인적 능력으로부터 권력을 획득한다. 이는 〈그림 14-9〉에서 보는 바와 같다. 전자를 직위권력(position power)이라고 하고 후자를 개인권력(personal power)이라고 한다. 기업에서 지위가 높을수록 다른 사람에게 더 많은 영향

[그림 14-9] 권력의 원천

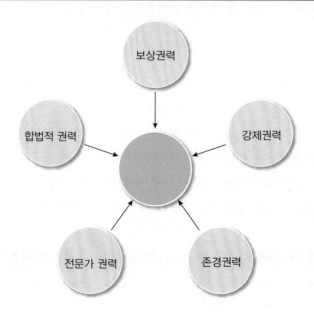

력을 행사할 수 있다. 다른 사람들로 하여금 일을 하게 하는 것은 직위권력에서 나온다고 할 수 있다. 개인권력은 리더의 개인 행동에 근거하여 추종자(follower)로부터 나온다. 카리스마적 리더는 개인권력을 가진다.

1 직위권력

직위권력을 세분하면 다음과 같다.

- **합법적 권력**(legitimate power): 조직에서 차지하는 지위와 권한을 통하여 부하 직원들에게 통제력을 행사할 권리이다.
- **보상권력**(reward power): 부하 직원들의 행동에 영향을 미칠 수단으로 보상을 사용할 능력이다. 보상에는 봉급인상, 보너스, 승진, 휴가, 업무할당 등이 포함된다.
- **강제권력**(coercive power): 부하 직원들의 행동에 영향을 미칠 수단으로 두려움과 처벌을 사용할 능력이다. 처벌에는 감봉, 좌천, 강등, 경고서한 등이 포함된다.

2 개인권력

개인권력을 세분하면 다음과 같다.

- **전문가권력**(expert power): 지식과 기술 같은 전문성을 통하여 부하 직원의 행동에 영향력을 행사할 능력이다.
- **존경권력**(referent power): 리더의 개인 성품, 카리스마, 명망 등 부하직원들의 개인적인 인정을 통하여 그들의 행동에 영향력을 행사하는 능력이다.

권한(authority)은 명령을 내리고 자원을 사용할 권리를 말하는데 권력보다는 좁은 개념이다. 경영자가 가지는 권한의 양은 조직 계층에서 차지하는 지위의 함수이다. 높은 지위에 있을수록 더 많은 지위권력을 갖는다.

개인은 공식적인 권한을 갖지 않고서도 개인권력을 가질 수 있다. 경영자의 권한은 지위에서 강제권력과 보상권력이 감소하면 따라서 감소할 수 있다.

리더십이란 지도자를 기꺼이 추종하고 결정에 따르도록 다른 사람들에 영향력을 행사할 능력을 말한다. 리더는 그룹의 행동에 영향을 미치기 위하여 권력을 사용한다. 예를 들면, 정치적 리더는 종종 존경권력을 사용한다. 조직에서 비공식적 리더는 존경권력과 전문가권력을 결합하여 사용한다. 어떤 경영자는 단지 권한에만 의존하지만 다른 경영자는 권력들을 사용한다.

5. 리더십 이론

리더십 이론(leadership theory)에 관한 연구는 연구자의 관점과 연구방법에 따라 매우 다양하다. 그런데 리더십 이론은 〈그림 14-10〉에서 보는 바와 같이 특성이론, 행동이론, 상황이론의 순서로 발전되어 왔다. 대다수 리더십 이론은 〈그림 14-11〉과 같이 네 가지 유형 중에서 한 유형에 속한다. 세로 축의 특성이론(trait theory)은 리더는 태어나는 것이지 만들어지는 것은 아니라는 주장으로 "어떤 특성을 가진 사람이 훌륭한 리더인가?"를 연구하면서 육체적, 기술적, 성격적 혹은 사회적으로 어떤 타고난 특성(다른 사람과 구별되는 성향)을 가진 리더가 보다 효과적인 리더가 될 수 있다고 가정하고 이러한 공통적인 특성들을 찾아내려는 데 초점을 두는 데 반해, 행동이론(behavioral theory)은 리더의 유효성을 결정하는 요인으로 리더가 무엇을 하며, 어떻게 행동하느냐에 연구의 초점을 맞추는 접근법이다. 즉 행위이론은 "리더십은 리더의 어떤 행동으로 발휘될까?"를 연구한다.

[그림 14-10] 리더십 이론의 발전과정

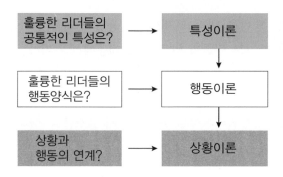

[그림 14-11] 리더십 이론의 유형

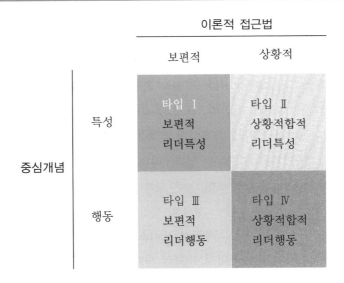

이론적 접근법

출처: A. G. Jago, "Leadership Perspectives in Theory and Research," *Management Science*(1982), p. 316.

　　가로 축의 보편적 이론(universal theory)은 "리더십이 처한 상황여건에 관계없이 어떤 상황에서도 최선의 보편적 특성이나 리더십 행동이 한 가지 있다"라고 주장하는 반면 상황적합이론(contingency theory or situational theory)은 모든 상황여건에 부합하는 유일의 리더십 특성이나 행동 유형은 발견할 수 없고 가장 효과적인 리더의 특성·행동은 상황에 따라 달라진다고 주장한다. 즉 상황적합이론은 어떤 상황에서 "리더의 어떤 행동으로 리더십이 발휘될까"를 연구한다. 이 이론에 의하면 특정의 상황에 가장 어울리는 리더십이 발휘될 때 그 집단의 성과와 구성원들의 만족감이 증대될 수 있다는 것이다. 이와 같이 행동이론이 리더의 행동양식 그 자체를 연구한 반면 상황적합이론은 조직이 처한 상황과 리더의 행동양식을 연계한다는 점에서 차이가 있다.

　　세로 축과 가로 축의 이론들을 조합하면 유형Ⅰ은 보편적 리더십 특성이론, 유형Ⅱ는 상황적합적 리더십 특성이론, 유형Ⅲ은 보편적 리더십 행동이론, 유형Ⅳ는 상황적합적 리더십 행동이론으로 분류할 수 있다.

▌보편적 리더십 특성이론

리더십에 대한 이론과 연구들은 대부분 성공적인 리더의 개인적인 특성(자질)을 찾는 데 주력해 왔다. 이와 같은 연구는 효과적인 리더가 갖고 있는 타고난 특성들을 찾아낼 수 있다는 기대에서 비롯된 것이다. 이러한 특성들을 찾아낸다는 것은 리더의 식별과 선발에 있어 중요한 의미를 지닌다. 특성 중심의 접근법에서는 리더에게 필요한 특성들을 가진 사람은 어떠한 상황에 관계없이 효과적이라고 가정한다.

리더의 특성은 다양하게 분류할 수 있다. 리더의 특성에는 신체적 특성(키, 외모, 연령, 몸무게), 사회적 배경(좋은 학교 졸업, 높은 신분), 지성(지능, 기술, 지식), 개성(상상력, 결단력, 추진력, 창의성, 인내성, 민첩성, 성실성, 자신감, 책임감, 포용력, 지각력), 과업관련 감독능력 그리고 사회적 특성(협상, 문제해결, 의사소통) 등 광범위한 특성들이 포함된다.

그러나 이 연구는 특성들과 리더십 유효성 사이의 관계 정도가 너무 낮고 실무적으로 사용하기에는 너무 많은 예외가 있으며 적절한 리더십 특성이 상황이나 환경에 따라 다를 수 있다는 한계를 가지고 있어 이론적으로 지지를 얻지 못하고 있다. 즉 모든 사람에 공통적으로 적용할 수 있는 특성은 현실적으로 없기 때문에 리더십 능력은 개인의 특성으로 설명할 수 없다는 주장이 제기되었다. 사실 경영자 중에는 천부적 재능을 가지고 있지 않더라도 성공한 사람도 많이 존재한다.

▌상황적합적 리더십 특성이론

보편적 리더십 특성이론은 모든 상황에 보편적으로 적용될 수 있는 리더의 특성에 대한 연구인 데 반해, 피들러(F. E. Fiedler)의 상황적합적 리더십 특성이론은 리더의 특성을 중심으로 한 연구이기는 하지만 지금까지 모든 상황여건에 부합하는 유일 최선의 특성은 발견되지 않았기 때문에 상황의 개념을 새롭게 도입하여 리더십 유효성(leadership effectiveness)은 리더가 가지고 있는 주요 특성과 상황의 적합도 정도에 달려 있다는 연구결과를 도출하였다.[9]

---

9 F. E. Fiedler, *A Theory of Leadership Effectiveness*(New York: McGraw-Hill, 1967); F. E. Fiedler, "The leadership game: Matching the man to the sutuation," *Organizational Dynamics*(1976), pp. 6~16.

① 리더의 핵심특성

중요한 리더의 특성을 평가하기 위하여 피들러는 리더에게 그가 가장 싫어하는 동료작업자를 어떻게 평가하는가에 대한 점수로 리더십 스타일을 파악할 수 있다는 가정 하에 LPC(least preferred co-worker) 설문을 개발하였다.[10] 〈그림 14-12〉는 LPC 척도의 예이다. LPC 점수가 높은 리더는 자기가 가장 싫어하는 동료작업자에게 높은 점수를 주기 때문에 관계 지향적(relationship-oriented) 리더라고 할 수 있는데, 그는 동료를 존경할 정도는 아닐지라도 어느 정도 받아들이고 관심을 보일 만한 특성을 가지고 있는 사람으로서 동료를 배려하고 좋은 관계를 유지하기 위하여 노력하는 인간중심적 대인관계를 중시한다.

반면에 LPC 점수가 낮은 과업 지향적(task-oriented) 리더는 함께 일할 수 없는 동료들에 대하여 부정적인 정서적 반응을 강하게 보인다. 이 유형의 리더는 인간관계보다는 과업(생산, 업무)에 대한 관심을 우선하기 때문에 업무수행, 성과달성 등 과업의 성취로 만족을 얻으려고 한다.

이와 같이 피들러는 리더의 스타일을 과업 지향형과 관계 지향형으로 구분한다.

[그림 14-12] LPC 척도의 예

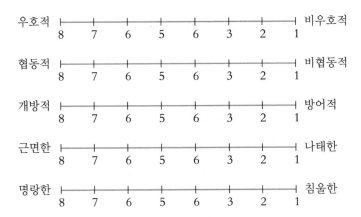

10 F. E. Fiedler & M. M. Chemers, *Leadership and Effective Management*(Glenview, Ill: Scott, Foresman., 1974).

② 상황의 호의성

피들러에 의하면 사람의 리더십 스타일은 성격상 영구적이라서 경영자는 자기의 스타일을 변경할 수 없어 상황이 바뀌더라도 다른 스타일을 취할 수 없다. 피들러는 상황의 호의성을 결정할 요인으로 다음의 세 가지 상황변수를 지적하였다. 여기서 리더에 대한 상황의 호의성(favorable situation)이란 리더가 특정 상황을 얼마나 통제할 수 있는가의 정도를 말한다. 그런데 특정 상황에 대하여 리더가 어느 정도로 통제할 수 있는가는 세 가지 상황변수의 조합이 결정한다. 리더에 대해 상황이 호의적이면 경영자가 부하들로 하여금 높은 성과를 내서 조직의 효율성과 효과성의 달성에 기여하도록 쉽게 영향력을 행사할 수 있다.

리더-구성원 관계(leader-member relation)란 구성원들이 리더를 신뢰하고 존경하고 좋아하며 리더의 지시에 협력적인 정도를 말한다. 리더와 구성원 관계가 좋으면 상황은 리더에 더욱 호의적이라고 할 수 있다.

과업구조(task structure)란 수행해야 할 작업이 명확하여 부하들이 무엇(과업수행)을 어떻게 하는가에 대한 절차나 지시 등 가이드라인이 주어지는지의 여부를 말한다. 과업구조가 명확할수록 리더에 대한 상황은 더욱 호의적이다.

직위권력(position power)이란 조직에서 직위의 힘으로 리더가 구성원에 대해 갖는 지시·평가·보상·진급(승진) 및 처벌 등의 양을 말한다. 직위권력이 강할 때 상황에 대한 통제가능성이 높아 상황의 호의성은 증가하고 리더십 유효성은 높아지게 된다.

③ 리더-상황 적합

피들러는 〈그림 14-13〉에서 보는 바와 같이 리더에 대한 호의성의 정도를 나타내는 8개의 상황을 제시하였다. 그에 의하면 과업 지향적인 리더(낮은 LPC 점수)는 상황이 매우 호의적이거나 매우 비호의적인 경우, 즉 상황의 통제가능성이 아주 높거나(상황 1, 2, 3) 낮은(상황 8) 경우에 보다 효과적이다. 관계 지향적인 리더는 반면에 상황의 호의성이 중간 정도(상황 4, 5, 6, 7)일 때, 즉 중간 수준의 통제가능성이 있을 경우에 보다 효과적이다. 이는 〈그림 14-13〉에서 보는 바와 같다. LPC 점수가 중간인 리더는 어떤 상황에서 가장 적합한가가 명확하지 않다.

피들러에 의하면 개인의 리더십 스타일은 변경할 수 없기 때문에 리더 유효성을 증진하기 위해서는 리더의 스타일과 가장 호의적인 상황을 짝지우는 것이다. 이때 두 가

[그림 14-13] 리더 스타일과 상황과의 관계

리더-구성원 관계	좋음				나쁨			
작업구조	명확		불명확		명확		불명확	
리더 직위권력	높음	낮음	높음	낮음	높음	낮음	높음	낮음
	1	2	3	4	5	6	7	8

리더에 호의적 상황 ――――――――――――――→ 리더에 비호의적 상황

상황에 가장 효과적인 리더의 유형	과업 지향적	과업 지향적	과업 지향적	관계 지향적	관계 지향적	관계 지향적	관계 지향적	과업 지향적

출처: Dennis Organ and Thomas Bateman, *Organizational Behavior*, 4th ed.(McGraw-Hill, 1990).

지 방안을 고려할 수 있다. 첫째, 상황에 알맞은 스타일을 보유한 새로운 리더를 데려오는 것이다. 만일 집단 상황이 극히 비호의적이라면 과업 주도형 리더가 담당토록 해야 한다. 둘째, 경영자의 스타일에 맞도록 상황을 변경시키는 것이다. 이를 위해서는 리더-구성원 관계를 증진하거나 작업구조를 재조정하거나 경영자가 갖는 지위권력을 강화 또는 약화시켜야 한다.

리더의 유형과 상황의 적절한 조화가 리더십 유효성을 높일 수 있기 때문에 리더는 이를 위해 자기 리더십 유형에 맞는 리더십 상황을 찾아가든지 리더-구성원 관계, 과업구조, 지위권력 등 상황변수들을 자신의 리더십 유형에 맞도록 변화시켜야 한다는 것이다.

▌보편적 리더십 행동이론

1940년대 후반부터 리더의 특성은 숨겨져 있어 부하들에 대한 영향력이 적은 반면 리더의 행동은 직접 영향을 미치기 때문에 특성보다는 행동이 더 중요하다고 하는 리더십 연구가 본격화하기 시작하였다. 이러한 연구는 효과적인 리더는 특정 유형의 리더십을 발휘함으로써 목표달성과 높은 생산성 및 만족을 가져온다는 가정에 입각하고 있다.

1 오하이오 주립대학(Ohio State University: OSU)의 연구

리더의 중요한 행동을 다음과 같은 두 가지 유형으로 분류하였다.

- 구조주도 행동(과업에 대한 관심)
- 인간배려 행동(인간에 대한 관심)

구조주도(initiating structure) 행동이란 리더가 그룹간 상호 관계를 설정하고 이에 따라 커뮤니케이션의 경로와 형태를 분명히 하고, 한편 직무수행 방법과 절차를 확립하려는 행위를 말한다. 과업에 대한 관심이 많은 리더는 업무수행, 성과달성 등 과업 지향적이다.

인간배려(consideration) 행동이란 리더와 구성원들 사이의 관계, 즉 우의 · 상호신뢰 · 존경 · 친밀감 등을 표시하는 행동을 말한다. 인간에 대한 관심이 많은 리더는 구성원들을 신뢰하고 그들과 좋은 관계를 유지하려는 인간중심적 사람이다. 리더의 행동을 리더와 부하의 상호작용 측면에서 파악한 오하이오 주립대학의 연구는 다음의 특징으로 요약할 수 있다.

먼저 구조주도 행동과 인간배려 행동을 상대적으로 독립된 리더십 요소로 설명하는 것이다. 따라서 리더의 행동 유형은 두 가지 유형이 혼재되어 나타날 수도 있다. 즉 리더가 구조중심과 인간배려를 어떻게 배합하느냐에 따라서 리더십 유형이 네 가지로 달라진다는 것이다.

다른 하나는 높은 수준의 구조주도 행동 및 인간배려 행동이 나타나는 리더의 행동 유형이 생산성과 만족을 높이기 때문에 가장 바람직스러운 리더십 유형이지만 효과적인 유형은 상황에 따라 그의 배합이 달라진다는 점이다.

2 리더십 관리격자모델

블레이크(R. Blake)와 무튼(J. Mouton)은 오하이오 주립대학의 연구결과를 바탕으로 다양한 리더의 행동 유형을 과업(조직우선, 생산, 직무지향)에 대한 관심(구조주도 행동) 및 인간에 대한 관심(인간배려 행동, 근로자 중심, 관계지향)의 독립적인 두 가지 차원으로 분류 구분하고[11] 각 차원에 대해 리더의 관심의 정도를 9등급으로 나누어 〈그림 14-14〉처

---

11 R. R. Blake & J. S. Mouton, "A Comparative Analysis of Situationalism and 9,9 Management by Principle," *Organizational Dynamics*(1982).

[그림 14-14] 관리격자모델

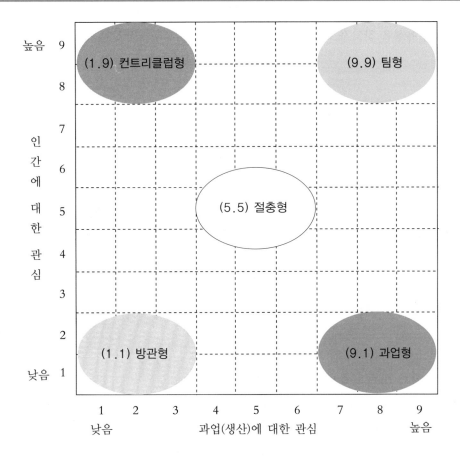

출처: R. R. Blake & S. S. Mouton, *The Managerial Grid*(Houston: Gulf Publishing Company, 1978), p. 11.

럼 총 81개의 격자를 구성하는 관리격자모델(managerial grid model)을 제시하였다. 격자개념에 따라 현재 리더의 리더십 유형을 측정하고 팀형으로 개선하기 위하여 리더행동개발 프로그램이 널리 활용되고 있다.

블레이크와 모튼에 따르면 효과적인 리더는 (9,9)의 유형으로 인간과 과업에 대해 모두 높은 관심을 갖는 리더이다. 이에 반해 (1,1)의 유형은 인간과 과업에 대해 모두 관심이 낮은 리더이다.

그러나 왜 (9,9)의 유형이 최선의 리더십 스타일인가에 대한 반론에는 명확한 해답을 제시하지 못하고 있다. 실제로 관리격자모델을 연구한 블레이크와 모튼조차도 특정한 리더십 유형의 유효성은 리더의 행동뿐만 아니라 리더십이 발휘되는 상황의 특성에 의해 영향을 받는다는 점을 시인하였다.

　그 이후 대부분의 리더십 연구자와 실무자들은 어떤 상황에서나 보편적으로 효과적인 리더십 유형을 찾고자 하는 노력을 포기하였다.

▌상황적합적 리더십 행동이론

　보편적 리더십 행동이론에 따르면 리더의 행동 유형과 부하의 만족 및 성과와의 관계는 보편적이고 일관된 결과가 나타나지 않고 있다.[12] 이러한 결과는 모든 상황에서 성공적인 최선의 리더의 행동 유형(one best style)을 찾는 것이 불가능하다는 것을 시사하는 것이다. 이에 따라 리더십의 유효성은 리더의 행동과 상황과의 적합성에 따라 결정된다는 상황적합적 리더십 행동이론이 대두되었다.

① 경로-목표이론

　하우스에 의해 연구된 경로-목표이론(path-goal theory)은 리더가 부하들이 수행하는 작업의 내용과 방법을 분명하게 제시하고 또한 목표달성을 위한 경로를 명확하게 제시하거나 이에 방해가 되는 요소를 제거해 줌으로써 부하들이 목표달성의 가능성과 보상에 대한 높은 기대감을 가져 모티베이션이 나타나고 작업의욕의 증가 및 직무에 대한 성취감·만족감을 취할 수 있다는 이론이다.[13] 즉 리더는 목표달성에 대한 경로를 분명히 도와줌으로써 구성원들의 행위에 영향을 미칠 수 있다는 것이다.

　이 이론에 따르면 모티베이션의 기대이론(expectancy theory)에 입각하여 리더는 부하들이 노력하면 성과를 달성할 수 있다는 기대(expectancy)와 성과를 달성했을 때 보상을 받을 수 있다는 수단성(instrumentality) 그리고 보상을 통해 자신의 욕구가 충족될 것이라는 유의성(valence)을 증대시킬 때 부하를 모티베이트 시킬 수 있다는 것이다.

　경로-목표이론은 리더의 행동이 상황의 요건과 적합할 때 부하들은 이러한 리더의 행동이 자신의 목표달성에 기여한다고 인식하고 모티베이트된다는 점을 강조한다. 따라

---

12 R. B. Dunham, *Organizational Behavior: People and Processes in Management*(Richard D. Irwin, Inc., 1984), p. 371.

13 R. J. House, "A path-goal theory of leader effectiveness," *Administrative Science Quarterly*(1971), pp. 321~338.

서 첫째, 리더는 상황이 모호할 때에는 구조주도행동을 그리고 고도로 구조화되어 있을 때에는 인간배려 행동을 해야 한다.

둘째, 만약 상황이 불명확하거나 비구조화되어 있다면 리더는 상당한 정도의 구조주도 행동을 해야 하지만 이와 함께 구조화를 부하가 수용할 수 있도록 인간배려 행동을 병행해야 한다. 마지막으로 효과적인 리더십을 발휘하기 위해 리더는 여러 가지 리더 행동 중에서 그 상황에 가장 적합한 리더 행동으로 유연하게 변화시켜야 한다는 것이다.

6. 현대적 리더십 이론

지금까지 리더십 이론으로서 특성이론, 행동이론, 상황이론 등을 공부하였다. 이와 같이 일반적으로 널리 알려진 이론들과는 달리 최근 많은 관심을 끌고 있는 이론들 중에서 두 가지만 골라 간단히 설명하고자 한다.

▌ 카리스마적 리더십

카리스마란 무엇인가? 그것을 어떻게 획득할 수 있을까? 카리스마는 정의하기가 쉬운 개념은 아니다. 카리스마는 일상적인 존중, 애정, 존경, 신뢰감을 넘어 감정적으로 강한 힘을 부하들에게 주는 것을 말한다. 카리스마적 리더는 그의 비전에 대해 정열적이며 부하들에게 분명히 의사전달함으로써 옳은 방향으로 행동하도록 영향력을 행사한다. 이와 같이 카리스마적 리더는 개인적인 능력에 의해서 부하들에게 정상적인 것 이상으로 하도록 특별한 영향을 미치고 모티베이트할 수 있는 것이다. 카리스마적 리더는 부하들에게 미래에 대한 희망과 확신을 갖도록 유도하고 높은 목표를 갖도록 자극하며 이러한 것들이 실현될 수 있다는 믿음을 갖도록 만들면서 리더십을 발휘한다. 이에 따라 부하들은 자신들의 이해관계보다 조직의 이익을 우선한다.

카리스마 리더의 개인적 특성을 연구한 결과

- 미래에 대해 강한 비전을 가진다.
- 비전을 명료하게 표현할 능력을 갖는다.
- 비전을 달성하는 데 따르는 위험부담을 수용한다.
- 환경의 제약과 부하의 니즈에 민감하다.
- 보통 사람과 다른 행동을 한다.

등과 같은 다섯 가지 개인적 특성을 규명하였다.

카리스마적 리더십에 관한 연구들에 의하면 카리스마적 리더십과 부하들의 높은 성과 및 만족 사이에는 강한 상관관계가 있음이 입증되었다. 카리스마적 리더는 비정상적인 감정적·육체적 노력이 요구되는 상황이나 지속적인 위기상황에 적합하다.

▌변환적 리더십

카리스마는 변환적 리더십(transformational leadership)에 기여한다. 변환적 리더는 부하들로 하여금 개인적 이익을 초월하여 조직의 이익을 추구하도록 모티베이트 시킨다. 변환적 리더는 민족감이 넘치는 부하들로 하여금 고객들에 우수한 서비스를 공급하도록 기업을 변환시킨다.

변환적 리더십은 다음과 같이 세 가지 방식으로 부하들을 변환(변화)시킬 때 발생한다.

첫째, 부하들로 하여금 그들의 직무가 조직을 위해 얼마나 중요하고 직무를 최선을 다해 수행할 때 조직의 목적이 달성될 수 있음을 인식시킨다.

둘째, 부하들 자신의 욕구가 개인의 성장, 개발, 성취를 위해 필요하다는 사실을 인식시킨다.

셋째, 부하들로 하여금 개인적 이익이나 혜택을 초월하여 조직 전체의 이익을 위해 일하도록 모티베이트 시킨다.

리더가 위와 같이 부하들로 하여금 변환시키면 부하들은 리더를 신뢰하고, 높이 모티베이트되어 조직의 목적달성에 기여하게 된다. 변환적 리더십은 낮은 이직률, 높은 생산성, 종업원 만족, 창의성, 목표달성, 부하 복지 등과 높은 정의 상관관계가 있음이 밝혀졌다.

변환적 리더십은 전통적인 거래적 리더십(transactional leadership)과는 차이가 있다. 거래적 리더는 부하의 모티베이션을 위해 응분의 보상을 해야 한다. 거래적 리더는 경영을, 지시를 내리기 위하여 합법성, 보상, 강압을 사용하고 서비스의 대가로 보상을 해주는 거래의 연속이라고 보는 것이다. 거래적 리더십은 변환적 리더십과 달리 조직의 이해관계에 집중하도록 부하들을 모티베이트하지도 않고 정열적이지도 않다.

불확실한 상황이나 부하들의 자발성과 책임감이 요구되는 상황에서는 변환적 리더십이 적절하다고 할 수 있다.

급변하는 변환적 리더는 조직의 사명, 전략, 구조, 문화 등 변화를 이끌고 제품이나 기술에 있어 혁신을 추구할 능력을 갖는다. 변환적 리더는 부하들과의 특별한 거래를 통제하기 위해 유형의 룰이나 인센티브에 의존하지 않고 무형의 비전, 가치, 아이디어 등을 통한 부하들과의 관계를 증진시키도록 한다.

7. 커뮤니케이션

커뮤니케이션(communication)이란 사람들 사이에 정보를 공유하는 과정이다. 커뮤니케이션은 다분히 기예(art)적인 측면이 있다. 자신을 표현하고 아이디어를 교환하는 방식들이 경영자마다 상당한 차이가 있다. 커뮤니케이션은 계획을 논의하고, 작업을 지시하며, 결과를 설명하는 등 조직 내의 정보를 전파하는 과정이다.

커뮤니케이션은 두 가지 이유에서 어렵다. 첫째는 사람들은 자신의 생각이나 원하는 바를 정확히 표현하는 것-말, 문자, 심볼 또는 몸짓 등을 통하여-을 어려워하고 있다. 커뮤니케이션은 기예이므로 아무도 완전하게 표현할 수는 없다.

둘째는 커뮤니케이션에는 상당한 주의 집중이 요구되므로 많은 문제가 발생한다. 기계소음, 전화벨 그리고 타인의 움직임 등 주의 집중을 흩뜨리는 요소들은 경영자들 자신이 원하는 것을 표현하는 것을 어렵게 만든다.

조직은 커뮤니케이션을 통하여 정보를 교환하고 의사결정을 하며 집단의 목표를 추구하게 된다. 경영자가 기업의 목표를 달성하기 위하여 모든 관리기능을 조정하고 통합할 때 커뮤니케이션이 원만하게 이루어져야 한다. 이외에도 집단과 집단, 개인과 개인,

기업의 내부와 외부의 모든 상황을 연결시켜 주는 수단으로 역할을 한다. 따라서 커뮤니케이션이 원활하게 이루어지지 않으면 조직의 효율성에 직접적인 영향을 미친다.

▌커뮤니케이션의 개념과 기능

1 커뮤니케이션의 개념

커뮤니케이션이란 송신자와 수신자가 어떤 유형의 정보(메시지)를 교환하고 공유하려는 과정이다.[14] 즉 커뮤니케이션은 사람들 간에 정보, 아이디어, 이해 또는 느낌을 전달하고 교환하는 것이다. 커뮤니케이션은 송신자(개인, 집단, 조직)가 수신자(개인, 집단, 조직)에게 어떤 유형의 정보를 전달할 뿐만 아니라 정보나 아이디어, 감정 등 어떤 의미를 송신자와 수신자 간에 피드백을 통하여 교환하거나 공유하는 것이다.[15]

2 커뮤니케이션의 기능

커뮤니케이션은 조직을 관리하는 데 중요한 요소로 작용한다. 조직 내에서의 커뮤니케이션은 다양한 기능을 하지만 그 중에서 커뮤니케이션의 핵심적인 기능으로는

- 정보전달 기능
- 동기유발 기능
- 통제기능
- 정서기능

의 네 가지가 있다.[16]

- **정보전달 기능**: 개인과 집단 또는 조직에 정보를 전달해 주는 기능을 함으로써

---

14 J. Greenberg & R. A. Baron, "*Behavior in Organizations*, 4th ed.(Allyn & Bacon), p. 489.

15 A. J. DuBrin & R. D. Ireland, "*Management & Organization*," 2nd eds.(South-Western), p. 321.

16 R. B. Dunham, *Organizational Behavior: People and Process in Management*(Richard D. Irwin, Inc., 1984), p. 276.

의사결정의 촉매제 역할을 한다.

- **모티베이션 기능**: 조직 구성원들의 동기유발(motivation)을 촉진시키는 데 사용된다. 조직 구성원이 해야 할 일, 직무성과를 개선하고 달성하기 위해서 어떻게 해야 하는지, 다른 구성원들과 어떻게 협동해야 하는지 등을 구체적으로 알려 주는 매개체 역할을 한다.
- **통제기능**: 조직 구성원의 행동이 특정한 방향으로 움직이도록 조정·통제하는 기능을 한다.
- **정서기능**: 조직 구성원들이 자신의 감정(emotion)을 표현하고 사회적 욕구를 충족시켜 주는 역할을 한다. 구성원들은 자신이 속한 집단이나 조직에서 이루어지는 자신의 고충이나 기쁨, 만족감이나 불쾌감 등을 토로하게 된다.

▌조직 내의 커뮤니케이션

조직 내의 커뮤니케이션 기본 프로세스는 개인간 커뮤니케이션을 기본으로 한다. 조직 내의 커뮤니케이션은 조직 내의 공식적인 구조 혹은 명령계통을 통하여 이루어지는 공식 커뮤니케이션과 구성원들 사이에 자연발생적인 형태로 이루어지는 비공식 커뮤니케이션으로 분류된다(〈그림 14-15 참조〉).

1 공식 커뮤니케이션

공식 커뮤니케이션(formal communication)은 하향적, 상향적 그리고 수평적 방향 등 세 가지 방향으로 이루어진다.[17]

- **하향적 커뮤니케이션**(downward communication): 조직의 위계(hierarchy) 또는 명령계통에 따라 상위 계층으로부터 하위 계층으로 조직의 방침, 명령, 지시 등의 커뮤니케이션이 이루어지는 것을 말한다.
- **상향적 커뮤니케이션**(upward communication): 하위 계층으로부터 상위 계층으로 의견이나 정보는 물론 성과보고 등의 커뮤니케이션이 이루어지는 것을 말한다.

---

17 *Ibid.*, pp. 278~284.

[그림 14-15] 커뮤니케이션 네트워크 유형

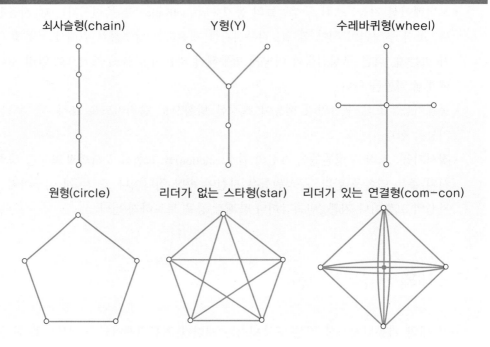

출처: R. B. Dunham, *Organizational Behavior: People and Processes in Management*(Richard D. Irwin, Inc., 1984), p. 279.

상향적 커뮤니케이션은 개인 고충의 토로로부터 조직의 발전을 위한 제안까지 매우 광범위하게 이루어진다.

• **수평적 커뮤니케이션**(horizontal communication): 조직 계층상 동일한 수준의 지위에 있는 구성원이나 부서 간에 이루어지는 커뮤니케이션을 의미하는 것으로 이를 상호작용 커뮤니케이션(interactive communication)이라고도 한다.

② 비공식 커뮤니케이션

사전에 결정된 통로로만 커뮤니케이션을 흐르게 할 수는 없다. 조직 구성원들은 여러 가지 필요에 의해 직종과 계층을 넘어 인간적인 관계를 갖고 커뮤니케이션을 하려고 한다. 조직에서는 공식적인 커뮤니케이션 체계 외에 자연발생적으로 형성된 비공식 커뮤니케이션(informal communication) 체계가 형성된다.

이러한 비공식 커뮤니케이션 체계를 그레이프 바인(grape vine)이라고 부르기도 한다. 그레이프 바인이라는 말의 유래는 미국 남북전쟁 당시 나무들 사이에 걸쳐 있는 전신줄 모양이 포도넝쿨처럼 복잡하게 엉켜 있다고 해서 붙여진 말이다.

▌커뮤니케이션의 장애요인

커뮤니케이션 과정에 잡음이 개입되는 것을 커뮤니케이션의 장애라고 한다. 커뮤니케이션 과정에서 장애가 발생하면 조직 내부의 갈등이 유발되거나 정체나 마비현상이 일어나서 유효성에 영향을 미치게 된다. 커뮤니케이션 과정에서 발생하는 장애를 극복하기 위해서는 장애요인의 원천을 밝히는 것이 중요하다.

커뮤니케이션 과정에서 발생하는 장애요인은 크게 네 가지 요인으로 구분할 수 있다.

- **송신자에 의한 장애**(sender barriers): 커뮤니케이션 과정에 송신자에 의해서 잡음이 개입되어 나타나는 장애현상을 말한다. 여기에는 송신자의 커뮤니케이션 목표의 결여, 커뮤니케이션 기술의 결여, 특수 용어 또는 집단언어 사용, 상호모순된 표현, 대인감수성 결여·여과 등이 해당된다.
- **수신자에 의한 장애**: 송신자가 보내는 정보의 내용을 수신자가 왜곡하여 발생하는 현상이다. 수신자에 의한 장애로는 신뢰도 결여, 선택적 경청, 현혹효과, 투사, 반응피드백 결여 등이 있다.
- **상황에 의한 장애**: 커뮤니케이션 상황 혹은 여건에 의하여 장애가 유발되는 경우이다. 상황에 의한 장애요인으로는 어의상의 문제, 지위의 차이, 준거체계의 차이, 시간부족, 정보과중, 메시지 내용의 복잡성, 메시지의 경쟁, 조직분위기, 커뮤니케이션 구조상의 한계 등이 있다.
- **매체에 의한 장애**: 물리적 요인에 의한 장애는 메시지를 전달하는 매체상의 결함이나 한계 때문에 장애가 발생하는 것이다. 여기에는 부적절한 매체의 선택이나 통신장비의 결함 등이 있다.

토·론·문·제 *EXERCISE*

01 동기유발의 개념, 원천, 중요성을 설명하라.

02 알더퍼의 ERG이론과 매슬로의 욕구단계이론과의 유사성과 차이점을 설명하라.

03 허즈버그의 2요인이론 가운데 동기요인이 조직에서 중요한 이유를 설명하라.

04 높은 임금을 받는 사람이 자신의 임금에 불만족할 수 있는 이유를 공정성이론을 이용하여 설명하라.

05 조직 내에서 개인의 행동과 태도를 관리하는 데 있어서 공정성이론이 기여한 점 두 가지를 기술하라.

06 조직이 조직 구성원에게 적절한 목표를 부여하는 방법을 기술하라.

07 리더십에 관하여 설명하라.

08 만약 리더의 특성이 리더의 유효성을 결정한다고 하면 효과적인 리더가 되기 위해 갖추어야 할 요건을 설명하라.

09 리더십 특성이론과 리더십 행동이론을 설명하라.

10 리더십 상황적합이론을 설명하라.

11 현대적 리더십 이론을 설명하라.

12 커뮤니케이션의 개념과 기능을 설명하라.

제15장

통　제

　경영활동에 있어서 통제(control)란 계획화, 조직화, 지휘 다음에 오는 마지막 단계이며 피드백의 의의를 가진다. 통제활동이란 경영자가 계획된 여러 가지 활동들이 바람직한 방향으로 진행되는지 또는 조직이 의도했던 결과를 달성할 수 있는지를 확인하고, 문제가 있을 때에는 수정조치를 취하여 미래의 계획에 반영시키는 과정이다. 예를 들면, 약속시간에 늦지 않도록 시계를 보면서 뛰어가는 경우 이러한 행동은 통제에 해당한다. 이러한 통제과정은 모든 조직에서 필요하며 조직 내의 모든 활동 — 즉 자금조달과 사용, 제품 및 서비스 생산 그리고 종업원 성과 등 — 이 통제의 대상이 되는 것이다.

　조직이 효율적으로 운용되기 위해서는 통제가 필요하다. 계획, 조직화, 충원, 지휘 등이 의도했던 대로 실행되는지를 확인하는 시스템은 모든 유형의 조직을 관리하는 데 있어서 핵심적이다. 예를 들어 의료활동에서 적절한 통제가 없다면 많은 사람들이 의료사고로 목숨을 잃을 것이다.

　통제는 경영자에게 "우리는 얼마나 잘 하고 있는가?"라는 중요한 질문에 대답할 수 있도록 한다. 통제는 경영자들이 기준 이하의 성과를 개선하기 위한 방법을 고안하는데 도움이 된다.

　본장에서는 통제와 관련하여 통제의 유형과 과정, 마지막으로 통제를 통해 실현하려는 수정활동의 절차를 공부하고자 한다.

1. 통제의 의미와 목적

통제의 의미

우리는 지금까지 계획화, 조직화, 지휘 등에 관하여 공부하였다. 이러한 과정에서 설정한 기업의 목표나 계획이 자동적으로 달성되는 것은 아니다. 예상치 못한 환경의 변화, 종업원의 실수, 또는 노력의 부족 등으로 인하여 목표와 실제 성과 사이에 간격이 벌어질 수 있기 때문에 통제활동이 필요하다. 예를 들면, 재고관리, 품질관리, 원가관리 등을 잘못하면 고객을 잃고 수익성에 문제가 발생하고, 심지어는 기업의 문을 닫아야 하는 경우가 발생할 수 있다.

통제(control)란 계획, 목표, 성과의 표준이 설정된 기대에 부응하도록 조직활동을 규제하는 체계적 과정이라고 정의할 수 있다. 이러한 규제가 없으면 조직이 그의 목표대로 진행되고 있는지 알 수 없다. 계획과 통제는 상호 의존되어 있으며 연속적으로 이루어진다. 통제한다는 것은 계획대로 진행하는지 조사·검토한다는 것을 의미한다. 따라서 계획과 통제는 바늘과 실의 관계와 같다고 말할 수 있다.

통제는 배의 방향타와 같이 조직을 옳은 방향으로 진행하게 만든다. 방향타처럼 통제는 성과가 받아들일 수 있는 범위를 벗어날 때 방향을 조정시켜 주는 메커니즘을 제공한다.

통제의 핵심은 사전에 정한 기준 또는 표준에 맞도록 경영활동을 조정해 주는 조치이고 이를 위해서는 관리자가 필요한 정보를 가지고 있어야 한다. 이와 같이 조직을 효과적으로 통제하기 위해서는 성과표준과 실제 성과에 관한 자료가 있어야 하고 성과가 표준으로부터 벗어나면 이러한 편차(deviation)를 시정할 조치가 필요하다. 따라서 다음 계획을 수립할 때는 검토결과를 반영토록 해야 한다.

통제의 목적

통제가 필요없는 조직이란 있을 수 없다. 통제는 조직이 설정한 목표를 달성하는 데 반드시 필요한 과정으로서 통제없는 계획이란 무의미한 결과를 초래한다고 할 수 있다. 오늘날 조직은 급변하는 경영환경에서 그리고 글로벌 경영을 수행하는 과정에서 통제의 필요성을 증가시키는 여러 요인을 내포하고 있다. 즉 환경이 급변할수록 통제활동은 필수적인 활동이다.

1 환경의 변화와 불확실성에의 대처

시장이 바뀐다. 고객의 취향이 변한다. 신제품과 새로운 경쟁자가 출현한다. 기술이 개발되고 새로운 자재가 발명된다. 정부의 규정이 바뀐다. 통제시스템은 이러한 환경의 변화와 불확실성을 예상하고, 감시하고, 대처하도록 도와준다.

2 오류와 실수의 발견

종업원들은 복잡하고 예측 불가능한 환경에서 작업하므로 실수를 저지를 때가 있다. 지나친 비용발생, 불량품 제조, 장부기록 실수 등이 장기적으로 쌓이게 되면 조직에 나쁜 영향을 미친다. 따라서 이러한 오류와 실수들이 심각한 문제로 발전하기 전에 통제시스템을 통하여 발견해야 한다.

3 비용감소와 생산성향상

통제시스템은 노임을 감소시키고, 폐기물을 제거하고, 산출물을 증가시켜 부가가치를 증가시킴으로써 결국 고객에 대한 판매량이 증대된다.

4 기회의 발견

통제시스템은 새로운 해외시장, 인구의 변동추이, 자재의 경쟁가격, 잘 팔리는 제품 등에 대한 새로운 기회의 발견에 도움을 준다.

5 규모의 확대와 복잡성

기업의 규모가 커지고 판매하는 제품이 다양해지고 조직이 복잡해짐에 따라 다양한 조직활동을 조정하고 통합시키기 위해서는 적절한 통제가 필요하다.

의사결정의 책임과 권한을 하급관리자에게 위임하는 분권화시스템에서는 하급관리자의 작업 과정을 확인하기 위해서는 통제시스템이 필수적이다.

2. 통제의 유형

통제활동은 통제 시기나 내용에 따라 몇 가지 형태로 분류할 수 있다. 우선 언제 통제하느냐에 따라 사전통제, 스크리닝통제, 동시통제, 그리고 사후통제로 구분할 수 있다. 통제 대상에 의해서는 업무통제와 관리통제로 분류할 수 있다.

사전통제

사전통제(feedforward control, precontrol) 또는 조종통제(steering control)는 실제 활동이 이루어지기 전이나 문제가 발생하기 전에 실시되는 통제활동을 말한다. 이는 적절한 방향이 설정되어 있는지, 목표달성을 위해 적절한 자원이 활용 가능한지를 계획단계에서 검토하여 기준을 설정하는 것이다.

신제품 개발의 경우에 사전에 시장의 수요를 예측하고 소비자 기호에 맞는 제품을 설계하고 그리고 생산일정 계획을 세우는 일 등이 사전통제에 해당된다. 간단히 말해서 사전통제는 상황을 예측하여 이에 맞는 계획과 성과기준을 설정하는 것을 의미한다.

사전통제는 현재의 상황을 파악하여 미래를 예측하여야 하기 때문에 환경의 불확실성이 크거나 현재의 상황이 바뀌는 경우에는 적용하기가 힘들다. 따라서 대부분의 조직은 사전통제와 더불어 동시통제, 스크리닝통제, 사후통제도 병행하여 활용한다.

그러나 사전통제는 계획화 과정의 핵심이며 이는 전략, 정책 또는 규칙 등의 형태로 나타난다. 조직이 지속적으로 성장하기 위해서는 사전통제가 필수불가결하다.

▌ 스크리닝통제

여러 단계로 구성된 어떤 활동이나 프로젝트를 계속 수행하기 위해서는 각 단계로 넘어 가기 전에 승인을 받아야 하거나 특정 조건을 만족해야 하는 경우가 있다. 이때의 통제활동은 어떤 활동이나 프로젝트를 가·부에 따라 계속 진행시키거나 수정행동을 취하거나 중단시킨다. 항공기 설계에서와 같이 안전이 결정적인 요소이거나 건설 프로그램에서와 같이 거대한 지출이 따르는 경우에 스크리닝통제(screening control), 즉 가부통제(yes/no control)는 보다 안전하고 확실한 계획달성을 보장한다.

▌ 진행통제

진행통제(concurrent control)란 문자 그대로 활동이 진행 중에 통제가 이루어지는 경우를 말한다. 활동이나 작업이 수행 중에 성과기준과 일치하도록 통제가 진행한다면 경영자는 문제를 바로 시정할 수 있으므로 비용발생을 미리 막을 수 있게 된다.

진행통제의 가장 잘 알려진 형태는 직접감독(direct supervision)이다. 관리자가 작업자들의 작업활동을 직접 볼 수 있으면 문제가 발생할 때 바로 이를 고칠 수 있는 것이다.

진행통제의 예는 우리 주위에서 많이 볼 수 있는 현상이다. 예를 들면, 주방에서 요리를 할 때 오븐이나 토스터로 생선이나 빵을 구울 때 너무 타지 않도록 계속 신경을 쓰게 된다. 또 다른 예는 두 살 먹은 아기를 돌볼 때 위험한 상황에 처하지 않도록 계속 주의를 기울이고 해서는 안되는 행동을 하게 되면 바로 이를 중지시키고 다시는 하지 않도록 주의를 환기시킨다.

▌ 사후통제

사후통제(feedback control, post-action)란 어떤 활동의 결과를 측정하고 계획과 결과의 편차 원인을 규명하여 수정조치를 취하는 통제활동이다. 이러한 사후통제는 계획이 합리적이었는지 여부를 확인하여 실적과 계획 사이에 차이가 있다면 원인을 분석하여 다음 계획을 수립할 때 기초자료로 이용하게 된다.

통제의 네 가지 유형은 서로 배타적인 방법이 아니며 대부분의 조직들은 적절히 조

[그림 15-1] 통제의 유형

사전통제	진행통제	사후통제
• 계획화의 핵심 • 성과기준 • 전략, 정책 또는 규칙	• 진행 중인 활동 또는 작업의 성과기준과 비교 • 수정 조치	• 실적과 계획 비교 • 수정 조치

피드백

합하여 사용한다. 〈그림 15-1〉은 지금까지 설명한 통제의 유형을 요약하고 있다.

3. 내부통제와 외부통제

경영자는 통제시스템에 있어 두 가지 선택을 할 수 있다. 첫째는 내부통제(internal control), 즉 자율통제(self-control)로서 종업원들로 하여금 자신들의 행동을 통제하도록 하는 것이고, 둘째는 외부통제(external control)로서 관료적 통제, 클랜통제, 시장통제처럼 모든 것이 계획대로 진행되도록 상황을 구조화하는 것이다.

▎자율통제

자율통제란 경영자가 종업원들이 일을 수행할 때 자기수련을 발휘하도록 참여, 임파워먼트, 연류 등을 강조하는 통제방법이다. 이는 맥그레거(D. McGregor)의 Y이론에 의한 것이다.

자율통제는 조직의 사명과 목적을 분명히 알고 일을 수행하는 데 필요한 자원을 가질 때 향상된다. 경영자는 종업원들을 신뢰하고 자율통제를 행사할 자유를 주어야 한다.

▌관료적 통제

관료적 통제(bureaucratic control)란 종업원들의 행동이 조직의 이익과 성과표준에 일치하도록 권한, 정책, 절차, 예산, 매일의 감독 등과 같은 관리적, 계층적 메커니즘을 사용하는 고전적 형태의 외부통제 방식을 말한다. 이는 종업원들의 순종을 목적으로 한다.

이를 사용하는 조직에서는 엄격한 규칙과 경직된 계층에 의존하고 종업원들로 하여금 최소한도로 받아들여야 하는 성과의 수준을 충족할 것을 강요한다.

▌클랜통제

관료적 통제가 계층과 권한을 강조함에 반하여 클랜통제(clan control)는 조직문화에 의하여 설정된 규범, 공유된 가치, 전통, 신념, 의식, 기대 등을 통하여 행동에 영향을 미치려고 한다. 클랜통제는 어떤 목적을 추구할 것인가에 대한 합의를 도출하고 이를 달성하는 책임감을 공유할 것을 강조한다. 클랜통제는 적절하고 기대되는 행위와 성과 측정치를 규명하기 위하여 개인이나 그룹에 의존한다.

클랜통제는 가치가 공유되는 강한 문화를 갖는 조직에서 사용된다.

▌시장통제

시장통제(market control)란 시장에서의 경쟁이 조직이나 그의 구성원들에 미치는 영향을 말한다. 시장통제는 통제시스템에서 사용할 표준을 설정하는 데 가격경쟁과 상대적 시장점유율 같은 외부의 시장메커니즘을 사용할 것을 강조한다. 기업은 고객의 반응이나 경쟁자의 행동에 따라 제품, 가격정책, 판촉, 기타 관행을 조정하는 방식으로 시장통제의 영향을 보인다. 좋은 예는 기업들이 점차 그린(green) 제품이나 관행에 관심을 갖는 것이다.

4. 통제의 범위

통제활동의 과정은 조직의 어느 곳에서나 똑같다. 그러나 통제활동의 범위는 아주 다르다. 범위의 폭에 따라 통제의 유형은 다음과 같이 구분할 수 있다.

- 전략적 통제
- 전술적 통제
- 운영적 통제

▎전략적 통제

조직의 전략이 중요한 것처럼 조직이 그의 목적을 달성하는 데 얼마나 효과적인지 평가하는 것도 중요하다. 이를 위해서는 전략과 통제시스템을 통합할 필요가 있다. 특히 글로벌 기업에서는 더욱 그렇다.

전략적 통제(strategic control)는 기업의 조직, 리더십, 기술, 인적자원, 정보 및 통제적 시스템 등 다섯 가지 부문에 관심을 갖는다. 따라서 조직의 목적달성을 방해하는 부문이 있으면 바로 변경을 하도록 해야 한다. 즉 기업은 필요하면 기능적 구조에서 사업부제 구조로 바꿀 수 있으며, 핵심리더를 교체할 수 있으며, 새로운 기술을 도입할 수 있으며, 인적자원을 수정할 수 있으며, 정보 및 통제시스템을 변화할 수 있다.

특히 규모가 크고 국제 사업과 관련한 복잡성이 증대하는 글로벌 조직의 경우에는 통제시스템의 전략적 관찰이 중요하다. 이에 따라 집권적(centralized) 시스템을 사용할 것인지 분권적(decentralized) 시스템을 사용할 것인지를 결정해야 한다. 일반적으로 외부환경이 안정적이고 예측가능하면 집권적 통제시스템이 효과적이지만 비교적 격동하는 환경에서는 분권적 통제시스템이 효과적이라고 한다.

집권적 시스템을 사용하면 해외의 지사는 그의 사업성과를 본사에 자주 보고해야 하고 본사 직원이 자주 지사를 방문하게 되지만 분권적 시스템을 사용하면 사업성과를 가끔 보고하고 방문을 받지 않아도 된다.

전술적 통제

전술적 통제(tactical control)는 전략을 실행하는 데 관심이 있다. 따라서 이는 조직의 통제시스템의 핵심이 된다. 가장 중요한 네 가지 유형의 전술적 통제시스템은 다음과 같다.

- 재무적 통제
- 예산
- 감독의 구조
- 인적자원 정책 및 절차

재무적 통제(financial control)는 자금의 조달과 운용을 대상으로 이루어지는데 주요 재무적 자료를 사용하여 구하는 비율분석을 통하여 실시한다. 즉 비용-효익 분석(cost-benefit analysis)이 통제의 수단이다. 〈그림 15-2〉는 주요한 재무비율을 구하는 공식들을 나타내고 있다.

이러한 재무비율은 동일 기업 내에서의 연도별 변화라든가 그가 속한 산업의 평균 또는 타기업의 비율과 비교하고 통제할 때 의미가 있다.

예산통제(budgetary control)란 기업의 관리활동에 필요한 각종 예산을 편성하고, 집

[그림 15-2] 재무비율

수익성 비율(profitability ratio)

- 총자본이익률＝투자수익률(return on investment: ROI)＝$\dfrac{순이익}{총자산(총자본)}$
- 매출액이익률＝$\dfrac{순이익}{총매출액}$

유동성 비율(liquidity ratio)

- 유동비율(current ratio)＝$\dfrac{유동자산}{유동부채}$

부채 비율(debt ratio)＝$\dfrac{총부채}{총자본}$

활동성 비율(activity ratio)

- 총자산회전율＝$\dfrac{총매출액}{총자산}$
- 재고자산회전율＝$\dfrac{총매출액}{총재고자산}$

행한 후 업무성과와 예산을 비교하는 예산편차분석을 실시하여 편차의 원인, 발생장소, 책임소재를 명확히 하는 것을 말한다.

감독의 구조(supervisory structure)는 가장 널리 사용되는 전술적 통제시스템이다. 물론 통제의 양과 형태는 기업마다 상이하다. 어떤 크기의 조직에서도 종업원이나 경영자가 보고하는 사람이 있다. 이러한 보고구조는 각 종업원의 활동을 규제하게 되는데 이는 실패할 가능성도 갖는다.

인적자원 정책과 절차는 기업에서 일하는 모든 사람들에 영향을 미치는 전술적 통제의 주요한 형태이다. 기업에서 정책과 절차의 변경의 효과는 막대하기 때문에 강력한 통제의 수단으로 사용된다.

전술적 통제의 기본적 접근법에는 다음과 같은 두 가지가 있는데 이들에 대해서는 앞에서 설명한 바와 같다.

- 관료적 통제
- 클랜통제

▌운영적 통제

운영적 통제(operational control)는 기업이 제품과 서비스를 생산하기 위하여 사용하는 활동이나 방법을 규제하기 위한 통제를 말한다. 즉 여러 투입물을 산출물로 변환시키는 과정(transformation process)에 적용하는 통제시스템이다.

운영적 통제는 생산, 영업, 재무 등 경영기능과 관련하여 직접 관리하는 일선관리자가 통제하는 것으로 업무의 수행과 통제 그 자체가 함께 실시되는 직접통제이다. 따라서 업무통제에는 기본적으로 생산통제(production controlling), 마케팅통제(marketing controlling) 그리고 재무통제(financial controlling) 등이 있다.

예를 들어 생산통제는 생산의 효과성과 효율성을 달성하는 측면에서 주로 물적자원 투입의 변환 과정에서 이루어진다. 이와 같이 변환 과정 전에, 동안에, 후에 통제가 이루어진다. 예를 들면, 적절한 품질을 갖춘 원재료를 적당한 가격과 정해진 시간 내에서 구입하였는가를 통제하는 구매통제, 적정 재고수준을 유지하도록 통제하는 재고통제, 그리고 적정 수준의 제품품질을 유지하는가를 통제하는 품질통제 등이 생산통제에 포함된다.

5. 통제활동 과정

통제활동은 계획을 집행하는 과정에서 이로부터 일탈하려는 문제를 사전에 예방하거나 문제가 발생하였을 때 수정조치를 취하는 과정이다. 이러한 통제활동은 일반적으로 다음과 같은 과정을 통하여 이루어진다. 이는 〈그림 15-3〉이 요약하고 있다.

▌기준설정

기준(표준: standard)설정은 경영관리에 있어서 흔히 간과되고 있다. 예를 들어 '적절한 하루 생산량', '좋은 서비스' 또는 '신속한 배달' 등과 같은 기준은 구체적 내용이 확실하지 않다. 명확히 정의된 성과기준이 없다면 효과적인 통제는 거의 불가능한 것이다.

성과기준은 조직에서 수행되는 모든 활동에 대해서 설정되어야 한다. 성과기준이 없다면 "김 대리는 경쟁적 성과를 보이고 있는가?," "제품 A의 생산을 중단하여야 하는가?" 또는 "폐자재는 만족할 만한 수준인가?" 등에 대한 의문에 대답할 수 없다. 어떤 면에서 기준은 성과목표(performance target)이다. 성과기준이 설정되면 경영자는 최소한

[그림 15-3] 통제 과정의 단계

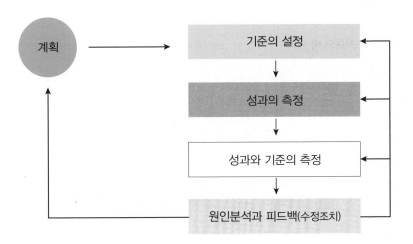

이 기준을 달성하고자 한다. 이러한 평가기준은 계획을 수립할 때 정하는 것이 일반적이지만 그렇지 않은 경우에는 구체적 기준과 대상을 정하도록 한다.

통제 과정에서 가장 중요한 사항은 기준설정을 알맞게 하는 것인데 이에 따라 결과측정을 정확하게 할 수 있는 것이다. 기준이 현실과 괴리가 있다든지 측정이 잘못되면 통제는 좋은 결과를 가져 올 수 없기 때문이다.

성과기준은 정량적(quantitative)이거나 정성적(qualitative)일 수 있다. 정량적 기준은 화폐단위, 시간, 비용 등 숫자화된 평가기준을 의미한다. 이러한 정량적 기준의 예는 〈표 15-1〉에 제시되어 있다. 정량적 기준은 두 가지 장점이 있다.

첫째, 계량적 지표는 비교적 정교하게 적절한 성과가 경영자들이 이해할 수 있는 양식으로 제시될 수 있다. 예를 들어 점포당 매출액 기준이 1억 원으로 설정되었다면 경영자들은 그들에게 무엇이 요구되는지를 알 수 있다. 경영자들이 이 기준이 너무 높거나 낮아서 동의하지 않을 수도 있지만, 그들은 아무튼 성과기준을 이해할 수는 있다.

계량적 지표의 두 번째 장점은 측정하기가 비교적 쉽다는 데 있다. 단순하게는 온도계로부터 복잡한 컴퓨터 프로그램까지 수많은 통제기구들은 성과와 기준을 자동적으로 비교하도록 설계되어 있다. 결과를 예측하기 위하여 기계적 도구를 활용할 수 없더라도 수치는 모든 경영자에게 동일한 의미를 가지고 있으므로 계량적 지표는 쉽게 측정 가능하다.

정량적 기준은 조직의 모든 기준설정에 활용하기 어렵다는 한계가 있다. 모든 기준이 화폐, 시간, 비용 등 수치로 표시될 수 있는 것은 아니다. 예를 들면, 어떤 조직은 '노조와 원만한 관계를 유지한다'라는 목표를 설정할 수 있다. 단지 파업이 없다는 것이 노조와의 원만한 관계를 의미하는 것일까? 조직은 인사부 또는 연구개발부의 성과를 측정

|표 15-1| **계량적 지표의 예**

유 형	예
고 객	• 고객의 90%는 만족시켜야 한다.
시간기준	• 서울서 부산까지 비행시간은 50분이다.
	• 승용차 브레이크 교체시간은 30분이다.
비용기준	• 단위당 재료비는 5만 원이다.
수익기준	• 영업사원 1인당 매출액은 2억 원이다.
매 출 액	• 연말까지 매출액을 5% 증가시킨다
시장점유율	• 올해까지 음료수 시장에서 32% 점유율을 달성한다.
투자수익률	• 투자수익률은 20%가 되어야 한다.
수 익 성	• 신규 프로젝트의 수익률은 10% 이상이 되어야 한다.

하기 위하여 어떠한 정량적 기준을 설정할 수 있는가? 모든 조직활동에 정량적 기준을 설정하기 어렵기 때문에 정성적 기준이 필요한 것이다.

'모든 종업원은 자신을 팀 멤버로 간주하고 효과적으로 협조하여야 한다', '종업원은 단정한 복장을 하여야 한다' 그리고 '고객과의 접촉에 있어서 모든 종업원은 긍정적 태도를 지녀야 하며 적대감을 가져서는 안 된다' 등과 같이 정성적 기준은 주관적이다. 그러나 조직에서 정성적 기준은 인사고과 형태로 널리 활용되고 있다.

이렇듯 조직을 운영하기 위해서는 기준설정이 필요하다. 따라서 문제는 조직활동에 대해서 성과기준을 설정하느냐, 안 하느냐가 문제가 아니라 어떻게 적절한 성과기준을 설정하고 이 기준들에 대한 조직 구성원들의 지지를 얻느냐가 관건이다.

효과적인 성과기준 설정을 위해서는

- **적절한 수준의 기준을 설정하여야 한다**: '적절한 수준'이란 용어는 주관적이어서 사람마다 의미가 다를 수 있다. 여기에서는 현재 상황에서 '도전적이지만 합리적으로 달성 가능한 수준'을 의미한다. 작업기준이 너무 낮게 설정된다면 인적 및 물적자원이 낭비될 수 있다. 반면에 기준이 너무 높다면 조직 구성원들의 좌절감, 실수 등과 같은 문제가 발생할 수 있다.
- **기준을 설정하기 전에 작업활동에 대한 정보가 가능한 한 많이 수집되고 평가되어야 한다**: 중요한 점은 수행하여야 할 작업에 대한 명확한 이해 없이 기준이 개발되어서는 안 된다는 것이다. 예를 들어 대형 수퍼마켓에 근무하는 계산원의 성과기준을 개발하는 데 있어서 ① 현금출납기를 다루기 위한 훈련의 제공 정도, ② 현금출납기의 속도, 정확성 및 복잡성 그리고 ③ 계산원에 부과된 다른 의무 등과 같은 문제가 고려되어야 한다.
- **기준설정 때에 종업원 참여를 유도한다**: 많은 조직에 있어서 조직 구성원이 기준설정에 참여(participation)하고 있다. 일반적으로 참여는 기준에 대한 조직 구성원의 수용성(acceptability)을 강화시킨다. 예를 들어 영업사원들은 스스로 자신의 성과기준을 설정할 수 있다. 물론 조직 구성원 자신이 설정한 기준을 조직이 그대로 받아들일 필요는 없다. 이들 기준은 영업관리자와 상의를 통하여 적절한 수준으로 수정할 수 있다. 그러나 종업원들은 적어도 성과기준을 설정하는 데 어느 정도의 의견을 제시할 수 있을 것이다.
- **기준을 명확하게 조직 구성원에게 커뮤니케이션한다**: "나에게 무엇을 기대하는가?" 또는 "내가 일을 잘하고 있는지를 모르겠다" 등과 같은 말을 조직에서 흔히

듣는다. 이러한 말은 성과기준이 충분히 커뮤니케이션되지 못하였음을 의미한다. 잘 관리된 조직에서는 조직 구성원들은 자신에게 어떠한 성과기준이 설정되었으며 자신이 어느 정도 기준을 충족하고 있는지를 알 수 있게 한다.

- **기준이 왜 필요한지를 설명한다**: 일반적으로 사람들은 자신에게 설명되지 않은 기준을 싫어하거나 두려워한다. 그들은 기준이 왜 필요한지를 이해할 경우에 쉽게 수용하는 경향이 있다. 예를 들어 경영자가 이유를 설명하지 않고 높은 기준을 부과하였을 경우(시간당 9단위보다 12단위를 생산하라 또는 모든 부서는 작년의 예산 범위 내에서 운용되어야 한다) 조직 구성원간 상당한 불만족을 야기시킬 것이 확실하다. 반면에 경영자가 이유를 설명한다면(회사는 작년에 적자를 보았다 또는 생산성 증가 없이는 고용을 줄일 수밖에 없다 등) 수용성이 더 클 것이다.
- **상황이 바뀜에 따라 기준을 변경한다**: 대부분의 조직활동에 대한 성과기준은 조직 내·외부 환경이 변함에 따라 주기적으로 수정되어야 한다. 기술의 발달은 일반적으로 높은 수준의 기준을 결과한다. 예를 들어 제트엔진의 발명은 도시간 비행시간에 대한 기준을 거의 반으로 줄였다. 또한 제트엔진은 항공기 보수, 연료 소비 그리고 비행사 자격 등에 대한 기준들에도 영향을 미쳤다.

성과측정 및 비교

기준이 결정되면 다음 단계는 기준에 근거하여 성과(performance)를 측정하고 비교하게 된다. 실제 성과를 측정하기 위해서는 필요한 자료를 수집해야 한다. 관리자가 자주 사용하는 정보의 원천은 개인의 관찰결과, 통계적 보고, 구두보고, 서면보고 등이다. 다음에는 측정의 대상을 결정해야 한다. 이는 어떻게 측정하느냐보다 더욱 중요하다. 성과측정 및 비교는 실제로 달성한 것(실적)과 달성하기로 의도했던 것(기준)을 비교하는 것으로 통제 과정의 중간 단계이다.

기준이 어느 정도 충족되었는지를 결정하지 않는다면 기준설정은 아무런 의미가 없다. 예를 들어 단위당 생산비용을 1만 원에 설정하였지만 실제 비용을 측정하지 않는다면 아무런 소용이 없는 것이다.

경영자들은 성과측정을 통하여 언제 수정 행위가 필요한지를 알 수 있다. 성과측정이 없다면 경영자들은 "우리가 얼마나 잘 하고 있는가?" 그리고 "성과를 증진시키기 위해서 무엇을 행하여야 하는가?"라는 기본적 질문에 답할 방법이 없다.

|표 15-2| 효과적 성과측정을 위한 일반 지침

지　　침	방법 또는 예
경 제 성 신속한 측정 체계적 측정 정확한 측정	• 표본조사이용(예: 통계적 품질관리) • 전략적 통제점(strategic control point) 측정 　(예: 수익, 비용, 품질, 안전 등) • 일일 통제

　　그러나 성과측정은 결코 쉬운 일이 아니다. 효과적으로 성과를 측정하는 데 도움이 되는 일반 지침이 〈표 15-2〉에 제시되어 있다.

6.　수정행동

　　수정행동(corrective action)은 〈그림 15-3〉의 통제활동 과정에 있어서 마지막으로 취하는 핵심활동이다. 일반적으로 계획은 의도된 대로 진행되지 않는다. 실수와 일탈이 발생하는 것이 일반적이다. 성과가 선정된 기준에 미달할 경우에 수정행동이 요구된다. 경영자는 대부분의 시간을 잘못되어 가는 것을 수정하는 데 사용한다.

　　수정행동은 기계를 재조정한다든지 종업원에게 업무를 잘 하도록 재지시를 내리든지 하는 간단한 행동으로부터 손실을 이익으로 전환시키거나 인플레이션하에서 비용을 줄이는 등과 같은 복잡한 행동까지 다양하다.

　　일상적인 실수는 즉시 수정할 수도 있다. 예를 들면, 고객에게 거스름돈을 잘못 지불한 경우에는 즉시 수정할 수 있다. 그러나 판매 감소를 역전시키는 데는 몇 달 또는 몇 년이 걸릴 수도 있다.

　　문제를 수정하는 것은 문제를 발견하는 것보다 더 어려울 수 있다. 예를 들면, 매출이 예상 기준보다 적다든지 비용이 예산을 초과했는지를 판단하는 것은 쉽다. 그러나 이러한 문제를 수정하는 것은 매우 어려울 수도 있다. 이상적으로 수정행동은 계획을 세울 때 동시에 사전에 수정행동을 계획하는 것은 간편하다는 장점이 있다. 그러나 수정행동은 자의적으로 설정되어서는 안 된다. 수정행동은 과거의 경험이나 가능한 결과

|표 15-3| 기준, 성과측정 그리고 수정행위의 연계성

기 준	성과측정	수정행위의 예
올해 이익목표는 매출액의 6%이다.	이익을 내지 못하였다	• 책임을 져야할 경영자 교체 • 생산라인의 수정 • 특정 제품의 가격조정
김○○은 하루에 8단위를 생산하여야 한다.	김○○은 하루에 6단위를 생산하였다.	• 김○○을 훈련시킨다 • 김○○을 해고한다. • 기준을 하향조정한다. • 김○○을 다른 직무로 전환배치 한다.
월 말 재고수준은 100단위를 유지하여야 한다.	재고수준이 165단위이었다	• 잉여재고를 처분하기 위하여 특별 세일을 단행한다. • 경영자에게 미래에 어떤 문제를 어떻게 회피하느냐에 대한 컨설팅을 실시한다 • 가격을 인하한다 • 판촉을 증대한다 • 경영자를 교체한다
90일 이내 건축 프로젝트의 60%가 완료되어야 한다.	프로젝트의 46%가 완료되었다	• 프로젝트를 계획대로 진행시키기 위하여 초과근무를 실시한다. • 문제가 공급자와 관련이 있을 경우, 공급자와 함께 문제를 논의한다 • 노사관계에 문제가 있을 경우, 해결책을 찾는다 • 최근의 기준을 재검토한다

에 대한 검토하에서 신중하게 설정되어야 한다.

〈표 15-3〉은 기준, 성과측정, 수정행위의 예를 나타낸 것이다.

기준과 결과를 비교하여 차이가 발생하면 그의 원인을 밝혀내고 시정조치를 취한다. 예를 들면, 전략을 수정한다든지, 결과 측정방식을 고친다든지, 설정됐던 표준 자체도 바꾸는 경우이다. 이러한 수정조치는 다음의 계획수립에 피드백시켜야 한다.

▌일상적 상황에 대한 사전 수정행동

경영자들이 아무리 노력해도 어떤 문제는 지속적으로 발생한다. 시간과 비용을 절약하고 혼란을 줄이기 위하여 경영자들은 결근, 기계고장 그리고 불만족스런 종업원 성과 등과 같이 관리상 흔히 발생하는 문제에 대해서 사전에 수정행동을 계획한다. 〈표 15-4〉는 일상적 상황에서 발생할 수 있는 문제들과 수정행동의 예를 제시하고 있다.

|표 15-4| 사전에 설정된 수정행동에 의해서 다루어질 수 있는 일상적 상황의 예

고객에게 잘못된 기계를 배달하였다	점포 종업원이 잘못된 기계를 수거하고 올바른 기계를 배달한다
작업 도중에 종업원이 술에 취해 있다	종업원을 즉시 귀가 조치한다
제품 결함이 발견되었다	종업원은 보증서에 근거하여 조정한다
기계 A가 고장났다	반장은 유지/보수 팀에 수리를 요청한다

▌판단적 수정행동

조직의 하위 계층에서 발생하는 문제들은 대부분 수정행동을 설정할 수 있다. 그러나 조직의 상위 계층에 올라갈수록 잘못된 상황을 교정하는데 판단(judgment) ― 사전에 설정된 수정행동이 아니라 ― 이 점점 중요해진다. 복잡한 상황에 대해서는 사전에 지침을 설정할 수 없으며 경영자들은 자신의 경험, 관찰 그리고 지식 등에 의해서 문제를 분석하고 수정행동을 계획하게 된다.

사전에 설정된 수정행동은 경영자들에게 자유재량의 여지를 거의 허락하지 않지만 판단적 수정행동(judgmental corrective action)에는 상당한 자유재량의 여지가 있다.

판단적 수정행동은 다양한 대안을 검토하여야 하므로 일반적으로 상당한 시간을 필요로 한다. 예를 들면, 객실이 500개 있는 특급호텔이 손실을 보고 있다고 가정하자. 객실 가동률이 평균 50%이며 손익분기점(호텔이 이익을 내기 시작하는 점)이 70%이다. 또한 세 개의 레스토랑과 두 개의 라운지도 이익을 내지 못하고 있다.

이럴 경우 경영자는 다음과 같은 수정행동을 고려할 수 있다; 일정 기간 동안 노조에게 임금인상 요구를 자제하라고 설득, 투숙객을 끌기 위한 광고 강화, 신규 영업관리자 채용, 종업원 수 감축, 호텔 리모델링, 레스토랑과 라운지의 외부 임대, 컨벤션 사업 확장, 주말 요금 설정, 공항 영업서비스 강화 등을 취할 수 있다.

이렇듯 호텔의 수익성을 강화하기 위하여 경영자는 다양한 대안을 검토하고 문제를 수정하기 위하여 다수의 행동을 취한다. 이런 과정에서 판단은 중요한 역할을 행한다.

▌수정행동을 위한 지침

수정행동이 없다면 통제기능은 불완전하다. 만약 문제가 수정되지 않는다면 성과기준을 설정하고 성과를 측정하는 것이 의미가 없을 것이다. 다음의 지침은 수정행동을 취하는 데 유용한 것이다.

경영자들은 증상(symptoms)이 아니라 기본적 문제에 근거하여 수정행동을 취하여야 한다. 예를 들어 조직 구성원의 동기 부족은 조직에서 흔히 언급되는 문제이다. 그러나 동기 부족은 통상 실질적 문제가 아니다. 이것은 하나 또는 둘 이상의 문제에 대한 증상일 뿐이다. 낮은 동기는 부적절한 감독, 불만스러운 작업조건 또는 다른 문제들에 의해서 야기될 수도 있다.

많은 조직에서 당면하는 일반적 상황은 제품의 부적절한 영업이다. 경영자들은 제품이 경쟁회사에 비해서 떨어진다고 결론 내리기 쉽다. 그러나 자세히 분석해 보면 잘못된 분배경로, 비효과적인 판매촉진 또는 부적절한 가격 등으로 인하여 제품이 시장에서 받아들여지지 않음을 알 수 있다. 〈표 15-5〉는 증상과 실제 문제의 예를 제시하고 있다. 확실히 수정행동은 증상이 아니라 실제 문제에 근거하여야 함을 알 수 있다.

신속하게 수정행동을 취해야 한다. 경영환경에 있어서 흔한 오류는 기준을 충족하지 못하였을 때 신속하게 수정행동을 취하지 못하는 것이다. 낡고 사용하지 않는 기계가 보험료만 내며 창고에 자리만 차지하고 있으나 기계를 처분하려는 노력은 거의 이루어지지 않을 수 있다.

문제가 신속하게 해결되지 않는 이유 가운데 하나는 경영자들은 중요한 문제에 대하여 우유부단하기 때문이다. 경영자는 문제를 해결하기 위하여 다양한 대체수단을 가지고 있지만 어떤 것을 선택할 지에 대해서 어려움을 느낄 수 있다. 둘째는 인간적 고려에 의해서 신속한 행동을 취하지 않을 수 있다. 예를 들면, 문제를 조사한 후 최적의 대

|표 15-5| 실제 문제를 분석하는 데 필요한 신중한 분석

문제상황	문제의 표면적 분석	문제의 신중한 분석
생산이 기준 이하이다	종업원들의 작업동기가 부족하다	습도가 너무 높아 종업원들이 쉽게 피로를 느낀다
노조는 문제를 야기한다	노조 지도자가 비협조적이다	경영자들이 긍정적인 경영환경을 제공하지 않는다
인사팀이 효율적으로 움직이지 않는다	인사팀장이 무능하다	인사팀에게 기능을 효율적으로 수행하도록 충분한 권한이 위양되지 않고 있다

|표 15-6| 수정행동에 대한 제약의 예

문 제	경영자가 취하고 싶은 수정행동	가능한 제약
기계가 자주 고장이 난다	새로운 기계의 구입	자금 부족
매출수입 부족	가격인상	경쟁자는 가격을 그대로 유지하며 가격인상이 현명한 의사결정이 되지 못하게 함
효과적으로 경쟁하기 위해서 신제품이 필요하다	신제품 생산	경쟁자가 유사제품에 대해서 특허권을 지니고 있음
판매가 예측에 미치지 못한다	판촉강화	최고경영층은 다른 용도로 자금을 활용하고자 함
단위당 생산비가 너무 높다	초과근무를 줄이기 위하여 생산속도 증가	노조의 반대

안은 담당자를 교체하는 것일 수도 있다. 그러나 경영자는 담당자를 교체하는 데 상당한 어려움을 느낄 수 있다.

마지막으로 그리고 가장 합리적인 이유는 수정행동에 필요한 자원이 부족한 경우이다. 어떤 조직이든 자신이 원하는 만큼 재원이나 인력을 지닐 수는 없는 것이다. 따라서 모든 문제를 신속하게 해결할 수는 없다. 자원부족은 수정행동을 취하는 데 제약조건으로 작용한다.

가능한 한 수정행동을 기존 계획에 포함시켜야 한다. 이상적인 계획은 잘못되었을 경우 취해야 할 적절한 수정행동을 포함하고 있어야 한다. 예를 들면, 의류업계는 7월 15일 이전까지 모든 여름의류를 판다는 계획을 세울 수 있다. 이러한 판매계획에 7월 15일 이후에는 팔리지 않은 의류에 대해서는 상당한 가격인하를 행한다는 수정행동을 사전에 수립할 수 있다. 사전에 설정된 수정행동은 시간을 절약할 수 있으며 효과적이다. 그러나 대부분의 조직에서는 사전에 수정행동을 수립하지 않고 판단에 의해 행동한다는 데 문제가 있다.

제약조건을 고려하여야 한다. 수정행동을 취할 때 경영자들은 다양한 제약을 고려하여야 한다. 경영상의 제약은 고객, 제한된 인력과 자금, 조직정책, 정치적 고려, 정부의 규제, 환경에의 영향 등 다양한 원인으로부터 야기된다. 〈표 15-6〉은 경영자의 의도와 실제 행동에 대한 제약 사이의 갈등의 예를 제시하고 있다. 현명한 경영자라면 "우리의 계획은 어떠한 법적 의미를 지니는가?," "최고경영자는 이 계획에 대해서 어떻게 생각할 것인가?" 그리고 "우리의 경쟁자는 우리의 전략에 대해서 어떻게 반응할 것인가?" 등의 질문에 대해 수정행동을 취하기 전에 준비하여야 한다.

토·론·문·제 EXERCISE

01 스크리닝 통제는 왜 행해지는가? 그리고 사후통제와 어떻게 구별되
   는가?

02 업무통제의 구체적인 예를 들어본다면 어떤 것이 있을 수 있는가?

03 성과기준 설정에서 측정하기가 용이한 정량적 기준만에 의존하지 않
   고 정성적 기준을 설정하는 이유는 무엇인가?

04 효과적인 성과기준을 설정하기 위하여 고려하여야 할 사항을 들어
   보라.

05 일상적 상황에서 발생할 수 있는 수정행동을 현실장면에서 사례를
   생각하라.

제16장

정보관리와 e-비즈니스

정보(information)는 중요한 자원이다. 3차 산업혁명은 정보화 혁명으로서 정보와 지식이 거대한 자본보다 더욱 중요한 생산요소로 여겨왔다. 기업의 관리자들은 예로부터 자신들의 업무를 처리하기 위하여 정보를 사용하여 왔으므로 정보관리라는 주제는 굳이 새로울 것도 없다고 할 수 있다. 관리자들은 정보없이는 계획화, 조직화, 지휘 및 통제를 효과적으로 할 수 없다.

다만 새로운 점이라면 컴퓨터와 정보통신의 발달로 실시간의 정확한 정보가 손쉽게 가용하게 되었다는 점이다. 따라서 점점 더 많은 기업들이 컴퓨터 기반의 정보시스템에 일상의 운영과 의사결정을 위한 정보 제공을 의존하고 있는 것이다. 4차 산업혁명이 진행하면서 정보기술이 발전한 디지털 기술로 디지털화함으로써 기업경영에 큰 변화를 초래하고 있다.

오늘날 기업의 관리자들에게는 정보와 정보시스템 및 정보기술에 대한 기본적인 이해가 필수적이다. 그리고 정보시스템의 진화과정과 유형을 살펴봄으로써 다양한 형태의 정보시스템이 존재하게 된 배경을 인식하고 현재 처한 상황에 적절한 정보시스템의 활용방법을 모색할 수 있다.

정보기술이 조직의 변화에 어떠한 영향을 미치는지 그리고 정보기술의 발달로 e-비즈니스가 기업경영에 어떠한 역할을 하는지를 살펴보는 것은 매우 유익하다고 할 수 있다.

본장에서는 정보, 정보시스템, e-비즈니스, 전자 상거래 등에 대해서 공부할 것이다.

1. 정보와 지식

오늘날 정보는 기업의 중요한 자원으로 인식되고 있으므로 정보관리는 매우 중요한 활동이라 할 수 있다. 기업의 관리자들은 정보관리의 주체로서의 역할을 수행하며 또한 정보의 주된 사용자이기도 하다.

이러한 정보는 정보시스템으로부터 산출되며 정보시스템을 제대로 관리, 운영하기 위해서는 정보시스템 조직과 정보시스템 요원이 필요하다. 또한 정보시스템은 지난 40년 간 정보기술(infomation technology: IT)의 발전과 더불어 진화를 거듭해 왔다.

정보기술의 발달로 사람들의 생활방식, 직장에서 직무를 수행하는 방식, 기업이 경영행위를 하는 방식이 완전히 바뀌어 가고 있다.

▌정보의 의미

기술을 사용하여 더 많은 정보를 생성하는 능력은 관리자에게는 심각한 도전이 되고 있다. 방대한 빅 데이터를 특정 목적에 필요한 정보로 만들어야 한다. 데이터(data)란 관찰을 기록하고 수집된 사실, 기록, 동영상, 소리 또는 수치를 말하는데 원데이터(raw data)라고도 한다. 데이터 그 자체는 중요한 가치를 갖지 못한다.

이러한 빅 데이터를 경영문제의 의사결정, 계획화, 조직화, 지휘, 통제, 조정 등에 도움이 될 수 있는 의미 있는 정보로 분석·처리하고 변형시켜야 한다. 정보는 특정 업무를 처리할 때 꼭 필요로 하는 데이터이다. 정보란 데이터를 예컨대 시간의 경과에 따른 판매량의 변화를 그래프로 나타내는 것처럼 처리하여 얻는 데이터를 말한다. 정보(information)는 경영자가 현재 또는 미래에 행동이나 의사결정을 옳게 하고자 이용할 때 가치를 갖게 된다.

지금 4차 산업혁명이 한창 진행 중인데 정보통신기술(ICT)이란 정보를 처리·저장·분석하기 위한 기술이다. 여기에는 제2장에서 공부한 컴퓨터, Internet, 스마트폰, 인공지능, 사물인터넷, 빅 데이터, 클라우드 컴퓨팅, 로봇, 3D 컴퓨터, AR/VR, 블록체인 등이 포함되는데 디지털 기술이라고도 부른다. 여기서 말하는 정보는 눈에 보이지 않는 가상(virtual)의 재화이다. 즉 정보는 가상의 재화로서 가상의 세상에서 처리된다.

[그림 16-1] 정보의 유용성에 영향을 미치는 요인

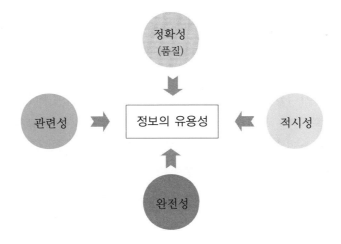

그런데 정보는 물리적인 세상에서 만들어지지만 가상의 세상에서 처리되어 다시 물리적인 현실세계에 영향을 미친다. 예를 들면, 온라인 쇼핑몰에서 주문을 하는 경우 그 주문은 가상의 세상에서 정보로 처리되고, 이 정보를 바탕으로 물리적인 제품으로 물리적 세상에 있는 주문자에게 공급되는 것이다.

정보의 처리·분석비용과 저장비용이 기술의 발전으로 급감하면서 사용되는 정보의 양은 날로 증가한다.

정보는 〈그림 16-1〉과 같이 네 가지 특성을 갖출 때 가치가 있고 유용하다고 할 수 있다.

- **정확성**(accuracy): 정보는 근거있고 신뢰할 수 있는 현실의 반영이어야 한다. 정확성과 신뢰성이 정보의 품질(quality)을 결정한다.
- **적시성**(timeliness): 정보는 경영자가 의사결정할 때 즉시 사용할 수 있도록 사용 가능해야 한다.
- **완전성**(completeness): 통제활동을 실시하고, 조정을 달성하고, 효과적인 의사결정을 하는 데 부합되는 형태로 모든 정보를 빠짐 없이 경영자에게 제공해야 한다.
- **관련성**(relevance): 경영자의 특정 요구와 상황에 꼭 맞고 적절하며 유용한 정보이어야 한다.

▌정보의 필요성

관리자들은 효과적인 의사결정(decision making)을 위해서, 기업활동을 통제(control) 하기 위하여, 그리고 기업활동을 조정(coordination)하기 위하여 정보를 필요로 한다.

효과적인 의사결정을 위해서 관리자들은 기업 내·외로부터 정보를 필요로 한다. 예를 들면, 제품의 가격을 책정할 때 마케팅 관리자는 각 가격에 대한 고객들의 반응에 관한 정보를 필요로 한다. 또한 그는 단위당 원가에 대한 정보를 갖고자 한다. 관리자의 효과적인 의사결정 능력은 필요한 자료의 획득 및 처리능력에 달려있다.

기업은 이미 설정한 목표대로 경영활동이 진행되고 있는지 평가하기 위하여 실제 성과에 대한 정보를 적시에 필요로 한다. 경영정보시스템은 기업의 여러 가지 업무를 통제하는 데 이용된다. 예산에 대한 지출을 추적하기 위하여 관련 부서별로 지출현황에 대한 정보를 필요로 한다.

기업의 목적을 달성하기 위하여 부서와 사업부 활동을 조정하는 데도 정보가 필요하다. 예를 들면, 미국의 보잉사는 777제트 항공기를 제작하는 데 3백만 개의 부품과 수천 개의 구성품이 필요한데 이들 부품과 구성품이 공장에 공급되고 생산하는 데 차질이 없도록 조정을 해야 한다.

즉 관리자는 어떤 납품업자가 무엇을, 언제 생산하여 납품할 것인가에 관한 정보를 필요로 한다. 이를 위해서 보잉사는 모든 납품업자와 연결된 경영정보시스템을 설치하여 3백만 구성부품의 흐름을 추적하고 있다.

▌지식의 의미

사람은 정보를 이용하여 부가가치를 높이기 위하여 지식을 이용한다. 지식 (knowledge)이란 사람의 행동과 의사결정에 지침을 주는 본능, 지각, 아이디어, 규칙과 절차 등의 결합을 뜻한다. 지식은 개인의 자산이자 기업의 자원이다. 부가가치 창출에서 지식이 차지하는 역할이 커지고 있다. 20세기 전반까지 노동에 지식을 적용하여 생산성을 향상시키는 데 주력하였다. 오늘날에는 자본과 노동보다 기업의 경쟁우위를 확보하는 데 지식이 중요한 요소가 되었다.

드러커(P. Drucker)가 언급한 대로 앞으로의 사회는 산업사회에서 지식정보사회로 바뀔 것이며 그에 따라 경제주체는 자본가나 노동자에서 지식근로자로, 핵심자원도 토지, 노동 및 자본에서 지식으로 바뀔 것이다.

지식은 암묵지와 형식지로 구분할 수 있다. 암묵지(tacit knowledge)란 개인이 학습과 체험을 통해 쌓은 지식으로 과업을 기술적으로 수행하고, 문제를 해결하고, 의사결정을 할 때 사용하는 개인적, 육감적, 문서화할 수 없는 정보라고 할 수 있다. 예를 들면, 이는 개인·집단·조직의 경험, 이미지, 숙련적 기능, 조직문화, 풍토 등의 형태로 존재한다.

한편 형식지(explicit knowledge)란 언어, 문자, 숫자의 형태로 존재하는 지식을 말한다. 예를 들면, 제품의 모양, 서적과 잡지, 프리젠테이션과 강의. 훈련 프로그램, 데이터베이스, 매뉴얼, 공식, 컴퓨터 프로그램의 형태로 표현할 수 있다.

암묵지는 사람의 두뇌나 조직에 체화되어 있어 습득하는 데 오랜 시간이 요구되고 다른 사람들에게 쉽게 전달할 수 없어 사적으로 사용할 수 있는 반면에 형식지는 모방하기 쉽고 여러 사람들에게 쉽게 전달하여 사용할 수 있다.

기업 내에 존재하는 지식은 80%가 암묵지이고 나머지는 형식지라고 알려져 있다. 기업이 지속적인 경쟁우위를 확보하기 위해서는 모방과 이동이 용이한 형식지보다는 기업에서 보유하고 있는 암묵지를 발굴하고 축적하여 자원으로 공유할 수 있는 시스템을 개발할 필요가 있다고 할 수 있다.

▌ 정보와 지식의 관계

지식은 데이터와 정보보다 상위의 개념이다. 데이터를 처리하여 얻은 정보에 개인이 그 동안 축적하여 온 경험, 판단력과 주어진 상황을 결합하면 그 개인의 타당한 행동 판단기준으로 변환되는데 바로 이것이 지식이다. 이러한 지식은 각각의 개인이 보유하는 고유한 지적가치이다.

이와 같이 데이터로부터 정보로, 정보로부터 지식으로 진화하면서 그 의미와 가치가 점차 증가한다. 일본의 노나카 이쿠지로 교수는 정보와 지식의 차이를 〈표 16-1〉과

|표 16-1| **정보와 지식의 차이**

정 보	지 식
단편적 사고: 원인 또는 결과	종합적 사고: 원인과 결과
수동적: 외부ㅌ에서 수용	능동적: 주체적으로 생각, 가공, 판단
흐름: 지식창조의 매개, 자료	축적: 사고와 경험을 통해 정보의 체계화
정태적: 가치판단 및 정보체계	동태적: 의사결정과 행동을 통한 가치창출

같이 구분하고 있다. 정보는 전체적, 정태적, 수동적인 반면 지식은 개인적, 동태적, 능동적 성격을 갖는다. 정보는 인간 지식의 흐름(flow)을 말하는 반면 지식은 정보의 축적(stock)을 말한다.

그러나 지식과 정보를 따로 구분하는 것은 별로 의미가 없고 지식과 정보가 하나의 통합된 개념으로 사용될 때 큰 의미를 갖게 된다. 왜냐 하면, 정보는 지식의 흐름을 가능케 하는 파이프(pipe)와 같으며 그 파이프 속에서 흐르는 것은 지식이라고 말할 수 있기 때문이다.

▍정보관리의 **의미**

대학가에서 소규모의 문구점을 운영하는 문구점 주인(관리자)은 단지 '눈으로 훑어봄으로써' 유형의 자산들을 관리할 수 있다. 상품, 매장, 현금, 고객 이동 등의 상황 등 모든 것을 관찰에 의존함으로써 관리할 수 있는 것이다. 그러나 조직의 규모가 커져서 회사로 발전하고 직원의 수가 수백 명 이상에 달하고 작업장이 물리적으로 여러 곳에 분산될 정도가 되면 관리자는 관찰에 의존하기보다는 점차 정보에 의존하게 된다.

즉 관리자는 회사의 물리적 상태를 직접 관찰하기보다는 이에 대한 보고서나 정보 출력물을 활용하게 된다. 관리자의 직급이 높아져서 최고경영자에 오르게 되면 정보를 기업의 가장 중요한 자원으로 인식하는 수준에 이르게 된다.

기본적으로 기업의 관리자는 사람(personnel), 자재(material), 기계(machines), 돈(money), 정보(information) 등 다섯 가지의 주요 자원을 관리한다. 관리자의 임무는 이러한 자원들을 관리하여 가장 효과적으로 활용하는 것이다. 다섯 가지의 자원 가운데 사람, 자재, 기계, 돈 등 네 가지는 물리적으로 실제 존재하는 것이며 손으로 만져볼 수도 있는 유형자원(physical resource)이다.

이에 반하여 정보는 물리적인 형태로 존재하지 않으며 단지 그것이 표상하는 바에 따라 가치를 갖는 무형자원(conceptual resource)이다. 결국 관리자는 유형자원을 관리하기 위하여 무형자원을 사용하는 것이다.

한편 관리자는 유형자원을 관리하는 것과 마찬가지로 무형자원도 관리한다. 관리자는 필요한 원데이터(raw data)가 수집되어 유용한 정보로 가공될 수 있도록 관리활동을 수행한다. 관리자는 정보를 필요로 하는 사람이 적시에 적절한 형태로 정보를 받아서 활용할 수 있도록 한다.

또한 관리자는 유용성이 끝난 정보를 폐기하고 대신에 최신의 정확한 정보로 이를 대체하도록 한다. 이와 같이 정보를 수집하고 효과적으로 활용하며 적절한 시기에 폐기하는 일련의 활동을 정보관리(information management)라고 한다. 오늘날 경영환경이 점점 더 복잡해지고 컴퓨터의 능력이 향상됨에 따라 관리자들은 정보관리에 더욱 관심을 기울이고 있다.

▌ 정보의 사용자

기업에서 컴퓨터 활용의 초기에는 컴퓨터가 급여, 재고, 청구서 등을 처리하였고 따라서 컴퓨터 출력물을 활용하는 사람들은 주로 회계분야의 종사자들이었다. 관리자들이 간혹 정보를 제공받은 적도 있기는 하였으나 이는 회계 응용시스템의 부산물을 받은 것에 불과하였다.

이후 관리자들이 경영문제를 해결하기 위하여 정보를 필요로 한다는 것을 인식하고 이에 따라 컴퓨터를 경영정보시스템(management information system: MIS)으로 활용하게 된 것은 정보시스템의 발전에 큰 계기를 마련한 것이라고 할 수 있다. 기업들이 MIS 개념을 받아들이게 됨에 따라 경영활동을 지원하기 위한 응용시스템들이 개발되기 시작한 것이다.

오늘날 정보시스템의 주된 사용자들은 기업의 관리자들이다.[1] 관리자들은 몇 개의 경영 계층과 다양한 기업 기능별로 분류하여 존재하는 것으로 볼 수 있다.

최고경영층은 기업의 장기적인 전략을 결정한다. 중간관리층은 지역 본부장, 제품 책임자, 부서장 등을 포함하며 이들은 실행계획을 수립하고 통제활동을 수행한다. 또한 하위관리층은 구체적인 과업들이 효율적으로 완수될 수 있도록 통제활동을 담당한다.

정보시스템을 설계할 때에는 정보의 원천과 정보의 요약 수준에서 관리자의 경영 계층을 고려할 필요가 있다. 최고경영층은 하위관리자에 비하여 외부환경정보에 중요도를 부여하기 마련이고 반면에 하위관리자는 내부 정보를 중요시한다. 또한 일반적으로 최고경영자는 요약된 형태의 정보를 선호하고 하위관리자는 세부적인 정보를 필요로 한다.

관리자들은 경영 계층뿐만 아니라 기업 기능별로 분류하여 볼 수 있다. 〈그림

---

1 비관리자나 스태프, 기업 외의 고객들도 기업의 정보시스템을 사용하거나 이의 출력물(청구서 등)을 활용하기는 하지만 정보시스템의 주된 사용자는 기업 내부의 관리자라 하겠다.

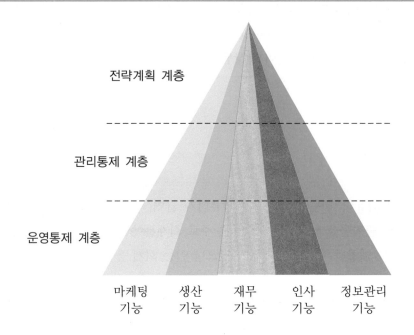

[그림 16-2] 경영 계층과 기업 기능에 따른 관리자의 분류

전략계획 계층

관리통제 계층

운영통제 계층

마케팅 기능　생산 기능　재무 기능　인사 기능　정보관리 기능

16-2〉는 관리자들이 경영 계층과 기업 기능별로 분류될 수 있음을 보인 것이다.

2. 정보시스템

▌정보시스템과 그의 조직

　　어떤 시스템도 여러 가지 투입물을 변환과정을 거쳐 산출물로 만든다고 공부하였다. 정보시스템은 투입물로서 데이터를 받아들여 원하는 목적에 따라 처리하는 변환과정을 통해 산출물인 정보를 생산한다. 따라서 정보시스템은 기업에서 유용한 정보를 생산하여 의사결정에 도움이 되도록 필요한 사용자 또는 부서에 제공하는 역할을 수행한다. 정보시스템은 데이터를 정보로 전환하는 과정에서 컴퓨터와 같은 정보기술

(information technology: IT)을 사용한다.

정보시스템은 정보기술, 조직, 사람의 차원을 포함하는 개념이지만 이 중에서 가장 중요한 요소는 정보기술이다. 정보기술은 의사결정에 필요한 정보 처리를 위한 컴퓨터 하드웨어, 소프트웨어, 데이터 관리기술, 네트워킹 및 통신기술로 구성된다.

오늘날 기업에서 사용할 수 있는 데이터는 과거에는 저장하는데 부담만 주던 쓸모가 없던 대량의 데이터이었다. 데이터는 숫자, 글자, 화상, 음성기록, 오디오, 동영상, 블로그, 센서 네트워크, 사회관계망, Internet 기반 텍스트 문서, Internet 검색 찾아보기, 전화통화 기록 등 어마어마한 규모(volume), 정형·비정형·반정형 등 다양성(variety), 생성·처리하는 속도(velocity) 등의 특징을 갖는다.

정보시스템은 데이터를 실시간으로 수집·저장·가공하여 엄청난 가치를 창출하고 좀더 나은 의사결정을 위한 통찰력(insight)를 제공 한다.

기업에서 사용할 수 있는 데이터의 소스는 세 수준으로 구분할 수 있다.

- **비즈니스 거래**: 기존의 데이터 소스로서 분량, 다양성, 속도 면에서 가장 낮다.
- **인간이 만들어 내는 데이터**: Internet과 사회매체로부터 발생한다. 이는 인간의 집합적 아이디어와 지각을 이해하는 데 가치가 있지만 매우 복잡하다. 분량, 다양성, 속도는 보통이다.
- **기계가 만들어 내는 데이터**: 모든 것들이 서로 연결되는 사물인터넷(internet of things: IoT)에 의해 자동적으로 수집되는 데이터로서 분량, 다양성, 속도 면에서 아주 높다.

컴퓨터가 기업 조직에 처음으로 도입된 이후 정보시스템의 관리와 운영을 담당할 별도 부서의 설립 필요성이 제기되었다. 초기의 정보시스템 부서는 재무 기능의 일부로 편입되어 재무 담당 임원의 지휘 통솔하에 놓여 있었다. 그러나 오늘날에는 정보시스템 조직을 별도의 임원이 담당하는 별도 조직으로 편성하는 추세이다.

정보시스템 요원은 시스템 분석가, 데이터베이스 관리자, 네트워크 전문가, 프로그래머, 오퍼레이터 등 다섯 개의 직능으로 그룹화할 수 있다. 시스템 분석가(systems analyst)는 사용자와 협력하여 새로운 시스템을 개발하거나 기존 시스템을 개선하는 일을 담당한다.

시스템 분석가는 문제를 정의하고 이 문제의 해결을 위해 컴퓨터가 할 일이 무엇인가를 문서화한다. 데이터베이스 관리자(database administrator)는 사용자 및 시스템 분석가와 협력하여 데이터베이스를 구축하고 이를 관리한다. 네트워크 전문가(network specialist)는 시스템 분석가 및 사용자와 협력하여 조직의 컴퓨팅 자원을 상호 연결하여 주는 데이터 통신망을 구축한다.

프로그래머(programmer)는 시스템 분석가가 작성한 문서를 사용하여 코딩 작업을 담당한다. 또한 오퍼레이터(operator)는 메인프레임 컴퓨터나 미니컴퓨터 등 대규모의 컴퓨팅 장비를 운영한다. 오퍼레이터는 콘솔(console)을 통제하고 테이프나 디스크 라이브러리 등을 관리한다.

정보시스템의 구성요소

정보기술은 매뉴얼(manual) 또는 컴퓨터 기반의 형태를 취한다. 모든 정보기술은 다섯 개의 중요한 부분으로 구성되어 있다. 〈그림 16-3〉은 컴퓨터 기반 정보기술의 부분들을 보여 주고 있다.

입력수단(input medium)은 자료와 정보를 시스템에 입력하는 기기를 말하는데 예를 들면, 스캐너(scanner), 키보드(keyboard), 바코드(bar code) 판독기 등을 의미한다.

시스템에 투입된 자료는 프로세서(processor)에 흘러들어 간다. 프로세서는 자료를 조직하고, 조작하고, 분류하고, 계산을 하는 일을 한다.

[그림 16-3] 정보시스템의 구성요소

입력수단
키보드, 스캐너,
다른 컴퓨터, 네트워크

프로세서
자료를 처리하는
CPU

출력수단
프린터, 비디오,
디스플레이, 다른 컴퓨터,
네트워크

저장
디스크, CD-ROM

통제시스템
소프트웨어 또는 다른 운영시스템

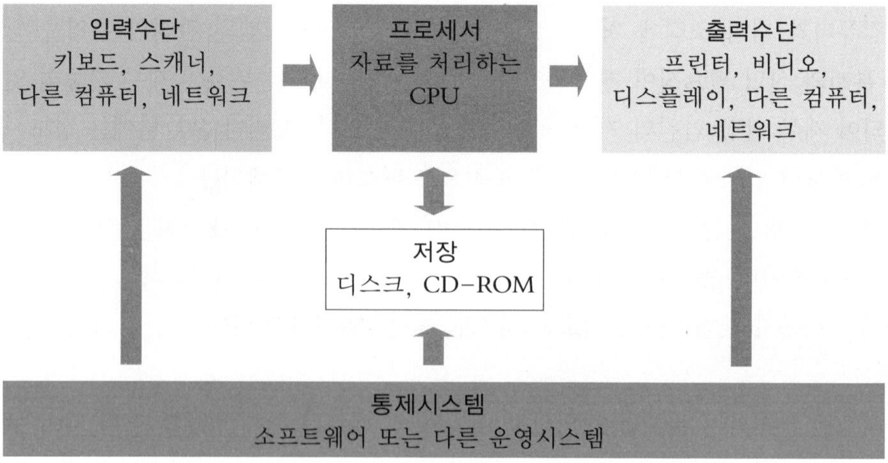

모든 시스템은 정보를 훗날 사용하기 위하여 저장하는 디스크, 하드 드라이브, CD-ROM 같은 저장장치(storage device)를 갖는다.

자료가 정보로 변형이 되면 이를 필요로 하는 사람에게 출력수단(output medium)을 통해서 전달되어야 한다. 출력수단의 예는 프린터, 비디오 디스플레이, 팩스기, 웹페이지(web page) 등이다.

마지막으로 모든 정보기술시스템은 통제시스템에 의하여 작동한다. Microsoft Windows는 특정 소프트웨어를 통제하는 운영시스템이다.

정보시스템의 진화 과정에 따른 유형

컴퓨터를 기업 조직에 활용하기 시작한 초기에는 데이터(data)에 주안점을 두었었고 이후 관심의 초점이 정보와 의사결정 지원(decision support)으로 옮겨진 바 있다. 오늘날에는 커뮤니케이션과 전문지식 제공(consultation)이 가장 큰 관심을 끌고 있다. 이와 같이 강력한 컴퓨터 하드웨어와 소프트웨어의 개발에 힘입어 정보기술의 빠른 진보로 정보시스템도 발전해 오고 있다.

1 초기의 데이터에 대한 관심

1960년 초반까지 기업들은 대부분 관리자의 정보 욕구를 인식하지 못하였다. 최초의 컴퓨터가 등장하고 이후 기업 조직에서 컴퓨터를 도입하였을 당시에도 컴퓨터의 활용은 회계목적의 일상적이고 반복적인 거래처리에 국한되었었다.

예를 들면, 은행계좌에의 입금 및 출금, 재고관리, 봉급계산, 고객청구서, 납품업자에의 지불 등을 위해 주로 사용되었다. 이렇게 수집된 자료는 데이터베이스에 저장된다.

이러한 응용시스템을 일반적으로 거래처리시스템(transaction processing system: TPS)이라고 부른다. 또한 이 시스템은 주로 데이터를 처리하므로 데이터처리시스템(data processing system: DPS)이라고 하기도 하고 기업의 기본 데이터를 처리하므로 회계정보시스템(accounting information system: AIS)이라 부르기도 한다. TPS는 거래처리의 부산물로 부분적이나마 정보를 산출하기도 한다.

❷ 경영정보에 대한 관심

1964년에 IBM 360이 등장하면서 기업에서 컴퓨터를 활용하는 방식에 새로운 개념이 나타나게 되었다. IBM 360은 최초로 실리콘칩 회로를 채택함으로써 가격 대비 처리능력이 획기적으로 높아졌고 따라서 컴퓨터 제조업체는 새로운 장비의 판매를 촉진하기위하여 MIS[2]를 위한 컴퓨터의 도입을 홍보하게 되었다. MIS 개념이란 기업에서의 컴퓨터 활용은 주로 경영정보를 산출하기 위한 것이어야 한다는 것을 말한다. 이러한 MIS개념은 매우 설득력이 있어 미국의 많은 대기업들이 이를 받아들이게 되었다.

이 때의 MIS를 운영정보시스템(operations information system: OIS)이라고 한다. 이는TPS를 통해 수집한 자료를 조직하고 요약하여 유용한 정보로 처리한 후 비반복적인 조정, 통제, 의사결정 업무에 관리자들이 사용할 수 있도록 돕는 시스템이다.

관리자들은 운영정보시스템을 사용하여 판매액, 재고, 회계, 기타 성과관련 정보를입수하였다. MIS의 일반적 특징은 다음과 같다.

1. 관리정보의 제공

자료의 처리 목적은 관리정보의 제공에 있다. 즉 주로 중간관리층의 관리 및 통제활동의 지원을 위해 통합된 자료구조로부터 관리정보를 추출하여 제공함이 주목적이다.여기에서 제공된 정보는 주로 조직체 내에서의 구조적인 정보 소통에 이용된다.

2. 요약된 정보

제공되는 관리정보는 요약된 형태를 취한다. 관리 및 통제활동에 필요한 정보는 관리성과의 측정, 예정성과와의 차리 및 통제방향의 설정을 위한 분석이 가능하도록 개괄적이어야 한다.

3. 데이터베이스 내 데이터의 통합저장

MIS는 데이터 저장의 통합화를 요구한다. 관리자의 정보 요구는 정기적으로만 이루어지는 것은 아니며 경우에 따라서는 수시로 필요한 정보가 발생한다. 이때 필요한정보자료에 유연성 있고 신속히 접근하기 위해서는 데이터를 데이터베이스에 저장해 두

---

2 MIS는 넓은 의미로는 조직에서 활용되는 모든 정보시스템을 의미하는 경우가 있으므로 이 경우에는 좁은
  의미의 MIS로 보는 것이 합당하다. 경영자를 지원하는 협의의 경영정보시스템은 때로는 정보보고시스템
  (Information Reporting System: IRS)으로 칭하기도 한다.

[그림 16-4] 경영정보시스템의 기본 요소

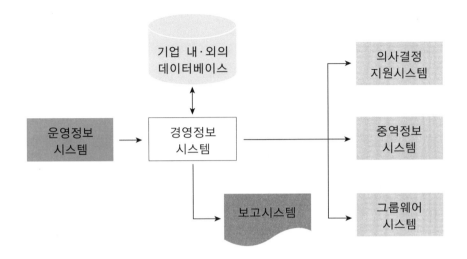

어야 한다. 여러 부문의 데이터가 통합적으로 저장되어 있을 때 새로운 정보의 추출이 가능하기 때문이다.

MIS는 〈그림 16-4〉에서 보는 바와 같이 조직의 운영정보시스템과 조직 내·외의 데이터베이스의 지원을 받는다. MIS는 폭넓게 보고시스템, 의사결정지원시스템, 중역 정보시스템, 그룹웨어(groupware) 등을 포함한다.

❸ 의사결정 지원에 대한 관심

일부 기업들이 Total MIS의 구축에 고전하는 동안 MIT대학을 중심으로 하여 또 다른 컴퓨터의 활용에 대한 연구가 진행되었다. 스콧몰톤(Scott Morton), 고리(Gorry), 킨(Keen) 등은 의사결정지원 시스템(decision support system: DSS) 개념을 주장하였다.

DSS란 관리자가 신상품 개발이라든지 신시장 진입같은 비구조화된 의사결정을 내릴 때 돕는 컴퓨터 지원 모델을 제공하는 정보시스템을 말한다. OIS가 경영자를 위한 중요한 정보를 제공하지만 DSS는 경영자에게 모델설정 능력을 제공한다. 예를 들면, 제품의 가격인하가 고객과 경쟁자에 어떤 반응을 일으킬 것인가의 모델을 이용하여 그의 결과로 의사결정에 도움을 받으려는 것이다.

대부분의 DSS는 중간관리층의 의사결정을 지원토록 설계되었다. 따라서 최고경영층의 정보요구를 만족시키기 위하여 DSS의 정교한 개정판으로 중역정보시스템(executive information system: EIS)이 설계되었다.

④ 커뮤니케이션에 대한 관심

DSS가 발전해 나갈 무렵 사무자동화시스템(office automatic system: OAS)이라는 또 하나의 컴퓨터 활용이 시도되기 시작하였다. OAS는 전자 기기를 이용하여 관리자와 사무직 근로자 간의 커뮤니케이션을 원활히 하고 생산성을 향상시키는 것을 목적으로 한다. OAS는 워드 프로세서에서 출발하여 점차 팩시밀리, 데스크탑 출판, e-mail, 음성우편, 전자캘린더, 영상저장 및 검색, 영상회의 등의 응용분야를 포함하는 방향으로 영역을 확대해 왔으며 이러한 모든 응용분야는 커뮤니케이션을 촉진하기 위한 것이라고 볼 수 있다.

⑤ 전문지식 제공에 대한 관심

오늘날에는 인공지능(artificial intelligence: AI)을 기업의 문제해결에 적용하려는 노력이 꾸준히 시도되고 있다. AI의 기본적인 사상은 인간이 행하는 논리적인 추론 작업을 컴퓨터가 수행할 수 있도록 프로그램화할 수 있다는 것이다. AI의 여러 분야 가운데 특히 전문가 시스템(expert system: ES)이 가장 큰 관심을 끈 분야이다.

가장 진보된 경영정보시스템인 전문가 시스템은 특정 분야의 전문가의 지식을 체계적으로 컴퓨터에 저장함으로써 많은 사람들이 낮은 비용으로 인간의 전문지식을 요하는 문제를 해결토록 만든 소프트웨어로서 마치 특정 분야의 전문가처럼 기능하는 시스템을 말한다. 예를 들면, ES는 관리자가 경영전문가를 직접 대면하는 것과 같은 경영전문가의 지원을 제공할 수 있다. 그러나 전문가 시스템은 학습에 의해 지능을 진화시키지 못한다는 단점을 가지고 있다.

이러한 한계점을 극복하기 위하여 인간의 두뇌를 전자적·수학적으로 모의한 신경망(neural networks)이 개발되기도 하였다. 전문가 시스템이나 신경망과 같이 AI를 문제해결에 적용한 응용시스템들을 총칭하여 지식기반시스템(knowledge-based system: KBS)이라고 한다.

전문가 시스템은 대출을 허용하든지, 자재의 주문량을 결정한다든지, 주로 반복적인 업무에 규칙을 적용한다. 그러면 인간의 의사결정자는 전문가 시스템의 추천을 검토

[그림 16-5] 정보시스템의 정보제공 과정

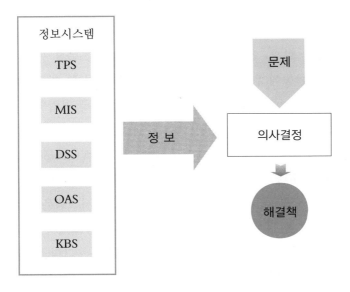

한다. 그렇지만 전문가 시스템은 더 많은 인공지능 기술을 적용하고 예측 능력을 향상시켜 인간 의사결정자의 일을 대부분 대체해가고 있다.

〈그림 16-5〉는 다섯 개의 정보시스템이 관리자의 문제해결을 지원하기 위하여 정보를 제공하는 과정을 보이고 있다.

3. ERP 시스템

3차 산업혁명 시대의 대표적인 정보시스템은 앞절에서 공부한 거래처리시스템, 경영정보시스템, 의사결정지원 시스템, 중역지원시스템 등인데 이들은 개별 정보시스템으로 기능을 하였다. 그런데 4차 산업혁명 시대에는 개별 정보시스템의 데이터 및 정보가 하나의 데이터베이스로 통합되는 현상이 지속되어 다양한 통합 정보시스템이 구축되고 있는 현실이다.

4차 산업혁명 시대의 통합 정보시스템에는 전문가 시스템, ERP 시스템, 공급사슬관리 시스템, 고객관계관리 시스템, 지식관리 시스템 등이 포함된다.

정보와 지식을 제공하기 위하여 기업 내 각 부서와 사업부에 MIS를 도입하는 것은 충분하지 않다. 다른 회계, 인사, 판매, 수송, 배송, 제조, 물류 등 부서와 사업부에서 경영자가 수행하는 활동에 관한 정보를 공유해야 한다. 회계, 인사, 판매, 수송, 배송, 제조, 물류 등 부서 사이에 흐르는 정보와 지식이 많을수록 기업의 경쟁우위에 도움이 된다. 이를 위해 앞에서 설명한 MIS의 모든 측면을 이용하여 기업 전체의 모든 경영 과정을 통합하려는 새로운 정보시스템인 전사적 자원관리(enterprise resource planning: ERP)시스템이 개발되었다.

ERP 시스템은 기업운영의 척추 역할을 한다. ERP 시스템은 주문, 제품설계, 생산, 구매, 재고, 물류, 인적자원, 지불의 영수증, 그리고 수요예측 등 기업 내에서 수행되는 모든 활동에 관한 정보를 수집·가공하여 제공한다. 〈그림 16-6〉은 주문에서 배송까지 ERP 응용예를 나타내고 있다.

이와 같이 ERP 시스템은 기업운영에 필요한 각 부문에 핵심정보를 처리해 줄 수 있는 응용소프트웨어들을 유연하게 통합하고 결합하여 기업 내의 모든 자원에 대한 정보를 통합적으로 관리한다.

전사적 자원관리란 회계, 인사, 판매, 수송, 배송, 제조, 물류 등 기업운영에 필요한 각 부문의 핵심정보를 처리해 줄 수 있는 응용소프트웨어들을 유연하게 통합하고 결합하여 기업 내의 모든 자원에 대한 정보를 통합적으로 관리하는 것을 말한다.

이러한 시스템의 목적은 기업의 목표를 달성하기 위한 일련의 활동을 한정된 자원을 이용하여 효율적으로 수행하려는 것이다. 따라서 ERP 시스템은 재무·회계·생산·판매·재고·인사 등 회사 내의 각 부문의 모든 데이터를 일원화하여 관리함으로써 경영자원을 계획적이고 효율적으로 운영하도록 해 주는 대규모 시스템이라고 말할 수 있다.

이는 판매, 생산, 재고관리 등의 시스템들이 서로 연동하여 쓰는 사람이 요청하는 작업을 제시간에 수행할 수 있도록 도와주는 통합시스템이다.

기업 전반적으로 통합된 데이터베이스를 이용할 수 있어 회사경영에 필요한 데이터를 빨리 찾아서 그것을 그래픽으로 만들거나 더 자세한 데이터를 조회하기가 쉽다. 이것은 업무 및 자료의 표준화에 의한 시스템 통합이므로 회사 전체 차원에서 통합된 데이터베이스를 구축함으로써 정보의 일관성을 유지하고 관리의 중복을 피할 수 있다.

[그림 16-6] ERP 응용

1. 판매원은 소매점으로부터 주문을 받다.

6. 고객은 시스템에 들어와 주문의 진행상황을 추적 한다.

2. EPR 시스템은 재고수준을 체크하고 판매원에게 가능 한 양을 알리고 공장에 생 산주문을 한다.

중앙 데이터베이스

5. EPR 시스템은 구매 부에 자재주문을 알 린다.

3. EPR 시스템은 생산스케줄 을 세우고 필요한 자원을 명시한다.

4. EPR 시스템은 인사부에 임시 작업자의 필요성을 알린다.

전략계획그룹

7. 경영자는 ERP 자료를 이용하여 전략계획의 평가·조절을 한다.

4. 정보기술과 기업의 변화

▌정보기술

정보기술(information technology: IT)이란 정보를 획득하고, 조직하고, 저장하고, 조작하고, 전송하는 수단, 예컨대 하드웨어(컴퓨터, 컴퓨터 네트워크, 전화기, 팩스기), 소프트웨어, 텔레커뮤니케이션, 데이터베이스 관리, 기타 기술 등을 의미한다. 특히 컴퓨터의 사용을 통한 정보기술의 급속한 발전은 정보시스템, 관리자, 조직, 납품업자, 고객 등에 심대한 영향을 미치고 있다. 새로운 정보기술을 보유한 기업은 그렇지 않은 기업에 비하여 높은 경쟁력을 갖게 된다.

컴퓨터 기반 정보기술은 날로 발전하고 있다. 컴퓨터 기반 경영정보시스템은 완전하고 관련된 고품질의 정보를 적시에 공급해 준다.

3차 산업혁명은 정보화 혁명으로서 사물인터넷(I), 클라우드 컴퓨팅(C), 빅 데이터(B), 모바일(M) 등 소위 ICBM이 정보기술(information technology: IT)로서 전 산업의 기술혁신을 이끌었다. 그런데 4차 산업혁명이 진행하면서 M 대신에 인공지능(A)이 추가되어 ICBA가 되었다. 여기에 로봇, 3D 프린터, AR/VR, 블록체인, 5G 등 기술들이 추가되어 디지털 기술(digital technology: DT)로 진보하고 있다. 이는 제2장에서 공부한 바와 같다.

▌기업의 변화

정보기술은 오늘날 기업에 많은 변화를 초래하고 있다.

- **장벽의 붕괴**: 기업의 부서간 커뮤니케이션을 쉽게 신속하고 저렴하게 함으로써 장벽을 무너뜨리고 있다. 따라서 기업을 더욱 효율적·효과적·경쟁적으로 만든다. 다른 부서, 계층, 장소에서 작업하는 개인과 그룹이 쉽게 커뮤니케이션하고 정보를 공유할 수 있다.
- **수평적 구조**: 계층 내 또는 계층간 정보의 흐름을 촉진하는 일을 하는 중간관리

[그림 16-7] IT와 조직변화

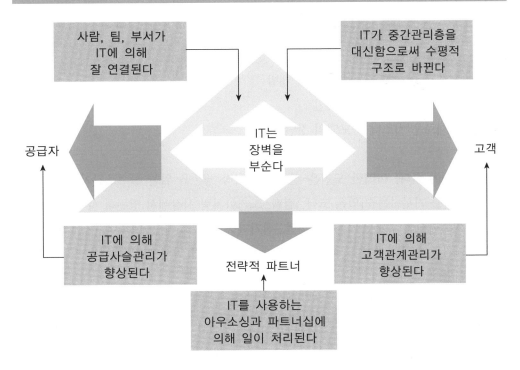

출처: J. Schermerhorn, Jr., J. Campling, D. Poole & R. Wiesner, *op. cit.*, p. 66.

자의 수를 줄여 줌으로써 계층의 수를 감소시켜 주는 수평적 구조를 유발한다.
- **의사결정의 신속화**: 의사결정의 신속화, 의사결정을 위한 완전하고 적시의 정보 사용 관련 부서 사이 의사결정과 조치의 조정 등을 통해 경쟁력을 강화할 수 있다.
- **고객관리 철저**: 고객들의 욕구, 취향, 만족에 관한 의사결정에 필요한 정보를 신속히 제공함으로써 고객관계관리(customer relations management)가 용이해진다.
- **비용관리**: 시초의 구매로부터 마지막 배송까지 공급사슬(supply chain)의 모든 부문에서 비용을 관리할 수 있다.
- **전략적 파트너 관계관리**: 전략적 파트너와의 관계를 관리하고 돈독히 하는 데 도움을 준다.

〈그림 16-7〉은 이상에서 설명한 정보기술과 조직변화의 관계를 나타내고 있다.

4차 산업혁명이 진행하면서 참신한 아이디어에 디지털 기술을 접목하여 수많은 플랫폼(flatform) 기업이 확산되고 있다. 이제 디지털 기술이 전통 기업에 침입하여 디지털 전환을 강요하고 있다.

전통 기업이 살아남기 위해서는

첫째, 새로운 제품 또는 서비스의 개발
둘째, 새로운 프로세스의 혁신
셋째, 새로운 비즈니스 모델의 창안

등을 추구해야 한다. 이러한 도전은 선택이 아니라 생존을 위한 필수조건이 되고 있다. 혁신과 변화를 거부하는 기업은 코닥, 컴팩, 노키아처럼 시장에서 영원히 사라질 것이다.

새로운 혁신적인 제품의 예를 들면, 전기자동차이다. 배터리를 사용하든 사용하지 않든 전기자동차는 대세이다. 이산화탄소의 배출을 막기 위해 휘발유 사용 자동차는 사라지게 되었다.

프로세스의 혁신을 통해 성공한 기업은 독일의 아디다스와 지멘스의 스마트 팩토리(smart factory) 그리고 한국의 LS일렉트릭 등 수없이 많다. 인공지능, 사물인터넷, 빅 데이터, 로봇, 5G 등 정보통신기술을 융합하여 프로세스의 혁신을 추구하는 기업은 앞으로 수없이 나타날 것이다. 아마존은 원래 서점으로 출발하였으나 지금은 플랫폼 기업으로 변신하여 성공한 기업이 되었다.

2007년경부터 디지털 혁신을 통해서 과거의 방식과 전혀 다른 새로운 방식으로 가치를 창출하는 플랫폼 기업들이 출현하여 시장을 흔들면서 지배하는 현상이 벌어지고 있다. 이러한 현상은 국내·외적으로 계속 발생할 것이다.

5. e-비즈니스

정보기술과 통신기술의 급속한 발달로 새로운 개념과 학문들이 이론과 응용 분야에 혼재하여 나타나고 있다. Internet은 새로운 정보기술을 대표하면서 수많은 새로운 용어를 만들어 내었고 'Electronic Commerce'라는 개념의 도입과 함께 완전히 새로운 경영환경을 정의하게 만들었다. 특히 최근에 가장 두드러진 개념은 'e-Economy,' 'e-Commerce,' 'e-Enterprise' 그리고 'e-Business'로 대표되는 디지털(digital)이다.

디 지 털

우리가 사는 세상에 존재하는 모든 물질은 아날로그(analogue)의 상태로 존재한다. 전압, 전류, 사람의 목소리 등과 같이 연속적으로 변하는 신호는 그 양을 계량화할 수 있으므로 아날로그 형태라고 한다. 네이버(NAVER)의 어학사전에 의하면 아날로그란 "어떤 수치를 길이, 각도, 또는 전류라고 하는 연속된 물리량으로 나타내는 일"이라고 정의하고 있다. 예를 들면, 문자판에 바늘로 시간을 나타내는 시계 또는 수은주의 길이로 온도를 나타내는 온도계 등이 있다.

디지털(digital)이란 아날로그의 상태를 0과 1 두 개의 문자를 사용하여 이진법으로 표시하는 것이라고 정의할 수 있다. 디지털로 전환할 수 있는 것은 물질이 아니라 그 물질을 볼 수 있게 만드는 영상(image), 들을 수 있게 하는 소리, 그리고 숫자와 문자뿐이다. 예를 들면, 백두산 천지의 사진을 디지털화하여 e-mail이나 팩스로 전송할 수 있을 뿐 백두산 천지를 디지털화할 수는 없다.

디지털 방식은 주로 컴퓨터에서 사용되고 있지만 최근에는 방송분야에서도 선명한 영상과 함께 쌍방향 멀티미디어 형태의 기술을 실현하고 있다.

Internet과 e-비즈니스

최근 많은 기업에서는 정보기술 전략의 일부로 Internet을 포함시키고 있다. Internet은 근거리 통신망(Local Area Network: LAN)이나 Internet 서비스 제공자를 통해 정보와 데이터의 교환을 위해 다른 사용자와 직접 연결되는 전 세계에 걸쳐 있는 컴퓨터 네트워크이다. World Wide Web(WWW)이 Internet상에서 정보에 접근할 수 있는 중앙서버(server)이다.

Internet을 통해서 기업들은 운영을 전 세계적으로 확대할 수 있고, 새로운 고객들을 확보할 수 있고, 기업경영을 향상시킬 수 있으며, 필요한 자원을 획득할 수 있다. 그래서 e-비즈니스가 붐을 이루고 있다.

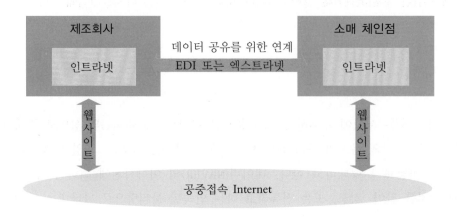

[그림 16-8] e-비즈니스의 구성요소

제조회사 — 인트라넷

데이터 공유를 위한 연계
EDI 또는 엑스트라넷

소매 체인점 — 인트라넷

웹사이트

웹사이트

공중접속 Internet

출처: R. L. Daft, *The New Era of Management*(Thompson, 2006), p. 553.

e-비즈니스(e-business)란 Internet 비즈니스라고도 하는데 물리적 장소가 아닌 컴퓨터 네트워크상에서 디지털 과정(digital processes)에 의하여 발생하는 모든 경영행위를 말한다. Internet상에서 고객, 파트너, 납품업자, 종업원 등과 전자적으로 연계되어 기업의 제품설계, 생산, 유통, 판매, 소비까지 포함하는 다양한 경영활동을 수행함으로써 수익창출이나 원가절감을 달성하고자 하는 비즈니스이다. 또한 사업에 필요한 자금을 조달하고 운영시스템을 배치하고 판매하는 것을 포함한다.

전자상거래(e-commerce)는 e-비즈니스보다 좁은 개념인데 기업의 다양한 e-비즈니스 중에서 Internet을 통한 단순한 상품의 판매와 구매에 한정된 개념이다. 이베이(e-Bay), 아마존 닷컴(Amazon.com), 야후(Yahoo) 등은 순전히 Internet상에서 운영되는 e-비즈니스 업체이다. 일반 기존 회사에서 사용하는 e-비즈니스의 목적은 더욱 효과적·효율적으로 운영하기 위하여 기업행위의 대부분을 디지털화하려는 것이다.

전자상거래는 Internet을 매개로 기업과 소비자가 직접 연결하여 거래함으로써 거래비용의 절감, 거래시간 및 장소적 제약의 극복, 쌍방향 통신을 통한 고객만족의 극대화 등 다양한 이점을 제공하기 때문에 21세기의 새로운 상거래 패러다임(paradigm)으로 정착하고 있다.

〈그림 16-8〉은 제조회사와 소매 체인점 사이에서 벌어지는 e-비즈니스를 가능케 하는 e-비즈니스 구성요소를 보여 주고 있다.

모든 기업은 인트라넷(Intranet)을 사용한다. 인트라넷이란 Internet의 기술과 표준을 사용하는 내부 의사소통시스템으로서 기업 내의 종업원들만 접속하여 Internet 소프트웨어를 사용하여 내규나 제품정보 등 다양한 정보를 공유하고 인쇄할 수 있다.

인트라넷은 그룹웨어의 기능을 수행한다. 그룹웨어(groupware)란 한 작업집단이나 작업팀에 소속된 사람들이 효과적인 커뮤니케이션(e-mail, 전자게시판), 정보검색(문서관리시스템, 지식경영시스템), 업무조정(전자결재, 프로젝트관리), 생산협업회의(화상회의) 등을 통하여 여러 명의 사용자들이 동일한 문서를 작성하고 편집할 수 있도록 개발된 소프트웨어로서 집단지원시스템(group support system: GSS)이라고도 한다. 여러 명의 사용자들이 같은 시스템 또는 다른 시스템에서 문서파일에 접근하여 서로 협력하여 특정 과업을 수행할 수 있다. 또한 기업에서는 Internet 기술을 활용하여 세계 각처에 흩어져 있는 자사들을 연결하여 자체적으로 운영한다.

두 기업 간 데이터와 정보를 공유하기 위해서는 전자데이터교환 네트워크나 엑스트라넷을 사용한다. 전자데이터교환(electronic data exchange: EDE) 네트워크는 구매자와 판매자 사이에서 주문, 배송, 지불액과 수취액 등에 관한 데이터를 전송하는 데 사용되는 컴퓨터 시스템을 연계시키는 일을 한다. 이러한 일을 하는 것이 엑스트라넷(extranet)인데 이는 Internet을 통하여 고객과 협력업체 등 여러 기업들이 서로의 정보를 공유하기로 결정한 외부 커뮤니케이션 시스템이다. 일반인들은 인트라넷은 물론 엑스트라넷에도 접근할 수 없다.

마지막 요소는 Internet이다. 기업들은 웹 사이트(Web site)를 통해 일반 대중들에게 제품과 서비스의 판매를 위한 정보를 제공하고 있다.

6. 전자 상거래

법률적으로 전자 상거래는 재화나 서비스의 주문, 광고, 대금결제, 발송 등 거래에 있어 그 전부 또는 일부가 전자문서 교환과 전자 네트워크 등 전자적 방식에 의해 처리되는 거래로 정의하고 있다. 전자 상거래를 통해 구매에 따른 시간단축과 비용절감을 통해 효율적 상거래를 할 수 있다. 전자 상거래를 거래 주체에 따라 구분하면 다음과 같다.

▌기업 간 전자 상거래

기업 간 전자 상거래(business to business: B2B)란 IT와 Internet과 같은 전자적인 방식을 이용하여 기업들 사이에서 발생하는 각종 상거래(예컨대 원자재 판매 및 구매)와 업무(예컨대 제품의 공동개발 및 생산, 금융결제) 등을 처리하는 것을 말한다.

〈그림 16-9〉에서 보는 바와 같이 B2B 상거래와 뒤에서 설명할 B2C 상거래의 중심에 자기 기업이 존재한다.

그런데 오늘날 B2B 상거래에서 괄목할 추세는 B2B 시장의 개설이다. B2B 시장(B2B marketplace)이란 많은 판매자 그룹과 구매자 그룹이 가상공간에서 제품이나 서비스를 사고 파는 상거래의 중심(hub) 역할을 하는 중개자(intermediary)가 개설하는 전자시장, 즉 플랫폼을 말한다. 예를 들면, Internet상 쿠팡과 컬리 시장 등은 여기에 속한다.

[그림 16-9] 전자 상거래의 범위

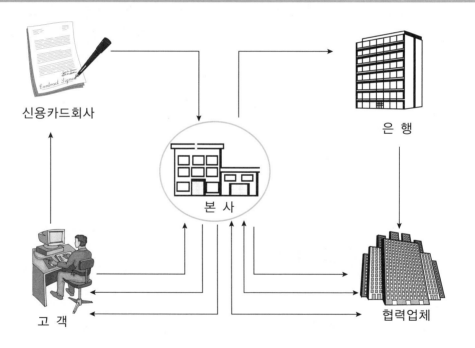

신용카드회사

은 행

본 사

고 객

협력업체

▌기업과 고객 간 전자 상거래

기업과 고객 간 전자 상거래(business to consumer: B2C)란 소비자가 IT와 Internet을 사용하여 기업의 제품과 서비스를 구매·이용하는 방식을 말한다. 여기에는 Internet 쇼핑몰, Internet 뱅킹, 증권사이트, 공연·여행 관련 예약, Internet 방송 및 신문 등이 속한다.

4차 산업혁명이 진행하면서 디지털 기술로 인하여 초연결시대가 전개되면서 전통 산업의 경계가 무너져 간다. 이에 따라 기업에 제품을 판매하는 B2B와 고객에 제품을 판매하는 B2C를 구분하는 경계가 무너져 B2B2C라는 용어도 생겨났다. 디지털화로 B2B 기업이 비즈니스 모델을 확장해 최종 소비자들에 접근하고 있다.

▌기업과 정부 간 전자 상거래

기업과 정부 간 전자 상거래(business to government: B2G)한 정부가 구매코자 하는 상품목록과 수량, 조건 등을 사이트에 공시하면 기업들이 입찰하여 거래를 성사시키는 방식을 말한다. 여기에는 정부가 Internet을 통하여 세금을 징수하는 것과 기업 대상 각 종 서비스를 제공하는 것도 포함된다.

▌정부와 소비자 간 전자 상거래

정부와 소비자 간 전자 상거래(government to consumer: G2C)란 전자매체를 이용하여 정부가 세금을 부과·징수하고 각종 주민 생활 서비스를 제공하며 면허 등의 발급/갱신 업무를 수행하는 방식을 말한다.

▌소비자 간 전자 상거래

소비자 간 전자 상거래(consumer to consumer: C2C)란 벼룩시장(www. findall.co.kr)에 서처럼 소비자들 사이에서 자동차와 부동산 등의 매매가 이루어지는 방식을 말한다. 여기에는 Internet을 통하여 개인 서비스 광고나 지식 및 전문기술을 판매하는 경우라든지 경매 사이트에서 개인 물건을 경매에 부치는 경우 등이 포함된다.

토·론·문·제 EXERCISE

01 정보에 관하여 설명하라.

02 지식의 의미를 설명하고 정보와의 관계를 말하라.

03 기업의 정보관리 활동을 자원관리의 관점에서 정의해 보라.

04 정보시스템의 주된 사용자들을 경영 계층과 기업 기능에 따라 분류하여 설명하라.

05 조직학습의 발전에 따른 기업 정보시스템의 진화과정을 설명하라.

06 다섯 가지 정보시스템의 등장배경과 특성을 논의하라.

07 정보기술이 기업의 변화에 미치는 영향을 설명하라.

08 e-비즈니스와 e-commerce의 차이는 무엇인가?

09 전자 상거래의 종류를 설명하라.

찾아보기

공저자 약력

유필화
서울대학교 경영학사
노스웨스턴대학교 경영학 석사
하버드대학교 경영학 박사
일본 게이오대학 방문교수
한국경영학회 편집위원장
한국마케팅학회 상임이사, 부회장
성균관대학교 명예 교수

주요 저서
Die Weisheit der Unternehmensfu..hrung-Von Buddha
lernen, 독일 Ferger출판사
「附加價値の源泉」, 일본 동양경제신보사
「현대마케팅론」, 박영사
「가격정책론」, 박영사

황규대
서울대 경영학과 졸업
University of Washington-Seattle(M.B.A.)
University of Wisconsin-Madison(Ph.D.: 인사 ·
조직 전공)
인사/조직학회 인사 및 노사분과 위원장
한국경영학회 운영위원
한국노사관계학회 총무이사
성균관대학교 명예 교수

주요 저서
「조직행동의 이해」, 박영사
「인적자원관리」, 박영사

강금식
서울대학교 상과대학 경제학과 졸업
한국산업은행 조사부 근무
University of Nebraska대학원 졸업(경제학석사)
University of Nebraska대학원 졸업(경영학박사, Ph.D.)
아주대학교 경영대학 부교수 역임
한국경영학회 이사 역임
한국경영과학회 이사 역임
성균관대학교 경영학부 교수 역임

주요 저서
EXCEL 경영학연습(형설출판사, 1999)
EXCEL 통계분석(박영사, 1999)
EXCEL 2002 활용 운영관리(박영사, 증보판 2003)
EXCEL 생산운영관리(박영사, 제2개정판 2007, 공저)
EXCEL 통계학(박영사, 제2개정판 2007, 공저)
EXCEL 경영과학(박영사, 2007, 공저)
글로벌시대의 경영학(도서출판 오래, 2010, 공저)
알기쉬운 통계학(도서출판 오래, 2010, 공저)
알기쉬운 생산 · 운영관리(도서출판 오래, 2011, 공저)
EXCEL 활용 현대통계학(박영사, 제4판 2011)

정홍주
서울대학교 경제학과 졸업
미국 펜실베니아대학교 경영학 박사
금융감독원 금융공학상품자문위원
농림부 농작물재해보험 도입 추진위원
정보통신부 체신보험 운영위원
대한상사중재원 중재인
성균관대학교 명예 교수

장시영
서울대학교 공과대학 산업공학과(학사)
서울대학교 대학원 경영학과(석사)
Pittsburgh대학교 경영대학 MIS 전공(박사)
한국국방연구원 연구원
성균관대학교 기획처장
성균관대학교 교무처장
성균관대학교 명예 교수

주요 저서
「정보시스템 감리」, 명경사
「회계정보시스템」, 명경사

4차 산업혁명 시대의 경 영 학

발행일	2018년 1월 31일 제1판발행
	2022년 5월 30일 제2판발행
공저자	유필화 · 황규대 · 강금식 · 정홍주 · 장시영
발행인	황인욱
발행처	圖書出版 오래

주 소	서울특별시 마포구 토정로 222, 406호(신수동, 한국출판콘텐츠센터)
전 화	02-797-8786, 8787, 070-4109-9966
팩 스	02-797-9911
이메일	orebook@naver.com
홈페이지	www.orebook.com
출판신고번호	제2016-000355호

ISBN 979-11-5829-207-2(93320)

가 격 28,000원